150 周年诞辰纪念版

朱水涌 著

陈嘉庚传

Biography
of
Tan Kah Kee

厦门大学出版社
XIAMEN UNIVERSITY PRESS
国家一级出版社
全国百佳图书出版单位

图书在版编目（CIP）数据

陈嘉庚传：150周年诞辰纪念版 / 朱水涌著.
2版. -- 厦门：厦门大学出版社，2024.10. -- ISBN
978-7-5615-9512-1

Ⅰ. K827＝7

中国国家版本馆CIP数据核字第2024ED4044号

责任编辑　冀　钦
美术编辑　李夏凌
技术编辑　许克华

出版发行　厦门大学出版社
社　　址　厦门市软件园二期望海路39号
邮政编码　361008
总　　机　0592-2181111　0592-2181406（传真）
营销中心　0592-2184458　0592-2181365
网　　址　http：//www.xmupress.com
邮　　箱　xmup@xmupress.com
印　　刷　厦门集大印刷有限公司

开本　720 mm×1 020 mm　1/16
印张　28
字数　386千字
版次　2021年3月第1版　2024年10月第2版
印次　2024年10月第1次印刷
定价　90.00元

本书如有印装质量问题请直接寄承印厂调换

厦门大学出版社

微信二维码

厦门大学出版社
微博二维码

以四万万之民族，决无甘居人下之理，今日不达，尚有来日，及身不达，尚有子孙，如精卫之填海，愚公之移山，终有贯彻目的之日。

——陈嘉庚

目录

绪言：生命的叩问 ………………………………… 1

第一编　下南洋，创中国人的工商王国

第一章　生命的根 ………………………………… 5
　　故乡与家族 ……………………………………… 7
　　大海，生长的地方 …………………………… 17

第二章　困境中崛起的实业家 ………………… 29
　　叩生意的门 …………………………………… 31
　　国难家不幸 …………………………………… 37
　　在父亲倒下的地方站起来 …………………… 41

第三章　建立工商企业王国 …………………… 47
　　盯住十八万粒橡胶籽 ………………………… 49
　　欧战硝烟中的工商传奇 ……………………… 53

第二编　办教育，尽国民一分子之天职

第四章　创建"永享和平"的集美学村 ……… 67
　　集美学校的第一块奠基石 …………………… 69
　　矫正教育的偏枯之弊 ………………………… 73
　　海洋梦想的精彩承续 ………………………… 78

I

第五章 新大纪念碑上的陈嘉庚 ……83
改革道南学堂 …… 85
"华文中学不容不办" …… 87
"培育有志侨教青年" …… 90

第六章 创办"世界之大学"厦门大学 …… 93
"四万万之民族,决无甘居人下之理" …… 95
厦大"岂能久待" …… 104
高瞻选址演武场 …… 115
"伟大建筑师"的建筑美学 …… 125
《组织大纲》的周折与首任校长的离去 …… 134
委重任于林文庆博士 …… 144
建"能与世界各大学相颉颃"的大学 …… 151

第七章 公司可以收盘,学校不能停办 …… 165
先驱者的孤独 …… 167
"愿为厦大奋斗到死" …… 173
厦大归国立,校名不可易 …… 182

第三编 走延安,华侨领袖的历史抉择

第八章 华侨旗帜是怎么树起来的 …… 195
从"福帮"领袖到社会领袖 …… 197

第一次领导民间政治运动 ·················· 206
　　两位侨领的恩怨纠葛 ························ 211

第九章　抗战烽火中的民族光辉 ·················· 219
　　国家大患一日不除，国民大责一日不卸 ········· 221
　　"古今中外最伟大提案" ····················· 230
　　生命线上的千里悲壮 ························ 240

第十章　从重庆到西安 ···························· 247
　　侯西反事件与组织回国慰劳团 ················ 249
　　重庆：前方吃紧，后方紧吃 ·················· 256
　　慎终追远的中华赤子 ························ 260

第十一章　中国的希望在延安 ······················ 267
　　一波三折向延安 ···························· 269
　　新的世界新的人 ···························· 273
　　从拥戴蒋介石到寄望毛泽东 ·················· 284

第十二章　政治与战争硝烟中的华侨旗帜 ············ 295
　　"六十七"遭遇的政治 ······················· 297
　　做华侨的良心 ······························ 303
　　太平洋战争中的坚守与避难 ·················· 312

真诚的祝贺与深沉的忧患 ………………………… 322

在历史伟大转折面前 ……………………………… 330

第四编　回祖国，一个国民的生命荣光

第十三章　踏上新中国的新旅程 ………………… 347

回国共商国是 ……………………………………… 349

行走在祖国的大地上 ……………………………… 363

人民代表的侠胆衷肠 ……………………………… 371

第十四章　心系桑梓，叶落归根 ………………… 377

修筑海堤的风波 …………………………………… 379

圆"救乡"之梦，写福建铁路历史 ……………… 385

"'洞葛'有神"，两校新装 …………………… 391

两座博物院的情怀 ………………………………… 398

魂归故里 …………………………………………… 404

尾声：生命不朽，千古流芳 ……………………… 411

参考文献 ……………………………………………… 415

附录　长篇诗朗诵：嘉庚颂 ………………………… 417

后记 …………………………………………………… 435

绪言：生命的叩问

历史往往在不经意间就创造出传奇。集美，这个同安陆地延伸到鹭江边上的"尽尾"（闽南话"最尾部"的意思）的小渔村，竟会在中华民族那个"乱哄哄你方唱罢我登场"的军阀时代，被孙中山先生指令为"永享和平学村"，不许任何军人携枪进入；这个原本土地贫瘠、水利不兴、名不见经传的闽南村庄，竟会引起中华人民共和国的主要缔造者毛泽东的笔墨之兴，应邀为集美解放纪念碑挥笔题写碑名。这是一个中国近现代的传奇，这个传奇的创造是因为这个小渔村的一个人物，他生于斯、长于斯、落叶归根于斯，他就是被毛泽东称为"华侨旗帜，民族光辉"的陈嘉庚。

陈嘉庚，一个与中华民族的命运和抉择紧紧相连的名字。陈嘉庚从厦门集美这个小渔村走出国门，走向世界，一生"深怀爱国之情，坚守报国之志"[①]；他跨越了四个时代的历史人生，在中华民族伟大复兴的历史征程中，无论怎样的艰难曲折，怎样的云遮雾罩，怎样的诡谲多变，他在每一个历史关节点的选择与行动，都让人叹为观止，令人高山仰止。

十七岁时，他选择下南洋，却在异邦的土地上建立起一个中国人的工商企业王国；二十岁以后，他选择办教育，以震撼世人的举动成为举世闻名的教育实业家；抗战时期，走了一趟延安之后，他就向世人传递了"中国的希望在延安"的信息；在中国历史的伟大转折面前，他选择了中国共产党，见

[①] 《习近平总书记给厦门集美校友总会回信》。

证自己的祖国走上了一条民族伟大复兴的康庄大道；当他所期盼的中华民族"崇光之一日"到来的时候，他选择了回归祖国，让生命最后的岁月奋斗在新中国的伟大建设中。

在中国，人们把新发现的2963号小行星命名为陈嘉庚星，以此纪念这位为中华民族伟大复兴无私奉献、鞠躬尽瘁的伟大国民；在新加坡，新加坡开埠二百周年的纪念纸币上，他是八位新加坡社会最为杰出的人物之一，人们以此纪念这位为新加坡社会做出卓越贡献的华侨领袖；在美国的加州大学伯克利分校，学者们将一栋新建的教学科研大楼命名为"嘉庚楼"（TAN KAH KEE HALL），以此缅怀一位"能够称之为世界伟大级人物"的中国人。

我时常想，论出生与成长的环境与条件，陈嘉庚出生在中国东南海隅的一个偏僻小渔村、一个普普通通的家庭，为什么这样的渔村、这样的家庭就走出一位在异邦的土地上建立起工商王国的实业家，成长出一位中国近代史上的"华侨中一代完人"；论知识背景，陈嘉庚并没有家学渊源，虽有过六年的私塾接触，但真正的读书也只有读朱熹《四书章句集注》的那两年，这样一个没有家学、没有读过多少书的人为什么就将自己的一生献给了中国和人类的教育事业，"倾力兴学育才，仗义疏财，树工商界千秋良范"，他所创办与参与建设的学校居然达到一百零九所；论一个人的人际交往与接受的影响，陈嘉庚虽与中国近代最主要的几个历史人物都有过不一般的接触，但他的人生从未受过任何一个大人物特别的指引，也没受过任何一位大师特殊的影响，南洋华侨称他是"中外在野第一人"，这"在野"者却为什么能在每一个历史关节点，都能以高远的胆识作出正确的历史抉择，让人惊叹他对于历史与生命的洞察真知。

仰望夜空，星罗棋布的苍穹中有一颗星在熠熠闪光；

俯瞰鹭江之滨，美丽的海岸线上有一幢幢一排排白石红砖橙瓦的建筑矗立潮前，看风起云涌，潮起潮落。

我霎时想到一句话：人只有在历史中才能发现生命的真谛与天性。

第一编

下南洋

创中国人的工商王国

没有人会意料到,陈嘉庚的这一走,竟然成就了中国近现代史上一位让人高山仰止的人物;华夏苍穹,会因此出现一颗璀璨的巨星;集美这个闽南小渔村,也会因这个人而成为五湖四海遐迩闻名的学村。

第一章

生命的根

陈嘉庚传

Biography of Tan Kah Kee

故乡与家族

清光绪十六年（1890年）的一个深秋，厦门秋高气爽，一艘三桅大帆船缓缓驶出厦门港的史巷码头，船上乘坐的是一群就要踏浪离开故乡的闽南青年。此时，一位身材看上去并不魁梧但显得精悍的青年扶着船舷边站着，任海风吹拂着一条长辫子，一丝愁云悄悄地游离在他那瘦削的脸上。尽管史巷码头已经模糊一片，青年还是目不转睛地盯着远处的码头海岸，他的眼光似乎还在努力地追索着故乡的轮廓与亲人的身影。

从厦门开往新加坡的帆船

这趟远行并不让青年觉得开心兴奋。几个月前，这位年轻人就奉父亲之命，乘上小舢板从集美社来到厦门港，登上开往新加坡的大帆船等待季风出发，他在船上待了两天，听说母亲来码头送他，一时悲痛难熬，就又跑出船舱拉着母亲回到集美，毕竟自小到大，母子相依为命，十七年来他还从未离开过母亲离开过集美，而这一走便是要到很远很远的地方去，青年与母亲都很难承受离别的痛苦。但父命难违，母亲再怎么不舍也不会反对丈夫要儿子出洋的要求，就在这次重新登程的前一天晚上，母亲一边为青年整理行装，一边含着泪花说："我也不想你离开，想到你从小就在阿母身边，我就舍不得。但想想你阿爸已经快半百的人，孤身在海外，如今要你去协理生意，你还是要去的。"母亲把青年拉到身边，说："看看咱们村的男孩子，谁不是到了年纪就要出去闯荡？谁不是最终都要跟着长辈走出这块土地？"

帆船继续乘风而行，青年依然卓立船舷边上，母亲的离别之语，与亲人的分别情景，好像浪花一样在青年的心里飞溅着，随着大帆船的渐行渐远，越来越浓重的离情别绪挥之不去。一阵海风吹过，帆船激增速度，冲出了避风港，在蔚蓝的海面上划出一道雪白的浪花，浪花飞扬，海鸥追逐，青年看着那一道在碧波中辟出的白色航道，却不知道前面的路会是怎样。

这位青年叫陈嘉庚，名字是他在南洋的父亲取的，意愿是他的出生给家庭带来好年好月好日子，青年那年十七岁。在闽南乡村，十七岁的陈嘉庚必须开始学会担当起家中长子的责任，他遵奉父亲之命，要到新加坡学习与佐理父亲的生意。这是他十七年来第一次离开家，离开与自己相依为命的母亲，离开他的胞弟陈敬贤，离开生他养他的故乡集美，而且这一离开，就是远涉重洋，就是要到很远很远的异国他乡，他不知道新加坡在哪儿，不知道这一走，什么时候还能与母亲相见，什么时候还能回到生他养他的故乡。这一年，从厦门港口下南洋的闽南人，有七万多人。

青年时期的陈嘉庚（一九〇五年）

没有人会意料到，陈嘉庚的这一走，竟然成就了中国近现代史上一位让人高山仰止的人物；华夏苍穹，会因此出现一颗璀璨的巨星；集美这个闽南小渔村，也会因这个人而成为五湖四海遐迩闻名的学村。

公元一八七四年十月二十一日，陈嘉庚出生在福建省同安县仁德里集美社，这里是闽南的一个小渔村，这一年是大清同治十三年，但大清王朝的盛世已经不再。清王朝作为一个君主专制制度相当完密的王朝，它的每个时期都需要一个雄才大略的君主来统领那个庞大的组织机关系统，否则，组织机关系统便会失掉重心。但自嘉庆帝之后，尤其是咸丰去世后，皇族便一代不如一代，"一蟹不如一蟹"，虽然同治皇帝还奋力搞过一段所谓的"同治中兴"，却依然摆脱不了大清风雨飘摇、摇摇欲坠的命运。陈嘉庚出生还没百日，传来同治皇帝驾崩消息，年仅四岁的光绪皇帝继位，此时，支撑光绪皇帝统治的依然是辛酉政变后实行的两宫垂帘听政制，咸丰皇帝留下的两个皇后慈安与慈禧辅佐完同治，继续辅佐年幼的光绪。垂帘听政名义上是两宫主政，但大清王朝的实际统治者、主宰者却只有慈禧一人。陈嘉庚出生的这一年，已经垂帘主政十三年的慈禧开始了她的不受任何约束为所欲为的专横，排斥异己，控制光绪，独断乾纲，将个人享受置于民族国家利益之上，泱泱中华帝国快速走向衰败、没落，进入积弱积贫乃至任人宰割蹂躏的时代。

也就是这一年，日本借沙俄出兵新疆伊犁之际，以琉球难民船事件为借口，派军进犯台湾，乘火打劫，逼迫清政府放弃琉球的宗主权，琉球从此沦为日本属国，更名为冲绳。这个事件，引发了萧墙之内的左宗棠与李鸿章之争。

集美社离皇城根儿十万八千里，什么同治驾崩，光绪就位，两宫皇太后听政倾轧，琉球失落，左、李之争，这些与百姓日常生活不直接相关的萧墙之事，人们只是听听而已，压根儿就不关注，唯一对于慈禧主政，因为"牝鸡司晨，国之大难"的观念早已深入到闽南人的集体潜意识，人们会在茶余饭后议论，暗暗骂着"母鸡会啼要斩头"的乡村野语。在村民的眼中，这大清是到了败家的时候，竟然连祖宗留下的江山也都拱手送给了人家。大清是没希望了，但集美社的乡民们依然日出而作、日落而息地生活着。只是出生在这个时代的陈嘉庚，注定要生活在一个积弱积贫、多灾多难的时代。

集美原属同安县十一里，那时，与集美隔海相对的厦门岛与内陆没有任何连接，是个海中孤岛。鸦片战争失败后，《南京条约》签订，大不列颠帝国在铁板一块的中华大地凿开了五扇向外开放的大门——广州、厦门、福州、宁波、上海，厦门成为五口通商口岸之一，厦门被逼开放口岸，鹭江海面随时可见外国船只来来往往。

集美原名浔尾，地名由闽南话"尽尾"的谐音而来，闽南话"尽尾"是"最尾部"的意思，因为集美位于浔江出海口，地处同安大陆南端的最尾部，因而叫尽尾，后来人们就按闽南话谐音给自己的故乡起了一个雅名集美，一个集中着美丽的地方。

集美陆地凸伸进厦门海域，形成一个半岛，传说中这里是一条龙的龙头，龙头伸向浩瀚的大海，半岛两侧的鳌头屿和宝珠岛，便是这龙的眼睛。集美南对厦门岛，北枕天马山，东邻金门港，西濒杏林湾，一条蜿蜒浔江，悠悠流动与大海相交融，引领着同安大陆南北部的山水汇入大海，是个海陆兼利的地方。

集美是陈氏家族的聚集地，陈嘉庚出生的闽南大厝叫颍川世泽堂，它告诉后人这里的陈姓祖先来自河南光州固始县。与大多数闽南人一样，集美与中原有着千丝万缕的关系，自东晋之乱以来，中原人或战乱或戍边南移入闽，其中迁徙到闽南落地生根的高潮主要发生在唐宋时期。唐初中央政府为加强对南方的控制，派陈政、陈元光父子率领数千府兵进驻漳江与九龙江流域，后陈政母亲魏氏又率三千府兵南下增援，两部会合，人数数千，姓氏近百。唐后期，王仙芝、黄巢起义，中原汉人避乱，南下迁徙入闽者不绝于途，河南光州固始人王潮、王审知兄弟则乘天下大乱组织乡兵，追随王绪渡江南下转战，由闽西进入闽南，先占领泉州，后夺取福州，开辟漳州府，数万人

陈嘉庚出生地，集美颍川世泽堂

中有相当一部分留在漳州、泉州等闽南区域，之后，闽南人口出现历史上最大规模的增长，闽南民系格局基本成型。宋代出现中原人迁徙的第三次高潮，此时，中国南方因中原人南移而带来经济社会和文化的发展，加上泉州刺桐港的发达兴旺，商贸活动引发了经济社会的嬗变，这一切都吸引着北方汉人的移入。而靖康之难，宋室南迁，中原人无论衣冠人物，还是布衣白丁，都纷纷往南迁移。到了南宋，朝廷节节败退，由浙江进入福建，最后在海上败亡，由此在闽南留下皇朝败亡的遗迹，也留下了不少的仕宦官兵乃至皇亲国戚，还有那些随朝廷逃难的平民，据漳州谱牒资料记载，宋末元初迁入漳州的北方移民，相当部分是随皇族南逃而隐居下来的军政遗裔。集美与漳州相邻，自然也是那时南迁中原人会到的地方。

集美开基祖陈素轩原籍河南光州固始县，宋末因避兵乱，举家直下东南边陲，来到泉州府同安县，卜居苎溪上庐，开荒垦田，并到十里外的浔尾海边放养鸭群。数年后，陈素轩儿子陈基长大成人，娶了与浔尾隔海相对的嘉禾里（今天的厦门）林氏女儿为妻子。因苎溪与嘉禾里相距较远，来往不便，陈基就在浔尾渡头择地而居。从此，陈氏家族子弟就在这块水陆兼具的土地上以务农、讨海为生，在浔江流淌的土地上繁衍子孙后代，陈嘉庚出生那一年，陈氏族人在集美已发展到一百多户人家。

　　陈氏族人大多安于亦农亦渔的生活，一直以农、渔和海蛎养殖为生，很少有到宦海官场上崭露头角的人物。但既是来自中原，继承了浓厚的耕读文化传统，又是生活于同安这个朱熹首任主簿的地方，陈氏族人便有不少人熟读圣贤书，也有未经科举便被举荐为官的人，像陈氏的第九代陈国节和第十四代陈世友就是这样的官员。

　　陈氏到第十五代的陈盛衡（一七三二至一七八四）有了个人丁兴旺的时候，陈盛衡一共生下七个男孩，比他的前辈生育的男孩多。在那个将添丁进财当作人生最大目标的时代，陈盛衡成为集美最让人尊敬的男人，他凭着自己的努力以及有多个儿子的优势，最终在集美置下了一些房产与耕地，有了一个比较富裕的家境。陈盛衡的长子陈时钦便是陈嘉庚的曾祖父，闽南人固守着家养长子的观念，将家族的希望寄托在长子身上，长子得承担起一个家族荣辱浮沉的职责。陈时钦信奉忠厚生财的百姓人生哲学，是个谦谦君子，孝敬双亲，谦待乡人朋友。他继承祖业，亦耕亦渔，享年八十四岁，这在那时算是让人羡慕不已的年龄，陈时钦的性格后来影响了整个陈氏家族几代人。陈时钦留下三个儿子，次子陈簪聚（一七九五至一八五六）是陈嘉庚的祖父，他是陈氏第十七代，他承续了父亲的诚实勤劳，而又多了些严厉，是集美陈氏族人尊敬的族长。

　　到陈簪聚这一代，闽南人的下南洋开始形成热潮，冒险到海外开拓世界的闽南前辈，在艰辛的奋斗之后传回家乡的是异邦土地上美丽的蕉风椰雨，是可以从故乡之外的土地上赚更多财富的现实，这激起了闽南青年人向往另一个世界的冲动，唤起闽南人追逐不一样生活的梦想。但陈嘉庚的祖父陈簪聚并不动心，他依然在集美承续父辈留下的渔耕生活，抚养儿女，爱护妻子，

出洋、经商、赚钱这些变得时兴的词并没有诱惑他离开故乡的土地与大海。然而，他的三个儿子陈缨忠、陈缨斟、陈杞柏就不一样了，他们不再像父辈那样固守着家乡贫瘠的土地，他们想要有新的生存空间、新的积累财富的方式，他们和许多闽南人一样，远涉重洋到了新加坡，开始了陈家的另一种生活。

陈嘉庚的父亲陈杞柏是陈簪聚最小的儿子，他出生于鸦片战争前后，是陈家的第十八代。陈杞柏到新加坡

陈嘉庚的父亲陈杞柏

后，先在哥哥的米店当学徒。闽南人下南洋是家族性的，讲辈分。一辈人接着一辈人抵达异国的土地，无论是去继承上辈人的家业生意，或者是同辈人一起下南洋求拓展求致富，都会有一种默契，那就是下一辈、小字辈要先在上一辈或大字辈的商号里当学徒，绝不会一上来就掌管家业生意。陈嘉庚刚到新加坡时，也是被父亲安排在自己的商号里当学徒，并没有立即掌管起父亲的商号。就这样，几年的学徒生活不仅让陈杞柏学到米业经营的本事，也给他后来的独立经营提供了良好的生意网络。在他自己独立门户经营米业后，陈杞柏很快就在新加坡打下了良好的商业根基。

闽南人做生意，大多从民生的日常需要做起，然后越做越大越做越广。"民以食为天"，大米是闽南人甚至大多数亚洲人的主要食物，随着新加坡和马来联邦闽南人移民的到来，人口日益增加，大米的市场需求量也越来越大。但新加坡并不产大米，大米大都来自泰国、缅甸，新加坡市场上的大米成了紧俏货，谁能掌控大米的来源把握住大米的市场，谁的获利致富就指日可待。那时，在南洋靠买卖大米、运输大米发家致富的并不在少数。像新加坡的闽

帮领袖陈金钟(一八二九至一八九二)和邱正忠(一八〇二至一八九六)也是因经营米业致富的。

　　陈杞柏独自经营米店时，陈嘉庚尚未出生，他遇上了新加坡米业的大好时期。他的商号叫顺安米店，顺安米店是个三层楼的建筑，一楼经营大米；二楼是会客洽谈的客厅，陈杞柏在这里招待来访客人与洽谈生意，也在这里阅读书报；三楼为陈杞柏食宿的家，陈杞柏就这样在顺安米店度过了二十年的时光。他从这里开始打拼，夜以继日地辛苦经营，终于打出一片不小的天地。到陈嘉庚出生后，陈杞柏开的顺安米店已赢得了巨大的利润。

　　以顺安为基础，陈杞柏一方面继续扩展他的老本行大米生意，一方面在实业上拓展业务，开了一间硕莪厂，生产硕莪（sagu，马来语，即西米淀粉）销往国外；并购置了一二百亩的黄梨园，创办了黄梨罐头制造场，产品全部销往国外。到了陈嘉庚六岁那年，陈杞柏已拥有了四十万元的资产，经济成就达到高峰，成为当年新加坡出名的黄梨出口商与包装商，有人说他的黄梨罐头出口生意占据了全星岛的百分之七十。后来，陈嘉庚来到新加坡后，在父亲商号倒闭的困境中，也是从黄梨罐头的生产与销售杀开一条血路，从而在父亲倒下的地方重新站立起来。

　　在异乡土地上奋斗的闽南人，永远都念想着故乡，他们用各种各样的方式表达着自己那割舍不断的乡愁。据说，陈嘉庚父亲陈杞柏一生经营过十八间商号，其中也有他与族人合伙开的。在陈杞柏的这十八间商号中，商号名用的不是"安"字便是"美"字，取"安"字的商号十三间，以"美"为名的商号五间，像顺安、德安、源安、福安、振安、竹安、协安、金胜美等。安是同安，美是集美，陈杞柏用故乡的名字来给自己的商号命名，而不是用通常习惯的"旺""隆""兴""达"表达一种生意上的祈盼。这种心系桑梓的赤子衷肠后来在儿子陈嘉庚身上更是被发扬光大，"久客异域，归志未达，思乡萦怀，无时或已"，正是从父亲身上承续下来的这种最为宝贵的情怀，让陈嘉庚毕生牵挂故乡怀揣祖国，毕生为故乡的父老乡亲奉献不已，成为人们心中

的"一代完人"。

伴随着生意的兴旺，陈杞柏为华人为社会做的事情也越来越多，他在新加坡华人世界的地位也赢得了重要提升。一八七八年，新加坡的陈姓华人在麦肯西路（Magazine Road）建陈氏宗祠，这是异邦土地上陈氏家族的大事。陈氏宗祠取名保赤宫，建筑堂皇气派，雕饰精美细腻，宫内供奉开拓福建的开漳圣王，前殿奉各路神仙，后殿奉陈氏先人神位。宫庙延续了故乡祖祠的功能，既是新加坡陈姓族人祭祀祖宗的地方，也是身在异邦的陈姓宗亲联谊、相聚乃至讨论裁决事情的厅堂，也可看作是新加坡陈氏人家的最高民间机构。一八七八年陈杞柏是保赤宫十八位总理中的一位，一八九八年保赤宫总理减少为八位，陈杞柏依然是总理之一，到一九〇三年，他还被宗亲委托为三位专事负责工程的总理之一，负责保赤宫筑路造亭的工程。一九〇三年华族兴建新加坡梧槽连山双林寺，陈杞柏是九名理事之一。一九〇四年，福州兴建一座佛寺，陈杞柏是新加坡发起筹款活动的三名理事之一。同济医院是新加坡第一家华人慈善医院，也是星岛上第一个由福建、广东、潮州、客家和海南等五帮共建共治的社会慈善团体，以"不分种族，不分宗教，不分国籍，施医赠药，分文不收"的慈善医疗为宗旨，在新马一带很有影响。一八九一年，新加坡同济医院在新桥路兴建时，陈杞柏也踊跃捐资，属下的所有商号都慷慨解囊相助，其中顺安一百二十元、德安八十元、协安六十元、振安五十元、福安四十元，在这个五帮共建的慈善医疗项目捐建中，福建帮的捐资有二万元之多，居于五帮之首，原因就在于有了像陈杞柏这样热心于公益事业与慈善事业的商人实业家。一八九六年，也就是在新加坡中华总商会成立的前十年，华族商人与领袖们曾设想成立一个华族的团体，为此成立了一个由四十人组成的筹备会，陈杞柏是筹备会的十三名福帮代表之一。这个项目后来流产了，但陈杞柏与其他筹备委员曾为此聚首了几次，讨论草拟过一份章程，为华人的公共事业做过一番努力。一九〇四年，由于陈杞柏商业上的成功和在华侨福帮中的地位，英殖民政府批准他为英籍民。

虽然陈杞柏在新加坡华人社会中有他突出的表现与影响力，但在当时却还不是福建帮中最重要的领导者之一，也不是华人社会中广受承认的社会领袖，但他却是新加坡华人社会许多公益慈善事业的开创者。陈嘉庚来到新加坡后，不久便成为新加坡福帮的领袖，后来又被南洋一千万华侨推举为整个东南亚华人世界的领袖，受人尊崇敬仰，这不能不说父亲陈杞柏的作为，已无意中给他留下了良好的人际与社会基础。

一九〇九年陈杞柏在故乡集美去世，那时陈嘉庚已经三十六岁，他来到新加坡已经有十九年之久。十九年的风风雨雨，已经铸就出华人世界一名杰出的实业家，陈嘉庚的商贸与制造业正处在扩张发展的高潮中。陈杞柏这位在异邦的土地上奋斗了一辈子最终却以欠债和企业倒闭作为结局的老人，亲眼看到了儿子在自己倒下的地方坚强地站了起来，并且远远超越父辈的创业成就，他心满意足，在故乡的老房子里想象着儿子的成功，欣慰地闭上眼睛，毫无遗憾地离开这个世界。

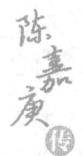

大海，生长的地方

从出生到十七岁下南洋前，陈嘉庚一直与母亲孙氏在一起，后来家中又增加了妹妹陈仙女、弟弟陈敬贤，一家人在集美老家，因为有父亲在南洋做生意，经济比较宽裕，生活比较安逸。父亲在南洋打拼，在新加坡也建立了家庭，所以一年也回不了几趟家，十七年的光阴，陈嘉庚基本是在父亲缺位的家庭中成长起来的，母亲孙氏直接抚育与影响着他的成长。

孙氏是典型的闽南女性，丈夫在他乡异国打拼，她毫无怨言地承担起既当母亲又做父亲的责任。她勤劳，任劳任怨，更重要的是识大体，凡事都会深谋远虑。她对陈嘉庚说："钱就是泉，只有流动起来才有用，只有撒播了才有价值。"这句少年时母亲的叮咛，便成了陈嘉庚一生对待金钱的态度。或许也正是父亲不在身边，倒养成了陈嘉庚从小独立自主的性格，做事能拿得起放得下。在家族的正直、忠厚与母亲的识大体的基因延绵中，陈嘉庚身上又增添了一种自强、刚毅甚至有些严厉的阳刚之气。

父亲不在家，陈嘉庚作为嫡长子，早早就有了一种家的担当，早早就懂得帮助母亲做些力所能及的事情。少年的他和渔村的小伙伴一起讨小海，一起参加田野和滩涂上的劳动。秋收时节，到田野捡拾稻穗瓜豆，海水退潮后，到滩涂上捉鱼摸蟹。最艰苦的是冬天，浅海石条上牡蛎成熟，他会和母亲一起，赤脚在滩涂上捡拾牡蛎，身置寒风冷冽之中，小腿深陷冰冷的滩涂海水之中，有时海风还会夹杂着雨点打在身上，让人哆嗦不已，几天下来，便会脚板开裂手掌疼痛。故乡的生活现实与艰苦的劳动，成了少年陈嘉庚成长的课堂，那些儿时的劳动情景磨灭不去，后来都在他亲自设计的鳌园石雕群中留下镌刻的记忆。

九岁时,陈嘉庚进私塾读书。集美属同安,同安是宋代宰相、中国古代科学家、药物学家和文学家苏颂的家乡,陈氏家族走进同安的时代,还是朱熹首任同安主簿时期。苏颂经济文章闻名天下,朱熹育才兴学师表群伦,自宋代以来,同安就被称为紫阳过化之地,海滨邹鲁之乡,历史上英贤竞立,文风鼎盛,诗赋论说炳炳烺烺,教育兴学蔚然成风。集美虽然只是个小渔村,但渔村的人们有渔村的哲学,村民们无论穷富,都相信"赐子千金,不如教子一艺",家长宁愿穷得当乞丐,也得给孩子请先生,小小的渔村,因此有着不少私人聘请教书先生来家教书的私塾。

陈嘉庚进的是他们陈氏家族办的南轩私塾。私塾先生叫陈寅,同姓人,教书只是领着学童念"书歌","牵丝拔调"(闽南话),也不解释词义不讲述内容,而且三天打鱼,两天晒网,时常缺课。闽南俗语说:"先生若不管,学童搬海反。"① 就在这样一片胡乱中,陈嘉庚在南轩私塾读了一年"书歌"。第二年,伯父陈缨斠从新加坡回到集美,办了一个家塾,请了一位叫龙詹某的人为塾师,陈嘉庚就转入自家家塾学习。龙詹某以《大学》《中庸》《论语》《孟子》四书为课本,但教学与态度与陈寅相差无几,教书一月休假半月一月,授课也只是让学童背书,不作讲解,陈嘉庚依旧没有多少收获。从九岁到十四岁,这种"念书歌"的私塾学习,让少年陈嘉庚亲身体会到了旧教育的弊端。后来陈嘉庚回忆起这段私塾学习时这样说:"旧例塾师来一月余,即回家一月或半月,所读三字经及四书等,文字既深,塾师又不解说,数年间绝不知其意义,俗语所谓'念书歌'是也。"②

庆幸的是十四岁时,家塾换了老师,同安县秀才陈令闻被聘主持陈氏家塾,陈令闻颇有才气,在同安是知名人士,他一改原本陈家私塾的教材与方法,以朱熹编著的《四书章句集注》为教学内容,对集注详细讲解,陈嘉庚顿觉有了不同的感受,他说:"至十三四岁读四书注,始有解说,十六岁略有

---

① 闽南话,意思是"老师不管,孩童造反"。
② 陈嘉庚:《南侨回忆录·未成人经过》,中国华侨出版社 2014 年版,第 406 页。

一知半解。"① 但就是这个少年时期的一知半解，却加深了他对祖国文化深沉的爱与深入心灵的体验，后来他创办集美学村与厦门大学，以及在南洋创办道南等学校时，一个最重要的出发点，便是不能让中国人，尤其是在异邦的中国人数典忘祖，忘了自己的文化自己的根。

据陈嘉庚记忆还原的南轩私塾（鳌园石刻）

然而，给予青年陈嘉庚最深刻记忆与最富有营养的并非那一本《四书章句集注》，这本朱熹的名著只是让他对于故乡的历史、对于时代的嬗变增添了一种古训与历史人道的注解。从出生到十七岁乃至整个人生，陈嘉庚生命中最刻骨铭心的是他青少年成长的故乡，故乡的乡土民情、故乡的历史文化滋养着他，抚育着他，让他永远梦魂萦绕。"久滞海外，不能回梓，思乡蒙念，

---

① 陈嘉庚：《南侨回忆录·未成人经过》，中国华侨出版社2014年版，第406页。

无日能忘。"①这是他在新加坡几十年中永远的一块心结。那一年,他从重庆、延安慰问抗战前线的将士后回到集美,登上故乡的小山岭。此时,正是太平洋战争爆发前夕,他想起自己十七年的故乡人生,想到自己刚刚进入青年就离开故乡离开母亲下南洋,想到如今祖国大地战火燃烧,日本侵略者对东南亚虎视眈眈,世界大战一触即发,命运多舛,生死难料,不禁感慨这次故乡行"是否此生最后一次乎"。后来,他专门在《南侨回忆录》中用《登高望故乡》一节抒写了这一生命的忧虑与感叹。一九三八年五月,抗战已经全面爆发,他在写给集美学校校长陈村牧的信中依然慨然写道:"振兴闽南之事业,舍我伊谁?"②那时,他已在战前的一九三六年规划好了十年的闽南建设计划,他在号召新马闽南籍华侨齐心助力闽南建设时说:"身由梓里而来,一生千辛万苦,手中得来金钱,不能分一部分以救家乡困穷族类,留作子孙乡梓之纪念,而必多多益善交后嗣,我敢武断也,已与祖宗脱离关系矣。"③在他的心目中,祖宗的血脉、传统的文化已经融化在一个人对于故乡的眷念与热爱中,"世未有不爱乡而能爱国"④,一个连自己的家乡都不爱的人又岂会热爱自己的祖国,陈嘉庚这种观念正是中国人常说的家国情怀。

　　这样的家国情怀与西方世界极不相同。法国作家雨果曾说:"发现世上只有家乡好的人只是一个未曾长大的雏儿;发现所有的地方都像自己家乡一样好的人已经长大,但只有当认识到整个世界都不属于自己时一个人才终于走向成熟。"但这是雨果站在西方的立场观察西方生活状况从西方宗教信仰出发说出的话,西方人的人生是"在路上",在一个很长的历史中,西方人没有家的概念,他们只是到了现代受到工业文明的挤压才陷入无家的困境,才越来越渴望能找到灵魂栖息的家园。像福克纳那样,许多二十世纪西方作家往往只有在"邮票般的小小的家乡"才会找到自己的灵感与灵魂。但是具有五千

①　陈嘉庚:《南侨回忆录·在安溪之集美学校》,中国华侨出版社2014年版,第262页。
②　陈嘉庚:《致集美学校校长陈村牧先生函》,1938年5月2日。
③　陈嘉庚:《倡建闽南十年计划》,《南洋商报》1936年12月27日。
④　陈嘉庚:《谨告集美学校诸学生函》,1926年11月5日。

年文明的中国就不一样了，社稷江山国家，社稷是江山，国是家，家是国。故土难离，那些不得不离乡背井到异邦的土地上奋斗的华人，他们离开故土越久越远，越是会像离开母体的孩儿一样，眷念故土热爱祖国的情愫就越是强烈，他们在异邦土地上的奋斗经历让他们更清楚，个人的命运与国家的命运紧紧地连在一起。这样的情怀这样的赤子衷肠，在陈嘉庚身上表现得更为典型，乃至在选择集美学校、厦门大学的校长时，他都坚持要用福建人。到底是怎样的一种力量，让这位走向世界的中国人，怀揣着这样的一种特别的情愫，有着如此的赤子衷肠，这还得从"一方水土养一方人"说起。

陈嘉庚的故乡是同安集美，晚清时期的同安不仅包含集美、厦门，还包括今天漳州的角美一带，这是闽南金三角的一块主要地域。闽南话说"离乡不离土"，是闽南这块土地和这块土地上的文化赋予陈嘉庚如此深沉的文化情怀，也最早地淬炼了陈嘉庚独特的性格与品格。

闽南文化流淌着黄河的血脉，历史上的几次中原人迁徙南移，带来了儒家文化扎根闽南，仁、义、礼、智、信这些儒家本源性的价值与伦理，在中原的"马车、珍珠、丝绸"替代了闽南土著的"驶舟、贝壳、文身"之后，深深地嵌入闽南人的生活习俗之中，儒家文化也成了整个闽南区域信奉的天道与人道，对闽南人的日常生活与内心世界发挥了主导性影响力。在漫长的历史演变中，闽南社会一直把接受儒家正统文化置于社会文化的核心位置，而且，当中原主流文化在宋明以来日益走向虚伪保守的时候，闽南区域因为远离政治文化中心的边陲性，以及面向海洋的开放性，闽南文化较少或较缓慢地受到中原地区主流文化历史变迁的影响和制约，而像闽南话保留着最本源性的古代汉语一样，闽南文化能够较多地体现儒家早期许多具有生命力的因素，甚至有许多中原古文化已在发源地逐渐式微甚至湮没，而在闽南被完整地保存下来。所以，在很多场合很多事件中，闽南人会体现出讲信义、重然诺、慷慨好善的风范。陈家从祖上就信奉儒家的人格、伦理、价值，陈嘉庚又深受朱熹《四书章句集注》的影响，更是以儒家的天道人道为信条。

但闽南文化不是北方儒家文化的单一复制,闽南面朝大海,原本又有着百越民族海上生存的独特民风,这就形成了闽南文化与大海精神相吻合的敢闯冒险与扩迁开拓精神。作为农业文明的代表,中原的传统是固守家园,与土地结下不解之缘,但闽南社会的形成与中原的迁徙扩展紧密相连,安土重迁的观念不那么牢固。更重要的是闽南襟山面海,身置大海环境中的闽南人,从小就看惯波涛汹涌,习惯在飓风与大浪中搏击人生,习惯在辽阔的海洋中追求快乐,也养成了吞吐波浪的海一般的胸襟与情怀,加上因山高皇帝远、远离政治文化中心而形成的敢闯爱拼精神,这就让闽南人的黄河文化血脉中平添了许多天风海涛的精神品行。"危樯高舰,出没驶风激浪中,脂腻所归,无所畏苦"①,这些地方志上的描述,真切地体现出闽南人"恬波涛而轻生死"的大海性格。

历史上,闽南一带一直是人多地少,"襟山带海,田不足耕",素来有"三山六海一分田"的说法,生产生活空间比较逼仄。在这种恶劣自然环境的逼迫下,带着敢闯爱拼的文化个性,从十六世纪开始,闽南人便凭借面临大海的便利,走出故土,踏浪闯海,到海外世界去寻找生存的土地与发展的空间,扩迁的足迹遍及海内外,尤其是东南亚地区,史称下南洋。而且,正如明人冯璋《通番舶议》中所写:"泉漳风俗,嗜利通番……造船出海,私相贸易。"闽南人早早就形成在大海上贸易和海外通商的传统,将生意撒往海内海外。宋元时代,泉州刺桐港是东方第一大港,为古中国重要商埠,是海上丝绸之路重要口岸。刺桐港的繁荣带来了闽南与各地以及海外贸易的大发展,大量外国人入闽经商,又给闽南文化增添了许多新的因素。

到明清时期,朝廷时而禁海时而开放海禁,但无论什么情况,闽南人都"以贩海为生",从不放弃下海经商。海禁较为松弛或开放海禁时,他们往来于东西洋之间与中国沿海各地,从事商业贸易活动,是商人身份;一旦禁海,他们也不顾"充军、处死之条",结党下海,其中的一部分人不得不转商为

---

① 乾隆《龙溪县志》卷十,《风俗》,《中国地方志集成》,上海书店出版社2000年版,第100页。

盗，既做买卖，也会杀人越货，像明末思想家顾炎武所说"入海为盗，啸集亡命"，所以在封建正统的历史中，闽南人常常被朝廷看作是"刁民"。这些"刁民"逼得明穆宗朱载坖在九龙江开了个口，允许漳州的月港开设"洋市"，"准贩东西二洋"，月港也就这样兴旺起来。

敢冲敢闯敢拼，慷慨厚德好义，扩迁开放重商，这些便构成了闽南文化与闽南人的典型性格。彰往考来，当我们细细揣摩陈嘉庚一生的历程，触摸这位伟大人物内心的时候，我们就会深有感触，那颗如今在苍穹上熠熠闪光的巨星，原来与他生长的土地有着这么紧密的联系。

镌刻在陈嘉庚内心与影响了陈嘉庚一生的，还是故乡以及周边那片大海所喷涌而出的历史与人物，因为那是中华民族一段辉煌的海洋历史，是这历史中一些足以让中国人乃至全世界都赞叹不已的人物。那一段历史发生在大航海时代到来的时候，那一些人物实际上是闽南的郑氏家族——郑芝龙与郑成功父子及其组织的海商集团。在十七世纪的时候，闽南海疆与台湾海峡所发生的由郑氏集团创造的海上传奇，不仅改变了陈嘉庚的故乡，也改变了中国，乃至改变了当时整个世界的海上格局，对陈嘉庚影响极其深远。

事情还得从前些年学界的一个发现说起。二〇〇八年一月，美国历史学家巴契勒访问牛津大学博德利图书馆（Bodleian Library）时，从一本古老的书目里看到该馆藏有一份十七世纪的中国古地图，于是该馆东方部主任何大伟经过一番折腾，从图书馆地下室的旧书堆中一个纸箱里找到这份地图。人们惊讶地发现，这份三百年前的古地图，其绘制的地理准确性并不亚于现代地图，但更吸引世界上众多学者关注的是地图的特别之处。这份中国古地图不像现代的地图那样以陆地为中心，而是以海洋为中心，在这幅以海洋为中心的地图上，绘制了许多航线，标出六条东洋航线和十二条西洋航线，它们从中国闽南出发，穿越海洋，前往世界各国，让人们想起古老中国正在将陶瓷、丝绸、茶等货物，源源不断地运往五洲四海，想象出历史上海上丝绸之路的繁荣。地图发现时，人类已进入二十一世纪，全球化浪潮汹涌澎湃，海洋发展成为人类关注的重要问题,大航海时代成为人们热衷的话题,这幅准确表现古中国与东洋西洋地区关系的海图,因而引发了学界的讨论。

古地图是一六五九年进入博德利图书馆的,在这之前,它是一名叫作塞尔登的英国律师的收藏品,所以命名为"塞尔登地图"(The Selden Map),但北京大学教授林梅村却将它命名为《郑芝龙航海图》,他认为,这份古中国地图是郑芝龙绘制的,其理由是图中的航线,就是明代郑芝龙所建立的海上帝国通往世界各地的航线。于是,一段中华帝国的海上传奇浮出海面。这一段传奇,长期以来虽然很少被学界完整提起,但在闽南的乡镇渔村,却通过大榕树下宗祠中的讲古,通过前、后辈人茶余饭后的代代相传,深入普通百姓心里,在闽南故乡成长起来的陈嘉庚,也是在故乡郑氏海上帝国的熏陶与激励中成长起来的。

那是发生在明末清初的海上历史。自一四九二年哥伦布登上了美洲的陆地,一个地球上不再会有遗世独立人群的时代开始了。但恰恰是在这个时期,那个已经有了郑和七次下西洋的东方帝国,却自动放弃了大海,防御起大海,封闭了大海,从世界的大航海时代中退却下来。然而,也就在这时,并不处于古老中国中心位置的闽南,一个海上帝国正在逐步成长起来。

大航海同时带来了大殖民,凭着航海强大起来的荷兰、西班牙、葡萄牙等西方国家踏浪东来,企望着占有西太平洋中的陆地岛屿,荷兰东印度公司、西班牙东印度公司、葡萄牙东印度公司相继出现。以"海上马车夫"形象出现的荷兰如日中天,荷兰东印度公司一面以台湾热兰遮城为据点,一面不断向福建沿海拓展势力,企图占据"遂成扼要"的厦门港。一六二二年十月十八日,荷兰舰队突袭厦门港,荷兰人在《东印度事务报告》中称:"我们的人决定,在此地向中国开战。结果摧毁八十艘帆船,其中包括二十六艘战船。虏获中国人八十名。缴获六十门炮和许多武器。"荷兰人还洗劫了鼓浪屿,洗劫之后,荷兰战舰封锁了澳门和马尼拉,以此阻断葡萄牙人、西班牙人与中国之间的贸易,以达到荷兰"对大部分贸易的垄断权"。

此时，中国东南沿海崛起了以闽南人为核心的郑芝龙"海寇"集团。一六二六年春天，郑芝龙的船队从台湾海峡切入金门料罗湾，直冲厦门而来，大败明军，开始将新兴的厦门港作为郑氏集团的基地，学习荷兰东印度公司，拓展海上力量，不到一年便从"数十船……且至七百，今且千矣"，百姓"归之如流水"，逼得明王朝不得不利用郑氏的力量来抵御外敌的入侵。一六二八年，郑芝龙"受抚"，朝廷授予海防游击之职，郑氏舰队变成明王朝水师，原本的"海寇"获得合法存在，中国海商赢得最大发展机遇，这时期恰逢荷兰在亚洲海洋活动的高峰期，郑氏集团与荷兰东印度公司的冲突很快白热化。

一六三三年十月，由五虎游击郑芝龙担任前锋的郑氏集团一百五十多艘战舰，在金门料罗湾与荷兰人及其海盗联军决战，荷兰人的头领普特曼斯以为郑芝龙的舰队不是洋枪洋炮的荷兰舰队对手，却不料郑芝龙的大型火攻船"如狂悍而决死之人那样"，勇猛地撞击荷兰舰队，荷兰人大败而逃。《明史》载："崇祯中，（荷夷）为郑芝龙所破，不敢窥内地者数年。"这是大航海时代到来后中国与海上入侵者最大的一场海战。海战之后，荷兰人在海上有恃无恐的日子结束了，船队规模超过三千艘的郑家军队，成为西太平洋地区最大的海上力量，几乎控制了大半个太平洋的航运与贸易，台湾海峡成为郑芝龙的内海。由此，郑氏集团缔造出一个东方前所未有的"海上王国"，让中国人第一次具有近代海权观念。

遗憾的是，郑芝龙"海上王国"强大之际，遭遇的却是明王朝的衰弱之时。一六四〇年，李自成起义，起义军最终攻破北京，清兵趁机入关，建立清朝。一六四六年，清军进入福建，以闽粤总督之职的许诺招降郑芝龙。十一月，郑芝龙带五百名随从前往福州向清军投降，白天清军以盛大礼仪欢迎郑芝龙，晚上清军偷袭郑营，将郑芝龙挟往北京。之后清廷实施海禁，企图以此控制东南沿海，郑氏集团打下的海上控制权，再次受到荷兰人的蚕食。

郑芝龙身陷囹圄后，密书二十二岁的儿子郑成功"众不可散，城不可攻"，将希望寄托在儿子身上。郑成功本来就坚决反对父亲投降，指责父亲

"投身虎口",父亲遭遇诱捕后,他接收父亲留下的队伍,力挽狂澜,拯救郑氏集团于危难之中。一六四七年的一天,二十三岁的郑成功统领一支船队,占领了蕞尔小岛鼓浪屿,并以此为基地,重新聚集郑家势力,训练水军,重建权威,进行战略选择。

此前,郑芝龙、郑成功拥唐王为隆武皇帝,建立南明王朝,展开反清复明大业,由此郑成功被隆武帝赐国姓"朱",故有国姓爷之称。隆武帝在汀州遇难后,永历帝在西南继位,郑成功得以继续奉明正朔,精神大振,他承续郑氏集团的"据险控扼,选将进取,舟师合攻,通洋裕国"的凭海复兴战略,连克同安、海澄、漳浦等地,夺取思明(厦门),接管金门,实力迅速增长。与此同时,波涛中成长起来的他,继承父亲创建起来的海洋霸业,大举重出外洋,日渐收回丢失的制海权。到一六五三年,郑成功已拥有"舳舻千艘,战将数百员,雄兵二十余万",他的舰队同时是贸易船队,比当时荷兰东印度公司在亚洲地区的实力(四十艘船)强大得多。

新中国成立后,陈嘉庚带人视察集美当年郑成功军队安营扎寨的延平故垒

重新强大起来的郑氏集团再次执行郑芝龙时期创立的制度，对进入同安、金门、思明（厦门）海域及台湾海峡的外国船只征收"牌饷"，相当于今天的贸易许可证费用和关税费用，西班牙船每艘每年白银三千两，东洋大船二千一百两，小船五百两，至于老对手荷兰，则采取贸易封锁的办法。

一六五六年九月，郑成功借助于荷兰人海上掠杀中国船只事件，正式实施贸易禁令，禁止所有船只与荷兰人交易，荷兰人在东方的贸易体系由此陷入瘫痪。郑成功迅速将郑氏的海上贸易网络覆盖到整个东南亚，发扬光大父亲拓展海洋的大业，称雄于大洋之上。一六五七年，荷兰东印度公司的报告显示，他们在东南亚、日本都遭到郑氏集团的挤压，郑氏集团在马六甲和巴邻庞等地取得了贸易垄断权。荷兰东印度公司万般无奈，只得派台湾商馆通事何斌来到思明州（厦门），请求郑成功取消贸易禁令。荷兰人万万没有想到，四年后，强大的郑成功舰队跨过海峡，东征台湾，"招讨红夷"，驱除荷虏，收复了台湾。

郑氏集团在东南沿海创造出来的这段历史，是中国历史上继郑和下西洋之后再次夺得海洋发言权的非凡表演，他们以"大海为天堑"所抒写的十七世纪海上传奇，是那些以贩海为生的闽南人的永远骄傲与永恒记忆，构建了东南沿海世世代代人的胸襟与胆略，甚至在闽南乃至更广阔的区域，成为一种民族的集体潜意识。

出生与成长在这段历史发生的地方，陈嘉庚的生命中自有挥之不去的郑氏集团积淀。一九二〇年，陈嘉庚为厦门大学选址，他一眼就认定已是荒冢之地的五老峰下的几千亩土地，将它作为"欲与世界各大学相颉颃"的厦门大学校址，因为那片土地曾经是郑成功训练虎兵的演武场；一九二二年，陈嘉庚建集美学校办公楼，他将楼房选址于郑成功军队安营扎寨的"寨内社"，因为郑成功曾被封号为延平王，陈嘉庚就将集美学校办公大楼取名为延平楼，并在楼前的一块大石上刻下"延平故垒"四个大字，以此来表示对郑成功的纪念。这之后，陈嘉庚在集美学校不遗余力地创建了集美航海专科学校，在厦门大学创建了中国最早的海洋系,这一切,都与陈嘉庚生命中深刻的历史记忆和郑氏家族的海上神话有着直接的关系。

大海啊故乡,故乡是生命的根,是灵魂的栖息地。

第二章

困境中崛起的实业家

陈嘉庚传

Biography of Tan Kah Kee

叩生意的门

经过近一个月的海上颠簸，陈嘉庚踏上新加坡，这个一八九〇年的深秋，年轻的陈嘉庚首先感觉到，他来到的这块土地依然停留在夏季，天气依然炎热。

扼守着马六甲海峡咽喉的新加坡（Singapore），英文原意是狮子城，又名"星洲"，地近赤道，常年处在炎热的天气中。这里古称淡马锡，在爪哇语里，这是"海市"的意思。因为是"海市"，那些热衷于海上冒险与贸易的闽南人便早早地来到这个岛上。公元一三三〇年前后，一名叫汪大渊的闽南人来到这块蛮荒的地方，也不知是巧合还是冥冥中的一种暗示，他把这里称为"龙头"，这个"龙头"之称恰恰与几百年后到来的陈嘉庚的故乡集美一样。十四世纪，新加坡建立了马六甲苏丹王朝，属柔佛州管辖，苏丹王子在这里发现了狮子，新加坡便渐渐进入人们的视野。一六一三年，在海上崛起的葡萄牙人来过这里。一八一九年，英国东印度公司的斯坦福·莱佛士登陆新加坡，用五百块葡萄牙银元买下这个岛城。由于莱佛士的这笔"买卖"，这个岛国开始飘起"日不落帝国"的米字旗，隶属海峡殖民地，受英国直接统治。之后，蒸汽船出现，苏伊士运河开通，欧洲通往远东的孔道新加坡便成为欧亚之间的重要港口。到十九世纪末，新加坡获得了前所未有的繁荣，贸易增长了八倍，成为全球主要的橡胶出口及加工基地，时任英国首相的温斯顿·丘吉尔称她是东方的直布罗陀。

东方直布罗陀的繁荣，带来的是对人口的大量渴求，于是，原本就跨洋过海闯世界的中国沿海地区的人们，特别是闽南人便接踵而至。他们在先驱者的鼓动下，成群成群地来到南洋群岛的菲律宾、印尼、新加坡、马来西亚等国家。因为那时的南洋群岛诸国，正在被最先从海上崛起的西班牙、葡萄牙、荷兰以及后来居上的英国开发着，成为这些西来国家的殖民地。此时，在初来乍到东方的西方人眼里，中国人在所有事情上都很有天赋，非常勇敢、勤劳、聪明与智慧，这些踏浪而来东方的殖民者，对中国沿海的人们产生了极大的兴趣，而自明代以来就与航海贸易紧密联系的闽南人，也机敏地看到南洋岛国诸多发家致富的机会。于是，一个史称"下南洋"的移民潮在十九世纪再度出现。

"下南洋"是大规模的海外移民活动，如同走西口、闯关东一样，它是人类世界移民史上的一次壮举。在跨文化的南洋开发史上，下南洋的中国人是富有韧性的一群人。他们离开大陆，走向群岛，有时是因为生存压力，更多的是一种心理惯性，一种向外开拓新世界的举动。

二十世纪初的新加坡福建街

十九世纪来到新加坡的中国人，或以契约劳工或者自由劳工的身份出现，或从人们日常需要的小生意做起，他们在这个终年有热无寒、有风有雨而无飓风无淫雨的岛国上，只要一领单衣、三餐米饭，有个寄居之所，无论是旅社客栈，还是亲朋之家，便可生存，便可伺机发展。加上那时来去方便，不需护照，也无须办理繁复手续，一年春夏秋冬都可以入境，所以来到新加坡谋生发展的华人特别多。陈嘉庚踏上这片土地的时候，街上跑的是上海造的人力车，来来往往的是留着长辫子穿着长衫马褂的中国人。那时，新加坡人口有百分之六十以上是中国人，这些中国人分为福帮、潮帮、客帮、广东帮和海南帮，人称五帮，而福帮人最多，而且大多数是闽南人。

陈嘉庚是陈家到新加坡的第二代人，父亲陈杞柏已经在新加坡打出一片天地。他设在新加坡吊桥头的顺安米店已具备一定规模，其他产业也正在拓展。陈嘉庚来到新加坡，被父亲安排在陈家起家商号顺安米店，跟着族叔陈缨和学做生意，先从领货与记货账做起。陈嘉庚做事认真规矩，领货绝不延缓，记账清清楚楚。几个月后，父亲就让他管理外柜货款。

顺安米店常年从泰国、越南和缅甸采购大米，从海上运到新加坡后，再批发给当地的零售米店，也供给当地居民食用，大大小小的交易繁多，进进出出的钱款复杂，但陈嘉庚做得笔笔准确，毫无失误。于是父亲又给他加码，让他兼做米店的书记，将生意上的来往函件与单证交给他处理，一年下来，陈嘉庚也是把各种事项做得稳稳当当、妥妥帖帖。父亲很是欣喜，便放心地让他帮助族叔打理顺安米店的全部业务，陈嘉庚也在实际经营中得到全方位的锻炼，学珠算，做簿记，掌握资金周转，了解采购销售，探听商务行情，熟悉银关账期，贴身店务管理，事事虚心求教，项项潜心研究，努力掌握着商场上的丝丝缕缕。两年后，顺安米店经理、族叔陈缨和回乡，十九岁的陈嘉庚遵照父亲的意愿，担当起经理的责任，掌管起有着十多万元资产的店业。当年，新加坡的"叻币"币值很高，一元叻币能够购置八百平方米的空置山地，顺安米店的十多万元实际是一笔很大的数字。

陈嘉庚接手顺安米店后，陈杞柏虽没完全放手，却不再直接管理米店业务，他在一旁关注着儿子的成长，提供点经营的经验。上任一年后，父亲欣慰地看到了儿子为顺安米店赢得万元利润，他放心了。陈嘉庚也觉得自己勤勤恳恳,恪尽职守,没有辜负父亲的期待。在回忆起这段学做生意与开始自己掌管商号的时光,陈嘉庚说:"自来洋及回梓三年,守职勤俭,未尝妄费一文钱,亦无私带一文回梓,执权两年,家君未尝查问。在膝下三年,终日仆仆于事业,亦未曾撄其怒也。"①

也就在这个时候,母亲要召回儿子回乡结婚。在闽南,男孩子长到十八岁就到了成人的年纪,而成人的标志便是结婚建立家庭,尚未结婚的男子,即使到了三十岁,也还不是成人。母亲孙氏为儿子选好的新娘叫张宝果,是同安县板桥乡秀才张建壬的女儿,与陈家算得上是门当户对。

公元一八九三年十月,陈嘉庚回到了阔别三年的故乡,这又是一个金色的秋天。这一天,颍川世泽堂张灯结彩,鼓乐齐鸣,陈嘉庚身穿长衫马褂,肩披绣球红绸,带着蕉风椰雨,迎娶自己的新娘。此时的陈嘉庚跟三年前相比,已经变得异常成熟庄重,天庭饱满,身体健硕,满面春风。

陈嘉庚的原配夫人张宝果

第二年,当颍川世泽堂的大红灯笼还高高挂着的时候,陈嘉庚夫妇为陈家添了一个男宝宝,取名厥福。

这次回乡完成终身大事,让陈嘉庚有了两年宝贵的故乡生活,他与妻子在故乡度过甜蜜的新婚日子。而且,他还利用这个机会,请了私塾老师补习国文经典。一八九五年夏天,他告别母亲、妻子和妹妹仙女、胞弟敬贤,第二次前往新加坡。此时,父亲创下的顺安商号已经开始离不开他了。

再次离开集美之前,年轻的陈嘉庚给故乡留下了一份礼物。这份礼物是陈嘉庚一生兴学不止的序曲。结婚后,新郎陈嘉庚发现除去结婚花费后自己

---
① 陈嘉庚:《南侨回忆录·未成人经过》,中国华侨出版社2014年版,第407页。

还余有二千大洋的积蓄，他决定用这二千大洋给故乡办个学塾，将那些分散在各家各户私塾中与没能读书的孩子们集中起来。陈嘉庚将这所学塾取名为"惕斋"，并在学塾大门的两旁门柱上刻下两副楹联，一联为"惕厉其躬谦冲其度，斋庄有敬宽裕有容"，另一联为"春发其华秋结其实，行先乎孝艺裕乎文"。"惕斋"源于《周易·乾》中的"君子终日乾乾，夕惕若厉，无咎"。原意是君子始终是白天勤奋努力，夜晚戒惧反省，虽然处境艰难，终究没有灾难。"惕斋"之名与两副楹联，道出了陈嘉庚的诚心用意，他希望故乡的孩子们能通过读书学习，摆脱愚昧，成为勤勉努力、时时反省、谦以处世、行以

惕斋学塾及其楹联

孝文的有修养讲文明的人。后来陈嘉庚在《南侨回忆录》的弁言中特别提到："自廿岁时，对乡党祠堂私塾及社会义务诸事，颇具热心，出乎生性之自然，绝非被动勉强者。"①

日乾夕惕，谦冲其度，有敬有容，行先孝文，陈嘉庚带着人格理想，第二次离开故乡，前往新加坡，开始了一段极其艰辛的创业历程。

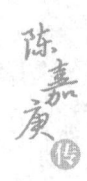

---

① 陈嘉庚：《南侨回忆录·弁言》，中国华侨出版社2014年版，第1页。

国难家不幸

一八九五年，清光绪二十一年，这一年的夏天，二十二岁的陈嘉庚再次踏上那个永远是夏天的星洲，继续在顺安商号任经理。

虽然父亲在名义上还掌管着顺安商号的全局，实际上顺安的所有经营已经逐渐交到陈嘉庚手里，顺安的运行不仅顺畅，而且在逐年扩张。两年后，陈嘉庚将硕莪厂顶给别人，腾出资金与手脚在柔佛办了一家黄梨（菠萝）厂，买下数百英亩的山地，开辟数处黄梨园，种植黄梨，制造黄梨罐头食品，同时将米厂规模扩大。生意发展了，但顺安的经理陈嘉庚心情并不振奋，他时不时会叹口气，心里像是蒙上一层阴影，似乎在忧患着什么，要摆脱什么，他那年轻的生命正随着自己的成长，越来越浓厚地烙上一种家国的耻辱。

陈嘉庚第二次踏上新加坡的那年春天，阴云蔽日，淫雨绵绵，中日甲午战争中，泱泱大清帝国失败了。曾经扬威于北方海疆的北洋舰队全军覆灭，中国陆军也一败再败，日军直逼京畿，不知所措的清廷不得不派李鸿章赴日签订《马关条约》。四月，李鸿章脸上绑着绷带，带着未愈的枪伤回到中国，他知道自己已经成了民族的罪人，因为他签订的条约是一个十足的卖国条约：中国承认日本对朝鲜的控制，割让辽东半岛、台湾全岛、澎湖列岛给日本，赔偿军费二亿两白银，开放沙市、重庆、苏州、杭州为商埠，允许日本在中国通商口岸开设工厂。偌大的清王朝，竟然败于蕞尔岛国日本之手，一种亡国亡种的危机笼罩着华夏大地，一把达摩克利斯之剑，悬在了每一个关心国家、富有良知的中国人心头。

耻辱接踵而来。第二年，也就是一八九六年（清光绪二十二年），又一个丧失国家主权的条约签订。依旧是李鸿章，在他率使团赴俄国参加沙皇尼古拉二世的加冕典礼时，他与俄国秘密签订《中俄密约》，"密约"表面上是中俄携手对付日本的军事同盟，实际上是俄国借助密约单方面获得种种权益，特别是修筑中东铁路之权，趁机将俄国势力渗入东北三省。因此，当四年后八国联军入侵北京时，最先攻破北京第一道城门东便门的恰恰是沙俄的军队。再次来到新加坡的陈嘉庚，在自己的商号得到进展的时候，却遇到了自己的祖国一次次被蚕食的现实，他怎么也兴奋不起来。

实际上，早在陈嘉庚九岁时，他就有了一口咽不下去的气。那年是一八八四年（清光绪十年），七月，法国远东舰队在司令孤拔率领下，进入福州马尾港。法国军舰十艘，总吨位约一万五千吨，装备后膛炮七十门，还配备了当时最先进的机关炮；那时，中国军舰虽然有十一艘，但总吨位只有九千八百余吨，装备的五十余门火炮，基本是前膛炮，而且，中国军舰动力大都采用立式蒸汽机。七月初三下午一时五十六分，突然一声炮响，一发由法国旗舰"窝尔达号"发出的炮弹飞向停泊在数百米外的福建水师的军舰，随后，法国十艘军舰一起发射，福建马江一时硝烟迷漫，炮声震耳欲聋，马江之战爆发，史称甲申之役。福建水师的旗舰"扬武号"首先遭受重创，接着又被鱼雷击中，沉入江底；"振威""福星""福胜""建胜""永保""琛航""伏波""艺新"等炮舰、蚊子舰、运输舰也相继被法国军舰击沉。海战中，许寿山、陈英、叶琛、林森林等一批管带率领兵士壮怀激烈、英勇顽强地拼死一战，终究还是挽救不了快速失败的战局。仅仅半个小时，福建水师就几乎全军覆灭，阵亡将士达七百九十六人，清王朝接近二十年才积累起来的海上军事力量，顷刻灰飞烟灭。

九岁的陈嘉庚惊闻这场离故乡不远的海上败仗，少年的他与大多数国人一样，对清廷的海上力量开始失掉了信心，这场预示着清王朝水师覆灭的战争，深深刺痛了少年的心。到他二十二岁时，一场败得更惨的甲午海战发生了，一个丧权辱国的条约被迫签订，这让在海边长大的陈嘉庚更是痛心不已，想到厦门海域与台湾海峡曾经有过的海上辉煌，想到郑成功父子曾经建立起来的海上帝国，想到最早从海上起家的荷兰、葡萄牙、西班牙的东印度公司曾经如此屈服于郑氏集团的海上王国，青年陈嘉庚的内心，激起一股"四万万之民族决无甘居人下之理"的阳刚之气，历史的光荣与历史的耻辱碰撞，激荡着一个中国年轻人的心。后来，陈嘉庚在他的回忆录中，一笔笔地记下了一八四〇年以来列强瓜分中国领土的罪状，记下中国一次次丧失主权的历史。这是一份刻骨铭心的记录，它记载着一位在异邦土地上奋斗不已的中国人跨越两个世纪的身之患、心之疾。多难兴邦，一个国家，只有记住苦难承受苦难，才有重新振兴的希望；一个人，只有心有国难，心存忧患，才能超越自我的局限，从而展示出一个更开阔的格局，更高远的境界。

国难连着家的不幸。一八九七年冬天，一场瘟疫向集美袭来，秽气熏蒸，瘟疫横行，慈母孙氏猝然染病去世。此时，新加坡的顺安商号正处在发展的关键期，硕莪厂顶人，黄梨厂开张，房地产月进两千，产业在扩展，但银关困顿，资金流动不畅，身负重任的陈嘉庚寸步不离顺安，父亲陈杞柏觉得企业无人管理不行，对三姨太苏氏的耍钱赌博也不放心，就不准陈嘉庚回乡奔丧，母亲的遗体只能按照家乡的风俗，停柩在家，由陈嘉庚夫人张宝果与弟弟陈敬贤、妹妹陈仙女昼夜守灵，等待陈嘉庚的归来。不久，妹妹也因逃不过瘟神的肆虐，跟着母亲离开人间，陈家陷入两位亲人接连离世的哀痛中。这年，陈嘉庚二十四岁。

一八九八年秋天，族叔再次到新加坡，陈家商号的管理有了替手，陈嘉庚急忙赶回故乡。在集美，陈嘉庚补行七天守灵礼仪，出殡埋葬了母亲、妹妹的灵柩，并按照风俗请了僧人为逝世的亲人做了佛事。

就在陈嘉庚回乡奔丧的这一年，同是福建人的严复译作《天演论》问世。《天演论》是英国生物学家、哲学家赫胥黎在牛津大学的讲稿，以达尔文学说为基础，将生物界"物竞天择"的发展变化推而广之，认为弱肉强食、优胜劣汰也是人类社会的真实写照。面对列强瓜分、亡种亡国之危局，严复特意翻译《天演论》宣扬"物竞天择，适者生存"的"进化公理"，这就像在老中国思想界的沉沉黑夜中，举起一把冲天火炬，照亮正在寻求复兴之路的仁人志士的心胸，给了中国人一种对世界全新的看法。奔丧中的陈嘉庚，没有想到他后来也深受"天演论"的影响，焦急地思考如何才能让"四万万之民族""不遭天演的淘汰"，祈望着"中华重光之一日"。

　　回乡奔丧，面对瘟疫夺走母亲、妹妹和许许多多乡亲生命的现实，最刺痛陈嘉庚的是乡亲的愚昧无知，是病魔在家乡的肆无忌惮，是家乡不堪的卫生与乡亲们生活的凌乱。他又想起自己十岁那年的惨景。那一年，闽南发生大旱灾，灾情带来了瘟疫流行，集美村陈氏宗族三十余家一百多口，有一半人被夺走了生命。十几年过去了，故乡依然如旧，母亲、妹妹依然死在瘟疫的横之下。对照新加坡，那个大英帝国殖民下的东方狮城，他更体验到家乡的落后，族人的不开化不文明。

　　回乡奔丧的第二年，他带着胞弟陈敬贤和妻子张宝果、儿子陈厥福第三次前往新加坡。这一次再到南洋时，青年陈嘉庚就更加牵挂起自己生于斯的集美社，对家乡积淀下一种深深的忧患与焦虑，他暗暗下了决心，将来一定要对家乡做一番全新改造。

在父亲倒下的地方站起来

带着对故乡的忧患与焦虑,陈嘉庚于一九〇〇年冬再次回到集美。这次回来,他的主要工作是迁徙母亲坟墓,改葬先慈,也考察一下故乡有无可投资的空间。这时陈嘉庚二十七岁。

此时的新加坡顺安商号,经过陈嘉庚三年的惕厉奋进、细致经营,发展更为显著。房地产逐月可收三千余元,顺安米店兼营外埠生意,生意有了较大拓展与起色,商号名下增加了金胜美、庆成白灰店两店,陈嘉庚自己说生意上出现"十余年最宽松之景"[①]。

这一年,厦门市区发生一场火灾,大火燃烧了一天有余,千余家商店毁于一旦,残垣断壁布满街衢,焦土塌砖堆积成山。人们将大火焚烧后的焦土残渣清理到海里,不到一个月时间,竟然在海边填出一块三万多平方尺的实地,官府以实地出售给商家。陈嘉庚察觉到这是在家乡投资的机会,便函告父亲并征得父亲的同意,以一万元买下一片土地,用三万余元建筑三十多间店面。不料这笔买卖引起了台湾籍民的眼红,他们便依仗日本人的势力,要抢占这片土地与商店。陈嘉庚不得不推迟回新加坡的时间,与台湾籍民对簿公堂。

陈嘉庚在家乡的官司打赢了,但他没有想到,新加坡顺安商号的生意做糟了。一九〇三年,陈嘉庚三十岁,赢了官司的他兴冲冲地从厦门赶回新加坡。然而,新加坡迎接他的是顺安生意的一片破败景象,父亲一生打下的商业江山,一夜间化为乌有,债台高筑。三十而立,而立之年的陈嘉庚却遇上了商场上的风刀霜

[①] 陈嘉庚:《南侨回忆录·回梓葬慈亲》,中国华侨出版社 2014 年版,第 408 页。

剑，陈嘉庚写道："余卅岁夏末，厦门建筑事完竣。七月初作第四次南行，甫入顺安店门，即感觉状况大形衰退，各事凌乱不堪，似无人管顾。"陈嘉庚忙去拜见父亲，年迈的父亲一脸沮丧，也不知这飞来的横祸到底怎么回事，见到久别的儿子，"亦无欣容快意"；他去见经理的族叔，只见族叔"身染麻木之疾，神气丧失"①。陈嘉庚只得一头扎进顺安，账一笔笔查，人一个个询问，终于了解到他不在的这三年顺安商号的实情。

原来在这三年间，地产跌价，顺安的主要借贷的印度商却提高借贷利息，收入亏损，付出增多，这是父亲债台高筑的主要原因；其二是管理不善，因为陈嘉庚有三年时间居留故乡集美，父亲则年迈多病，已经不能像过去那样照管生意，店务管理虽然交给族叔，但面对家族企业，族叔并不敢放手管理、大胆监督，这致使陈杞柏三姨太及其养子管辖的金胜美店与庆成白灰店的店务一塌糊涂；其三是三姨太及其养子侵用公款，滥用商号资金，不仅管理的两家店一败涂地，而且侵用公款赌博。陈嘉庚坦然指出，在一九〇一年至一九〇三年他不在新加坡期间，三姨娘及其养子挪用了超过十万元的公款，造成了顺安的关门。就这样，父亲从一八七〇年便胼手胝足创下的基业塌了，顺安商号关门。关门时，公司的坏账加上银行押款，陈杞柏名下的负债总数达二十五万元。

顺安关门后，陈嘉庚如果就此结束父亲原有的产业，作为儿子，按照英帝国的法律，他也无须去偿还父亲的债务，他完全可以躲开债项，另辟途径，从零做起，摆脱父亲债务的瓜葛，这是一桩多么遂心的事。然而，陈嘉庚却出人意料地挺身而出，决心自己来偿还父亲的一切债务，他说："家君一生数十年艰难辛苦，而结果竟遭此不幸，余是以抱恨无穷，立志不计久暂，力能做到者，绝代还清以免遗憾。"②陷入困境中的陈嘉庚，坚持中国人讲诚信、重然诺、决不服输决不放弃的人格，为不让父亲不让世人感到遗憾，果敢地

---

① 陈嘉庚：《南侨回忆录·四次南来景象已大非》，中国华侨出版社2014年版，第409页。
② 陈嘉庚：《南侨回忆录·个人企业追记·收束之结果》，中国华侨出版社2014年版，第412页。

采取逆行式的行动,选择在父亲倒下的地方重新站立起来,坚持不走"无须偿还"的法律之路,而按国人伦理要替父亲还债。这一举动令新加坡社会感到震惊,但正是这不按常规出牌的举动,让陈嘉庚开始在新加坡华人社会中立起了自己的声望。

此时,陈嘉庚身上仅有七千余元,他要靠这七千余元开创自己的事业,偿还父亲欠下的大笔债务,谈何容易。一个人的智慧、力量、毅力和原本潜藏着的各种各样的素质,往往就是在极端困境中才爆发出来的,陈嘉庚被困境激发了。

从七千元微小资本与自己急需获利还债的实际出发,他首先选择了一个投资最便宜、利润最容易获取的项目。趁地产跌价,他在距离狮城市区十里之遥的三巴旺买下一块山地,用木板、茅草等简易材料,因陋就简地建起一座黄梨罐头厂,机器用的也是别人家淘汰的便宜二手货,开始生产黄梨罐头。

黄梨,凤梨也,学名又叫菠萝。陈嘉庚之所以选择黄梨罐头厂作为自己打破困境的产业突破口,是因为黄梨是热带、亚热带水果,也是新加坡最大宗的水果之一,制作罐头成本低。当年新加坡的黄梨罐头生产发达,销路广,一年出产一百八十担,运销欧洲及美国、加拿大等地,不愁销路;而且,黄梨原料便宜,罐头生产所需的白糖与铁罐用的铁皮,都可以向商家赊账。如此销路广、利润高、收利快的产业,才可能使陈嘉庚手中的七千元淋漓尽致地发挥效益。

经过两个月的建厂筹备,到四月黄梨成熟时,陈嘉庚的第一座工厂便开工了,陈嘉庚将黄梨厂定名为"新利川",取的是"新的利润源泉"之意,祈盼由黄梨厂而开发出新的财富源泉。这时期,十六岁的胞弟陈敬贤和十八岁的原顺安商号伙计、族侄陈友德是陈嘉庚最得力的助手,两个青年人以"初生牛犊"的勇气和充沛的精力投入到新利润源泉的开掘中,简陋的黄梨厂很快为陈嘉庚带来了第一笔效益。三个月后,新利川黄梨厂获利九千元。

人们常说"祸不单行",那年母亲去世,陈嘉庚回乡奔丧,后又回乡迁葬，这期间父亲创下的基业倒塌，顺安关门。人们又常说"喜上加喜"，当陈嘉庚创建的第一座黄梨厂开始盈利的时候，一个足以让陈嘉庚更快发展的商机来到他的面前，陈嘉庚一把就把它抓住了。

这是在新利川开始出产罐头的时候，新加坡有家黄梨老厂的老股东要出卖股权。这家厂是柔佛日新黄梨厂，原本是父亲陈杞柏独创的产业，后来因顺安商号难以为继，父亲便出让股权，邀人入股，以解决顺安燃眉之急。当时有人便购买了一万七千元股份，陈杞柏只保留一万元股额，那人成为柔佛日新的大股东。不想这位大股东于一九〇四年四月去世，陈嘉庚知道他家属有意出让股权时，便果断地买下死者家属份下的全部股额，让柔佛日新重新回到陈家手里。柔佛厂大，又是老厂，买下股权的那一年，日新黄梨罐头厂就获利三万元。

这一年，陈嘉庚又从顺安商号收回约一万元坏账，加上新老两个黄梨厂的投资，陈嘉庚的财产总额达到了七万元左右。于是，他又在顺安商号的原住址吊桥头二十一号，创立了一家米行，取名"谦益号"，经营起父亲与自己曾经经营的老本行。"谦益号"米行生意日渐兴隆，后来竟像当年父亲的顺安米店一样，成为陈嘉庚这个时期的商业枢纽和工业中心。后来，"谦益号"迁到新加坡利峇峇里路一栋二层楼的商业楼宇，聘用了一百八十名职员，掌管着陈嘉庚各个企业的财务与营销。

"谦益号"所以成为陈嘉庚企业的枢纽与中心，就因为这个"谦"字。无论是创建黄梨厂还是兴建米行，重新创业的陈嘉庚都没有离开这个"谦"字。从"谦"字起步，他事事亲力亲为，亲自接见外商代理，亲自探询市场的需求，以最直接的联系方式，掌握市场的变动，了解价格的升降；从"谦"字起步，他每日一如既往地巡查工厂两次，确保产品尤其是黄梨罐头的优良品质，把握工厂制作、购销的程序过程，尤其是坚持实行每日结账法，了然每日公司的盈亏情况。这个举措，与当时新加坡二十多家竞争对手的季度核算不同，它让陈嘉庚能够及时调整产品与规划生产；从"谦"字起步，陈嘉庚推行产品尽数销售、资金快速周转的策略，反对囤积产品。这些由"谦"字引发的经营方式与策略，让陈嘉庚在他创业初期，能够在二十几家黄梨厂的同行竞争中，傲然挺立，获得胜利。虽然陈嘉庚此时还无法还清父亲欠下的债务，但"谦益号"的设立，已经意味着陈氏家族在新加坡的重新崛起。这个崛起，陈嘉庚是站立在父亲倒下的地方，这不管是有意为之还是偶然之事，都是富有深意的。由"谦"字起步，陈嘉庚开始了一位著名实业家的辉煌历程。

一九〇四年，在距离新利川不远的地方，他以每英亩五元的价格，买下一片五百英亩的森林地，开发出当地最大的黄梨种植园"福山园"。这片方圆五百英亩的"福山园"，后来真正成为陈嘉庚事业发展的福地，陈嘉庚用它来种植橡胶，从而为陈嘉庚所创建的东南亚橡胶王国打下牢靠的基础。

一九〇五年，在经济并不乐观的情况下，他又创立了第三家黄梨厂，这次他将工厂建在了梧槽河口，那里是柔佛与其他州府入口黄梨的销售中心。陈嘉庚显然要抢占先机，占领销售要地，以便与柔佛的新利川形成一条畅通无阻的黄梨销售线。这一年，陈嘉庚开始就他当时的主业黄梨罐头创立品牌，并且在华文报纸《叻报》上刊登黄梨产品广告，早早有了品牌意识与行动。

一九〇六年，他将老本行米厂拓展成米业，与两位同仁合资建立恒美米厂，专营碾磨熟米，外销印度。第二年，合伙人中的一名股东自行退股，陈嘉庚便承购其全部股份，成为恒美米厂大股东，由此再添另一个重要经济来源。从建立那年到一九〇八年，恒美米厂为陈嘉庚带来了十六万元的利润，他就用这十六万元买下了整个恒美米厂。

创立第三家黄梨厂时，陈嘉庚将新厂取名为"日春"，尽管那时他依然处在一个乏善可陈的年头，但他坚信自己的企业已进入春天，日日生机勃发。他开辟五百英亩的福山园，他拥有恒美米厂，他开始经营黄梨的品牌，这些富有远见和富有雄心的举措，加上为人为事的"谦"，过了而立之年的陈嘉庚注定要在南洋的经济舞台上扮演一个翘楚的角色。

一九〇七年,陈嘉庚的品牌战略发生了强大效应,他的"苏丹"牌黄梨成为国际市场的品牌,在新加坡黄梨生产领域的激烈竞争中脱颖而出,稳稳地把握住了黄梨的世界市场。就在这一年,陈嘉庚实现了他的承诺,还清了父亲欠下的所有债务,进入创建工商企业王国的关键时期。

冬天已经过去,春天就不会远了。

第三章

建立工商企业王国

陈嘉庚传

Biography of Tan Kah Kee

盯住十八万粒橡胶籽

十八世纪蒸汽机发明后，英帝国一下子超越最早走向海洋的荷兰、西班牙和葡萄牙，在东方成为后来居上的殖民统治者。蒸汽机所引发的工业革命，在十九世纪与二十世纪之交进入了鼎盛时期，这也就带来西方世界对橡胶、铜、铁的大量需求。于是，西方帝国殖民下的东南亚一带，由于它的特殊的热带亚热带环境，出现了橡胶种植业的热潮，新马（新加坡、马来西亚）一带成了橡胶种植业的兴旺之地。

橡胶种植起先是欧洲人自己的行业，他们把橡胶种子带到东南亚，借助于东南亚气候、便宜的山地与劳动力，在殖民地的土地上发财致富。这个行业很少有华人商家涉足，因此，华人中谁要是先进入这个西方带来的新领域，谁就可能得商机之先。

最先觉察出这个商机的是留学英国爱登堡大学、后来成为厦门大学校长的林文庆博士。他从英国回到新加坡后，看到英国商人在新马一带的橡胶种植方兴未艾，就鼓动马六甲的陈齐贤进入这个领域。在他的鼓励下，陈齐贤于一八九五年开始涉猎橡胶种植，从四十三英亩土地种植起家，并发起组织一个华人联营企业——马六甲树胶木薯公司，成为新马一带种植橡胶的先驱。后来他又斥资二十万元，自置四千三百英亩土地大力种植。到一九〇六年，陈齐贤将自置的四千三百英亩橡胶园转手卖给欧洲人办的马六甲胶园有限公司，想不到这一转手，陈齐贤赢得高出原来十倍的巨大利润，成为当时惊动新马商界的一大事件。

此时，正处在生机焕发春天里的陈嘉庚，却在一九〇六年遇到短暂的经营困难，经济效益有所衰退，但他并不气馁，而是踌躇满志地寻找着企业发展的转机。他一面像父亲一样，把"切莫将蛋尽数放在一个篮子里"作为经商的座右铭，将自己的经营向多元化发展；一面又像后来他的儿子陈国庆说他的那样，"看到母鸡下了蛋，就开始数数小鸡了"，充满对自己企业的憧憬。他从林文庆介绍中了解到陈齐贤的橡胶种植业绩后，佩服陈齐贤的大手笔。这年六月，他与新加坡的欧商代理洽谈业务，再次了解到投资橡胶种植牟取巨大利润的态势，于是千方百计地找到了陈齐贤，向他咨询有关橡胶种植与橡胶籽的情形，最后从陈齐贤手中购买橡胶种子，平均每粒种子的价格一分钱，以一千八百元从陈齐贤手里带走了十八万粒橡胶籽。正是这十八万粒的橡胶籽，开辟出陈嘉庚实业的一片崭新天地，为日后陈嘉庚创建东南亚工商企业王国、成为遐迩闻名的"橡胶大王"扎下了牢固基础。

陈嘉庚公司橡胶制品厂

这些小小的树籽，如何创造出陈嘉庚的工商企业传奇？

清朝末年，有位在中国生活了五十年之久的英国伦敦传教士叫麦高温，他曾冷静审视中国人,认为"硬的民族,非中国人莫属"。他在陈嘉庚故乡厦门的鼓浪屿长期居住,并将他在厦门的传教经历、社会观察与生活体验写成一部著作《基督还是孔子——厦门传教史》。在这部书中,麦高温将厦门人与英国人做了类比,在麦高温看来,中国人是世界上最优秀的民族之一,他料定这个国家"注定要在国际舞台上扮演一个重要的角色",他认为厦门的中国人有一个与英国人很一致的特征,"那就是盯住目标锲而不舍的精神"。他认为正是这种精神,使中国人凡事都不会轻易动摇信念,他们可能会遇到困难,遇到阻碍,"但中国人会耐心等待时机,在长时间的等待之后,最终实现自己的理想"。这样一种被早期的西方传教士所看重的精神,很突出地体现在陈嘉庚身上。陈嘉庚坚信一种精神,他称它为"诚毅":诚以待人,在为父亲还债等事件中,他的诚信以人已经让世人敬佩不已;毅以做事,执着地坚定地去做好每一件事情,实现每一个目标,这与麦高温所观察到的"盯住目标锲而不舍的精神"是一致的。

十八万粒橡胶籽捧在手里,陈嘉庚就盯住橡胶业不放松了。他用了两个月时间,让工人将橡胶籽撒播在原有的种植黄梨的福山园,在黄梨树中套种橡胶树。三年后,他又在福山园相邻之处,购置下五百英亩地,专门种植橡胶。先前的五百英亩福山园,陈嘉庚是以每英亩五元的价格买下的,但此次的福山园扩张,同样是五百英亩,陈嘉庚付出的是每英亩五十元,仅仅五年的时间,福山园周边的地价就整整高出十倍。陈嘉庚却毫不犹豫,毅然决然地花了二万五千元将福山园扩大到一千英亩,他的眼睛,分明看到了一条企业发展的康庄大道。

不出陈嘉庚所料,当他把福山园扩大到一千亩的时候,世界的橡胶行情上涨,价格一路飙升,呈现出大好景气。一九一〇年四月,也就是陈嘉庚扩大福山园范围的第二年,伦敦股市以每磅橡胶十二先令的高价闭市,这一年全年的橡胶价格走势坚挺,趁着橡胶市场兴旺,陈嘉庚果断地将千亩福山橡胶园转手卖给英国人,售价三十二万元,获利二十五万元。在抛出福山园后,他即刻回到原本开办黄梨厂的柔佛，在柔佛买下两处土地，一处是位于笨珍港的祥山园，另一处位于老谢港，陈嘉庚依旧将这个地方命名为福山园，两处都用来垦植橡胶和黄梨。这围绕着橡胶种植的一出一进，显示出陈嘉庚工商战场上的魄力与智慧。

这个时期的新加坡，大部分商人对橡胶业的认识还比较模糊，不敢轻易在这个新领域下手。尤其是潮帮华商，他们习惯

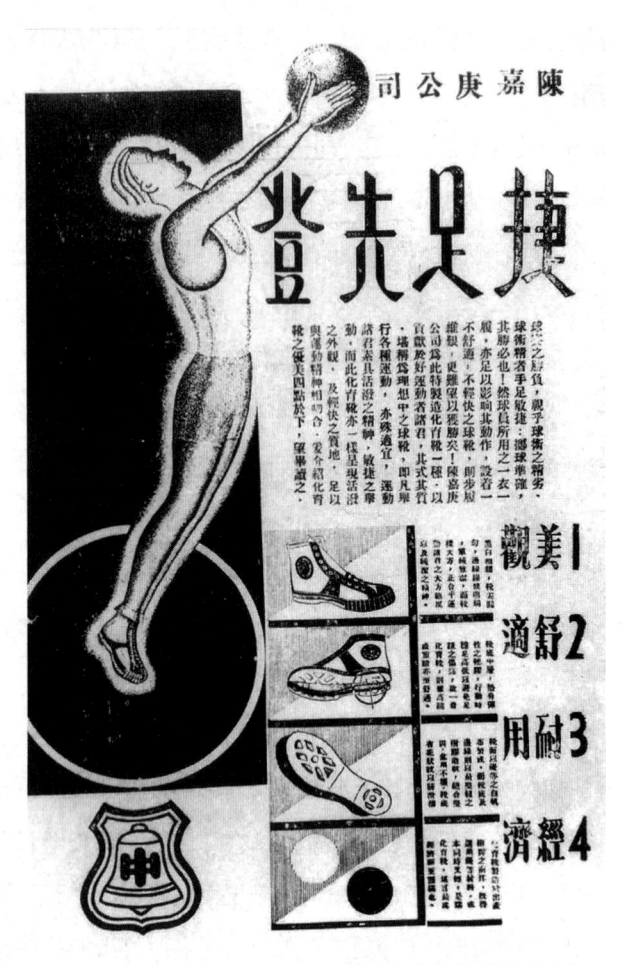

陈嘉庚公司橡胶制品广告

于胡椒、甘蜜生意，在新加坡开辟了许多胡椒、甘蜜园地，他们不敢也不会放弃或改变原本的传统平稳赚钱的经济方式，因此坐失良机，让一桩能牟取巨大利益的生意从身边溜走。而陈嘉庚则在人们还举棋不定之时，看准机会，果断决策，盯住不放，从十八万粒橡胶籽开始，迈步走进了构建橡胶王国的辉煌历程。

欧战硝烟中的工商传奇

一九一四年六月二十八日（塞尔维亚国庆），奥匈帝国皇储费迪南大公夫妇在萨拉热窝视察时，被塞尔维亚青年加夫里若·普林西普枪杀。奥匈帝国以此为借口，在得到德国的支援后，于当年七月二十八日向塞尔维亚宣战，第一次世界大战爆发。第一次世界大战（因主要参与国与战场在欧洲，又叫欧战）主要由德国和奥匈帝国的同盟国与英国、法国、俄罗斯帝国和塞尔维亚组成的协约国之间进行，有三十多个国家和地区约十五亿人口卷入这场战争。这是一场西方帝国重新瓜分世界和争夺全球霸权的争霸性质的战争，一场非正义的战争。

战争总是给人类带来沉痛的苦难，死亡的恐惧，经济的萧条，万物的毁灭，笼罩在战火蹂躏下的世界，除了军火商之外，工商企业界大多数选择转移企业或停止工商活动，子弹炮火不长眼，卖家买家都不愿与战火玩命，因而，战争中的经济衰退是很自然的事。但对于第一次世界大战来说，它既带来了战争国家的经济衰退，又带来了非战争参与国经济的乘势发展。

第一次世界大战的前期，战场主要在欧洲，亚洲并没有战乱，由于欧洲国家忙于相互间的厮杀、掠夺，人力、物力、财力都用在战争的输赢上，生产遭受破坏，交通阻塞，欧洲再不能像战前那样将商品运到亚洲市场，这不仅给亚洲国家工商业发展腾出市场的空间，而且由于战争对军需物资的大量需求，还为亚洲国家的工农业产品扩大了世界市场。第一次世界大战期间，中国、印度、日本等亚洲国家的工商业都发生了前所未有的高速增长，获得历史上未曾有过的发展机会。此时，在南洋奋斗的中国华侨，本来就有"太平洋地区的犹太人"之称，勤劳勇敢，吃苦耐劳，能够赚钱，又精打细算，而且对于商业有天然的本能和经营素质。战争打响之后，许多欧洲商人或因恐惧战争的危害而躲避起来，或因欧洲商品的缺失而关门回家，唯有在海外奋斗的南洋华侨迎难而上。他们不少人是明知山有虎偏向虎山行的商业英雄，当战争的毁灭性打击逼近的时候，他们看到的不仅是危险，还有商机，炮火硝烟中，总有那么一些工商企业英彦，逆行而上，冒着枪林炮火，开辟工商企业的新天地，赢得经济上的巨大转机。欧战炮火下的陈嘉庚，就是这样一位屹立在烽火硝烟中的工商英杰。

第一次世界大战爆发后，新加坡这个英帝国统治下的国际性港口受到严峻考验。一九一五年二月，德国向世界宣布自己拥有潜艇，从那以后，英国及其他国家的商船经常被德国潜艇"送"到海底，从马六甲海峡到整个太平洋、印度洋，国际性航运被迫停止，远航商船奇缺，谁都不愿在随时被炮击的大洋上卖命。远航运输一旦停止，南洋所有来自欧洲或其他国家的进口货物价格飞涨，同时带动了其他商品的价格上涨，新加坡的厂家与进出口商忧心忡忡，束手无策。陈嘉庚企业同样遇到了最严峻的挑战，这时他的最主要企业是黄梨罐头与米业，一边眼瞅着米价飞涨，但印度的熟米市场关闭，他进不到国外的熟米；一边是欧洲的黄梨罐头市场进不了。这一进一出，都围绕着海上运输问题，假如海上航运问题不能解决，他就只能坐等米业停顿，罐头滞销，工人解聘，经济困顿。然而，机会与胜算永远留给那些富有胆略与智慧的人们，无论什么时候，做什么事情，包括在充满死亡与毁灭的战争中，挑战与机遇永远并存。就在这进退维谷中，陈嘉庚生命中那种闽南人既敢搏命轻生于波涛汹涌之中，也敢披坚执锐面对困境的胆略与勇气显现了，他临危决定，自己解决航运问题，在别人不敢为之的远航运输上开辟出一条企业新通道。

首先向陈嘉庚提出这个想法的是陈嘉庚谦益公司的经理陈六使。陈六使是陈嘉庚的同乡族亲，小陈嘉庚二十三岁，因为在七个兄弟中排行第六，所以取名六使。一九一三年，陈六使进陈嘉庚在故乡办的集美小学读书，一九一六年下南洋到新加坡谋生，在陈嘉庚公司任经理。他年轻干练，敏锐认真，是陈嘉庚得力的业务骨干。看到公司在欧战中的困境，作为经理的陈六使提出租船运米的策略。他先租来两艘轮船，往来于越南、泰国、缅甸与新加坡之间，解决了公司米业的货源问题，缓解了陈嘉庚的燃眉之急。在这个基础上，受到英殖民政府鼓励，陈嘉庚再租得两艘船，为当局运载木料到波斯湾。四艘海轮，在战火硝烟中驰骋在大洋瀚海上，打开了一次大战中新加坡与东南亚各国和欧洲国家的货物往来局面，由此开辟出陈嘉庚远洋航运的新业务，增加陈嘉庚企业的经济收入。

一九一五年，也就是一次大战的第二年，陈嘉庚已在航运新业务上获取了二十万元的盈利，只是这时四艘轮船有三艘租期到期。租船并非长久之计，陈嘉庚一不做二不休，毅然以三十万元（相当于四万八千英镑）购置下一艘属于自己的货轮，取名为"东丰号"。一年后，他又以四十万元（相当于五万三千英镑）购买了一艘载重量达三千七百五十吨的新西兰轮船，取名"谦泰号"。

也就是在这个时候，陈嘉庚的中国心又被刺痛了。按照英海峡殖民地法律，陈嘉庚要成为自己购买的两艘轮船的船主，开展航运的业务，他必须是英籍公民，并且还须转呈远在伦敦的殖民部与贸易局审批。陈嘉庚于是在一九一六年向英政府申请加入英籍，虽然，申请很快获得批准，但陈嘉庚却义愤填膺，他想，有如此之长海岸线的中国人，曾经也是海上帝国的中国，却海权丧失殆尽，在海洋上处处受制于人，不免有些悲哀。他后来说："我中华民国，海岸线之长为世界各国冠，而尤以闽粤二省居最重要地位。自中外通商以来，海权丧失，百业落后，尤以海利为甚。"他那时就提出冀早收回海权，富强沿海各省，"为富国强兵奠立一伟大基础"[①]。

获得航运批准后，陈嘉庚自购的两艘轮船航行在东南亚与中国海港之间的海洋上，来往于厦门、汕头、香港、新加坡、槟城与仰光，既载货也载人，

---

① 陈嘉庚：《冀早收回海权——在春节海上游艺会上致词》，《南洋商报》1939年2月21日。

很快便赢回了投资，创造出利润。之后，陈嘉庚发现了一个更能轻松获取利润的途径，他看到战争中的法国需要海上运输，便将两艘轮船出租给法国政府，法国政府凭借陈氏两艘船运送物资到地中海，陈嘉庚就此每月收法国政府十二万元船租。仅这项收入，陈嘉庚公司一年便可获取五十万元左右收入。

但战争毕竟是残酷的，烽火硝烟中的大洋远航充满风险，随时都有危险存在。一九一七年到一九一八年间，陈嘉庚的"东丰号"与"谦泰号"终于躲不过战火的灾难，分别在地中海被德国的鱼雷击沉。轮船被战火吞噬后，陈嘉庚向保险公司索赔，竟然获得了一百二十万元的保险赔偿，比原本购船价还高。从租船开始到购船再到出租船只，陈嘉庚在第一次世界大战中获取的航运业与保险赔偿的收入，总共近二百万元。

陈嘉庚公司制造厂

一九一六年，战争爆发的第三年，陈嘉庚的主业黄梨罐头生产遭受到致命的打击，国外销售停止，陈嘉庚当机立断做出黄梨厂的转型，以两项举措应对形势的变化。其一，在罐头滞销时，立即将积存的制造罐头罐的白铁皮卖掉。因为战争期间，铁的原料空前缺失，白铁皮的价格飙升，甩卖白铁皮行动有效地弥补罐头生产的亏损。从一九一五年到战争结束的一九一八年，单单白铁皮一项买卖就盈利百万元。其二是及时转变生产项目。一九一六年，陈嘉庚敏锐觉察到战争虽带来黄梨罐头滞销，却引来橡胶制品的需求，胶片变得十分紧俏，他便果断将桥头的一座黄梨厂改造成树胶厂，以制造胶片外销欧洲各交战国；第二年，他又主动出击，再建一间胶片厂，紧紧抓住了橡胶市场的发展契机。

正是在这个时候，一位在陈嘉庚事业与家庭中发生重要作用的青年走进了陈嘉庚橡胶企业，他为陈嘉庚在商场中走向鼎盛做出杰出的贡献，他就是后来成为陈嘉庚女婿和陈嘉庚事业继往开来者的李光前。

李光前出生在陈嘉庚回乡结婚的一八九三年，出生地是与陈嘉庚故乡同安相邻的南安县。一九〇三年夏秋之交，十岁的李光前随父亲前往新加坡谋生。机缘巧合，在开往新加坡的船上，他遇到陈嘉庚，并且发生了一件让陈嘉庚由此记住这位少年的事，这件事注定了两人以后紧密相连的命运。

那一天，当厦门开往新加坡的航船驶出厦门港而进入大洋之后，南下的寒流骤然袭来，海上飓风随浪而起，天下起雨来，气温迅速下降。那些前往新加坡的闽南人虽然是出远门，但都清楚新加坡是个永远夏天的地方，加上他们都来自当年贫穷的闽南乡村，也没带多少御寒的衣裳，在变得寒冷的海上不禁直打哆嗦。第四次前往新加坡的陈嘉庚就在这条船上，他见到这个情景，就吩咐船上老大打开仓库，给每个姓陈的乡亲发一条毛毯御寒，于是船上的人一个个都说自己姓陈，以此获得一件裹身取暖的毯子。

李光前

陈嘉庚看到大家有了毛毯不再打哆嗦，自然很高兴，但就在他沿着船舱巡视时，却看到有个少年没裹毯子，坐在角落里哆嗦不已。陈嘉庚走过来了解情况，才知道这个少年叫李光前，是南安县芙蓉乡人。李光前对陈嘉庚说："您的毛毯是分给陈姓的，可我姓李，不姓陈，所以不敢去冒领。"陈嘉庚一听，立即感受到少年的诚实、有骨气，他当下重新宣布"不是陈姓也发毛毯"，并让少年李光前去领毯子。船到新加坡时，陈嘉庚还特别与少年李光前告别。

一个是已经有了一份可观生意的经理，一个是刚刚踏上异邦土地的少年，两个人原本只是一次擦肩而过，却万万没想到日后会有更深的缘分在等待着他们。

到新加坡后，李光前的父亲在同乡开的店铺工作，李光前则先后在养正学校、英印学校读书，受了英文教育。十五岁又回国深造，在南京暨南学堂求学。辛亥革命后再返新加坡，先后在道南学堂执鞭任教，在《叻报》当电讯翻译员。一九一四年修完三年测绘课程毕业，本是一心向往当一名工程师。此时，陈嘉庚的密友庄希泉与陈楚楠联手在新加坡开了一家中华国货公司，便将李光前聘到公司任职，这时李光前二十一岁，陈嘉庚四十一岁，四十一岁的陈嘉庚正在一次大战的烽火硝烟中迈开他崛起的健步。

一九一六年的一天，再一次的机缘巧合又促使了两人的相遇。这一天下着雨，李光前从国货公司下班后在一家大排档吃晚餐，正好陈嘉庚也停下坐车到大排档买夜宵。不料雨变大了，陈嘉庚没带雨具，汽车又停在远处的马路上，一时走不得，心急火燎。李光前认出曾经给他毛毯的陈嘉庚，此时的陈嘉庚已是新加坡妇孺皆知的商界奇人。李光前见陈嘉庚焦急的样子，赶忙将自己的雨伞递给陈嘉庚，说了声："您用这伞。"陈嘉庚是个急性子，事业正处在蒸蒸日上的时候，事事分秒必争，他接过青年的雨伞，递上一张自己的名片，说："谢谢！明天你到我的公司取回你的伞。"说完便打伞走向汽车，消失在雨幕中。

第二天，李光前如约来到陈嘉庚的"谦益"树胶公司，陈嘉庚在办公室热情地请这位年轻人喝茶说话，感谢他雨中借伞之情。李光前谈起了两人的海上相遇，谈起陈嘉庚寒中送毯的恩情，这些勾起了两人犹新的记忆，唤起了两人的相互欣赏。谈得正高兴时，办公室外传来一片吵闹声，传来一串外国人叽里咕噜的英语。陈嘉庚一问，原来是公司来了一位美国人，想与陈嘉庚做生意，但没人能懂英语。懂英文的李光前便站出来，跟美国人交流了一阵，清楚了对方的意图，回头将美国商人的来意向陈嘉庚汇报。原来那时的橡胶市场掌控在英国人手里，几家英资公司垄断了新马一带的橡胶业，市场操纵在英资集团手中，价格涨跌由英国人说了算。美国商人不满英资集团的从中牟利与对美资的诸多阻难，就前来新加坡开设洋行，直接与当地橡胶商人接触，直接向新马商人购买橡胶。

陈嘉庚早就有意跟欧美商人直接交易，只是苦于公司没人懂得英语，无法与欧美商人洽谈。现在美国商人直接打上门来，又来了个懂英语的李光前，陈嘉庚哪里会放弃这个机会，于是便让李光前做翻译，与美国商人洽谈起来。李光前根本没想到，这次来访解决的是陈嘉庚长期以来的一个大难题。也因为如此，陈嘉庚就不放过这位他印象中既诚实又有骨气的中国青年，他立即找了庄希泉，将李光前从国货公司挖到了自己的谦益树胶公司，负责橡胶出口业务。

李光前是单身，他长期住在谦益树胶厂的职工宿舍，勤奋工作，才华横溢。陈嘉庚有了这位学贯中西的得力助手，与欧美商人的接洽与交易变得直接方便，关系更为紧密，出口业务突飞猛进。两年后，李光前被提拔为谦益橡胶部总经理。从一九一七年到一九二〇年期间，谦益公司每年的盈利在八十万元到一百万元之间，这在当年是个天文数字。一九二〇年，李光前与陈嘉庚的大女儿陈爱礼结婚，婚礼在新加坡道南学校举行，林文庆博士为证婚人。之后，陈嘉庚便将谦益公司全部橡胶业务交给李光前管理。

陈嘉庚曾经坦率地说过，欧战宛如一座矿山。在一次大战的战火蔓延、

一九二〇年，李光前与陈嘉庚长女陈爱礼在新加坡结婚

马六甲海峡四周的大洋遭受冲击时，陈嘉庚显示出一个出生在大海边的商人天风海涛般的气魄、胆略和高见。他从远洋航运市场需求出发，以冒险敢拼的精神，找到战争中的商业突破口，开辟了获取丰利的航运业务；他不仅大力种植橡胶，而且及时从欧战市场的需要出发，将企业的主业转移到胶片磨制，向橡胶制造业迈出重要一步，成为新加坡华族橡胶种植向橡胶制造业跨越的先驱。这期间，他添置了柔佛五千亩橡胶园，命名"大同树胶园"，增添了一间暹罗（泰国）大米厂，在涂桥头购买了三十万平方尺土地，在家乡厦门建了一间大同罐头厂。一九一七年，欧战结束的前一年，陈嘉庚公司已经有了一千多名橡胶工人，一千二百名黄梨厂工人，还有数百名负责暹罗米业和马来西亚橡胶园业务的工人。到战争结束时，陈嘉庚公司的企业规模之大已世人皆知，经营也形成多元化格局，所下辖的业务有：黄梨罐头业、碾米业与熟米业、树胶加工业、木材业、船务及中介商业，公司部门也随之增加

陈嘉庚公司第一发行所

拓展，像机械工程部、锅炉制造部、树胶部、胶园部和船务部等。公司主营橡胶及其制造业，在马来西亚设立九处树胶分厂，极力拓展橡胶制造业，并且逐渐创造出闻名遐迩的"钟牌"橡胶制品，包括轮胎、胶鞋等军事、交通、民生橡胶品牌。一九二五年，他的橡胶业达到最高峰，盈利达四百万元，总资产达一千二百万元。

后来，英国殖民部大臣访问新加坡、马来西亚，走进了陈嘉庚公司，在他向英国政府的报告中，写下一段对陈嘉庚企业的考察报告：

陈嘉庚先生在新加坡的工厂，是亚洲最令人瞩目的大企业之一。这位雄心万丈的企业家在新加坡拥有制造长筒靴、鞋、皮革、胶制品

（如汽车和自行车轮胎），以及糖果的工厂。工厂规模庞大，产品多元化，而这些全都是凭他的个人努力创造出来，并赋予中国式之管理模式。他有数千名员工，包括不少素质优秀之妇女，他们将产品输往中国各地及远东地区。一向以新加坡为枢纽的菠萝罐头工业，其东主及管理人亦是中国人，荷东印度公司产自苏门答腊及婆罗洲的乳胶，几乎全都是经过新加坡加工后才运往欧美各地。

陈嘉庚的企业王国卓然挺立在东南亚世界里，一座中国人创建的橡胶王国崛起在新加坡河畔，利峇峇里路的陈嘉庚总部大厦，战后一片忙碌，一派生机，蒸蒸日上的事业激励着大楼内的人们意气风发地工作着。

陈嘉庚公司内景

陈嘉庚伫立在顶楼廊台，俯瞰着脚下的新加坡河，河上激流涌动，波涛不止，向南滔滔地倾入滨海湾，河上大小船只穿梭不已，两岸座座商行楼房正在拔地而起，一派战后的繁华景象。陈嘉庚眺望着当年莱佛士登上新加坡的遗址，想着自己从十七岁开始的新加坡奋斗旅程，他已经感到自己的踌躇满志，也遽然升腾起生命中那份他极其看重的天职：我的四万万民族，我的故乡，我的祖国，我的那些如填海之精卫、移山之愚公的祖先，那些苦难中的父老乡亲，中华民族要被天演淘汰的焦虑再一次涌上这位在异邦的土地上踔厉奋发的中国人心头。

此时的中国，窃取了辛亥革命成果的袁世凯，搬演完一场恢复帝制的丑剧后病逝，孙中山的讨袁护国行动，在四方革命力量的支持下取得胜利。然而，鸦片战争尤其是甲午海战失败后的积弱积贫现状依然没能得到改变。站在新加坡河畔总部大厦廊台上的陈嘉庚，一面是对自己奋发图强之旅的欣慰，一面则是对祖国对故乡的忧心忡忡。

第二编

办教育

尽国民一分子之天职

您说"久客南洋，心怀祖国，希图报效，已非一日"，赤子之心何以报效，您说"诚以救国之既乏术，亦只有兴学之一方"，您还说这只是"欲尽国民一分子之天职"，是"天性使然"。然而，著名的教育家黄炎培却说："发了财的人，而肯全拿出来的，只有陈先生。"华侨领袖黄奕欢说："在全部华人的教育事业史上，嘉庚先生是前无古人的。"美国著名的哲学家杜威感慨道："中国人人能效陈君之公，则救国何难之有。"

第四章

创建"永享和平"的集美学村

"诚以救国之既乏术,亦只有兴学之一方,纵未能立见成效,然保我国粹,扬我精神,以我四万万民族,抑或有崇光之一日。"

陈嘉庚传 Biography of Tan Kah Kee

集美学校的第一块奠基石

陈嘉庚的故乡集美，今天是高颜值的海港风景城市厦门的一个副城市中心，她集聚着浔江出海口的海之美滨之美，面朝大海，春暖花开，被誉为厦门的美丽明珠。但这颗明珠最灿烂夺目的是那独特的学村文化，"学在村中，村在学中"，小小的半岛，却拥有从幼儿园到高等学府的完备教育体系，拥有别具一格的校舍建筑和一流的教育设施。自陈嘉庚创建集美小学至今，百年杏坛，勃勃生机，十秩春秋，积淀深厚，一百多年前于民族内忧外患之际创办起来的集美学校，已经成为一个誉满全球的学村。

但谁能想到，这个荟萃菁美、书声琅琅的地方，一百多年前还是个贫穷落后的小渔村，全村两千人只有二十人读过私塾。陈嘉庚十岁时，闽南发生大旱灾，一时瘟疫也流行起来。集美村陈氏宗族三十多个家庭一百多口人，有一半人被夺走了生命。而对面鼓浪屿那块海上蕞尔小岛，却飘扬着好多好多的外国机构旗帜。陈嘉庚正是带着这样的家国苦难下了南洋，他从小就萌发深深的家国忧患。

到新加坡之后，他一刻也没有忘记苦难中的祖国和故乡，"久客南洋，心怀祖国，希图报效，已非一日"，这种赤子衷肠，将他的生命与国家民族的命运紧紧联系在一起。他多次往返于新加坡和集美之间，益发感受到西方的富强和家乡愚昧落后的巨大反差。在调查比较了东西方几个国家的教育状况后他指出：英美法德等欧美先进各国，男女不识字者不及百分之六七；日本为新进之邦，不识字者也不满百分之二十，而中国百人中则有九十余人不识字。他认为这种状况如果得不到改变，中国人在世界竞争中难免要遭受天演的淘汰。

一九一一年十月十日，武昌起义爆发；一九一二年二月十二日，清帝逊位，辛亥革命胜利，统治中国几千年的封建帝制破灭。陈嘉庚觉得报效祖国的时候终于来了。"民国光复后余热诚内向，思欲尽国民一份子之天职"，他说自己没有其他才能参加政务或公共事业，"只能自量绵力，回家乡集美社创办小学校"。①实际上，并非陈嘉庚没有其他参与政务与公共事业的才能，而是他早就认定"教育为立国之本"，"兴学乃国民天职"。他在《集美小学记》中说得很清楚："余侨商星洲，慨祖国之陵夷，悯故乡之哄斗，以为改进国家社会，舍教育莫为功。"

自鸦片战争、中日甲午战争以来，祖国积弱积贫，民族内忧外患，一个个卖国条约被逼签订，一片片国土被列强分割，国家处于生死存亡的紧急关头，用陈嘉庚的话说便是"国势危如累卵"，到了倾巢之下无完卵的地步。正是在这中华民族危急之时，中国仁人志士发出了救国图存、民族复兴的呼喊，有抱负有道义的中国人都在苦苦地寻找着中华民族重新崛起的道路。有人主张革命，虽"屡战屡败，屡败屡战"也在所不惜；有人主张实业救国，发展民族工商业以增强国家实力；有人倡导教育救国，以"知识就是力量"启蒙国民，振兴民族；

陈嘉庚亲撰的《集美小学记》

①　陈嘉庚：《南侨回忆录·创办集美小学》，中国华侨出版社2014年版，第11页。

也有科学救国者,主张发展科技,制造坚船利炮,驱除外寇。陈嘉庚则坚信:"诚以救国之既乏术,亦只有兴学之一方,纵未能立见成效,然保我国粹,扬我精神,以我四万万民族,抑或有崇光之一日。"①

一九一二年九月,陈嘉庚携带家眷从新加坡回到了阔别十年的故乡。这时,他在新加坡的企业整体上虽然还不尽如人意,一年仅获利四十万元,但已经呈现出羽翼丰满的征兆,他正在向泰国拓展他的黄梨罐头制造与碾米业务,他种下的十八万颗橡胶种子正遇上橡胶业的大好时机。这次回乡,意味着陈嘉庚从此踏上了在故乡创办教育的光荣之旅。

回到集美,他先到乡下各处做了一番考察,看到的是乡村的十余岁儿童成群做着赌博游戏,许多孩童赤裸着身体,他不禁深感"触目心惊",喟叹忧虑长此以往将"回复上古野蛮状态",他决计从小学教育开始。

一八九三年陈嘉庚回乡结婚时,曾用婚后余下的二千元办了"惕斋"学塾,将分散的私塾里的学生集中起来读书,但那还是旧学。这次回乡,乘着辛亥革命成功的东风,陈嘉庚要办的是新学,是现代教育。但万事开头难,集美陈姓七房,每一房都有自己的老大(宗族族长),原本都是一房办一家私塾,读的也是"之乎者也"。现在要统一起来办现代新学,既要征得各房老大的认可,也得解决孩子读书学费的问题。陈嘉庚遵循着乡村宗族的习惯,先试着让陈姓的孩子入学,由自己负担孩子们的费用,让乡亲们看到入学的好,以此带动全村的孩子上学。

一九一三年一月二十七日,乡立集美两等小学校(即集美小学)开学,陈嘉庚暂时借集美村的几所宗祠当校舍,让全村陈姓的适龄儿童走进了新式学堂。学校开校时有学生一百三十五人(之后是一百五十人),校长一人,教员五人(之后增加到七人)。正是这个百来人的小学,奠定了日后陈嘉庚建设集美学校的第一块基石,集美从此有了一所有别于私塾旧学的现代学校。对于当年陈嘉庚的财力来说,建设集美小学不足挂齿,但对于当年陈嘉庚的故

---

① 陈嘉庚:《筹办华侨中学演词》,《国民日报》1918年6月18日。

乡同安县的教育来说，集美小学的创建却是件震撼社会的大事。一九一三年，同安县的居民约二十万人，有县立小学一所，私立小学三所，这四所小学总共有学生四百来名，而陈嘉庚创办的集美小学，一下子就收了一百五十名学生，占了学生总数近百分之四十。

阿基米德有句名言，"给我一个支点，我将撬动整个地球"，教育救国就是陈嘉庚报效父老乡亲报效祖国的支点。这位焦虑于中华民族要被天演淘汰的国民，希望用教育改变故乡的命运、改变祖国的命运，实现四万万民族"崇光之一日"。自集美小学开办后，陈嘉庚的办学行动便一发不可收了。

集美小学开学后，陈嘉庚立即买下数十亩废旧鱼塘，作为小学的校址，建设集美小学的校舍。这一年的秋天，他再度返回新加坡，发展他在南洋的实业。他知道办学校需要资金，他需要挣钱来建设校舍，增强教育设施，扩大办学规模，他的心中，有着一个将故乡办成中国南方现代教育王国的宏伟蓝图。

矫正教育的偏枯之弊

回到新加坡的第二年，第一次世界大战爆发，受到战争的冲击，南洋华侨的实业一片萧条，陈嘉庚工厂制造的黄梨罐头也严重滞销。陈嘉庚审时度势，及时改变经营策略，他抓住战争打乱原有航运格局的时机，开辟航运业务；又根据经济局势的变化，将罐头厂改为橡胶厂，将稻米加工厂改为橡胶制品厂，把握住了企业壮大起来的机遇，迈上了建构工商企业王国的发展历程。

第一次世界大战还没结束，陈嘉庚看到航运业务、黄梨厂与橡胶厂都"颇有收获"，就商遣胞弟陈敬贤回国，大规模建设集美学校。兄弟俩商定，一个在新加坡经商，一个在国内办学，以经商支持办学。临行前，陈嘉庚对胞弟说："钱需花的，十万百万不足惜；不该花的，一分一文也要省。"

一九一六年十月，陈敬贤携夫人王碧莲回到集美。按照陈嘉庚的计划，陈敬贤此行的目的，一是创办师范，以解决家乡迫在眉睫的小学师资问题。陈嘉庚说："因办集美小学始感师资之缺乏、闽南文化之衰弱，故曾办师范而兼他科。"二是办中学，让越来越多的小学生毕业后有继续升学

陈嘉庚胞弟陈敬贤（一九一八年）

的空间。三是办女学。陈嘉庚曾看着集美小学师生的合影对弟媳妇说："碧莲，你看，照片上一个女孩都没有，办女小，全仗弟妹了。"

回到集美，陈敬贤夫妇立即操劳起来。当时闽南一带重男轻女的陋习严重，要让渔村的女孩走进学校谈何容易。但王碧莲以她那良好的人缘与素养，走家串户，亲力亲为，终于将渔村的女孩带出了家门。一九一七年二月，集美女子小学正式开学，这是中国较早开办的女校之一。六十名渔村女孩率先打破了闽南地区千百年来的传统陋习，走进了能给她们带来不同命运的集美女子小学，集美村出现了女孩背起书包的新鲜景象。

一九一八年三月十日，集美师范和集美中学同时开学，师范生招三个班，中学生招两个班，连同开学一年的女子小学，集美学校得到实质性的扩充。这次扩充，陈嘉庚最关注的是师范学校的创办。

集美中学校舍——即温楼（一九二一年）

一九一二年回乡创办集美小学时，陈嘉庚就对福建的教育做了一番考察，他已经意识到要改变福建的教育衰败，就得从培养师资下手。他发现，家乡同安全县仅有三名简易师范的毕业生，而闽南数十县，也基本是这个情况，师资极其缺乏。再看整个福建省，省立师范已经开办十多年，每年新招学生八十名，在校学生有三百多名，待遇很高，膳食费均免。但学生大都没有要服务教育的志愿，只是想求得一纸毕业文凭，获得一点荣誉，并不愿教书。因为这些学生并非公开招考进来，大都是官僚或城里有钱有势人家的子弟，这些人将招生名额占满，距离省城较远的闽南子弟根本就没有机会走进省立师范学校深造。看到福建教育界如此恶劣状况，陈嘉庚很是惊骇，"余认为欲提高闽南教育文化，则亟须多办私立师范学校"，于是一不做二不休，在集美办起师范，"当即使其实现"，以"矫正省立师范招生偏枯之弊"。①

集美师范学校创办后，首次在闽南三十个县招收一百二十名学生，之后逐年扩充。陈嘉庚吸取省立师范的教训，"恐殷实子弟志愿有乖，毕业后不肯服务教职"，②便采取由各县劝学所长招考推荐的办法，详填履历，到校时加以

一九二〇年集美师范学校校舍：立言楼、立德楼、立功楼（从左至右）

① 陈嘉庚：《复兴集美学校募捐启事》，《南洋商报》1939年8月5日。
② 陈嘉庚：《南侨回忆录·师范生按县分配》，中国华侨出版社2014年版，第14页。

复试,凡违背定章或不及格者决不收容。每年每个县还指定招选贫寒学生数名,保送入学。南洋华侨学生入学,由新加坡陈嘉庚的商号予以介绍,到校考试,考试不及格者,另设补习班补习。学生所需被席蚊帐,由学校统一提供,学费、食宿费全免,待遇不低于省立师范学校。这样几年下来,陈嘉庚便欣喜地看到集美师范毕业生在乡村社会服务教育者越来越多,"出洋执教者尤日众"。

陈嘉庚笑了,在集美中学与集美师范开学时,他特地从新加坡寄来了集美学校的开校词,他要求师生:"上以谋国家之福利,下以造桑梓之麻祯。"他与胞弟陈敬贤一起亲立"诚毅"为集美学校校训。这两个大字,源远流长,春秋战国时期早有流行。诚者,"天之道也,至诚如神",是中国人做人的准则;毅者,"坚忍不拔也,志决而不可夺者谓之毅"。陈嘉庚兄弟以此为集美学校校训,召唤全体师生发扬中华民族传统美德,以诚立身、以毅处事,诚信果毅、百折不挠地为"国家之福利""桑梓之麻祯"奋斗不息。

集美学校校训"诚毅"

陈嘉庚从培养人才的需要与当时落后的师资实际出发,提出"当先办师范学校"的理念,集美小学建立后,他创办集美师范学校,以培养合格的小学新学教师；集美中学成立后，他在创办厦门大学时又强调将教育学列为重点建设科目，以便集美、同安乃至整个福建的中学具备良好师资，造就强大的师资力量，这是陈嘉庚办学的一个立足点。为此，他曾经不惜资金，从上海一水产学校挑选两位高材生，送到日本留学，承担两人在日的所有费用，只要求他们毕业后到集美协办水产、航海学校。他也深知，一校之长在办学中的关键作用，为此，他委托黄炎培帮忙聘请集美学校校长，在一九一八年至一九一九年之间，三易集美学校校长，直到聘请到北京大学毕业生叶渊为止。陈嘉庚对于师范教育的重视与身体力行，有力地矫正了福建省教育的偏枯，大大地推进了闽南乃至福建省教育的发展。人们不仅看到了教育实业家陈嘉庚创办学校的足迹，同时看到了教育家陈嘉庚鲜明的教育思想。

海洋梦想的精彩承续

造福国家桑梓，培养学以致用的人才，强调知识与技能并重，这是陈嘉庚创办集美学校培育人才的一个宗旨。

早在一九一六年，陈嘉庚就萌发造就中国海洋人才的想法。那时，他在第一次世界大战的硝烟中开辟航运事业，自己购买了"东丰号"与"谦泰号"两艘轮船，但要注册航运船主时，却遇到了一个必须加入英国国籍的问题。想到"我国沿海八九省，海岸线长尽万里，海产之富，无物不有，水上交通范围极广"，却因国弱丧权，百业落后，竟然没有资格参加世界数十个国家拥有的航业注册，再联想到当年郑成功父子建立中国南部海洋帝国的历史，陈嘉庚深感"海权丧失，渔利废尽"的痛苦，力主"开拓海洋，挽回海权"，抱着"振兴航业，巩固海权，一洗久积之国耻"的信念，于一九二〇年创办了集美水产航海学校，"造就渔业航业中坚人才"，[1]为中国海洋人才的培养写下了浓墨重彩的一笔。

当年百姓中流行着"行船跑马三分命"的观念，与海洋打交道的危险威胁着人们的安全感。为了鼓励学生学习水产、航海，陈嘉庚特地规定水产、航海科学生"待遇同师范生，学膳宿费均免"，激励有为青年走进海洋，参与世界的海洋竞争。

学以致用是中国知识分子学习与育人的光荣传统，从中国传统滋养与异邦土地上奋斗中走出来的陈嘉庚，特别强调理论与实践的结合，强调学以致用、知行合一的教育原则，他要求水产航海学校的教学要"知识与技能并重"。在集美水产航海学校的课程安排中，学生实习与技能训练占总学时的三分之一。为了保证

---

[1] 陈嘉庚：《南侨回忆录·新加坡继设水产航海学校》，中国华侨出版社 2014 年版，第 90 页。

达到这个要求，陈嘉庚于一九二二年一月向英国购置渔船机器，在集美建造了载重三十一吨的"集美一号"实习船。一九二六年五月，他再次不惜耗资五万八千元，从法国买进一艘拖网铁壳渔轮，定名为"集美二号"，供学生海上实习专用，这是中国第一艘也是当时中国最大的拖网渔轮。与此同时，学校还建造了四艘端艇，用于学生操艇练习和采集海上标本。

一九二三年五月，集美学校创新海洋人才的培养模式，在全国最早成立海童子军。海童子军以增进海上智能、培养义勇精神、练就健全体格为目标，结合专业，进行海事训练，练就一身保卫海权、报效祖国的海上本领。那时的陈嘉庚，已经想得很远很远。一九二五年六月，集美学校的海童子军驾驶"集美一号"由厦门开赴上海，航线达二千里，后又在江浙沿海实习达五个月之久。当时正值五卅惨案发生不久，上海笼罩着忧闷愤激的空气，集美学校"片舟渡重洋"的蓬勃精神，让中国人看到了希望，中国航海界称赞集美的海童子军是"破天荒之航海家"。

今天的厦门，已经是世界知名的国际海港风景城市，海上丝绸之路上高颜值高素质的明珠城市，国际集装箱码头与万吨级游轮停泊码头，接纳着五洲宾客。天风海涛，千帆竞发，汽笛长鸣，巨轮乘风破浪，经过沧海桑田的风浪洗礼，集美学校已经成为中国培养航海人才的三大基地之一。谁能想到，东海一隅的渔村，还在人们对海洋十分恐惧的时候，便诞生了一所造就海洋专门人才的学校，培养了一批驰骋于四大洋上的杰出航海家。

造就搏击商场的人才也是集美学校的使命和责任。陈嘉庚从十七岁开始在海外市场上打拼，经济发展的规律和自身的经历让他深深地意识到商业人才的重要性。他说：中国"地非不大也，物非不博也，资本非不雄而厚也"，但商业"不振"，原因就在于"商人不知商业原理与常识"，"补救的方法"便是"兴办学校"培养商业人才，于是，他创办了集美商校。他又说，"我国素以农业立国，然因科学落后，水利未兴，改良无法，故收获不大，民生困苦"，原因是"缺农村学校"，未能培养农业科学水利人才，于是，陈嘉庚函告集美学校校长叶渊在同安天马山麓择地，开办农科部门，并斥资十万元，设立集美学校农林部。

就这样，自集美中学、集美师范创立后，陈嘉庚又创办了集美幼稚园、航海专科、水产科、商科、农林部、国专部，增办了集美女子师范、集美幼稚师范，建设了集美医院、集美图书馆、学校储蓄银行、科学馆、体育馆、军乐亭、植物园等设施。到一九二三年，集美学校拥有一百七十名教员，在校学生近二千名，其中有一千四百名寄宿生，他们的住宿费全免。闽海之滨出现了一个包括学前教育、初等教育、中等教育和师范职业教育以及水产航海、商业、农林等专科教育的美丽学村，浔江出海口原本贫瘠的土地上，骤然出现一片美丽的建筑群落。学校大礼堂，"居仁""立功""尚勇"等教学楼群，供学校用的电灯厂、自来水塔、餐厅、浴室、大操场等公共设施相继建成，一座座一排排地矗立在浔江之滨，陈嘉庚在故乡建设一个从初等到中等、专科的育人体系的愿望变成现实，集美大社村，到处洋溢着青春学子生气盎然的笑脸。

方兴未艾的集美学校，呈现出奋发进展的勃勃生气，但就在这时，一件不幸的事情发生了。

一九二三年夏天，闽军与粤军在闽南发生混战。那时军阀占地为王，地方割据严重，不同军阀之间的战争是常有的事。但这次是闽军数千人驻扎在集美与粤军隔海对峙，战火随时都会燃烧到集美学校，严重影响了集美学校的正常学习生活。九月三日这天，集美学校学生李文华乘船到厦门，途中被闽军开枪射杀。不幸发生后，集美学校师生极度愤慨，远在新加坡的陈嘉庚更是无法容忍这样的事情发生，他立即请出潮商领袖林义顺，以中华总商会的名义致电闽军与粤军首领，要求军队立即撤出集美学校。同时，指示集美学校校长叶渊提出设立集美学校为永久和平学村请求，向交战双方与南、北军政当局递交请愿与相关文件。

一九二三年十月二十日，集美学校的请求获得了大元帅孙中山的批准。

同日，大本营内政部发出第三十六号批文，电令闽、粤两省省长与统兵长官对集美学校加以"特别保护"，电文写道：

> 该校创设有年，规模宏大，美成在久，古训有征。芽蘖干霄，人才攸赖。兴言及此，宁忍摧残！应请贵省长转致两省统兵长官，对于该校务宜特别保护，倘有战事，幸勿扰及该校，俾免辍废，则莘莘学子，永享和平之利。

孙中山的这份批文，给陈嘉庚创办的集美学校带来了"永久和平学村"的荣誉，在那个军阀混战的年代，集美学校免于炮火兵灾，学生不受战事威胁，可以自由地学习生活，这实际上也是当年教育界的一个奇迹。

集美的办学愿望实现后，陈嘉庚在故乡办学的脚步依然片刻不停，他开始焦虑起整个同安县的教育。一九二〇年，他发出呼吁，号召新加坡的同安人创办同安教育会，筹集资金捐助家乡各校学费、校舍建设和征聘师资等，发展同安教育，并认捐一万元，另有五千元作教育会年捐。新加坡的同安人被他的行为感动，即刻予以响应，当年就获得十万元认捐，成立管委会开展同安教育会相关事宜。在陈嘉庚的设想中，凭借着新加坡同安籍华商的力量，可以在同安全县实现十年普及教育。他认定每年创办或资助二十个小学，每个小学一年资助一千元，十年二百个学校，十年后每年二十余万元，这个款项即使是单个富商也是担当得起的，更何况同安在新加坡的"富侨百数乎"。[①]很遗憾，由于一九二〇年至一九二二年市场不景气，新加坡同安教育会没能获得原本认捐者认捐的数目，实际收到的捐款是三万五千多元，陈嘉庚的规划并没能实现，否则，福建同安将成为中国最早也是唯一实现十年普及教育的地方。虽然如此，当年同安还是有四十所学校，享受到了新加坡华商给予的资助惠赠，紫阳过化的同安教育，在陈嘉庚的推动中，发生了很大变化。

---

① 陈嘉庚：《南侨回忆录·补助小学校》，中国华侨出版社2014年版，第18页。

第五章

新大纪念碑上的陈嘉庚

陈嘉庚传　Biography of Tan Kah Kee

改革道南学堂

新加坡武吉知马路新加坡大学的现代教育学院大礼堂中,树立着一块纪念碑石,纪念碑石上镌刻着陈嘉庚的名字,它向人们讲述着一个中国人在新加坡的教育贡献。

陈嘉庚对新加坡现代教育的热忱与践行,是从改革新加坡的道南学堂开始的,这事发生在他回乡创立集美小学之前。

新加坡道南学堂创办于一九〇七年。一九〇五年及一九〇六年,新加坡华族中的客家帮、潮汕帮与广东帮先后在新加坡各地设立了几所学校,以供他们子弟读书。福建帮也不示弱,发起创办道南学堂,专供福建子弟读书。开始时,陈嘉庚是一百一十名发起者之一,后来被选入董事会,为六十名道南董事会委员之一,并成为专门资助与负责校务的二十四人之一。初创时的道南学堂为旧学,学生读的是《三字经》《百家姓》《千字文》一类的儒家启蒙教材。

辛亥革命成功那年,陈嘉庚被选为新加坡中华总商会第六届委员会协理及道南学堂第三届总理,这时他的工商企业开始走向蓬勃发展时期,陈嘉庚的领导能力与见识智慧开始为福建帮所赏识与抬举。

陈嘉庚上任道南学堂总理后,面对的是激增的学生人数,水仙门606号的道南学堂容纳不下越来越多的福建帮子弟,他的第一急务是筹建新校舍。在他的领导下,道南学堂筹到了义款四万元,陈嘉庚本人捐二千元,是捐款最多的捐赠者。当筹建新校舍的消息传出后,三宝垄糖王黄仲涵又慷慨地赠送约一千七百平方米的房屋供陈嘉庚新建校舍用。三个月后,道南学堂新校舍出现在阿米年街上,这里毗邻美国领事馆,与中华总商会会址仅一箭之遥，具备地利之优势。新校舍的建成，解决了福建帮子弟求学的燃眉之急，也树立和巩固了陈嘉庚在新加坡福建人心中的地位，人们看着焕然一新的学校环境感慨道："道南有此总理，幸矣！"

有了新校舍，陈嘉庚要做的是将道南学堂旧学转变成新学，将旧学堂转变成现代教育学校。辛亥革命胜利后的道南学堂学生，依然"之乎者也"地读书，陈嘉庚想，这传统旧学固然能让海外子弟懂得根的文化，却缺乏现代人必须具备的科学和历史地理之类的知识体系，联系起自己少年时故乡私塾的教育，不禁对道南学堂的课程微皱眉头，决定改革道南学堂的旧式教育。他以学堂总理身份，引入新加坡英语教育的课程，规定公民、算术、地理、历史、科学、国文为新课程内容，增加体操课、音乐课、绘画课等"课外活动"课，建构起道南学堂中西合璧的教育方案，突出了学习理论与增强心理、身体素质结合的全面发展的育人方针。① 道南学堂的改革，激发了学生们的求知欲，学堂自此名声大振。

从改革道南学堂开始，陈嘉庚在新加坡的办学，也如他在故乡创办集美学校一样一发而不可收。他在新加坡先后创办了五所华校，也捐助了几所英文学校，并在一九一五年创办了崇福女校，在一九一八年创办南洋女校，打破了南洋华人轻视女性教育的传统陋习。

---

① 陈嘉庚：《新加坡华校历史沿革星洲道南学校三十周年纪念会上之演讲》，《南洋商报》1936年11月9日。

"华文中学不容不办"

在新加坡办学的道路上,创办南洋华侨中学是陈嘉庚办学活动中的精彩一笔,南洋华侨中学是新加坡历史上的第一所华文中学,对新马一带的华文教育有着极其重要的意义与深远影响。

道南学堂引进中西合璧的新教学模式后,名气越来越大,日渐成为新加坡知名的华文小学,各帮的华文小学也纷纷设立与效仿,一改之前英文学校独占新加坡的情形。这让陈嘉庚欢欣鼓舞,改革新加坡教育和造福新加坡华侨子弟的信心倍增。

"新加坡不能没有一所华侨中学",这个念头一直盘桓在陈嘉庚的脑海中,早在回乡创办集美小学的一九一二年,他就从集美致信新加坡中华总商会,建议开办一所华侨中学。但当时许多华侨并没有意识到教育的重要性,只盼着孩子读完小学后能尽早自立,赚钱谋生,陈嘉庚的建议并没有获得任何积极响应。返回新加坡后,他依旧没有放弃华侨中学的创办计划,继续为此奔波,并认定华侨中学应是一所造福于新马所有华侨子弟的跨帮学校。但事情依然很不顺利,没有多少人能看到华侨中学的必要性与重要性,有人说"各帮现在的华文小学只能勉强维持,何以有余钱用于中学之建设",有人则直接认为陈嘉庚的举动是多此一举,他们说,"吾等下南洋乃谋生之计,只盼望赚得钱回乡落叶归根","若是家中子弟对读书上心,自会让其回乡升学"。华侨中学的开办希望成了泡影。

直到一九一七年,开办华侨中学的倡议才有了眉目。那年道南学堂校长熊尚义在经过调查后公布,迄一九一七年,新马两地有近百名小学生将毕业离校,他们都具备就读中学的资格。这项调查结果的公布,让陈嘉庚开办华侨中学的主张死灰复燃,陈嘉庚和广帮侨领、南洋兄弟烟草公司老板蒋英甫以及其他一干有识之士，立即采取行动。先是蒋英甫召集一次会议，公开提出开办华侨中学的主张，会议虽说没有取得实际的成效，却将跨帮开办中学学校的问题实质性地提将出来。后来蒋英甫因洽谈业务回中国，创办华侨中学事宜再一次被悬置起来。

一九一八年，同德书报社推出代表前往拜见陈嘉庚，请陈嘉庚出来牵头创办华侨中学。陈嘉庚毅然肩起重任，以道南学堂总理的名义，联合客帮的启发小学、应新小学，广帮的养正学校，潮帮的端蒙学校，琼帮的育英学堂等十五所华文小学总理和其他代表开会，具体探讨华侨中学的建设筹款、校名、校址等事项，发出《实行筹备华侨中学的通告》，共同呼吁："南洋华侨中学不容不办，而尤不容不合办！"

这一年，陈嘉庚被推为新加坡中华总商会临时主席，面对着五十名总商会的华人代表，临时主席陈嘉庚发表了慷慨激昂的演说，呼吁华族应重视子女教育，华商"有财宜输教育为急务"，而不是遗留财产给后人。他说，贤而多财则损志，愚而多财则益过，儿孙自有儿孙福，莫为儿孙做马牛，指出凡文明国家的教育，"除政府注意维持外，而个人社会捐资倡设者，其数尤巨，且多捐助办学者"，[①]他激励华商踊跃捐助华侨中学开办，指明华侨中学旨在维新中华，保存国粹与精神，开办已经"刻不容缓"，恳请各帮代表不要再相互观望，议而不决。这次会议，总商会一致通过兴办一所南洋华文中学的建议，并推举陈嘉庚为筹备临时主席，林义顺为临时副主席，产生两个五人小组，处理筹款与挑选校址等建校事宜，两个小组分别由陈嘉庚与林义顺领导。

陈嘉庚的努力终于让新加坡五帮的华人拧成一股绳，促动了华族的一次统一行动。他首先带头为华侨中学捐资三万元，之后同德书报社也刊登启事号召华商捐款，筹得八万元捐助。新马一带华侨深受陈嘉庚的鼓舞，也踊跃捐款，短时间里筹得五十七万四千七百元的资金，新加坡华侨中学的开办取得了经费上的完满保证。

[①] 陈嘉庚：《筹办南洋华侨中学演讲》，《南洋商报》1918年6月18日。

在陈嘉庚的努力与操劳下，华侨中学很快在小坡利律建成。陈嘉庚还请求时任江苏教育会会长的教育家黄炎培为华侨中学从国内选聘校长和教师，要求选聘的华侨中学教师应具有专业之知识、教学之技能与经验，有合作精神，能负责任，有优良品德，能做学生表率，且要有献身教育之志向。

南洋华侨中学

一九一九年三月二十一日，新加坡第一所华文中学宣告成立，这也是新加坡华人第一所打破地域和帮群界限合办的中学。中学成立之后，陈嘉庚多次担任校董事会主席，直至一九三四年他的女婿李光前接任位置。

有了华侨中学后，南洋的千百位小学毕业生获得了继续升学攻读的机会，为南洋的教育尤其是华人子弟的教育发挥了难以估量的重要作用。

"培育有志侨教青年"

华文中学的创办和华文小学雨后春笋般的涌现,接踵而至的是师资队伍问题。陈嘉庚说:"盖一国兴衰,胥视国民教育之转移,而国民教育程度之提高,则胥系教师之培养也。历史上,国家赖良好教师以保存,民族赖良好教师以复兴,不乏先例。"①他很清楚师资在整个教育中的关键作用。

那时,新马一带中小学校三千余所,男女学生三十余万人,教师一万多人。因南洋缺乏教师,教师队伍大部分来自福建与广东(闽、粤)。陈嘉庚很清楚,即使在国内,闽粤两省自己的师资也是捉襟见肘。新加坡华人社会的教育出现"教师荒",征聘闽粤教师实际上也相当困难。但新加坡的教师需求量以每年增加千人的趋势发展,面对着华文教育的实际情况,陈嘉庚预计到"各地侨校师资,必更形成供不应求之象"。于是他立即电请重庆国民政府教育部部长陈立夫,建议在闽粤两省设华侨师范学校一所,"培育有志侨教青年,以为教育华侨教育之用"。②

然而,陈立夫并未答应陈嘉庚的请求。随后,抗日战争爆发,国民政府福建教育厅下令集美师范停止招生,闽、粤两省先后被日军侵占,新加坡向闽粤两省选聘教师的路也断了。在这个紧要关头,陈嘉庚当即提议在新加坡创办南洋华侨师范学校,并致信新加坡各帮,他说:"新加坡创立大规模完备之专门师范学校一事,似不容缓举矣。南洋侨胞一千一百万人,每年须用教师当数千人,国内教师既如是枯竭,海外学校,尤正在蓬勃生长,

---

① 陈嘉庚:《筹办南洋华侨师范学校缘起》,《南洋商报》1941年3月21日。
② 陈嘉庚:《关于在闽粤创设师范学校提案》,《南洋商报》1941年2月1日。

若不及早设法,一旦急用,必无所措。"[1]他号召海外侨胞当"不忍坐视","披发缨冠",积极创办南洋师范,培养自己的师资,以"教育侨民子弟,使之勿忘祖国"。[2]

创办南洋师范学校的倡议获得广大华侨的支持,陈六使、陈延谦、李贵贱、曾江水等人更是踊跃响应,各自认捐二万元创办款。此时李光前刚刚以五万多元购入一座富侨的昔时巨宅,陈嘉庚便让自己的女婿将巨宅贡献出来当校舍。李光前不仅欣然答应岳父的要求,而且还拿出修葺费五万多元,经工程师绘图,英提学司批准,将巨宅修成师范学校校舍,解决了学校创办的当务之急。在整个师范学校创办募捐中,南洋师范学校共筹得约二十一万元的经费。

经过一番紧锣密鼓的筹措,一九四一年十月十日,南洋华侨师范学校举行开幕典礼,首批录取学生两百三十余名,聘任教师二十余名,英副提学司与数百名校董来宾参加了典礼。他们从师范学校的创办过程,深深地感触到陈嘉庚先生的高瞻远瞩。他们说,新加坡虽华侨众多,然华文教师缺乏,却从未有人动议在本地设立师范学校,也从未有人愿意为解决该问题而担负责任,是陈先生挺身而出来替百万华侨的子子孙孙着想,他们感激陈嘉庚此举功在千秋。

太平洋战争结束后,南洋师范学校改为南侨女子中学,专门培养华侨女学生。

在新加坡,陈嘉庚不仅在华文教育上起着关键性作用,而且对英文教育也做出了突出贡献。他曾与那格儿(J. S. Nagle)牧师在一九一九年号召开办英华学院,并答应捐献十万元,以将英文教育与华文教育融为一体。这项计划后来遭到英当局的反对,陈嘉庚便将已经捐出的三万元充当学校的理化基金。一九二九年莱佛士学院创立,陈嘉庚捐款一万元,支持新加坡高等教育

---

[1] 陈嘉庚:《为创办南洋师范学校致各帮侨领书》,《南洋商报》1941年3月28日。
[2] 陈嘉庚:《南侨回忆录·教部阻设南洋师范》,中国华侨出版社2014年版,第317页。

的发展。一九四九年莱佛士学院易名马来亚大学,一九六一年改为新加坡大学。这个时期陈嘉庚已离开新加坡,回到自己的祖国参加新中国的建设,但新加坡大学的现代教育学院大礼堂中那块纪念碑石上,一直镌刻着陈嘉庚的名字。

第六章

创办"世界之大学"
厦门大学

陈嘉庚传 Biography of Tan Kah Kee

"四万万之民族，决无甘居人下之理"

在中国现代教育史上，人们总会提到一篇大学演讲词，这就是步入知命之年的蔡元培的《就任北京大学校长演讲词》（一九一七年初）。这篇演讲词以"大学者，研究高深学问者""砥砺德行"和"成才德必先从师"等关键词句而闻名于世，是使北大扭转学风败坏、败德毁行之局面而焕然一新的大学警世之言，被认为是北大"学术自由，兼容并包"精神的奠基石。就在同一个时期，在中国南方，也有一篇大学演讲词流传于世，它以慷慨激昂的忧患精神倾诉着一位大学创办者的赤子衷肠，阐发着一所大学的创办与一个民族命运的血脉关联，这就是过了不惑之年的陈嘉庚的《筹办厦门大学演讲词》（一九一九年七月）。这篇演讲词以"四万万之民族，决无甘居人下之理"的雄健豪气而振聋发聩。如果说北大演讲词是一位校长、一位学者对大学宗旨、大学教化与大学风气的冷静思考，那么《筹办厦门大学演讲词》则是一位大学创办者、一位国民对于救国兴邦和中国高等教育的急切呼唤，它是民族危难中发出的一声教育救国呐喊。

一百多年过去了，我们很惊讶地发现，这篇原本并不被高等教育界经常提到的《筹办厦门大学演讲词》，伴随着中华民族伟大复兴的历史进程，越来越为人们所关注。历史注定，这是一篇永远闪烁着中华民族教育光辉的大学演讲词。

然而，这份演讲词并非诞生于大学的讲坛上，而是从一座传统的族姓宗祠中传出来。

一九一九年七月十三日下午三时，位于厦门岛上浮屿的陈氏宗祠传出一阵响亮的锣声，人们立即意识到，又有一件大事要发生了。

在闽南的传统社会里，人们聚族而居，宗祠坐落于每一个乡村每一条街衢，一姓一祠，那背后隐藏的是血缘与那块土地的亲缘关系。作为中国传统家族制的具体象征与家族组织的核心，宗祠不仅是供奉祖先牌位、祭拜宗族先人的庄严之所，而且是执行族规家法、举行家族盛宴、决策家族重要事项的神圣庙堂，敬宗收族，繁衍发展，慎终追远。一座小小的建筑物在文化中起着举足轻重的作用，这在世界上是极其少见的。闽南宗祠那小小的空间里，一直回响着中原文化南移的强大足音。中华家族文化的印记不仅滞留于华夏土地上，而且一直伴随着闽南人闯荡世界的脚步，越洋跨海走出国门，走向南洋各个国家，家族的纽带牢固紧密，这也就是陈嘉庚居住的新加坡华人世界会分为福、潮、广、琼、客等五帮的原因。

坐落在厦门岛上的这座陈氏宗祠，在厦门的近代历史上，有着不凡的影响。鸦片战争之后，厦门成为五口通商口岸之一，厦门港成为中国南方一个极其活跃的港口，外轮频繁进出。此时，明代贸易最繁华的漳州月港已悄然衰落下去，厦门港蓦然上升为中国东南最重要的港口，而开拓这个近代重要口岸的主要力量，则是来自厦门岛外陈嘉庚故乡的同安三大姓——陈姓、纪姓和吴姓，三大姓割据地盘，各占码头，也各自建立了自己的宗祠，浮屿的陈氏宗祠便是厦门口岸陈姓人祭拜祖先与商议族事的厅堂。

然而，人们万万没有想到，一九一

陈嘉庚（一九一八年）

九年七月的这一次陈氏宗祠集会，却远远超过了陈氏子孙繁衍生息和陈姓码头发展的范畴。发起这场集会的陈嘉庚，他要宣告和讨论的是一个关乎八闽前途与中华民族图存的大事。聚集在陈氏宗祠的人，也不再只是陈姓人，而是厦门的官绅商学各界人士，以及从其他省市赶来的嘉宾。当时没人会想到，东南海隅这座小小祠堂传出来的声音，后来竟铸就了中国近现代教育史上一座辉煌殿堂。

一个有着伟大梦想而又敢为梦想泣血践行的人是足以彪炳千秋的。为集美学校建成一套较为完备的教育体系，完成新加坡的道南学校、华侨中学的建设之后，陈嘉庚教育兴国的脚步并没有就此打住，他想办大学了，这位身处异国他乡的华侨，凭着他十几年在英殖民地的观察和在国际市场上打拼的经验，通过对现代欧洲强国的观察与思考，已经很清醒地看到，"今天之世界，乃科学强盛之世界"，他说"科学建设为建国首要之图"，科学要发展，有赖于专门之大学，"有了专门大学之设立，即实业、教育、政治三者人才，乃能挚业"。[1]陈嘉庚看到了科学是兴国、强国的关键因素，而科学则有赖于专门之大学。于是，当第一次世界大战的硝烟即将散去的时候，陈嘉庚开始勾勒起中国南方一所大学的蓝图，这位来自大海边流淌着中华民族血液的闽南人，梦想着在东南沿海之滨的故乡，倡办一所"世界之大学"，从而建立起一个从初等教育到高等教育的中国南方现代教育王国。

此时在中国的北方，也有一位像陈嘉庚一样的中国人，在他以"私立非私有"的办学理念创办南开小学、南开中学、南开女中后，正在积极地筹办南开大学，这个人就是被称为"中国私立大学第一人"的张伯苓，而同样作为"中国私立大学创始人"之一的陈嘉庚的出现，形成了中国教育史上北有张伯苓、南有陈嘉庚的创校奇观。

---

[1] 陈嘉庚：《本报开幕之宣言》，《南洋商报》1923年9月6日。

天有不测风云，就在张伯苓从美国回到天津开始筹募资金创办南开大学的一九一八年，也就是第一次世界大战即将结束的时候，陈嘉庚的"东丰"和"谦泰"两条轮船终究没能逃过战争的厄难，在地中海被德国的潜水艇击沉，为陈嘉庚赢得很大利润的航运业被迫终止。祸不单行，五月，陈嘉庚在新加坡病倒，患的是阑尾炎，这个今天看来很普通的病症，在当时却属于致命的险症。生死关头，陈嘉庚请来了律师和至交，立下遗嘱，将他所拥有的店屋、地产和树胶园共值二百万元，全数拨给集美学校为永久基业，以保证在他离开人世后集美学校依然能继续发展。病中的陈嘉庚两眼望着天空，眼睛里饱含着遗憾与惆怅，想到心中一个更加宏伟的教育蓝图就要成为泡影，心里很无奈。

或许是壮志未酬身不死的意志支撑，几个月后，陈嘉庚终于战胜死神再次站立起来，陈嘉庚命硬，病魔无法夺走这个中华赤子的顽强生命。再次站立起来的陈嘉庚将家底一盘查，发现经历了第一次世界大战的四年，自己的资产已经增加到四百万元，这个家底让他很振奋，他又有了圆梦的资本，于是再次踏上返乡的路程，回国创办厦门大学。

就在五四运动爆发的一九一九年五月，陈嘉庚决定回国实现自己创办大学的梦想。这次回国办学，陈嘉庚自己预计要用四五年乃至五六年的时间，于是将南洋的实业交给胞弟陈敬贤和公司经理李光前管理，并特地将公司的高层、中层职员召集一起，设宴与之告别。临别宴会设在陈嘉庚的新加坡恒美米厂，餐桌有意摆成一个"中"字，吃的是中国菜，饮的是中国酒，陈嘉庚特别表明宴会摆设与美食的用意是"愿诸君勿忘中国，克勤克俭，期竟大功"。宴会上，陈嘉庚宣布他将长住中国，竭力兴学，望诸君"一心协力进行"，他郑重宣布："此后本人生意及产业逐年所得之利，除花红外，或留一部分添入资本，其余所剩之额，虽至数百万元，亦决尽数寄归祖国，以充教育费用。"①

一九一九年五月下旬，踏着祖国五四运动的激浪，陈嘉庚回到故乡集美，此次回国，他只有一个目的，只有一条路要走，那就是创办厦门大学。七月上旬，他在《东方杂志》第十六卷第十二号上向社会发出了《筹办厦门大学附设高等师范学校通告》。在通告里，陈嘉庚向人们诉说了自己的衷肠："鄙人久客南洋，志怀祖国，希图报效，已非一日。"而今日之中国，"专制之积弊未除，共和之建设未备，国民之教育未遍，地方之实业未兴，此四者欲望其各臻完善，非有高等教育专门学识，不足以躐等而达"。一个海外赤子的拳拳之心，跃然纸上。作为一个生于闽地长于闽地的闽南人，陈嘉庚特别强调："吾闽僻处海隅，地瘠民贫，莘莘学子，难造高深者。良以远方留学，则费用维艰，而政府难期，长此以往，吾民岂有自由幸福之日耶？"正是为了祖国的制度、教育、实业的"各臻完善"，为了故乡儿女们的"自由幸福"，陈嘉庚回来了，回来报效故乡的养育之恩，回来尽一个国民的天职，回来点燃一个贫弱民族的儿孙们的希望。在通告中，陈嘉庚向社会宣布："谨订七月十三日下午三点钟假座浮屿陈氏宗祠，开特别大会，报告筹办详情。"

一九一九年七月十三日正是闽南天气入夏的时节，天高云白，虽为夏日，却因为海风阵阵，天气并不闷热。下午三时，伴随着陈氏宗祠响亮的锣声，居住在厦门这个通商口岸的各界人士在一个海外来客的感召下，来到了原本只是陈氏族人聚集的宗祠内。在这些各界人士中，有两个黄姓的先生坐在一起，一个是来自江苏的黄炎培，一个是来自印尼爪哇岛定居于鼓浪屿的华侨巨商黄奕住。

黄炎培是著名的教育家，一八七八年生于上海浦东川沙，字任之，清末举人，是中华民族复兴历史上的著名人物。一九〇五年在日本加入同盟会，

---

① 《愿诸君勿忘中国——1919年5月离星归国前在恒美厂宴请同人时演讲》，厦门大学校史编委会：《厦大校史资料》第一辑，厦门大学出版社1987年版。

投身于孙中山领导的推翻封建帝制统治的革命。辛亥革命后任江苏省教育司司长、教育会副会长、议会议员，也参加讨伐袁世凯运动。但辛亥革命只是赶跑了一个皇帝，社会沉疴依旧，黑暗如故，他深感自己投身的革命难以改变社会的面貌，转而走教育救国之路。一九○三年开办川沙小学，一九○六年创办浦东中学，一九一五年赴美考察回国后在上海发起创办中华职业教育社，次年创办中华职业学校，提倡手脑并用，实践育人。他与陈嘉庚志同道合，一九一七年夏天两人在新加坡认识后便成为知己，在兴学救国的道路上相互支持不已。此次他便是特地从江苏来厦门支持陈嘉庚创办厦门大学的。就在这次的厦门之行的归途中，他写下了《陈嘉庚兴学记》，分别发表在当年的《教育杂志》和《东方杂志》上，让身处内忧外患之中的中国人，看到东海之滨透露出来的科学与知识曙光，看到一位国民兴办教育的伟大创举。

黄奕住是个在鼓浪屿有着一百五十多栋楼房的大商家，他的一生充满了传奇色彩。一八六八年黄奕住生于福建南安金淘村，少年时代的黄奕住是个挑着"一热一冷"的剃头担子走村串巷的剃头（理发）小师傅。一八八五年，这个闽南少年与很多闽南男人一样选择下南洋，先在新加坡的码头上为华工理发，人们用家乡话叫他"剃头住"。一八八八年，相信"八八八"即"发发发"的闽南人"剃头住"，发誓不再做剃头匠，从新加坡转往印尼爪哇岛，改行挑起货郎担，摇起货郎鼓，由挑担买卖开始了一个闽南人在海外的创业。其间，他摆摊卖咖啡，创立"日兴杂货店"，后来杂货店壮大成"日兴商行"，主营蔗糖买卖，兼营进出口贸易。接着，商行

黄奕住

又发展成股份公司，建造起"日兴商业大楼"。到一九一七年，黄奕住的资本已经扩大到一千五百万盾，成为印尼的四大糖王之一。一九一九年四月五日，黄奕住在印尼拒绝加入荷兰籍、日本籍，携二千八百万美元回到故乡，定居鼓浪屿，成为当年厦门最大的富商。回国后在上海创设中南银行，发展金融业，在上海、广州、天津、厦门等地投资铁路、汽车、纺织、矿产、水泥、自来水、电话等产业，对中国南方现代城市建设的贡献，遐迩闻名。无论是在南洋还是回到闽南，黄奕住在陈嘉庚实业和兴学的生涯中，都给过陈嘉庚不少的帮助。

宗祠锣声响过之后，召集此次集会的陈嘉庚走到了列宗列祖的牌位前，用闽南话开始了他那载入史册的倡办厦大演讲："今日国势危如累卵。所赖以维持者，惟此方兴之教育与未死之民心耳。"民族危难，国势危急，在此国家岌岌可危之际，唯有振兴教育与不死民心才是拯救民族的必经之路，演讲开篇便开宗明义提出教育救国的信念。既要兴教育，振奋"未死之民心"，"内地诸君及海外侨胞"，就该"负国民之责任，同舟共济，见义勇为"，为创办厦门大学捐资"立集"，以"救国图存，匹夫有责"的使命感，支持创办厦门大学。他说，"财自我辛苦得来，亦当由我慷慨捐出，认捐十分之二三或十分之三四，则亦无损于富"。面对着各界人士，陈嘉庚将我国与欧美先进国家、日本等国不识字者的人数作了比较，阐述了教育不兴则国遭淘汰的现实，"欧美先进各国，统计男女不识字者不及百分之六七，日本为新进之邦，亦不满百分之二十，我国则占百分之九十余"，如此的国民教育状态，岂有不遭"天演淘汰"之理。他不无伤感地感叹道："嗟嗟！我国不竞，强邻生心，而最痛巨创心者，尤莫我闽若也。"[①]国家贫弱，强敌侵犯野心剧增，他们"得陇望蜀，俟隙而动"，国人倘若"不早日猛醒，后悔何及"，这些话既表达出了陈

[①] 陈嘉庚：《筹办厦门大学演讲词》，《厦门大学校史资料》第一辑，厦门大学出版社1987年版。

嘉庚内心的痛，也透露出他深藏于深层的那份对中华民族的焦虑。

陈嘉庚实际上很清楚，创办厦门大学的路并不好走，要有人跟着他无悔地前行是很难的。他曾写信给当时集美学校的校长叶渊吐露过自己的苦衷，他说："厦中人士虽多，无论才、财，弟度能举为帮手者，未有其人。"①但陈嘉庚毕竟是个血性汉子，他生命中一以贯之的那份力量就是"自强不息"的精神，这种精神让他一旦选择好一条道路，就会义无反顾地走下去。他在陈氏祠堂里依然是拳掌一握，振臂一挥，呼吁各方"抱定宗旨，毅力进行"。他说："彼野心家能剐我之肉，而不能伤我之生；能断我手臂，而不能得我之心。民心不死，国脉尚存，以四万万之民族，决无甘居人下之理。"为了四万万之民族不居人之下，为了中华民族不再遭受欺辱，他要以教育来坚守国脉，振奋民心，他坚信"今日不达，尚有子孙，如有精卫之填海，愚公之移山，终有贯彻目的之一日"②。精卫填海，女娲补天，愚公移山，神州舜尧，五千年中华文明的血液就这样延绵不断地流淌在国人的血脉中，而当这样的血液注入海外赤子的躯体里，则黄河血脉的慷而慨中便又增添了一份宽广浩瀚的情怀。陈嘉庚就犹如那痴绝的精卫，衔着一块块五彩石，垒就了一座座教育的殿堂。

陈嘉庚的演讲感染了全场的听众，黄炎培情不自禁地碰碰身边的黄奕住问："听了陈先生的话有何感想？"黄奕住用手指指自己的心，答道："听陈兄之词，不支持他兴办厦门大学，就不是人！"这一天，陈嘉庚当场宣布他认捐百万元洋银作为厦大的筹办费用，另有经常费用三百万元洋银，分十二年付完，总捐资为四百万元洋银。一九一九年的四百万元洋银是一笔巨大的财富，当年陈嘉庚全部实有资产也就只有这个数字。

一位从新加坡回来的海外赤子，一篇足以像蔡元培《就任北京大学校长

---

① 陈嘉庚 1920 年 6 月 2 日致叶渊函。
② 陈嘉庚：《筹办厦门大学演讲词》，《厦门大学校史资料》第一辑，厦门大学出版社 1987 年版。

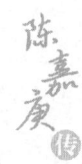

之演说》一样在中国教育史熠熠闪光的演讲,一笔当年便是陈嘉庚全部资产的办学捐资,把一位出生于古老国度的中国人的现代教育意识与现代公民精神发挥到极致,将一位在海洋风浪中成长起来的中华儿女,推到了滥觞起来的中国现代高等教育的殿堂之上。

　　一九一九年八月七日,从厦门陈氏宗祠中传出的消息,出现在现代国际都市上海,筹备中的厦门大学,在上海的《申报》上亮相了。这一天,影响巨大的媒体《申报》发布了《南方将有私立大学》和《厦门将设大学》两则新闻,以充满赞誉和期待的语气报道陈嘉庚创办厦大的壮举,称厦大创办的举动,"使南方有中国自办之最高学府",赞扬陈嘉庚"孜孜以学,以为国家百年树人之计,诚教育界之明星"。[①] 从此,"四万万之民族,决无甘居人下之理"的自强精神与雄健豪气,便铸就了厦门大学的文化基因与精神底气。

[①]《厦门将设大学》,《申报》1919年8月7日。

厦大"岂能久待"

一九二〇年六月的一天，集美学校校长办公室内，校长叶渊急切地拆开陈嘉庚给他的第九封信。此时，距离厦门大学的筹备委员会会议在上海召开的日期只剩下三个月时间，作为筹备委员之一，叶渊具体负责联络各筹备委员，他忧心忡忡，他需要马上清楚陈嘉庚对蔡元培和蒋梦麟提出的问题的态度。

叶渊，号采真，福建安溪人，北京大学毕业，一九二〇年五月应陈嘉庚之聘，任集美学校校长，总管集美学村的各类学校。前些时候，叶渊接到母校蔡元培校长襄赞蒋梦麟教授的信，信中说蔡元培先生和自己都认为"厦大不宜速办"，缘由是存在着经费不能持续、教师欠缺等问题，并让叶渊"力劝"陈嘉庚放弃创办厦大。

蔡元培当时是北京大学的校长，这位清光绪年间的进士，一九一二年从德国留学归来后就任南京临时政府的教育总长，同年七月因不满袁世凯的专制统治毅然退出内阁。一九一七年执掌北京大学，倡导"思想自由，兼容并包"，实行民主管理和教授治校，成就了北京大学成为五四新文化运动的滥觞地和中心，在全国享有很高威望，是当时文化界教育界一言九鼎的人物。蒋梦麟是留美的哲学博士，一九一七年回国后努力鼓吹现代新教育，一九一九年应蔡元培先生之聘，任北京大学哲学教授并襄赞蔡元培管理校政，继蔡元培之后任北京大学校长，他是叶渊的老师。

两位大人物反对厦大"速办"，两个人物一个是母校校长，一个是自己的老师，叶渊尽管是个被陈嘉庚称为"胸已成竹"的"博学才士"，也不免乱了方寸，他赶忙将这个情况告知陈嘉庚。陈嘉庚得知情况后"闷闷不乐"，在给叶渊的回信中，他很不客气地写道："今蔡、蒋二君之忠告,实未代我等计及长短也。"[1]他要叶渊在"厦大进行之事"上,"锐意进行,千勿客气"。[2]第二天,他又追加一函给叶渊,勉励叶渊不要因蔡元培的反对而丧失了创办厦大的信心。陈嘉庚担心蔡元培的意见会影响整个厦门大学的筹备,影响筹备委员们的情绪。

蔡元培　　　　　黄炎培　　　　　郭秉文

余日章　　　　　李登辉　　　　　胡敦复

厦大筹备委员:北京大学校长蔡元培,江苏教育协会会长黄炎培,南京高等师范学校校长郭秉文,全国青年总干事余日章,私立复旦大学校长李登辉,私立上海大同大学校长胡敦复。

原来,陈氏宗祠的锣声响过之后,陈嘉庚一面呈文请求政府划拨厦大用

---

[1] 陈嘉庚1920年6月27日致叶渊函。
[2] 陈嘉庚1920年6月14日致叶渊函。

地，一面聘任文化界教育界名流组织厦门大学筹备委员会，着手准备在上海召开厦门大学筹备会议，以通过上海这个开放口岸，让全国以及世界知道东南海隅将建立一所"不居人下"的现代大学。在陈嘉庚聘任的筹备委员会委员中，第一位自然是大名鼎鼎的蔡元培，第二位是与他志同道合的黄炎培，第三位是当时孙中山的得力助手汪精卫，其他委员中，有南京高等师范学校校长郭秉文，当时郭秉文正在南师的基础上积极筹办国立东南大学，还有全国青年总干事余日章、私立上海复旦大学校长李登辉、私立上海大同大学校长胡敦复，以及刚从美国修业回国的北洋政府教育部参事邓萃英，本土的委员则是集美学校校长叶渊和当时的福建省思明县教育局局长、福建省立第十三中学校长黄琬。本土的两位委员中，叶渊是陈嘉庚很信任的人，陈嘉庚认为他"沉毅镇静，心中多妙，引为同志，实属难得"，所以让他负责厦大筹备委员会的联络工作。而对于黄琬，陈嘉庚则颇有微词，在对他的做事作过数次检验后，陈嘉庚写信告诉叶渊此人做事"颇轻率阔大，将来若用为厦大重要人员关系非轻"，[①]因而只让他作为本土教育界代表参与筹备，并不委以要务。后来创办厦大的过程中发生的一些事情，也证明了陈嘉庚的这个看法，这是后话。筹备期间，陈嘉庚很看重汪精卫，他不仅聘汪精卫为厦大筹备委员，还请汪精卫出任厦门大学校长。

历史称汪精卫为"一生分作两回人"，一个生命两种人生是对其人生一个客观概括，前半生革命，后半生卖国。陈嘉庚创办厦门大学期间，汪精卫还是前一种人生的汪精卫。那时，他在陈嘉庚眼里，是孙中山的左右手，是同盟会总会派到新加坡的才气横溢的评议会会长，是一位写出"引刀成一快，不负少年头"的慷慨斗士。当陈嘉庚请汪精卫出来担任厦门大学的创校校长时，汪精卫与陈独秀、李石曾正遵照大元帅孙中山的意思，利用军政府从总税务司和公使团争取到的13.7%关税余额，筹办西南大学。但他赞赏陈嘉庚的办学举动，答应了陈嘉庚的邀请，同意参加厦门大学的筹备并出任厦大校

[①] 陈嘉庚1920年11月23日致叶渊函。

长。一九二〇年三月，汪精卫告诉陈嘉庚，西南大学的关税余额问题一解决，他便举家"来厦居住，一可静养精神兼研究学问，一可帮助厦大之事"①，并且让夫人陈璧君先行到厦门，住在黄奕住的鼓浪屿观海别墅，与陈嘉庚商议相关事宜。

西南大学的问题解决后，汪精卫来到福建，他先到漳州访问了闽粤军总司令陈炯明，后抵达厦门，参观了方兴未艾的集美学校，然后与陈嘉庚一起察看了厦大的选址演武场。一切是那么的称心如意，汪精卫就任厦大校长似乎已经是万事俱备，只等厦大一成立便走马上任。不料人算不如天算，时局再一次发生了变化。一九二〇年八月，陈炯明带领闽粤军从漳州挥师讨伐桂系、滇系军阀，击退了盘踞广州的桂、滇军队，孙中山请汪精卫重回广州。次年，非常国会成立，军政府取消，孙中山在广州就任非常大总统，开始了第二次护法运动。汪精卫再次陷入繁忙的政务中，他写信向陈嘉庚请辞厦大校长的职务，这位中国现代政坛上的人物，终究没有离开政坛的翻滚沉浮，而最终沦为背叛中华民族的汉奸国贼。

汪精卫辞任厦大校长后，陈嘉庚急忙奔赴上海与黄炎培商议，更加紧张地筹备厦大筹备委员会会议的召开。却不料一波未平一波又起，叶渊传来了蔡元培、蒋梦麟不同意厦大速办的意见。那时期的教育界，蔡元培是个一言九鼎的人物，他的意见非同小可。照林语堂的说法，不真正了解蔡元培的人以为他是个"好好先生"，"有求必应"，"其实，蔡先生软中带硬，外圆内方，其可不计较者他不计较，大处出入却不肯含糊"。②如今在办厦大这个"大处"上，他出来说"不宜速办"，这事要放在教育界、文化界其他人士身上，创办厦大的事也就黄了。但如今要办厦门大学的人是陈嘉庚，是一位决意要像精卫填海、愚公移山那样兴学救国的闽南人。

---

① 陈嘉庚 1920 年 6 月 14 日致叶渊函。
② 林语堂：《记蔡孑民先生》，《林语堂名著全集》第十六卷，东北师范大学出版社 1994 年版，第 376 页。

陈嘉庚的故乡有句闽南话口头禅:"敢做敢担当,毋惊鬼敲门。"这表明了闽南人一旦认准的事就敢于担当,哪怕天王老子都改变不了,这样的气概呈现的是华夏东南这块区域的阳刚之气。正像第一章文字所阐明,黄河的源远流长与奔腾不息,海洋的浩瀚无际与变化莫测,天高皇帝远的历史情境,形成了闽南人独特的生命基因与文化个性,慷慨雄健的血性,自由开放的心态,敢于冒险、敢于进取的胆略,凸显出闽南人海一样的胸怀、海一般的胆识。作为在异邦的土地上搏击了三十年的闽南人,陈嘉庚身上更是集中体现了闽南文化性格的典型特征,他认定去做一件事,则谁都无法阻拦。他对叶渊说:"现国中最复杂多意见者,莫如教育界。"[①] 所以厦大的事,只管"锐意进行"。在信中,他针对蔡元培和蒋梦麟的意见,提出了自己"不能同意二君"的理由,申辩了厦大只能速办的原因和条件:

其一,"万事非财不举",针对蔡、蒋提出的办学经费问题,陈嘉庚坚信,"以华侨之富,决可源源而来",是不必对经费担心的。相反,厦大"早办一年",则会早一年激发海外华侨的"公益之义务",尽"国民之天职"。

其二,办厦大是为了解决中国南部数省"未有一大学"的问题。陈嘉庚说,"世界除野人外",教育上"未有若吾国之悲惨"。"兹如厦大开幕",即使"缺乏教师,欠好成绩",也是比"空空无一所大学"强。

其三,厦大成立,可提升福建中学毕业生的水平,让学生在厦大"培植数年后",再"往国外留学",创办厦大,可促进学生留学深造、培养栋梁之材。

其四,福建"赤贫",但华侨之富"冠称全国",只是有人"乐不思

[①] 陈嘉庚1920年5月14日致叶渊函。

蜀",要让他们"改易心肠,富于爱国",将钱财用在"振教育、兴实业"上,则除了在厦门办大学外,"决难收美满之效果"。

其五,福建的中等学校有二十多所,现有的教师大多是前清的人,缺乏新知识新思想。如果按每所学校每年增添二三名新教师,则每年需要七八十名的新教师。厦大不早办,福建中学的师资无法解决,"则国萃日稀,精神日减,必至无救药之惨痛"。

除了这五个原因和条件外,厦门大学的创办还牵涉到当年中国东南的大学布局问题。据当年厦门道尹陈培锟在厦大开校式上的发言,当时北洋政府教育部正在拟订全国分区设立大学的方案,有提出闽浙(福建、浙江)为一区者,有认为闽粤(福建、广东)为一区者,倘若闽浙为一区,则大学必设在浙江;倘若闽粤为一区,则大学必设在广东。如此一来,"福建必无设立大学之可能"[①]。然而,陈嘉庚以其敏锐的眼光意识到抢占先机的重要,他要在浙江、广东还未设立大学的时候,先行创办厦门大学,以改变八闽大地的落后面貌,将八闽儿女从贫弱、愚昧中解放出来。

在给叶渊的信中,陈嘉庚最后写道:"凡事创始,要望日后之大成,未必有一举顺序无困难之问题,亦未必有蹴便完善而免改革之苦心。"[②]厦大的事,"不得不急急筹谋,刻不容缓"。陈嘉庚显然对厦大"不宜速办"的意见很不满意也很不服气,话语间不免与蔡元培、蒋梦麟针锋相对。

一九二〇年十一月一日(农历九月二十二日),厦大筹备委员会第一次会议在上海召开。这时,上海正在举行全国各省教育会联合会第六次会议,邓萃英与后来成为厦大首任教务处主任的郑贞文是福建代表,陈嘉庚就利用这个教育界名流汇集上海的机会,举行厦门大学筹备委员会第一次会议。除蔡元培因往欧美考察、汪精卫因政务缠身未能出席外,其他的筹备委员都参加

[①] 《记厦门大学开校式》,《申报》1921年4月16日。
[②] 陈嘉庚1920年6月27日致叶渊函。

上海《申报》一九二〇年农历八月二十五日的厦大筹备报道

了这次对厦大建校来说举足轻重的会议。会议成立了厦门大学董事会，确定了厦大的行政机构和教学机构，组织了以校长为主席的全校评议会、教务会和事务会议，决定设立八个专业性的工作委员会，并推举留日、留美研究教育的双料留学生邓萃英为厦门大学首任校长。

厦大的事，"刻不容缓"，这是陈嘉庚创办厦大的决断与意志。所以，上海会议一结束，校长人选一经确定，陈嘉庚便急于看到厦大的成立。但校长邓萃英还得回北京向教育部复命，于是陈嘉庚要求他将厦大创办的基本负责人组织起来，并着手筹备。邓萃英提出聘请郑贞文和何公敢当教授，郑贞文兼教务处主任，何公敢兼总务处主任，负责开校的筹备。郑贞文是日本东北帝国大学留学生，专攻化学，当时已是商务印书馆编译所理化部部长；何公敢刚从日本东京帝国大学毕业，已经为商务印书馆所聘，只是还没正式开始工作。两人都是在日本加入孙中山领导的同盟会。就这样，郑贞文辞掉商务印书馆职务，何公敢也放弃到商务印书馆工作的打算，两人住进集美中学楼上，与陈嘉庚比邻而居，开始办公。

按照学校的常规，新生招收与入学总是在秋高气爽的九月，郑贞文与何公敢乃以半年作为筹备时间，准备一九二一年暑假开始招生。却不料上海会议之后，厦门将建大学的消息不胫而走，中国南方的人们翘首以盼国人自己办的大学，厦门更是急不可耐，报纸早已登出厦大将于

中年时的郑贞文

一九二一年四月开学的信息。郑贞文与何公敢连忙与陈嘉庚商量，以筹备工作来不及为由，提出在暑假招生、九月开学的建议。但陈嘉庚坚持说，消息既已发出，便要顾全信用，不能改期，催促两人不能有丝毫犹豫，赶快筹备。郑贞文与何公敢便只争朝夕地加紧筹备，郑贞文还亲自创作厦门大学校歌歌词，请了著名的学者赵元任作曲。

一九二一年四月六日，这一天是辛酉年二月二十八日，清明节的第二天，农历中的己亥日。在民间传统中，这一天门前吉星高照，门上星光灿烂，称为门光星吉日。上午，厦门大学假集美学村的集美中学举行开校仪式，三千多名福建厦门官绅商学各界代表和厦大的教师、新生以及集美学校的学生参加大会。此时，离厦大第一栋校舍群贤楼的奠基还有一个月的时间，但陈嘉庚等不及了，他在开校大会上斩钉截铁地说：" 当此风雨飘摇之际，国势岌岌可危之时 "，创办厦大，又 " 岂能久待 " [①]。十时三十分，豪迈的军乐奏起，浔江两岸，响起了《厦门大学校歌》：

---

① 《记厦门大学开校式》，《申报》1921 年 4 月 16 日。

自强！自强！学海何洋洋！

谁欤操钥发其藏？

鹭江深且长，致吾知于无央。

吁嗟乎！南方之强！吁嗟乎！南方之强！

自强！自强！人生何茫茫！

谁欤普渡驾慈航？

鹭江深且长，充吾爱于无疆。

吁嗟乎！南方之强！吁嗟乎！南方之强！

一九二一年四月十六日 上海《申报》报道厦门大学开校式特稿

就在这高昂坚韧的校歌声中,中国第一所华侨创办的大学厦门大学在东海之滨宣告成立,中国南方挺立起一所中国人自己创办的现代大学。这一天,由邓萃英校长请来的美国著名哲学家、教育家杜威参加了厦门大学的开校仪式。他听着陈嘉庚诉说倡办厦大的由衷之情,感慨万分。当他走上演讲台作大会演说时,便情不自禁地说道:"中国人人能效陈君之公,则救国何难之有。"他希望"到会诸君,须景仰陈君",盼厦门大学"人才辈出,如太阳经天,关照世界"[①]。

厦门大学的创办,令陈嘉庚成为整个华夏大地、东南亚各国乃至世界各种肤色的人们闻之无不敬仰的人物。

厦大成立六年后的一天,也就是一九二七年一月三十日,原本提出厦大"不宜速办"的蔡元培在马叙伦的陪同下来到厦门大学,此时,鲁迅刚刚离开厦大到了广州中山大学,厦大学生由于鲁迅的离开而爆发了第二次学潮,集美学校也处在学潮的巨大震荡中。蔡元培在厦大活动了两天,作了两次演讲,参观了厦门大学国学研究院和生物学院,会见了在厦大工作的北大同人林语堂、顾颉刚、张星烺、陈万里、容肇祖和厦大的浙江校友会,吃了南普陀的素斋,作了浙江革命工作的报告,在南普陀寺为闽南佛学院作了一次佛学的演讲,之后到集美学校。这位当年认为厦大"不宜速办"的教育元老,面对已经处处呈现出"办理完善,成绩斐然"的厦门大学,又会怎么想呢?我们无从在他的文字中寻找到他当年走进厦大时的感觉,我们只能从林语堂的《纪念蔡元培先生》、顾颉刚的《悼蔡元培先生》和当年《申报》的报道中,知道他在厦大和集美学校的足迹。奇怪的是,他在集美学校为学潮的事操了不少的心,在陈嘉庚、叶渊与学生间几次做了调停工作,而对于厦大的学潮从未说过一句话,没有表示过任何的姿态,但在一九二七年二月一日给妻子周养浩的信中则专门讲述了厦大的"嘉庚鱼":

[①] 《记厦门大学开校式》,《申报》1921年4月16日。

> 是日往厦门大学，十点，为在厦门之北大同学招待。先参观国学研究院及生物学院等。有一种鱼，在沙中钻行，白色而无目，为各种记述鱼类者所未见，而土人亦不知其为动物，故无名。现由厦大学者名为"嘉庚鱼"，以作为陈嘉庚之纪念。①

蔡元培所说的"嘉庚鱼"实际上是文昌鱼。厦大的美籍教授莱德在厦门大学附近的海域中发现这一自然界的珍稀物种后，一九二三年通过美国《科学》杂志向世界发布，引起世界的关注。厦大的文昌鱼发现与陈嘉庚先生的创校精神，显然给了蔡元培深刻的印象。

二月十八日上午八时，蔡元培结束了他的厦门、漳州之行，从厦门码头乘"集美二号"捕鱼轮船返回浙江，他给这艘捕鱼轮留下了两首诗，其中一首写道："断发操舟古越民，浙东渔户尚精勤。更将闽士雄强气，随着银涛到海门。"经过半个月的闽南生活，蔡元培已经感觉到这块土地和生活在这块土地上的人们的雄健豪强之气，这自然与他跟陈嘉庚的直接接触有很大的关系。

离开厦门的第二年春天，即一九二八年三月二十一日，蔡元培以国民政府大学院院长的身份，就厦门大学立案一事发布了第一百三十一号训令，令："私立厦门大学应即准予立案，除令行福建教育厅遵照外，合行令仰该校长即便遵照。"至此，厦门大学获得了政府批准的合法资格，成为比复旦、南开、燕京、金陵、大同、沪江、光华、大夏等私立大学更早获得政府立案的大学。国民政府大学院当时对私立厦门大学的评价是："基金充足，成绩甚佳，各种设备，亦极完善，方之他处，有过无不及。"

---

① 高平叔编：《蔡元培全集》第五卷，中华书局1988年版，第117页。

高瞻选址演武场

一九二一年五月九日，陈嘉庚亲领着一百多名厦大师生，从集美学校渡海来到位于厦门岛南端的演武场，为厦门大学的第一座主楼群举行奠基仪式。主楼群规划五栋，一字排开，主楼背倚五老主峰，南向南太武高峰，面对蔚蓝色的大海，取名"群贤楼"。这一天，刮着风，飘着雨，天空有些灰暗。陈嘉庚庄重地捧起一个精致的石盒子，他打开石盒盖子，从口袋里掏出那份《筹办厦门大学演讲词》，放进石盒，盖上盒盖，慎重地放在墙基上，然后将一块四方形的奠基碑石嵌上大楼墙基，这时他不禁仰头看看那飘着细雨的晦暗的苍穹。

细雨飘洒在刚刚嵌上墙基的碑石上，碑石上镌刻着这么几行字：

中华民国十年五月九日

厦门大学校舍开工

陈嘉庚奠基题

厦门大学第一座校舍楼群奠基石

这是两千多亩的厦大校园中唯一留下陈嘉庚笔迹的地方，它与那篇"四万万之民族决无甘居人下之理"的演讲词一起，就这样嵌入了厦大的史册。五月九日这一天在北洋时期被教育界定为国耻纪念日，它与一个事件联系在一起。

一九一五年五月九日，中日签订《中日民四条约》。时任"中华民国大总统"的袁世凯被迫部分接受日本政府无理的"二十一条"，承认日本享有原德国殖民者在山东的全部特权，史称该日为"五九国耻"。

陈嘉庚望着烟雨苍茫的天空，心里并不因为奠基石的奠定而平静下来，这位熟谙地理生态并懂得择取黄道吉日的闽南人，偏偏选择了五月九日来奠定厦大大厦的基石，其用心与意味是深长的。

自鸦片战争以来，中华民族现代发展的一百多年历史中，海外华人由于身处异邦的土地，在异国民族的眼皮之下生存，他们对于祖国摆脱耻辱、民族迅速崛起的渴望，往往比苦难中的同胞儿女更加强烈。身居异国他乡拼搏奋斗的陈嘉庚，那种"久客南洋，志怀祖国，希图报效，已非一日"的赤子之情，是未曾离开过母体的儿女们所难以感同身受的。不忘国耻而自强不息，教育救国而振兴民族，在陈嘉庚的内心深处，从集美学校到厦门大学，他勾画的是一个庞大完备的南方现代教育王国的蓝图，他需要一块足以充分发展的土地来建设心中故乡厦门的"世界之大学"。

陈嘉庚说："校址问题乃创办首要。"[①]为了选好厦门大学的校址，陈嘉庚很是费了一番周折一番心思。

一九一九年六月二十六日，沪上名流、教育家黄炎培赶到厦门，按照他与陈嘉庚在新加坡的约定，他们要一起考察、选择厦门大学的校址。第二天，陈嘉庚早上七点到达厦门，八点便带着黄炎培来到演武亭，他对黄炎培说："知君必急吾之急，亦乐吾之乐也。"几天后，黄炎培在返回上海的船上写道：陈嘉庚一面带他参观演武场，一面为他解释演武场的优势：空气新鲜，交通

---

① 陈嘉庚：《南侨回忆录·倡办厦门大学》，中国华侨出版社2014年版，第20页。

利便，地广数千亩，足备后日扩张；背山面海，南太武峰隔海为屏；其东波涛浩渺，一白无际，船舶南北往来，必取此道。那时陈嘉庚就想象着三年之后，凡过闽海者，无论外轮国轮，遥望山坡上下，栋宇巍峨，弦歌之声，与海潮相答，自有一番鼓荡自由之景象。①后来，陈嘉庚在自己的回忆录中写道："校址当以厦门为最宜，而厦门地方尤以演武场附近山麓最佳，背山面海，坐北向南，风景秀美，地场广大。"②在陈嘉庚眼中，演武场是一块背山面海、足备后日扩张，又能让南来北往的船舶看到一座与海潮弦歌互答之学府的风水宝地，更重要的是这块土地足以让陈嘉庚梦魂牵绕，他深知这块土地承载着民族一段可歌可泣的历史。

从自然环境看，演武场北面，五老山蜿蜒苍翠犹如一条躬身向大海伸展而去的长龙，龙头与龙尾的延伸与五老主峰构成一座大自然的屏障，稳稳地坐落在厦门岛南端的大地上；南面是浩瀚的大海，碧波荡漾中吞吐着串串白浪，浪涛中可以清晰地看见金门岛屿，水天连接处是突兀而起的南太武山峰，这里是可以行驶万吨巨轮的厦金海峡。

但在陈嘉庚选址时，演武场左右远近荒冢累累，怪石错立，是厦门南端一处偏僻荒凉的荒郊野地。要来到这个地方，倘若步行，则要先经过属于厦门边远城郊的鸿山大生里，再越过铺头山、蜂巢山、澳岭和赤岭，虽说闽南海岛上的山岭不高不峻，却也是要攀援登越，一路下来不免精疲力竭。所以，当年前去演武场的人，大多走的是水路，从市区的码头搭船，沿着鹭江道到厦门港的海面行驶，过虎头山，绕厦门港，在沙坡尾上岸。一九二六年鲁迅走进厦大，就是从厦门的水仙码头乘着小舢板到的沙坡尾，再步行到学校。从沙坡尾到厦大的群贤楼群，则是一条连接着大海与陆地的金黄色沙滩带，一片有二百多亩大小的坚实平坦的沙质地，四处没有人烟。所以鲁迅才在给

---

① 黄炎培：《陈嘉庚毁家兴学记》（1919 年 7 月 30 日于厦门至上海舟次），选自《集美学校二十周年纪念刊》，集美印务公司 1933 年 10 月。

② 陈嘉庚：《南侨回忆录·倡办厦门大学》，中国华侨出版社 2014 年版，第 20 页。

许广平和川岛的信中,很得意地"形容"厦大是"硬将一排洋房,摆在荒岛的海边"。①

然而,这块荒僻的海角山冢,却融汇着不凡的历史沧桑,吟咏着壮怀激烈的史诗。明末清初,演武场是民族英雄郑成功麾下练武的地方。一六四六年清军南下,郑成功率领明军转战江西赣州等地,并在漳州、厦门招兵买马,扩充实力,奋力抗击清兵。明隆武帝被清兵俘虏后,郑成功被永历帝封为威远侯,以金门、厦门为根据地,整军经武,自造货币,推行海上贸易,屡次大败清军,雄心壮志恢复大明王朝。在郑成功"据金厦两岛,抗天下全师"时期,他的军事根据地和练武的中心主要有两个地方:一个是鼓浪屿的日光岩,郑成功在岩上筑着水操台,居高临下指挥水上千帆万樯,鼓浪屿日光岩主要是训练水师的地方;一个就是演武场,这里主要训练陆军。明永历九年(一六五五年)三月,郑成功命工官冯澄世在这里建筑演武亭楼台,搭建兵房,"以便驻宿,教练观兵"。二十世纪五十年代,厦大演武场还出土当年郑成功演武亭上的一块石匾,上题"练胆"二字,有人考证这两个字为郑成功所题。那时,郑成功的演武场练兵有一高招,就是将一个重达三百斤的石狮置于演武场中央,倘有军士能举起石狮绕场三周者,便可成为追随郑成功左右的"虎卫亲军",成为军中"铁人"。鼓浪屿与演武场就这样作了郑成功反清复明和收复台湾的两个大本营。永历十二年(一六五八),郑成功之师已有戈船八千,甲士二十四万,"铁人"八千,再加上闽南沿海一带海盗的加入,号称八十万众。这八十万众在郑成功的统领下,不仅占据了中国南部大片的海域,开展海上贸易与海上练兵,建立明代中华海上帝国,而且浩浩荡荡地兴师北伐。他们进长江,克瓜洲,破镇江,围南京,一度取得节节胜利,原以为大明王朝的江山社稷可以打救回来,却不料历史狂澜终究无法力挽,郑军在南京丧师损将,重新退守厦门、金门。在北伐无望的情况下,郑成功于永历十五年(一六六一)率领战船三百多艘,将士二万五千人,从厦门、金门

---

① 《鲁迅全集》第十一卷,人民文学出版社1982年版,第170页。

出发，经澎湖列岛，攻打被荷兰殖民者侵占的台湾，经过九个月的围攻，迫使荷兰投降，收复祖国的宝岛台湾。

二十世纪五十年代出土的郑成功题刻"练胆"，藏厦门郑成功纪念馆

演武场作为郑成功当年操练军队的地方，成为闽南人心中一块圣地，它伴随着历史进程的风风雨雨，也多次变换着自己的容颜。康熙十九年（一六八〇），清军攻占明室最后的据点厦门，郑成功的儿子郑经焚毁演武亭楼台，退往台湾，演武场成为清兵的驻地。康熙二十二年（一六八三）六月，水师提督施琅东征台湾，演武场也是清军水师的出发地点。乾隆四十二年（一七七七），清政府在演武亭旧址兴建水操亭，借助于这块临海之地，训练水战军士。鸦片战争爆发后，演武场一带是清政府军事布防的重地，从场前的胡里山炮台到白石炮台海岸线，布下由五百尊铁炮组成的炮阵，严阵以待海上入侵的侵略者。一八四一年八月二十五日，一场厦门军民与英军侵略者的猛烈战斗在演武场一带打响，厦门南端海上硝烟弥漫。此次战争，英军出动三十四条战舰，发射二万四千多发炮弹，八月二十六日厦门失守，演武场涌进了红发碧眼的英国军队。鸦片战争后，伴随着太平天国的洪秀全发难，闽南爆发小刀会起义，演武场又成了小刀会的主要驻地。在小刀会占据厦门的一年时间里，演武场发生了多次小刀会与清兵的战斗。从郑成功据厦反清复明到清朝时期，演武场一直是个军事要塞或厮杀的战场。直至光绪三十四年（一九〇八），美国海军舰队进入厦门港，演武场一改其萧索杀气，变成中美国际交谊大会的会场。这年十月十五日，清政府在演武场盖起几十所竹片

楼阁，搭起百尺牌楼，从上海买来马车，从香港运来发动机，将演武场开辟为跑马场。后来还一度改造成高尔夫球场，但用作跑马与打高尔夫的时间并不长，不久后演武场被废置不用。风雨变幻，沧海桑田，到陈嘉庚倡办厦门大学时，演武场已经成为一片很少人会顾及的荒芜墓冢之地了。

但陈嘉庚偏偏想到了这块土地，他经过"数次往勘演武亭地势"[1]后，就毫不犹豫地选中演武场作为厦大的校址。无论是黄炎培还是汪精卫，他都亲自带着他们踏上这块荒废的土地，兴奋地谈论起演武场的未来，他对郑成功的演武场以及郑成功军队所留下的土地情有独钟。

在陈嘉庚的内心世界里，郑成功父子是自己从小崇敬的民族英雄，他们在东南沿海的历史是足以彪炳千秋的。像所有闽南的孩子一样，少年陈嘉庚也是在郑成功的故事中长大的，延平故垒、国姓爷井、水操台、演武亭等郑成功遗址，在人们的心中总散发着一位民族英雄的精气神，流淌着一股为担当天下大任而不折不挠的生命潜流。建设集美学校时，陈嘉庚选址延平故垒建起了三层三十间的教学楼，取名为"延平楼"，以表示对郑成功的缅怀和承续之志。如今，他又要在郑成功当年的演武场上上演一幕教育救国的大剧了。

要获得演武场一带的地照并不容易，当陈嘉庚选择演武场作为厦大校址之后，这块原本荒芜的土地似乎马上价值连城了，福建省督军李厚基出来作梗，他凭借着执掌福建省军政大权敲起了陈嘉庚的竹杠。厦门大学开校时李厚基仅仅批准演武场的四分之一为厦大校址，这是想望着厦大成为"世界之大学"的陈嘉庚所不能容忍的。我们从史料中发现，厦门大学第一座大楼奠基的时间是一九二一年五月，而思明县（现在的厦门市）公署案准演武场为厦大建筑校舍地址的布告直到一九二三年九月才公布，这之间有两年多的时间，这两年多的时间里就交织着一场陈嘉庚与福建省督军李厚基斗智斗勇的故事。

福建督军李厚基，字培之，江苏铜山人，一八六九年出生。此人为人

---

[1] 陈嘉庚：《南侨回忆录》，新加坡南洋印刷社1946年版，第14页。

很不厚道。他从天津武备学堂毕业后，任北洋陆军第四镇标统、协统。中华民国成立后，改任北洋陆军第四师第七旅旅长，驻防于天津马厂一带。一九一三年七月，孙中山发动"二次革命"，李厚基带兵与讨袁军队作战，为吴淞要塞司令。此时福建省政权内部争权夺利，袁世凯乘机将福建纳入自己的势力范围，派海军总长兼南洋巡阅使刘冠雄率李厚基旅入闽，赶走都督孙道仁，迫使国民党人许崇智离开福建。在闽期间，李厚基出任福建镇守使，授陆军中将衔。他大力扩充实力，以捕杀革命党人向袁世凯表示效忠，获得袁世凯的器重，出任福建护军使，督理福建军务，晋衔陆军上将。一九一五年八月，袁世凯筹划帝制，李厚基献赠十万元作为活动经费；九月，李厚基以福建护军使名义参与十四省将军联名劝进，并率先上表称臣；同年十二月，袁世凯废除共和称帝，李厚基逮捕杀害回闽策划倒袁刺李的同盟会会员林一士，袁世凯对此深感满意，授李厚基以子爵。但袁世凯皇权命短，几个月时间便权溃人亡，袁世凯死后黎元洪继任总统，段祺瑞仍为国务总理。段祺瑞与李厚基同属北洋皖系，便任命李厚基为福建督军。这之后，中国政坛一片混乱，黎元洪、段祺瑞争权，府、院对立，段祺瑞国务总理职务被免；张勋拥戴清逊帝溥仪搞复辟闹剧，段祺瑞兴师讨伐张勋，重新组阁。就在风云变幻中，李厚基见风使舵，一会儿借段祺瑞势力驱走福建省长胡瑞霖，一会儿修葺"万寿宫"，制黄龙旗百面，呼应张勋复辟，一会儿又通电各省大骂张勋，吹捧段祺瑞，拥护共和，博取段祺瑞的欢心。一九一七年九月，段祺瑞直接免去胡瑞霖省长职务，由李厚基兼任省长，至此，李厚基集福建全省军、政大权于一身。作为段祺瑞皖系干将，他积极扩军，扩建兵工厂，筹备军饷，并成立造币厂，仿制广东毫洋，大量发行债券、证券，又向台湾银行、台湾大地主林熊祥和日商借来巨款，并且预收全省钱粮、正税两年，强迫农民栽种鸦片（名为种烟），借此收取烟苗捐，致使烟毒泛滥全省，民不聊生。一九一九年五月，五四运动浪潮扩展到福建，福州学生集会游行反对北洋政府卖国政策，工人罢工，学生罢课，商人罢市，李厚基逮捕支持学生爱国运动的《求是报》主笔王醒才与革命党人多人,并以策动学生闹事的罪名杀害革命党人。十一月,震动全国的福州"台江事件"爆发,李厚基诺诺听命于日本领事馆的无理要求,让殴打学生、枪杀警察的所谓日本浪人"敢死队"逍遥法外,还下令解散福建学生联合会,查封了学生联合会所办的《学术周刊》,激起全国民众的愤恨。

正是在这个时期,陈嘉庚向李厚基要厦门演武场地照建厦门大学。李厚基见要地的人是华侨陈嘉庚,便想趁机大捞一把,伸手便向陈嘉庚要四万元的公债钱。陈嘉庚明知道这是借发行公债中饱私囊,但为了厦大的地照,也只好向好友黄奕住募捐了四万元公债。但等到黄奕住买下四万元公债后,李厚基却翻脸不认人,称那公债不是陈嘉庚的,仍然要陈嘉庚自己如数认购。陈嘉庚是位诚信耿直的硬汉,尤其厌恶李厚基这种人,也未曾将李厚基这类卑琐的乱世枭雄放在眼里,只是为了厦大校址无奈同意购买公债,不想李厚基倒变本加厉。陈嘉庚这下子就火了,他干脆将李厚基暗中操纵的彩票骗局公之于众,直喝督军大人为"李贼厚基",怒斥李厚基出尔反尔,揭发他逼民众种烟从中渔利,于民国九年就"一人私入百万元",① 同时发起组织闽南烟草禁种会,以"不愿放弃天职"的国民职责,晋省请愿禁烟,最后直抵督军府面斥"李贼厚基"。李厚基此人生平有两忌,一是害怕武力比自己强大者,二是忌讳财力比自己雄厚者,他见陈嘉庚直抵督军府,手脚也就软了,便答应闽南民众的禁烟要求,无奈地将厦门大学演武场的地照批复给了陈嘉庚。

陈嘉庚获得的演武场,"西自许家村,东至胡里山炮台,北自五老山,南至海边,统计面积约二千余亩",② 倘若按厦门大学当年地照批复的红线图,则面积还不止这个数。厦大校址面积之大空间之广阔,为当时人不敢想象,也为后人赞叹不已。

获得演武场数千亩土地之后,陈嘉庚曾对当时负责厦大基建的宗兄陈延

---

① 陈嘉庚:《抗议闽南种烟苗演词》,《新民国日报》1922年10月30日。
② 陈嘉庚:《南侨回忆录》,新加坡南洋印刷社1946年版,第14页。

庭先生说，他之所以非要拿下整个演武场一带创办厦大，是"鉴于集美当时无远虑与宏愿"的教训，乃至导致集美学校发展受到束缚，"贻后千悔莫及"。当时演武场虽是一片荒冢乱岗，荆棘丛生，倘有一丝人烟，也是昔日美军进入厦门后在此开辟跑马场、高尔夫球场留下的残垣断壁。但陈嘉庚说："厦大校址，将来可以扩充至广，虽沿海山岗，坟墓如麟及城垣炮台，多属私家与军人权势之手，总是他日必完全归入厦大，无论谁人万不能鼾睡寸土，了无疑义。"他兴奋地将厦大的校址比喻成"一匹新布"，可以任他剪裁各式衣裳，"预有算划，庶免后悔"。①

实际上，刚刚诞生的厦门大学师生员工极少，到校的首届学生仅仅有九十八人，教职员不上二十人，总共也只有一百一十八条人马，但陈嘉庚却一下子要下数千亩土地，并要将厦大"扩充至广"到整个演武场的左右上下，不让任何人有"鼾睡寸土"的梦想。这位经历过岁月沧桑跨越过大洋的中国人，他的眼光放得很远很远，他的胸襟袒得很宽很大，他有一种常人所难以企及的高远胆识，他要办的厦门大学是"能与世界各大学相颉颃"的大学，是能"为吾国放一异彩"的南方之强学府。

事实上，当厦门大学在他心中孕育的时候，他已经有了一个宏伟的厦门大学四个五年计划：

> 首期五年，每年添招新生三百，至第五年，在校学生可二千人；
> 次期五年，每年添招新生五百，至第十年，在校生可四千五百人；
> 三期五年，每年添招新生八百，至第十五年，在校生可八千五百人；
> 再后五年，距今二十年，前后毕业生，可达二万余人。

陈嘉庚就像他的儿子陈国庆说的："父亲天生的是一个敢挡风险的人，他

---

① 陈嘉庚 1924 年 3 月 8 日致陈延庭函。

喜欢冒险去做那些心中无数的事,而且往往蛋还未孵就先数鸡。"①创办厦大刚刚开始,陈嘉庚真的蛋还未孵就数起未来的那一群群美丽的"鸡仔"了,他欣喜地憧憬着四个五年计划实现后的情景:"以二万余人专门大学之毕业生,分配于各省重要机关,如工商学政议各界、各要职,纵未能充分布满,较之今日人才乏缺,何天渊之别。且其时民智更开,实业与教育,愈益进步,人民自治之能力,何军阀伟人之足道哉。"②一个宏伟的厦大蓝图,一个美好的教育前景,一个让贫弱的祖国从根本上改变面貌的理想,在陈嘉庚的心中铺展开来,他的眼界、胆略和气魄实在是同时代人所难以企及的,让人不禁产生"前无古人,后无来者"的感慨。

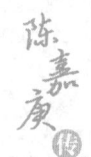

---

① 陈国庆:《回忆我的父亲陈嘉庚》,中央文献出版社2001年版,第121页。
② 陈嘉庚:《实业与教育之关系》,新加坡《南洋商报》1923年9月6日。

"伟大建筑师"的建筑美学

一九九二年，世界著名的美国建筑大师格雷夫斯在厦大演讲，他的第一句话便是"陈嘉庚是位伟大的建筑师"，他感慨地惊叹道：厦门大学与集美学村，是最具世界经典的建筑之一。

谁都不会想到，"这些最具世界经典的建筑"却原来并非出自于专业建筑师之手。

从选址演武场那天开始，陈嘉庚就亲自在这两千多亩土地上描绘起厦大的校园："北虽高山，若开辟车路，建师生住宅，可作许多层级，由下而上，清爽美观。至于东向方面，虽多阜陵起伏，然地势不高，全面可以建筑，颇为适宜。"①而南面面对大海，却是厦大得天独厚的风景，他禁不住内心的喜悦说道："厦门港阔水深，数万吨巨轮出入便利，为我国沿海各省之冠。"他想望着"将来闽省铁路通达，矿产农工各业兴盛"之后，"厦门必发展为更繁盛的商埠，为闽赣两省唯一出口"，而且造船业、港口业也将得以重要发展，成为"不亚于沿海他省"的口岸，到那个时候，"凡川走南洋欧美及本国东北洋轮船出入厦门者概当由厦门大学前经过"，厦大的"山海风景之秀"，自会让人羡慕不已。②山海风景，栋宇巍峨，弦歌之声，与海潮相答，海内外轮船，概由门前经过，这就是陈嘉庚先生在一片荒冢累累、怪石错立的演武场上描绘出来的厦大。

---

① 陈嘉庚：《南侨回忆录》，中国华侨出版社2014年版，第14页。
② 陈嘉庚：《南侨回忆录·演武场校址之经营》，中国华侨出版社2014年版，第21页。

陈嘉庚（左一）、林义顺（左三）、林文庆（右一）视察厦门大学建筑工地

然而，一件与陈嘉庚愿望不相吻合的事情发生了，这就是建校中首要的校舍建设方案。

厦门大学创建时，兴建校舍自然由首任校长邓萃英负责，邓萃英校长也尽职而为，他经陈嘉庚的赞同后，及时请美国商人在上海开设的茂旦洋行为厦大校舍勘测设计和承包建设。

一九二一年一月，邓萃英由北京返回厦门，茂旦洋行的外籍代表墨菲带着设计好的图纸和四个工程人员也来到厦门，准备交图取款，图纸包括厦大首批校舍的平面图总图、立体简图和凭图建筑工程的估算表（预算表）。这份设计方案，作为学校主要建筑的五座大楼安排在演武场西北的一角上，构成"品"字形组合，而演武场的大部分用地则设计成农事实验场，学校形成一个大圆圈模式，整个建筑群排列局促而难展开。陈嘉庚约了邓萃英、郑贞文和何公敢讨论，邓萃英本以为设计者是上海滩上的洋行洋人，校舍的建设方案与设计应该不成问题，却没想到听完墨菲的设计说明后，虽然其他三人都提不出什么意见，陈嘉庚却毫不犹疑地否决了洋人的方案与设计，要求设计方更改方案。于是双方磋商了几天，尽管墨菲也有所迁就，谈判还是破裂，陈嘉庚给了茂旦洋行设计费（据说有七八千元），双方不欢而散。

陈嘉庚是一个有自己的建筑理念和见地的人，他坚持自己心中的厦大宏图，这宏图蕴含着桑梓之情、民族之志和"世界之大学"的宏伟愿景。但茂旦洋行的墨菲设计师，则仅仅只能从外在的美观上做出楼房的设计，既没能将校舍的设计与演武场的地理与历史文化有机融合，更无法体验到一位志在以教育拯救复兴民族的中国人那博大的胸襟和深沉的情愫。陈嘉庚认为，茂旦的设计毁坏宏伟的演武场，妨碍将来厦大的发展，他这样评价茂旦的这份设计："其图式每三座作品字形，谓必须如此方不失美观，极力如是主张。然余则不赞成品字形校舍，以其多占演武场地位，妨碍将来运动会或纪念会之用。"①陈嘉庚并非不想与洋人合作，而是他从不盲从洋人，他对陈延庭说："今日厦大要建之屋，其地位、间隔、外观有洋人帮理，弟甚赞成。"但又提醒陈延庭，"若坚固及用料绝当取我宗旨第一要义，万万不可妄从留学者言"。他认为什么都听洋人者，不仅"乏许大财力，且亦迁延日子。一舍之成，非数年不达"。②

在陈嘉庚的思考中，厦大校舍的设计最重要的有三点：

一是校舍的位置安排，首批校舍的空间方案一定要考虑到将来厦大的发展壮大。他对于厦大校址位于船舶进出的港口特别重视，他希望厦大的栋宇巍峨，弦歌之声，与海潮相答，无论外国的轮船还是南来北往的船舶，来往厦门港的时候，能从海上一眼就看到厦门大学。

二是教室、办公场所空间要大，光线要好。

三是要求校舍外观上美观大方，粗中带雅，要能节省建设费用。

---

① 陈嘉庚：《南侨回忆录·演武场校址之经营》，中国华侨出版社2014年版，第20页。
② 陈嘉庚1923年4月3日致陈延庭先生函。

对照陈嘉庚的这三点要求，茂旦洋行墨菲的设计方案显然无法让陈嘉庚满意，而且，对于茂旦洋行提出的一千多万元的工程承包费，陈嘉庚也认为"索价过昂"，表示学校可以自己购料雇工，节省开支。于是陈嘉庚亲自与本土负责泥水的林论师傅和负责木工的郑布师傅重新设计，根据厦门古海湾滩地的特点，通过场地排水坚固基础，以地下淤积沙层为地基，就地取花岗岩、红砖、灰和福建杉木为材料，就地招雇土木匠兴工建筑。

一九二一年五月九日，厦大首座校舍群贤楼群奠基，陈嘉庚冒着风雨主持奠基仪式。一九二二年二月，群贤楼群部分落成，寄居集美中学的师生全部迁到厦门上课。群贤楼的落成，奠定了厦大校舍的建筑基调，陈嘉庚从中国传统建筑的大气典雅与西式洋楼的丰富考究中吸取灵感，因地制宜地创造了独具一格的建筑风格。

厦门大学一九二一年奠基的最早校舍：群贤楼群

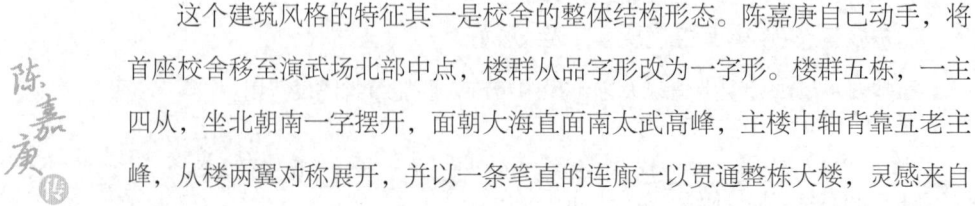

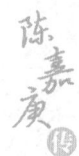

这个建筑风格的特征其一是校舍的整体结构形态。陈嘉庚自己动手，将首座校舍移至演武场北部中点，楼群从品字形改为一字形。楼群五栋，一主四从，坐北朝南一字摆开，面朝大海直面南太武高峰，主楼中轴背靠五老主峰，从楼两翼对称展开，并以一条笔直的连廊一以贯通整栋大楼，灵感来自

厦门及东南亚一带的骑楼却又与骑楼不同。陈嘉庚说："我要站在连廊的这头，看厦大的学生从大楼的那头向我走来。"话语中透露出一种自豪感。整排大楼的前面开辟为开阔的运动场，运动场与海滩相衔接，由此形成了尊重广场、以学生活动为主体的建筑布局。原本茂旦设计中占据大半的演武场的农事实验圈被移在了演武场后面。

其二是中西合璧的建筑美学。主楼西洋石切的墙体上覆盖着闽南民居式的"三川脊"歇山顶，屋面琉璃泛绿，屋脊燕尾上扬，山墙饰以云纹花草，屋檐装以雕宫灯垂。主楼左右是同安、集美二楼，建筑以中式风格为主，与主楼相互映衬；东西两端分别是"映雪"、"囊萤"二楼，风格趋于西式，构成与主楼的联系与对比。整个楼群在广阔水天之下，石板悬挑，清水雕砌，中式的飞脊彩檐和琉璃屋顶，西式的廊柱房间与大门窗棂，不仅气派恢宏，而且秀丽雅致，呈现出别致的中西合璧特色。

其三是就地取材、因地制宜的建筑思路。闽南是花岗岩的产地，石板悬挑、清水雕砌是厦门大学建筑的主要特征，它以闽南花岗岩为主要建筑材料。首栋校舍建设时，陈嘉庚就让工人将演武场周边的石头切割雕琢成条石石块，直接用以群贤楼群的建设。至于红砖与房瓦，陈嘉庚则选择临近厦门的漳州建立砖瓦厂，自行设计。当年，水泥瓦以其有别于泥土烧制瓦的坚固开始流行起来，但陈嘉庚却认为，水泥瓦一是昂贵，二是不易散热。他亲手指导工人仿照水泥瓦样式，以传统的瓦土烧制出本土红与橙的瓦，并在漳州开窑设厂，以自家研制的砖瓦供应厦门大学与集美学校的建设，有效地降低了建筑成本，更好更节约地完成校舍的建设，后人将陈嘉庚为厦大、集美学校建设需要而创制的瓦称作"嘉庚瓦"。

从此，借助大自然造化的环境，因地制宜地以广场为中心，线性展开"一主四从"的建筑群楼，成为厦大校园建设的主思路；以精美的建筑为音符、开阔的广场为空板，构成了校园设计的主旋律，充满了一种民族的豪气与庄重，宏伟中蕴含着隽永的秀丽。

二十世纪五十年代初建设的建南楼群，是陈嘉庚建筑的经典之作，它矗立在上弦场上，面朝无际海洋，一样的一主四从，一样的中西合璧，但那在天水之间腾空而立的楼群，气势却更加雄伟壮丽。这是陈嘉庚倾注最多心血的杰作，主楼建南大会堂雍容大气，方形的柱础，圆形的罗马式石柱，撑起庄严秀丽的传统宫殿般的大屋顶，左右对称的门窗，装饰着各种浮雕、透空雕、板圆雕，会堂的四楼设置外廊，登楼远眺，厦门港湾的繁华与厦金海峡的隽美豪气尽收眼底。建南大会堂可以容纳四千二百个座位，至今依然是全国高校容量最大的会堂。以会堂为中心，四大从楼分东西两侧弧线对称摆开，白的花岗岩与红砖的花式砌筑相衬，橙红色的屋顶与礼堂绿色琉璃屋面映照，使得楼群在雄伟中又增添了几分绚丽，更将那凝固的旋律演奏得多彩多姿。陈嘉庚还利用了楼群与上弦场的落差，砌造出足以容纳二万人的石砌看台，在楼群、棕榈和石阶看台的拥抱下，构建出厦门大学最大的运动场和大集会广场。

蓝天碧海，金沙绿树，开阔的广场与雄伟建筑的汇合，奏响出一曲天人合一的凝固交响曲，呈现出厦门大学那"自饶远势波千顷，渐满清辉月上弦"的阳刚与柔美。建南楼群不仅是厦大建筑的典范，也是厦门港口风景城市的地标性建筑，它向人们显示出一个崛起的伟大民族，一座慷慨雄健的"南方之强"学府。

环抱着芙蓉湖畔绿荫草坪的芙蓉楼，是厦大建筑风格的又一种体现。芙蓉楼群四幢以湖为圆心，形成半抱湖水的姿态。楼平面呈长条山字形，由红砖雕砌成清水外墙，以闽南的歇山顶为造型，端墙装饰图案，列柱砖石镶嵌，与群贤楼群的庄重、建南楼群的慷慨相比，以红砖为主体的芙蓉楼群显得特别恬静温馨，这里是厦大学生生活的中心。许多外国学者说：当我傍晚沿着湖畔走过芙蓉楼群，便会有一种康河剑桥的感觉。

厦大校舍建筑，不仅仅在于中西合璧的美学特征，也不仅仅在于它的结构形态所体现出来的陈嘉庚的高远胆识，还在于这些建筑都蕴含了一个生命

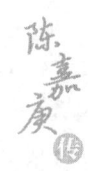

的高尚人格与品行，流露着陈嘉庚的文化理想与道德情操。

厦大首栋校舍主楼落成后，人们提出以创建者的名字命名，陈嘉庚坚决反对；于是人们提出以二校主陈敬贤的名字命名，一是他也是厦大董事，二是敬贤意味着厦大的求贤若渴与培养精英人才的向往，陈嘉庚同样不同意，将"敬贤"改为"群贤"，源于《兰亭集序》中的"群贤毕至，少长咸集"，取"群贤毕至"之意，突出了厦门大学海纳百川、荟萃英才的办学指向。主楼两边从楼各是"集美"楼与"同安"楼，用的是陈嘉庚先生故乡的地名；东西两端的两座楼各取名为"映雪""囊萤"，引用的是晋代孙康冬月映雪读书与车胤囊萤照书的勤学典故，体现的是校主与他创办的大学的情怀与意志。

实际上，无论是厦大，还是集美学校，也无论是两校的建设初期，还是两校之后的重大发展，乃至在新马一带、在广州，在其他国家其他区域，陈嘉庚为教育捐建大楼无数，楼名也都有所讲究，就是从未有一座楼房是用他的名字或家属的名字命名。这诸多大楼的名字不是出自故乡地名，就是出自中国的文化典籍，这在传承嘉庚精神的陈嘉庚女婿李光前身上也是如此。同安、集美是陈嘉庚的故乡，建南楼群的建南为福建南安，李光前的家乡，风亭四座的风亭源于李光前出生的村庄村名，国光是李光前就读过的家乡学校校名。至于像群贤、囊萤、映雪、笃行、勤业等，则都源于中国文化典籍。集美学校的航海大楼叫允恭楼，它源于《尚书·尧典》的"帝尧……允恭克俭，光被四表，格于上下"；集美学校图书馆叫博文楼，是从《论语·雍也》中的"君子博学于文，约之以礼，亦可以弗畔矣夫"；早期集美师范部旧址为三立楼，指的是中国传统的价值取向立德、立言、立功，取自《左传·襄公二十四年》的一段名言："太上有立德，其次有立功，再次有立言，虽久不废，此之谓不朽。"以家乡取名，呈现了中华赤子的桑梓之情、家国情怀，从传统文化典籍中汲取楼名，这意味着对中华民族传统文化的敬重与自信，慎终追远。陈嘉庚这位中国南方现代教育王国的创办者，虽然多年生活在新加坡，却有着最为深厚的中华民族传统文化的价值认同与精神追求，他欣赏同时一以贯之地践行着中华传统文化的价值理念与人格品行。

一九二四年,陈嘉庚五十寿辰到来之际,厦大给他寄来祝寿贺礼,陈嘉庚即刻"奉还",他写信给陈延庭说:"弟非矫情,盖此风诚不可长。否则,互相效尤,大非乐愿。"①此时,集美学校师生则捐款,要在集美盖一座"介眉亭"纪念校主的五十大寿,陈嘉庚知道后即刻发电集美学校校长:"请取消介眉亭,捐款发回。"他重申自己历来"以实事求是四字为宗旨",绝不沽名钓誉。他说集美学校今天虽有些许规模,但"学生之实益如何?可裨于社会又如何?",真要给自己建亭立碑,也要等十年后,"若十年后果有裨益于地方、社会",则自己"无推辞之客气"。在他看来,人"唯要有相当之功德,然后敢享受耳"。②由此,我们便可清楚地看到,为什么陈嘉庚捐建了那么多的学校校舍,却从未让一栋楼留下自己或家人的名字。

鹭江东去,逝者如斯。一个世纪的时光过去了,厦门已经成为世界瞩目的国际性港口风景城市,厦门大学已经是遐迩闻名的南方之强学府,是国家重点建设的"中国特色,世界一流"的高校,这里活跃着四万个建设共和国的现在和未来的生命,厦大的校园则是国内外公认的中国最美丽的校园。恰如陈嘉庚百年前想望的那样,五大洲四大洋进出于厦门港的远洋巨轮,当它经过厦大演武场前面的海面,眼望着那青石、红墙、琉璃瓦与绿荫掩映的厦门大学时,便会轻轻地拉响一声悠远的汽笛,向一座自强不息的中国大学表示敬意,向一位了不起的大学创建者表示由衷的尊敬。千千万万个生活和曾经生活在厦大校园的厦大人,一生中也不知有多少次为自己校主当年的高瞻远瞩和大海般的雄风魄力而激动和自豪,厦大人很感激自己的校主,感激校主给了大家如此美丽如此优越的学习授业环境,还有那天造地设般的发展空间。

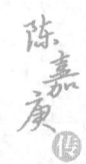

---

① 陈嘉庚 1924 年元月 25 日致陈延庭先生函。
② 陈嘉庚 1924 年 3 月 28 日致集美学校校长函。

"自饶远势波千顷"的建南楼群

第六章 创办:世界之大学:厦门大学

《组织大纲》的周折与首任校长的离去

一九二〇年十月上海的厦大筹委会结束后，邓萃英按原有约定，回北京请辞教育部参事职务，携家眷来厦筹备厦大开办具体事务。但邓萃英不仅没有辞掉参事职务，还受命担任起北京高师代校长。翌年一月，他只身抵达厦门，匆匆在集美停留几日，与郑贞文、何公敢等议决厦大的组织大纲、教职员聘用、招生、校舍、交通、图书与仪器购置等问题。就在讨论议决这些具体事务时，不愉快的事情发生了。

组织大纲自然是厦大创办中最重要的纲领性文本，它牵涉到厦大的名称、宗旨、经费、领导机构、组织系统的构成与功能等，就是这份厦大最早的《组织大纲》，厦大立下了"研究高深学术，养成专门人才，阐扬世界文化"的办学宗旨。因为中外都有这类蓝本可供参考，而且上海筹备会上已基本定下厦大的主要组织，厦大《组织大纲》制定起来并不太难，但就在拟定组织大纲的组织条款时，周折出现了，问题就出在筹备委员黄琬身上。

黄琬是省立厦门十三中学校长，北洋时期，一个省立中学校长是当地文化界了不得的人物，也是教育界的一方霸主。从筹备委员的整体配备上考虑，陈嘉庚请他与集美学校校长叶渊一起担任厦大本地的筹备代表。但叶渊因为集美学校校务忙，对厦大有关事宜很少过问，黄琬却不同，他表现出对筹备的相当热心。那时，因北洋政府拖欠教育经费致使省立厦门十三中难以发展，黄琬对十三中学失掉兴趣，有心要进入陈嘉庚刚刚建立的厦门大学。拟定组织大纲时，按原定计划校长下面只设教务与总务两处，但邓萃英提出要在两处之外再设校长秘书一处，以形成"三权分立"，黄琬不仅支持邓萃英的意见，还主张设斋务处，"与两处分庭抗礼"。负责总务的何公敢认为厦大刚成立，学生不多，斋务只要在总务处设一股管理就好，郑贞文赞成何公敢意见，黄琬力争。邓萃英又提出校长为终身职，教务、总务两主任任期三年。这些意见都得报陈嘉庚同意后才可实施，陈嘉庚支持了郑贞文与何公敢的意见，黄琬的另设斋务处的意见被否决。

对于黄琬这个人，陈嘉庚早有看法，他从来都不将黄琬与叶渊同等信任。厦大筹备时，陈嘉庚就对叶渊说："孟君（即黄琬，字孟奎），弟近阅其做事数次，颇轻率阔大，将来若用为厦大重要人员关系非轻。"[①] 陈嘉庚在厦门陈氏宗祠号召筹备创办厦门大学那天（一九一九年七月十三日），厦门各界人士来了数百人，连当时的北洋政府驻厦军队司令臧致平都派了自己的副官参加，可是作为厦门最重要的教育长官的黄琬却不见踪影，这已经让陈嘉庚感到他对创办厦大"乏诚"；之后，他又阻止陈嘉庚力争演武场官地为厦大校址，劝陈嘉庚无论如何不要去讨要这块军事之地。作为筹备委员，在汪精卫函辞校长一职时，黄琬向陈嘉庚推荐了刚从美国留学回国不久的邓萃英，陈嘉庚接受了他的推荐。厦大筹备会召开之前，黄琬又不征求陈嘉庚的意见，就先到上海，串联筹备委员让邓萃英出任厦大校长，并称这也是陈嘉庚的意见。与此同时，他还有一个私人打算，让自己增补为全国教育会联合会的代表。

厦大筹备会在上海召开的时间，也是全国各省教育会联合会（简称教联会）在上海召开第六次会议之时。教联会会议是北洋时期教育界很有影响的会议，照会议章程规定各省出席代表最多三人，福建省历次会议都由郑贞文与邓萃英出席。邓萃英因黄琬推荐校长一职，怀有感恩之心，便密电福建教育会长王修加派黄琬为代表，以此提高黄琬的社会地位，这事在邓萃英与黄琬看来应该不成问题。教联会开幕后第一个星期日，上海教育界假丰淞园招待各省代表，陈嘉庚被邀参加，郑贞文也就是在这个时候见到了已有多年未遇的陈嘉庚，并受聘为厦大的教务主任。在这场招待会上，虽然福建省并没

---

① 陈嘉庚 1920 年 11 月 23 日致叶渊函。

答应邓萃英的要求，但黄琬分发给全场代表们的名片则已经印着"福建省教育会代表"的头衔。那天晚上，邓萃英与黄琬拜访郑贞文，郑贞文告诉他们福建决定加派吴勿卿为代表，已经启程来上海，这也就意味着黄琬的代表问题落空了。黄琬知道第二天晚上教联会有一场欢迎陈嘉庚的晚宴，自己特别希望能以教联会代表的身份参加晚宴，于是与邓萃英一起又恳请郑贞文再电求省会，举荐黄琬为代表，并让郑贞文向大会请假，由邓萃英带着黄琬代郑贞文出席宴会。但事情的发展并不如黄琬之愿，由于没有福建的公文，黄琬不能作为正式代表，只得以列席来宾出席。第二天，福建教育会复电到，明确电告，黄琬未曾参加省教育会，不是会员，不能派作代表。这无疑对黄琬是个打击。这些举动，或许正是陈嘉庚认为黄琬"轻率阔大"、厦大不能重用的原因。

厦大成立后，黄琬还假借陈嘉庚的意思，要集美学校校长叶渊到国外留学，而将整个集美学校校务交给邓萃英办理。黄琬这些作派，都让陈嘉庚感到他对厦大没有诚意，而且是"不成则不达"。一九二一年五月一日，即邓萃英正式提出辞职的前两天，黄琬约请陈嘉庚面谈，言称"邓君如何足可办学"，"厦大乏人困难种种"，正是需要人才的时候，追问为何会对邓萃英"不满意至此"，陈嘉庚很不由衷地回答他，绝不知邓萃英辞职"从何起因"。实际上，陈嘉庚事先知道黄琬是先与邓萃英斟酌之后再来与自己交谈的，便想到《朋党论》中所提示的"小人之难合"和"多生枝节"的危害，[①]甚是怀疑黄琬本人的用心及其能"干何大事"的本领。邓萃英辞职后，黄琬又在学生中散布邓校长无权行使校长之权利的言论，陈嘉庚甚为恼火。为了不再让黄琬参与厦大管理事宜，陈嘉庚还是以预约教授名义派黄琬到美国留学，就此一举，黄琬便一去不再回返，从此离开了厦门大学。

黄琬的"轻率阔大"和"多生枝节"，并没有给厦大的初创带来什么大的影响，但厦大刚刚成立就遇到校长辞职的事，则引发了社会的极大反响与

---

① 陈嘉庚1921年5月2日致叶渊函。

关注。

厦门大学开校仪式举行之后，学校处于千头万绪状态，最需要一校之长坐镇指挥。但恰恰这个时候，上海筹备会上确定下来的校长邓萃英不干了，这对厦大来说，犹如一个呱呱坠地的婴儿，刚刚被人抱起，又即刻被甩到产床上。虽说"大学者，乃大师也"，但校长乃是一所大学的脑袋，造就一所伟大的大学，必定要有卓越的校长，著名大学之所以著名，是因为她曾经有过卓有见识、卓有才识和卓有胆识的掌门人。但厦门大学一开校，校长就甩手不干，这还真是件荒唐事。

在四月六日厦门大学的开校式上，担任大会主席的校长邓萃英身着西装，身材魁梧，方形的脸上配着一副半圆形的眼镜，这让他增添了几分的斯文气。作为一校之长，他不仅请来了美国著名学者杜威来为厦大开校助阵，而且在大会上介绍了陈嘉庚用尽苦心筹备厦大的两年经历，对陈嘉庚的不辞劳苦办学表示由衷的感激。谁也不会想到，一个月后的五月九日，厦门大学第一栋校舍楼奠基的时候，人们却没看到这位校长的身影。在中国第一所华侨创办的大学奠定第一块基石的场景里，没有首任校长的出现，这是人们始料不及的。

原来，在厦大校舍奠基的前一个星期，即一九二一年五月三日，厦大首任校长邓萃英向校主陈嘉庚提出了辞呈。那时，主持教务的郑贞文、主持总务工作的何公敢出来力劝邓萃英留任，但上海的《民国日报》却公开邓萃英致厦大筹备委员的信，信中说："特因才力既疏，体质又弱，理想诸难实现，抚躬自省，实深愧惭，不得已谨向先生告辞，以避贤路。"[1]信看上去并没有什么大不了的事，但采取如此公开信的形式，表明去意已无法挽回。而邓萃英的校长推荐人黄琬还在力劝陈嘉庚挽留邓萃英，称邓萃英是难得的办学之才，但陈嘉庚很干脆，他说邓萃英是"自辞"，不是学校"辞他"，"弟不挽留"。[2]

---

[1] 邓萃英致厦大筹备委员会各委员函，上海《民国日报》1921年5月8日。
[2] 陈嘉庚1921年5月2日致叶渊函。

究竟发生了什么，让陈嘉庚、邓萃英在厦大校长的去留上都表现得如此坚决？

邓萃英（1885—1972）是中国现代教育家，字芝园，福建闽侯人，原本毕业于全闽师范学堂，毕业后进入日本东京高等师范学校学习。在日本时，他与林觉民一起加入孙中山的同盟会。辛亥革命后回到福建从事教育工作，任福州师范学校校长。一九一七年进哥伦比亚师范学院深造。一九一九年陈嘉庚从新加坡回到祖国筹备创办厦门大学，邓萃英刚从美国完成学业归来，任北洋政府教育参事。也就是在这个时候，经黄琬推荐，陈嘉庚认识了同是福建人的邓萃英，见邓萃英既是同盟会盟友，又与自己一样怀抱"从事教育"的信念，又是美国名校深造过的学者，便聘他为厦大筹备委员，并于厦大筹备会上推举邓萃英为厦门大学校长。一九二〇年十月厦大筹备会召开后，邓萃英开始主持厦大创办的方方面面。也就是在这个时候，他同时接受了教育部的委任，担任北京高等师范学校的代理校长。

厦大首任校长邓萃英

邓萃英身兼两校校长，地跨一南一北，这也就埋下了他与校主陈嘉庚矛盾冲突的根子，而且这根子还埋得很深。

对陈嘉庚来说，厦门大学就是自己的生命，中国南方这所中国人自己创办的大学，是他生命中刚刚孕育出来的婴儿，虽然学校是白手起家困难重重，一切都得从零从无开始，陈嘉庚依然微笑着憧憬着，他对叶渊说："百尺高楼从地起，初举之简陋及寡数，窃世界虽文明国之学校，难保不从此经过。"[①]对于最让人头疼的办学经费问题，陈嘉庚也很乐观。他在筹委会上表示，厦大开学后，他即刻亲往南洋各地募捐，每年至少可募到三十多万元的经常费，

---

① 陈嘉庚 1920 年 9 月 9 日致叶渊函。

"将来若办有成绩，则来款将无穷"。①在他的想望中，厦大的一切都是很美好的，他需要一个全心全意的校长来将他心中的美好梦想变成现实。当厦大筹备委员会推举邓萃英为校长的时候，陈嘉庚就在聘任校长的契约中声明邓萃英必须辞掉教育部参事职务。筹备会开完后，邓萃英按原定方案回京请辞参事职务，却没料到他接受了教育部委任的北京高等师范学校校长一职，这自然是一个比原来的参事更具体更要负责任因此也就更要花时间花精力的工作。

邓萃英作为厦大的首任校长，也确实为厦大的草创做出了努力，按他自己的描述，是"受命以来，勉尽绵薄，奔走京厦，筹备进行"②。一九四五年，进入"耳顺"之年的他，还在自己的《芝园六十自述》中这样回忆道："余在厦大筹备创办时期，呈领官地，计划建筑，拟定校则，组织董事会，延聘各科教授，时与陈嘉庚先生接洽。"那时，他推荐了郑贞文到厦大负责教务，举荐何公敢为厦大的总务，使教学与后勤这两项最基本的工作一开始便有人主持；他还聘了刘树杞、陈灿、刘乃予、周辨明、周章宝等留美留日教师到校任教，使学校工作得以正常开展。但人的时间精力有限，北京高师在京城，又是国立大学，就在北洋政府教育部眼皮下。厦大为私立，又在东南海隅。在邓萃英奔走于京厦之间的忙碌中，他实际上将最多的时间和精力用在刚刚接手的北京高师上。而对于厦大，他只能是提提看法，发发指示，谈谈建议，既没能在厦大待很长的时间，也无能为力开展实际具体的工作，这样一种偏重北京高师而慢待厦大的工作姿态，恰恰是想把厦大办成"世界之大学"的陈嘉庚所无法容忍的。陈嘉庚这样评价邓萃英当年的校长工作："校长一年之时间，大半在外"，一再叮咛后才来到厦大，而"到校未满一月"，尚未下车或下车伊始，便呱啦呱啦下指示，且"大功大劳"往自己身上靠③。

除了邓萃英没有履行原有契约、不能辞掉北京的职务一项外，校长与校

---

① 《筹备厦门大学第一次会议记》，《申报》1920年11月2日。
② 邓萃英致厦大筹备委员会各委员函，上海《民国日报》1921年5月8日。
③ 陈嘉庚1921年5月2日致叶渊函，陈嘉庚1921年5月20日致叶渊函。

主的瓜葛实际上还有一些鲜为人知的因素。

其一是陈嘉庚对于邓萃英带回的总统祝贺厦大的礼物不屑一顾。一九二一年四月六日厦大开校前夕，邓萃英很高兴地从京城带回一块题匾和一对贺联，题匾和楹联是当时的大总统徐世昌给厦大的题赠。徐世昌在中国近代史上有"文治总统"之称，他通晓诗、书、画，为总统时还成立了北京艺术篆刻学校，这学校就是后来中央美术学院的前身。他为祝贺厦大成立而写的楹联就署着他的雅号"水竹村人"。能获得徐大总统的题匾和楹联，在很多人看来是求之不得的，邓萃英要求郑贞文和何公敢裱好在开校式上悬挂出来，但遭到陈嘉庚的拒绝。所以，整个开校仪式上没人提起也很少人知道总统题匾与楹联的事，各路媒体的报道上，也未曾透露过总统贺匾贺联的信息。

陈嘉庚是个很有个性很看重人品人格的人，他因钦佩孙中山的"屡战屡败，屡败屡战"而以孙中山为友，不遗余力地支持孙中山的革命。而徐世昌在他眼里却是个政坛上左右逢源的达官，政治上深谋远虑、审时度势，仕途上保身保位、进退有度，在那"乱哄哄的你方唱罢我登台"的北洋时期，他之所以是个政坛上的不倒翁，就在于他没有"士人气节"，是一条"水晶狐狸"。这正是诚信为商、慎笃为人的陈嘉庚所讨厌的人格，他不需要这种缺少人格的大牌人物来给厦门大学撑面子。邓萃英本以为自己能乞到总统墨宝自是件了不得的大事，却没想到遭受冷遇，心情总是不愉快的。

其二则是校舍的设计问题。厦门大学创建时，兴建校舍由首任校长邓萃英负责，邓萃英请了美国商人在上海开设的茂旦洋行为厦大校舍勘测设计和承包建设。然而，茂旦洋行校舍设计被陈嘉庚否定了，这对原本主持校舍设计的邓萃英来说，心里有种说不出来的不满和不快，他或许对一校之长的权力问题尤为重视，所以在讨论厦大《组织大纲》时提出要设立校长秘书处，以形成"三权分立"，并要求校长为终身制。

其三是邓萃英要求陈嘉庚将自己答应的四百万经常费转到学校，由学校当局掌握，借以购置东北的一块农场，伺机转售牟利。陈嘉庚对此断然拒绝。

带回来的总统题匾和楹联被置之不理，校舍设计方案被否定，提出的办学经费方案被拒绝，而自己也很不肯放弃北京高师的校长职务，权衡之下，便是邓萃英向厦大提出辞职。

邓萃英的辞职选择了报上公开的形式，一九二一年五月八日，即厦大第一座校舍奠基的前一天，上海《民国日报》发表了《邓萃英致厦大筹备员辞职书》，辞职书写道：

> 萃英猥以菲材，于去秋谬承厦门大学筹备委员，推举为厦门大学校长，十一月复承嘉庚先生惠赐聘书。受命以来，勉尽绵薄，奔走京厦，筹备进行。现在布置组织，粗有头绪，本当赓续策励，以其有成，特因才力既疏，体质又弱，理想诸难实现，抚躬自省，实深惭愧，不得已谨向先生告辞，以避贤路。萃英一息尚存，苟能裨于厦门大学之处，仍当尽心力为之，除径函嘉庚先生辞职外，谨肃即请道安。①

邓萃英在函中最后表示，将自己工作四个月的校长薪俸二千五百大圆，"敬捐"厦大图书馆，以作为"购备教育书籍之用"。邓萃英致筹备委员函的内容看上去倒没什么可挑剔，甚至还能体现出一点君子风度，但那隐藏于其中的纠结和情绪，则是深知内情的人都能体察出来的。

邓萃英的公开函发表后，厦大首任校长的辞职成了全国的新闻，有人就传出流言，报上也有了蜚语，说邓萃英受聘时并无必须辞掉教育部职务的约定，邓萃英提出辞职是因为受到陈嘉庚的"侮辱"。陈嘉庚是个注重人格气节泾渭分明的人，当问题发展到以媒体的披露来公开厦大内部的纠纷时，他认为这是损害厦大形象的"鬼蜮伎俩"。他阅读报上的邓萃英公开信与流言蜚语后，义愤填膺，斥责报上之言"长篇累牍，多无稽设词，信口雌黄，冒教育

---

① 《邓萃英致厦大筹备员辞职书》，上海《民国日报》1921年5月8日。

之美名，阻商人之同志，甚至毁骂不顾，自污其口"，针对邓萃英的"君子态度"以及聘任邓萃英时的契约，他"为厦大为前途计"，同样在《民国日报》上发表《陈嘉庚就邓萃英辞职事致厦大筹备员函》，以"请诸君谈判曲直以明真相而辨是非"。关于邓萃英受聘校长时约定的有无，陈嘉庚说："事只数月，筹备诸君多能记忆，况逐条讨论精细，绝无遗漏此必有之条件"；对于邓萃英将月俸二千五百大圆捐给厦大图书馆一事，陈嘉庚却认为是邓"以鸣其慷慨义愤，或者为升官钓誉，而不计利己损人及厦大前途之影响"，拒绝接受。陈嘉庚在创校伊始就面对着这样一起"略有人格之商人尚不屑为"的行为，不禁感叹道："莫怪今日我国之现象也。"①

"致厦大筹备员函"在报上公开后，陈嘉庚坚决地表明了自己的态度，认为"无心互相原谅及以义务求益为怀"的人，"决不能共事"，他希望邓萃英暑假后不要再来"更幸"。②

就这样，厦大开学仅一个月，邓萃英就离开厦大到北京高师，专心地履行了一年北京高师校长的职责，在那里成功地请准了招收女生，使北京高师成为中国最早招收女大学生的高校。一九二二年以后，邓萃英两度担任教育部次长，后前往河南大学任校长，任河南省政府委员兼教育厅长等职。一九三一年脱离政界，回到福建闽侯家乡从事过一段畜牧业。抗日战争爆发后继续在家乡兼理民办中小学教育，于一九四九年随国民党撤退到台湾，任国民党"中央评议委员"等职。在台湾，他不遗余力倡导九年义务教育，为实施该义教方案，他著书立说，四处演讲，奔走呼号，促使九年义务教育于一九六五年在台湾成为制度。一九七二年在台北逝世，终年八十七岁。

在《芝园六十自述》中，邓萃英回忆起厦大的这段往事，他说自己"与创办人常务董事陈嘉庚先生接洽，言语不通，以舌人或笔谈达意，备极繁琐"，"委屈调处，煞费苦心"。言语的不通，沟通的困难，似乎成了校长与校主之

---

① 《陈嘉庚就邓萃英辞职事致厦大筹备员函》，上海《民国日报》1921年7月3日。
② 陈嘉庚1921年5月12日。

间一道引发种种不愉快乃至不得不辞职的鸿沟。但陈嘉庚在一九四六年出版的《南侨回忆录》中依然认为邓萃英不能履行契约中"辞去教育部职务"约定，厦大校长只是挂名，校务全然交给郑贞文、何公敢二人，"此种挂名校长虽他处常有，若厦大当然不可"。①

  历史中事，似了未了，厦门大学在其教育长河的奔流中，自然有许多的曲折许多的浪花激起。首任校长与创校校主的那一份纠葛，是人之性格的冲突，还是校之事业的纠纷，这之间有多少的是非曲直多少的误会，我们实在不必做那么多的追究。当我们将这些鲜为人知的厦大往事叙述出来的时候，我们更愿意将这样的纠葛当作创校初期的一种周折，一种艰难，一种扬弃，看作陈嘉庚的一种果敢了断、自强前行的精神与性格。

---

① 陈嘉庚：《南侨回忆录·厦大假集美开幕》，中国华侨出版社2014年版，第022页。

委重任于林文庆博士

邓萃英辞职后，陈嘉庚想到的校长人选是新加坡的好友林文庆博士，在陈嘉庚的心目中，"南洋数百万华侨中，而能通西洋物质之科学，兼具中国文化之精神者，当首推林文庆博士"，[①]他既是要建一座"世界之大学"，就得有一位能博通中西、有卓越见识、可与自己勠力奋斗的人来执掌厦大。在邓萃英当了甩手掌柜之后，他毫不犹疑地作出决定，请志同道合的林文庆出任厦门大学校长。

那是辛亥革命告成之后的一天，孙中山在南京任临时总统，林文庆赴南京为临时政府服务，他与正要带家眷返乡的陈嘉庚同船回国。在浩渺的海洋上，两位老友促膝相叙，"论议时政，相顾欷歔"。辛亥革命的成功给中国人尤其是海外华侨带来极大的兴奋与鼓舞，面对着封建专制的垮台，陈嘉庚那时并没有意料到中国还有一出袁世凯称帝的闹剧要开演，他以为孙中山的共和就此会走在大路上，他自问道："政治有清明之望矣，而匹夫之责将何为？"在一个新的时代到来的时候，这位"志怀祖国，希图报效"的南洋华侨，向老友透露了自己发愿兴学

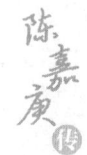

私立时期厦大校长林文庆

[①] 陈嘉庚：《辟诬》，《南洋商报》1924年6月17日。

的打算。他说:"慨民智未开,则共和基础,终无由巩固。"①辛亥革命刚刚成功,陈嘉庚就想得很远很远,他是跟着那开启民智、振兴中华的时代潮流走过来的。就是在这次与林文庆同船回国后,陈嘉庚从集美小学开始了他南方教育王国的建设宏图。

林文庆,字梦琴,祖籍福建省海澄县,与陈嘉庚的故乡同安相邻。这个地区是明代悄然繁荣起来的月港区域,从十六世纪开始,这里的闽南人便做起海洋的梦想,跨海踏浪走向异邦的土地去拼搏奋斗。林文庆的祖上便属于早早下南洋的那群华人。林文庆与陈嘉庚不同,他本人就出生在新加坡,在一切唯英文为尊的新加坡,他自幼接受英文教育。林文庆的祖父林玛彭、父亲林天尧共同受雇于当时新加坡的福建侨领、华侨巨商章芳琳,分别担任酒庄经理与鸦片局副理。这使得幼年时期的林文庆能在一个良好的家庭环境中过着无忧无虑的生活。十八岁时,在莱佛士书院的校长胡列特的"开小灶"培养下,于英女皇奖学金的遴选考试中成为第一位赢得女皇奖学金的华族青年。

于是,林文庆走进十九世纪现代工业鼎盛

英女皇奖学金得主,前排左起第一人为林文庆
(严春宝供图)

---

① 林文庆:《陈嘉庚先生与本校》,《厦门大学九周年纪念刊》,1930年4月。

时期的大英帝国，迈入创建于一八二三年的古老的爱丁堡大学，在进化论创始人达尔文曾经学习生活过的爱丁堡大学医学院学习。那时，爱丁堡大学的事业发展正如日中天，这里聚集着一批世界顶尖的医学家，包括后来成为英国病理学之父的莫尔。带着父亲破伤风不治而亡、兄弟摔伤而死的心灵创伤，凭着每年二百英镑的女皇奖学金，林文庆以优异的成绩完成了自己的学业，并且获得了 Atholl Medal 金质奖章，成为远东地区赢得这项奖励的第一人。一八九二年，林文庆获得了爱丁堡大学医学内科学士和外科硕士学位。出乎人意料之外的是，恰恰是在西方的英语世界里，这位自幼接受英文教育的大汉民族子孙，因为阅读了一本英译的《论语》，从此开始了他持续四十年之久的中国语言和文化的执着学习与坚守。

大学毕业后，他在剑桥大学担任病理学讲师并从事研究工作。

二十四岁那年，祖父林玛彭在新加坡去世。"从菊两开他日泪，孤舟一系故园心"，在英国学习生活了六年多的林文庆回到新加坡。他先在自己住家附近的直落亚逸街开了一家私人诊所。第二年，他联合爱丁堡大学的同学罗伯逊医生，在新加坡闹市区的莱佛士坊开设了九思堂药房，创下了新加坡华人开办西药房的先例。他因以狗肉治好清朝驻新加坡总领事、著名诗人黄遵宪久治不愈"症结"，而获得黄遵宪"功追元化""手到春回"的亲笔题赞，精湛的医术和治病救人的医德誉满狮城，成为新加坡迅速崛起的一代华人名医，被殖民政府任命为政府医官。这期间，他联合一批志同道合的同仁，推动了英王爱德华七世医学院的创办，这所医学院就是后来的新加坡国立大学医学院，是新加坡培养医学人才造福社会的最主要学府。林文庆也被授予医学院名誉院士。一九一一年，林文庆奉肃亲王谕前往北京，担任清政府内务医务顾问及北京西医院监督，同年，作为中国代表出席在巴黎和罗马召开的国际医学会议，并前往德国德累斯顿参加万国卫生博览会。辛亥革命成功后回到祖国，与孙中山同船前往南京，任孙中山临时大总统的机要秘书兼医官，第二年升任卫生部总监督。一九二一年出任厦门大学校长后，他虽无法实现建立厦大医学院的梦想，却也亲自到新马募捐，一步一步地创办起厦门大学公医院。一九三〇年，他还联合厦门各界有识之士，倡议创办厦门中山医院，并被推举为中山医院的董事长。在医学的道路上，林文庆是一位集医生、学者和医官三者为一身的医者。陈嘉庚曾将医生分为三类："一自救，二自救并救小部分之人，三置自救于不顾而注意以大规模救人为职志。"陈嘉庚说，林文庆就是那个"置自救于不顾而注意以大规模救人为职志"①的人。

这位医术精湛、医德高尚的医学博士还是新加坡经济舞台上的杰出人物，在新马经济开拓史上，至少有两件大事与林文庆的名字是紧密相连的，这就是新马橡胶种植业的兴盛与银行保险业的崛起。

林文庆是陈嘉庚走上橡胶业的关键人物，陈嘉庚称他为"树胶种植之父"。原来，东南亚一带并不生产橡胶，十九世纪末，一个叫李德利（H. N. Ridley）的英国人首先将橡胶幼苗移到自己的新加坡种植园，他发疯似的向新马鼓吹树胶发财的神话，但人们将他的鼓吹当成疯话。一八九六年的一天，李德利遇到了在种植园散步的林文庆，他给了林文庆几颗橡胶种子，继续讲述他的树胶神话。林文庆经过对新加坡的土壤分析和实验后，相信李德利，并联手马六甲的陈齐贤，合资成立联华树胶有限公司，由此拉开橡胶树在东南亚大规模种植的历史，开启了新马橡胶种植业前所未有的盛况。后来，陈嘉庚经林文庆介绍从陈齐贤手中购买十八万颗橡胶种子，开始了打造橡胶王国的辉煌历程。

除此，林文庆还是新马华人金融业的先驱。一九一二年九月，林文庆联合华人富商李俊源和林秉祥，出资一百万成立"华人商业银行"；一九一七年，他再次与李俊源、林秉祥合作，联合黄仲涵、黄奕住等华商成立"和丰银行"，创立了当时新马最大的银行，林文庆任银行首席董事；一九一九年十月，林文庆再次出手，联合几位华商成立华侨银行有限公司，并任公司的首任主席，实力相当雄厚；一九二〇年二月，林文庆又和朋友一起，成立新加

---
① 《陈嘉庚先生在中华俱乐部欢迎林文庆先生之演说词》，新加坡《南洋商报》1926 年 2 月 1 日。

坡第一家华人综合性保险公司，被委任为该公司的董事，之后，他还参股联动保险公司，在东南亚一带华人金融保险业领域，他是位公认的开拓者。

"手到春回"的医生、"橡胶种植之父"、金融保险的先驱，在新马人民尤其是华人的心目中，林文庆占据着与新加坡英总督一样的位置，是新加坡两驾马车中的一驾，"一驾是英总督，一驾是林文庆博士"[①]。他曾几度出任新加坡立法议员，担任过殖民地政府内务部顾问，出任新加坡中华总商会副会长等职务，对新加坡做出相当大的贡献。

林文庆所生活的那个时代，中国政治上的三股力量是搅拌在一起的，其一就是占据着江山统治权的清政府，其二是主张维新改良的康有为保皇派，其三就是屡败屡战的孙中山领导的革命党。这时，戊戌变法维新失败，汉口"勤王起义"被镇压，维新派气数已尽。人们将改变黑暗中国的希望更多地寄托在孙中山领导的资产阶级革命上，那个首先在海外发起的同盟会成了众多爱国华侨认同的革命组织。"华侨是革命之母"，孙中山的这句话实际上是他的切身体会。

从一九〇〇年夏天开始到武昌起义爆发，孙中山一生曾八次到新加坡，在第一次抵达新加坡时，他便与林文庆结下了不解之缘。一九〇〇年七月，孙中山的日本友人宫崎寅藏前往新加坡见康有为，为孙中山联合康有为协力救国当说客，不料康有为疑心宫崎与青藤二人就是传闻中从日本下来的刺客，拒绝与宫崎相见，并向英殖民地政府报警，致使宫崎、青藤二人被当成清廷刺客逮捕起来。得知消息后，孙中山即刻从越南乘船抵达新加坡营救宫崎二人。那时林文庆已是新加坡立法议员，孙中山拜会林文庆请他出面帮忙搭救宫崎、青藤二人。林文庆为孙中山的大公无私、重振中华的赤诚所感动，答应孙中山的请求。最终，经过林文庆的积极斡旋，总督瑞天诚接见了孙中山，放了宫崎、青藤二人。这次见面，让孙中山看到了一位甚有才干和作为的南

[①] 曾郭棠：《林校长在星洲的地位及其为厦大奋斗牺牲的精神》，《厦大周刊》第14卷第18期，1935年3月。

洋中国人，林文庆也真切地体验到一位革命先行者的光明磊落与理想乐观，对孙中山的革命有了新的认知，孙、林两人的友谊由此开始。

一九〇六年四月，孙中山到新加坡成立同盟会新加坡分会。当孙中山看到首次加入同盟会分会的十二人中没有林文庆时，他立即请正会长陈楚楠和副会长张永福约请林文庆见面，接下来的事情便是孙中山与林文庆长达数小时以及连续三个晚上的长谈，孙中山终于成功地说服了林文庆加入同盟会。从此林文庆便与已经是著名的革命党人的岳父黄乃裳一样，为推翻中国帝制建立民主共和尽着一位华侨的职责。

一九一一年武昌起义爆发，辛亥革命成功，林文庆立即从欧洲乘船赶到汉口，与孙中山、黎元洪、黄兴一起同住一个帐篷里，商讨着革命的局势与建立共和的举措。之后，林文庆与孙中山同船前往南京。一九一二年，当孙中山在南京明陵前向国人宣告南京临时政府成立、共和诞生的时候，林文庆就肃立在孙中山的身边，此时，他受命为临时大总统的机要秘书及军医官，第二年升为卫生部总监督，从那时起一直到袁世凯专权之前，林文庆一直跟随着孙中山的足迹，为先生及其共和事业日夜操劳。孙中山辞去大总统后，林文庆也辞掉身上的一切职务，回到了新加坡。

一九二一年五月，"非常国会"成立，孙中山再次由国外回国，在广州宣布就任中华民国非常大总统，开始第二次"护法运动"。此次，充满理想的孙中山谋划起一场由南向北打倒军阀的战斗，他迅速将一批得力干才重新召集到自己身边，也向新加坡的老朋友林文庆发出电召，召他回国襄赞外交，担任外交襄理一职。也就是在这个时候，陈嘉庚急电林文庆，请他相助出任厦门大学校长。林文庆手持两份电文，一为从政，应大总统委托执掌"非常国会"外交大权，风光无限；一为出任校长，帮陈嘉庚实现教育救国宏愿，于清苦的教育生涯中培育生命的绿树。面对着这来自两个自己都很敬重的人的邀请，林文庆将选择难题交给了孙中山，请大总统为自己定夺。出于对中国教育的关切与对陈嘉庚教育救国举动的敬佩，孙中山回电林文庆，同意他前往厦门主持厦大校务，而此时林文庆的第二任妻子殷碧霞想念家乡想念病中的母亲，渴望回到自己的出生地厦门，于是林文庆给陈嘉庚回电，一个月准备之后便到厦大赴任。

有人说，林文庆放弃仕途而选择走进厦大，是因为"第一即为景慕陈嘉庚先生兴学之仁风；第二则欲实现其素来提倡孔子教育之主张"，①而陈嘉庚的解释是："一、林先生由于良心上之天职以尽义务；二、不忘为学生时代在英伦大学受教师之训戒，当力行博爱及大规模救人之宗旨；三、不敢违背本坡政府官费生之主义，尽政府培养优秀分子，莫非希望他日成才为大规模之救人且无界限地方种族。"②作为好友的陈嘉庚显然更能从林文庆的精神境界和内在世界去理解林文庆的选择。

事实上，兴办教育也是林文庆推进社会进步的一个梦想。从爱丁堡回到新加坡后，他与邱菽园、陈合成发起创办了华人女子学校，担当起华人女子教育的重任；他倡导新加坡要有自己的医科学校，促成了爱德华医学院的设立；他还在新加坡开埠一百周年的纪念活动中开始谋划筹办一所马来亚自己的大学，陈嘉庚提出创办厦门大学时，他是陈嘉庚的有力支持者。林文庆的"大规模救人"的"天职"，他对于教育的热衷和身体力行，让陈嘉庚在厦大遇到困境时就想到他，也促使他毅然决然地走向跟随陈嘉庚创办"世界之大学"的教育兴国之路。

一九二一年六月中旬，林文庆带着家人来到厦门，从此开始了他长达十六年之久的厦门大学校长生涯。

---

① 《林文庆博士在暨南学校演讲会记（暨南通讯）》，新加坡《叻报》1924年6月6日。
② 《陈嘉庚先生在中华俱乐部欢迎林文庆先生之演讲词》，新加坡《南洋商报》1925年2月1日。

建"能与世界各大学相颉颃"的大学

厦门大学的校训是"自强不息，止于至善"，前者为校主陈嘉庚提出，后者为林文庆到校后确定。"自强不息"是那个时代的关键话语，蕴含着一种民族的浩然之气，一种民族欲重新崛起而再立于世界之林的胆魄与气概；"止于至善"是探索真理永不止步的姿态与抵达最高思想境界的精神状态，蕴含着生命对于事物至理与人格至美的追求与践行。这样的校训，是为了建设"能与世界各大学相颉颃"之大学的宏伟目标而提出的。

"自强不息"是在厦大立校那天亮出的精神话语。一九二一年四月六日厦大举行开校式，演讲台悬挂的是陈嘉庚指定的四个大字："自强不息"。"自强不息"出自于《周易·乾》的"天行健，君子以自强不息"。厦门大学创办时期，正是中华民族内忧外患的时代，正如陈嘉庚所说的国家处于"风雨飘摇之际"、"国势岌岌可危"之时。正是在这个民族危机四起而希望犹存的时候，每一个有抱负有责任的中国人开始抛弃幻想，走向了自强救国之路，或践行实业救国，或力主教育救国，或倡导科学救亡，或以改造乡村社会寻求中国之出路，呼唤并践行着中国的重新崛起、民族的伟大复兴。于是，意味着像天一样阳刚雄健地运行不止的"自强不息"，变成了那个时代的主流话语，这时期创建的一些学校都以"自强不息"为学校校训。

"止于至善"源于《礼记·大学》，《大学》开篇言："大学之道，在明明德，在亲民，在止于至善。"按宋代理学大家朱熹《四书》中的解释，"亲民"即"新民"，是启迪提升民之智性与道德，去旧习恶染，新进步事理；"止者，必至于是而不迁之意；至善，则事理当然之极也。言明明德，新民，皆当止于至善。"

厦门大学校徽

林文庆认同中国的儒家文化，他将儒家文化尊奉为宗教式的儒教，他取《礼记》"大学"篇中的"止于至善"为校训，意在表明厦门大学应该是始终如一、永无止息地探寻事物的至理规律，追求世界的最高境界与理想，在启智与道德上达到完美至善的境界。在二十世纪二十年代，以"止于至善"为大学校训的还有东南大学，制定者便是有着"东南大学之父"之称的郭秉文，他也是陈嘉庚邀请的厦大筹备委员之一，他从"止于至善"的校训出发，要求东大学生养成"钟山之崇高，玄武之恬静，大江之雄毅"的品格。

  林文庆于一九二一年七月四日正式到校视事。那个时候，前校长邓萃英仓卒辞职，化学家刘树杞教授受陈嘉庚委托暂时代理校长，维持着刚刚诞生的厦大的日常秩序，但一切都还"未有头绪"，学生犹如无头苍蝇，不知所向，大多是"汲汲欲借学校毕业为利达之资，而志在深造者殊鲜不可得"；[1]教师则有的已随邓萃英辞职而去，留下的则大多没有长远打算，就像鲁迅后来所看到的，"外省的教员，几乎无一人作长久之计"。而且，在创校最初的五年中，厦大遇到的一个问题是校内教职人员的不能合作，"闽南人与闽北人之感情如水火"，本土教师、外来教师各立山头。厦大首任教务处主任郑贞文在《在福建教育厅任职的回忆》中叙述道，邓萃英辞职后，他先前预聘的教育学教授欧元怀由美国来到厦大，留学爱登堡大学学习教育的孙贵定也来到厦大，孙贵定与校长室秘书刘树杞一派，欧元怀与新聘教授王祉祎、傅式说等人自称新进，另成一派，双方意见甚深，久而久之演成欧、刘正面冲突。学生亦因此分成两派，两派相持不下，最终酿成一大风潮，欧元怀、王祉祎、傅式

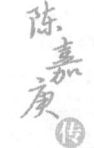

---

[1] 秉志：《林文庆传·前言》，严春宝著：《大学校长林文庆》，福建教育出版社2010年版，第132页。

说等辞职赴沪，带走不少学生，在上海成立大夏大学。鲁迅到厦大后，曾将厦大这种情形比喻"就如一座梁山泊，你枪我剑，好看煞人"。①陈嘉庚也察觉这个问题，他说："教职员六七十人，难免无程度参差，品流庞杂之患，且多属欧美日留学生，意见分歧，逐分党派，而一般无气节者，甚至巴结学生，以固地位。"②除了师生这个学校的关键因素很不理想外，当时林文庆还直接感受到："本校种种之组织均未完全就绪，大纲之修改，各种规则之制定，学校政策之采择，各学部及各学科之设立，均需通盘筹画。"③

到厦大视事当天晚上，林文庆召集了一个学生座谈会，宣布要把厦大"办成一生的非死的，真的非伪的，实的非虚的大学"。之后，他从自己心中的"止于至善"的境界出发，以其通西学尊中学的思想和多才严谨的品格，为厦大带来了最初的一套独特的办学主张和实现陈嘉庚办学理想的周密思考，确立了私立时期厦门大学的办学宗旨、组织机构、学院规则、学生通则等一整套系统的纲领、章程与制度。

在办学宗旨上，林文庆深知陈嘉庚创办厦大的宏愿与用心，他不止一次地说过，陈嘉庚办的厦门大学，"虽名为厦门大学，实则为世界之大学，所收学生，不唯中国十余省子弟，即外国如高丽亦有学生来肄业"。④当他着手确立学校的办学宗旨与目标时，他首先依据中华民国《大学令》的"大学以教授高深学术，养成硕学宏才，应国家需要为宗旨"，申明厦门大学"研究高深学术，养成专门人才，阐扬世界文化"三大宗旨，由此宗旨出发，《厦门大学校旨》中开宗明义地提出厦门大学的主要目的，"在博集东西各国之学术及其精神，以研究一切现象之底蕴与功用，同时并阐发中国固有学艺之美质，使之融会贯通，成为一种最新最完善之文化"，建成"能与世界各大学相颉颃"的

---

① 鲁迅、许广平：《两地书真迹》（原信手稿），上海古籍出版社1996年版，第201页。
② 陈嘉庚：《辟诬》，《南洋商报》1924年6月17日。
③ 《厦门大学民国十年度报告书》，1922年，《厦门大学校史资料》第一辑，厦门大学出版社1987年版。
④ 《林文庆先生在中华俱乐部之演说词》，新加坡《南洋商报》1926年2月2日。

大学。

中国的现代大学制度，发端于清末民初以救亡图存为目的的改革运动，其制度借鉴于西方大学，是横向移植的，而非纵向的继承，所以一开始便纠结着中体与西体、中学与西学孰轻孰重的矛盾。最早的办学主张是洋务派提出的"中学为体，西学为用"，这种主张带着对西学侵入的高度警惕；而后的百日维新，正式将建立综合性大学提上议事日程，北京大学的前身京师大学堂因此创立，并且统辖各省学堂，此时的办学主张是"中西并用"，梁启超在其起草的《筹议京师大学堂章程》中就提出大学的办学方针有两条："一曰中西并用，观其会通，无得偏废；二曰以西文为学堂之一门，不以西文为学堂之全体。以西文为西学发凡，不以西文为西学究竟。"京师大学堂的课程设置便是中学为必修的普通学科，西学为选修的专门学科。林文庆来自于西学的教育背景，但他本人又特别钟情于中国文化，尤其是儒家思想，因此提出发扬古今中外的学术，注重研究人类社会、文化的底蕴、功用与美质，建设最新最完善的文化，这种目标的高远与胸襟的宏大，堪称是那个时代高等教育的强音。

从这样的办学主张出发，林文庆在《厦门大学校旨》中强调：厦大的教学要"养成各种高等专门人才，使本校之学生虽足不出国外，而其所受之教育，能与世界各大学相颉颃"，学生"能与世界各国大学学生受同等之教育"。一百年前，中国大学刚刚起步，"世界之大学"便被陈嘉庚、林文庆提到厦门大学最重要办学议程，如此高远的目标和前瞻性的办学志向，体现出厦大校主与厦大校长不同凡响的胸襟与胆识。

办"世界之大学"，在中西文化激烈碰撞的二十世纪初期，必然要遭遇上中西问题的世纪纠葛。林文庆学成于大英帝国古老大学，成长于大英帝国的殖民地，然而，或许是离开母体更珍惜血脉的缘故，也可能因为生活于现代西欧体验到了西方现代性所带来的弊端，在那个西学盛行的时代，恰恰是这位在西方文化背景中成长起来的人，要比同时代的许多中国学人更热爱更重视中国传统文化的传承。他感慨于"中国各大学之教授，多注重外国新学说新知识，于中国古来文化则不甚研究"，便以儒家的身体力行精神，在厦大倡导"读孔孟之书，保存国粹"，①亲自发表英文演讲《孔子学说是否适用于今日》（由校长秘书刘树杞博士现场翻译），并在厦大讲授经史和文学。他说：世界古来的文明，如波斯、埃及、印度等国，"其古代之文化胥归淹没"，而自周公以来的中华古文化，"至今尚如日月经天，江河行地"。②这种思想及其落地到具体的办学实践上，在那个以西方现代大学为看齐的高等教育领域，独具"中国特色"的鲜明性。但林文庆也知道，在这个中国"千年未有之大变局"中，再伟大的文化，都不可能固守不变独来独往的，所以厦大的人才培养，要做到"吾国数千年之文化赖以不堕，而近世各国之学术思想亦得彼此沟通"，须坚持陈嘉庚先生的"首重国文，而英文一科亦极重要"的方略。这样一种世界眼光与中外并重的培养理念，实际上与中国现代大学创建初期的"中西并用""无得偏废"的方向是一致的。

　　林文庆接受过西方科学的严格训练，深知科学精神与科学研究成果是一所现代大学生命的重要标志，在接手厦大时他就提出"将来厦门大学或成为我国南部之科学中心点"的建设方针。他说，"我国科学之知识尚属幼稚，故本校之目的，在设一极有精神之科学研究机关，此数年中，拟以全副精神注重于科学院之建筑及设备"，"使各种学术，均能达到最高深之地步"，并将厦大要着力建立的"最新式科学院"命名为陈嘉庚科学院。③中国有数千年的人文传统，这是林文庆所钟情并为之发扬的"一极"，但中国欠缺科学精神和对科学的执着探索精神，这也是林文庆所深刻认识到的问题，因此在"首重国文""一极"的同时，林文庆将研究科学作为厦大"研究高深学术"的一项重要使命。

---

① 《校庆三周年林校长演说辞》，上海《民国日报》1924年4月14日。
② 《校庆三周年林校长演说辞》，上海《民国日报》1924年4月14日。
③ 林文庆：《厦门大学民国十年度报告书》，1922年。

为了抵达博集东西之学术、阐发中国之美质，中西"两极"都得最完善最完美发展，厦大最重要的是真正做到群贤毕至。为此，林文庆遵照陈嘉庚不惜重金礼聘大师的想法，在国内外广揽英才。他说："我们办学的目的，不在乎校舍的美丽，取快人心于一时，而在内容完善，得谋发展于将来。"要内容完善，谋发展于将来，"最重要的问题，当然是良好教授之聘请，实验室之设备，以及各种图书之充实"。[1]不惜重金礼聘英才，这是厦门大学敢于与"世界各大学相颉颃"的重要条件。

创办时期的厦门大学规定，教授月薪可达四百大元，讲师可达二百大元，助教可达一百五十大元，这样的月薪远远高于同期的私立大学和北洋政府的大学。像当年同样私立的复旦大学，其校长及专任教授的月薪最高也只是二百大元，至于属于北洋政府的北京大学，教授每月手头也是拮据的，有一段时期，北洋政府连北大教授的月薪都得拖欠，无法按时发出。因此，校主陈嘉庚、校长林文庆麾下的教师队伍群英荟萃，不仅国内知名学者老少咸集，欧美学者也踏浪而来，厦大校园经常会出现一些来自欧美、俄罗斯的洋教授面孔，仅一九二四年至一九二五年度的理科教师名单中，十四名教师中便有六名是外籍或者是从欧美国家留学回来的人员。这其中包括哥伦比亚大学化学工程科博士刘树杞，哈佛大学职务专科硕士钟心煊，宾夕法尼亚大学医学研究生廖超照，美国麻省理工大学冶矿科学士、伊利诺伊大学研究院学侣黄汉和等。在厦门发现文昌鱼的莱德则是来自美国的教授，是美国巴克大学的学士与硕士，他应聘到厦大带着"采集编撰厦门一带动物标本，以为动物教授及博物院之用"的研究计划，在厦门大学半年就发现数十种海洋生物，其中以文昌鱼发现影响最大。一九二三年，莱德在七月号《科学》杂志上发表《厦门大学附近之文昌渔业》一文，向世界宣布厦门海域生存着大量文昌鱼这一珍稀物种的奇迹，引起国内外各大学与研究机构的惊疑与关注，莱德的文章成为中国高校最早发表在顶尖学术刊物《科学》上的论文。

---

[1] 林文庆：《厦门大学十周年纪念的意义》，载《厦门大学十周年纪念刊》。

一九二六年厦门大学全体教师合影

　　这些高水平教授、学者的海滨聚集，体现了中国现代大学创建时期扭转办学时弊的一句名言："大学，非大楼，而大师也。"以如此高薪广揽英彦，形成了厦大群贤毕至局面，海滨一隅，一时国内国外大师云集，盛况非凡。

　　作为海外赤子，陈嘉庚不仅清楚欧美国家发达的科学支撑，而且更关注中华文化的精神传承，他在博集东西的方针下，谆谆教诲厦大人"当注重中国固有之文化"，这也就带来了厦大创校初期厦门大学国学研究院的非凡盛况，厦大国学院的成立、设置与研究方针，能窥一斑而见全豹地看到厦大初期建设"世界之大学"的举措与方略。

　　在北京一个政府召开的医学会议上，林文庆因看到中国医生讲医学名词或术语全用洋文，而"将中国固有名辞完全废弃"，"不禁生无限感慨"，因"感念中国数千年来固有文字，竟衰替以至于此，真是令人痛心切齿"，于是想到陈嘉庚关于厦大"当注重中国固有之文化"的交代，正与自己的想法不谋而合，便决心创办厦大国学研究院，拯救日益衰弱下去的传统文化。①

---

① 《国学研究院成立大会纪盛》，《厦大周刊》第159期，1926年9月16日。

一九二三年，林文庆重金礼聘国学家陈衍出任文科国文系主任，成立国学专刊社。但陈衍于一九二五年十月告假，继而辞职，"国学专刊社"陷入停顿状态。一九二五年十二月，林文庆开始动用全校资源，成立了国学研究院筹备总委员会，自己亲任筹委会主席，组织委员会，制定《厦门大学国学研究院组织大纲》，向全国招聘国学各个领域的著名学者专家。

一九二六年春天，北京"三一八"惨案发生，在北京的林可胜医生知道父亲林文庆正在积极筹办厦大国学研究院，便将躲在家里三个星期的林语堂介绍给当校长的父亲。这一年五月，林语堂回到厦门，应聘为厦门大学文科主任兼国文系教授，并着手筹建厦门大学国学研究院。当时，北京的高校处在军阀"白色恐怖"之下，情形一片混乱，哪里做得了专门的国学研究。经过林语堂推荐和建议，林文庆兴奋地向北大国学门主任沈兼士和其他专家发出聘书，并聘沈兼士为研究主任，林语堂兼任研究院总秘书，正式启动了国学院的建设。

一九二六年九月，国学大家沈兼士"抱一国学研究之绝大愿望"离开北大，来到厦门大学，随之而来的是新文化运动主将鲁迅、史学界新秀顾颉刚、编辑家孙伏园、故宫博物院研究员陈万里、历史学家张星烺、哲学家张颐等一批著名的学者，当时媒体称此举"大有北大南移之势"。除此，当时的国学院和国文系还有法国著名的汉学家、佛学家戴密微，俄国人类学奠基者、现代人类学先驱史禄国等，厦门大学一时精英荟萃，群星闪烁。

一九二三年厦大国文系主任、国学大家陈衍像

沈兼士、林语堂、鲁迅、顾颉刚、张星烺、陈万里、戴密微、史禄国（右）像

一九二六年十月十日，厦门大学国学研究院正式成立，这个继北京大学国学门、清华大学国学院之后成立的中国高校第三所国学院，是带着五四文化新潮后国学研究的鲜明时代性与开放性来到这世界的。

厦大国学院成立时，林文庆为其所设置的学科有十五个，不仅有北大国学门的文、史、哲、语言、考古，还包括了医药、天算、地学、美术、法政、教育、神教、闽南文化，甚至经济，而聚集在厦大国学院的学者的研究则涉及经学、史学、语言文学、哲学、中西交通史、人类学、考古学以及编辑学。如果不深究这样的学科设置的科学严谨性，则我们可以发现林文庆和林语堂、沈兼士的这个学科设置，正是对于当时大学学科体系和教育体系的一种突破和重组，其人员的自由组合精神，学科边界的模糊性，以及研究和教学内容的开放性，对于我们今天学科分类和知识谱系过于专业化精细化的现象，有先驱性的启示。尤其它将医药、天算、地学、法政以及地域文化列入国学研究范畴，这实际上已经向当年的国学研究提出一个问题，那就是在注意到传统人文价值之外，传统文化中还存在更丰富的资源要挖掘。倘若从另一个角度看问题，是否可以说陈嘉庚与林文庆的国学潜意识中有一种与西学"相颉颉"的组构意识。

在国学的研究方法与内容上，厦大国学院也不同一般，它代表了五四新文化的文化更新意识。在国学院成立大会上，沈兼士否定了原本古学的"信人""信己"，而主张研究古学"必得地质学、人类学、考古学、古生物学等等作为参考"，除"从书籍记载之外，再以实物印证"，提出组织风俗调查会，"调查各处民情、生活、习惯，与考古学同时并进"；林语堂主张学习西方的科学研究的"至微"精神，虽"片鳞只爪，亦必加精确研究"，提出注意"民间表现之一切动作，如歌谣等"，"一面调查闽南各种方言社会及闽南民间一切风俗习惯，一面发掘各处文物"，呼应了五四时期北京大学提出的发掘南北风俗主张；留学西方主攻化学的张星烺则倡导西欧的科学分析，对于一切事物"无不悉心研究、力求明确"，主张学习"西洋学说条分缕析，一目了然"。①这些学者的主张，都表现出五四时期国学研究的新方向，它除了以科学方法整理国故外，还有着今天大学改革中所强调的跨学科，有着五四之后国学研究向民间、向其他学科索取资源的学术新趋向。在厦大国学院，无论是鲁迅的取"昔之史家所不屑道者"，还是顾颉刚的既可用研究历史的眼光研究故事、也就可以用研究故事的方法研究历史，他们研究的立足点具有一种扎根四野之学，援引西洋之说，破解四库之学的学术思想与知识结构，那种特别注重风俗文化和精神变迁，借助边缘改变中心的新学特点，比较鲜明地体现了五四新文化运动之后新潮学术的重要特征，即以新的方法、新的史料和新的视点，动摇以经学为主体的传统思想与学术的根基，体现了五四时期"重估价值"的精神，是一种从古人学术束缚中跳脱出来的学术重建。由此，厦大国学研究院一经成立便成为全国国学研究的中心之一，备受学界关注与赞誉。

厦大国学研究院下设研究部、陈列部、图书部、编辑部、造型部和出版部，其各自功能与运作却都是为了最终能推出研究课题，在课题研究的基础

---

① 《国学研究院成立大会纪盛》，《厦大周刊》第159期，1926年10月。

上，形成一批学术成果，这些课题及其成果有的后来成为中国现代学术的重要代表，如鲁迅的《古小说钩沉》、沈兼士的《扬雄方言之研究》、张星烺的《中西交通史》、顾颉刚的《汉以前的知识界与宗教界》；编辑部则很快组织出一个编辑队伍，雄心勃勃地着手编纂一部中国历代书籍总汇，取名为《中国图书志》，并编辑发行《厦大国学院季刊》和《厦门大学国学研究院周刊》。

国学院还颁布了《国学研究院研究生研究规则》，招收国学研究生，第一批入学的研究生是厦大教育系毕业的郑江涛和高兴傅二人，一九二七年一月十九日出版的《厦门大学国学研究院周刊》中的"本院纪事"，还列出了"审查合格之研究生"十四人的名字与研究题目。虽然当年中国大学并没有硕士学位制度，郑江涛、高兴傅等最终并没有硕士头衔可戴，但国学院的成立，却标志着厦门大学研究生教育的开始。

从厦大国学研究院组织、运作与学术开展，可以窥见林文庆用心血铸就的厦大办学的"止于至善"形象。在林文庆执掌的厦大私立时期，"内容完善，谋求于将来"的办学方针得以落实，为"能与世界各大学相颉颃"的宏愿奠定了良好坚实的基石，一个包含着文、理、教育、商、工、法六科十九个系的多学科厦大，开始影响着大江南北，透露着"世界之大学"的梦想之光，为国内国外尤其是东南亚一带所关注。

在大学培养什么样的人才上，厦门大学一开始也宣示出自己的中华特色、世界眼光。与那个时代的救亡图存的主题一致，陈嘉庚、林文庆强调大学的人才培养"对于国家有很大的责任"，林文庆说在这个"大局到处骚动"的时代，厦大培养出来的人是要"救中国"，要"为全世界人类服务"。他希望大学能培养出领袖人物、精英人才，这些人才将出来挽救中国的局势，用他自己的话说是："救中国的方法很多"，"大学教育一定是其中最重要的一部分，因为它能够养成全国的领袖人才"。

何为领袖人才，在林文庆理想的"止于至善"境界中，首先是符合"智仁勇"的中国传统的"士君子"。他说，"目前中国所最需要的"不外乎三种：

一九二九年厦门大学建校八周年纪念照

一富国，二治安，三与各国平等，"但这些问题不是大声疾呼所能得到的，也不是各处骚动可以得到的"，而要靠中国传统中的"智仁勇三者"，"所以要救中国，先须养成人格"，这就要"全靠有相当的大学指导人格教育，养成全国风气，使人人为士君子"，培养"德智体三方面完全"的"士君子"①。很显然，中国传统的君子之道、圣贤之思、人格理想是林文庆大学人才培养的关键元素。林文庆的愿望是"能使集美厦大造成许多学行优良的男女以挽救中国，并为全世界人类服务"，他说，"我们的目的是要造成良善的公民，他们能实行古今中外的圣贤之遗教。于是中国人民可以安全的建设一个新国家，基于全体人民的意志，谋全民族的安全、幸福与昌荣；而且不仅为我们的民族，我们还应当尽我们的能力以改进全世界人类的命运！这还有实现大同的真理，安性立命，范围全世界在一个团结之中"，②由此，他要求厦大学生"各抱所想，各奔所学，各尽所能，为国家增光，为人民造福"，③培育"至伟至大之毅力，至勇至诚之愿望"。林文庆这种以人格树人的思想实际上就是以德树人的理想，他是针对那个动荡时代人格退化而强调的，也是他钟情、热爱中国传统文化的一种表现。当时，与林文庆培养人才理念相似的是执掌交通大学十四年之久的唐文治校长，唐文治的培养人才首重以德树人，他认为大学人才道德是基础，科学是房屋，"基础未筑则房屋不固"，他称"欲成人才，当成第一等人才。而欲成为第一等学问、事业、人才，必先砥砺第一等品行"。④

无论是厦大，还是交通大学等中国高等教育滥觞期的大学，在人才培养上首重道德与人格，强调"士君子"精神与"第一等品行"，这样一种与西方张扬个性、强调自我所不同的人才理想，恰恰体现了中国现代大学虽为横植西方体制，却也有自己人才培养的理想设计。厦门大学的"智仁勇"领袖人才的培养目标，也表现出"与世界各大学相颉颃"的理念与特性。

---

① 《本校五周年纪念会林校长之演说词》，《厦大周刊》第155期，1926年6月19日。
② 林文庆：《陈嘉庚先生提倡教育之目的》，《厦门大学八周年纪念特刊》，1929年4月。
③ 林文庆：《大学毕业生之责任》，《厦大周刊》第155期，1926年6月19日。
④ 唐文治：《上海交通大学第三十届毕业典礼训词》，《茹经堂文集》三编卷一。

第七章

公司可以收盘，
学校不能停办

陈嘉庚传

Biography of Tan Kah Kee

先驱者的孤独

厦门大学的筹备与建设，让世人振奋，但就在这振奋人心的背景中，行走着陈嘉庚寂寞孤独的身影，那是一位中国私立大学先驱者孤独与痛苦的身影。

孤独与痛苦是一种先驱者的精神特性。当一个先驱者的思想与践行还得不到更多人呼应时，他的前行一定是寂寞、孤独的，一定有着常人难以理解的痛苦，无论是东方还是西方，历史上的先驱者往往免不了要经受这样的精神磨难。然而，只要是不退却不抛弃，只要还坚守着初心，先驱者的寂寞、孤独与痛苦就意味着不离不弃、坚韧执着，意味着抛弃媚俗的一往无前。

一九一九年五月，在陈嘉庚回国创办厦大时，他在恒美厂设宴辞别新加坡同仁，他告诉大家此趟回国至少要四五年乃至五六年时间，要常住中国创办厦门大学。因此，他将新加坡的所有企业商务交给胞弟陈敬贤与公司经理李光前。然而，让人想不到的是厦大成立不到一年，也就是一九二二年三月，陈嘉庚就匆忙赶回新加坡，一头扑到自己公司的经营运作上，厦大与集美学校的管理事宜，则让陈敬贤回乡负责。创办厦大是陈嘉庚一生中最看重的大事，他又是个一诺千金的人，为什么突然改变主意、在厦大还是千头万绪之时赶回新加坡、重返工商企业的经济主战场？

原因很实际，陈嘉庚赶回新加坡，依然是为了厦大。他深知道，教育与实业"有连带关系"，"无实业则教育费从何来，无教育实业人才从何出"。[①] 他的迅速返回新加坡，就是为了厦大的"教育费"，厦大"教育费"筹集的艰难是他始料未及的。

在陈氏宗祠发表《筹办厦门大学演讲词》时，陈嘉庚是那么

---

① 陈嘉庚1923年2月23日致集美学校校长叶采真函。

的慷慨昂奋，激励人心，并当场认捐一百万元开办费，三百万元常年经费。那时他相信，一旦厦大开办，南洋华侨将接踵而至提供援款，让厦大茁壮成长，发展壮大。所以当蔡元培提出厦大"不宜速办"时，陈嘉庚毫不犹豫地予以反对。蔡元培认定"万事非财不举"，创办一所大学非费巨款不可，北洋政府连北大教授的钱都拖欠，哪来的钱资助厦大的创办？对此，陈嘉庚很自信地让叶渊转告蔡先生，"以华侨之富，决可源源而来"，实在不必担心办学经费，而且厦大"早办一年"，就会早一年激发海外华侨尽"公益之义务""国民之天职"，那时陈嘉庚信心百倍。

  创办厦门大学，陈嘉庚心里打的算盘用的账本与创办集美学校并不一样，创办集美学校时，"属在乡里，原无打算向人募捐款项，唯按自己力量办为限"，自己能有多少力量，就为故乡的教育办多少事。但到创办厦大时，陈嘉庚心中的教育蓝图已经容纳百川大海，放眼于五洲四海，他有意学习欧美名校的体制，由更多的企业家来支撑一所大学的运转，从而让厦大"为吾国放一异彩"，对于厦大"自初计划，便属提倡之责"。[1]一九二○年十月在上海召开的筹备厦大第一次会议上，他再次对倡办做出强调："余已捐集美学校开办金及基本金九百余万元外，可再筹足四百万，倡办厦门大学。集美学校系余独立维持，厦门大学，余只负责提倡责任。"他希望能有更多侨商鼎力相持，来成就一所像哈佛、剑桥那般的"世界之大学"，并相信"闽省侨商挟资数千余万元以上者，大不乏人"，捐助厦门大学"来款将无穷"，"必不难也"。[2]他告诉同仁们，美国之所以"国富民强为今日之世界之头等国"，是因为商人企业家都捐资教育，"美国有三百所大学，其由商家兴办者竟占二百八九十所"，所以"教育能收美满之效果"。[3]为了激起侨胞的热情，他在发布筹备厦大演讲词的当天，就捐出自己全部资产总额的四百万元，以此来激励华侨参与创

---

[1] 陈嘉庚1936年5月17日致福建省国民政府及南京政府教育部部长王世杰函。
[2] 《筹备厦门大学第一次会议记》，《申报》1920年11月2日。
[3] 陈嘉庚《愿君勿忘中国——1919年5月归国前在恒美厂宴请同人时演说》。

办厦大的热情,并期待厦大具有一定规模之后,"便可向南侨募捐现款"。

然而,事实无情地告诉他,他的想法太过理想、天真,太过乐观。

陈嘉庚曾很有把握地对叶渊说:"爪哇黄君家产一万万,富甲全国,亦同安人。他日若能回意,则厦大之事济矣。"①他指的是富甲南洋的同乡黄仲涵,黄氏经营糖厂与航运,资财达数亿荷盾,财富居南侨首位,一九二〇年因被荷当局课处重税而迁居新加坡。陈嘉庚认为只要他能慷慨解囊,则厦大不无希望,于是早早拜识了这位富侨,之后又给他写了一封长信,请他捐五百万元作厦大基金,或者捐款创办厦大医学一科。然而,这位让陈嘉庚抱有最大希望的同安灌口富侨,却只让经理用电话告诉陈嘉庚信已收到的信息,只字不提捐款一事,这让陈嘉庚颇感沮丧,整整有一年时间,陈嘉庚不再向人提起捐助厦大建设的事。

后来,陈嘉庚到荷属印尼(即爪哇)扩设橡胶分行,认识一位漳州籍富侨,知道他家财有二三百万荷盾,为人诚恳热情,深为侨众赞扬,且两人相互倾慕,神交已久,于是一见如故,这位侨胞还设家宴招待陈嘉庚。相识之后,陈嘉庚托人请这位富侨捐资建设厦大图书馆,多则十万荷盾,少则六七万荷盾,并予以冠名作永久纪念。陈嘉庚本以为此次捐款八九不离十,却没想到还是遭到谢绝。当时陈嘉庚不相信,于是特地来到富侨所在地万隆,再次让人劝捐,却依然徒劳无功。

两次募捐失败,陈嘉庚依然鼓起勇气,从万隆前往侨商众多的泗水,他知道荷属印尼富侨不少,只要诚恳,多少总能获得一些捐助。他到泗水时,印尼侨领多来相访,其中一同安籍壮年,四十几岁,家财三百万,单单一季咖啡就能获净利十万元。这人刚从同安老家返回印尼,亲眼看见集美学校与厦大的创办,并当面赞许陈嘉庚对家乡教育的贡献。陈嘉庚便向他募捐,没想到也是竹篮打水一场空。三次劝捐失败,让陈嘉庚看到"同志乏人,事与愿违",同仁们在赞誉他创办大学之举后,并没人跟着他走进创办大学的艰辛

---

① 陈嘉庚1920年11月25日致叶渊函。

旅程。他对叶渊说出了自己的失望。"弟以为华侨资本家多一毛不拔,无大力互助厦大之希望。"①他无奈地感叹道:"今日厦大帮助无人,德已孤矣。"②

实际上,陈嘉庚在新加坡准备厦大筹办工作时,就已经有一种预感。他看出不少华人对财利的热衷,对国家义务的淡漠。他号召同仁们要学外国人热心社会义务,"外人竞争财利之外,尚有竞争义务","捐巨金以补助国家社会之发达也"。而在诸多的义务竞争中,捐助"最当最有益者,又莫逾于设学校与教育之一举"。但遗憾的是大多国民并不这样想,他一语中的指出大多国民"虽略知道竞争于财利,若义务则茫然不知,或有知者则各啬资财不肯倡办,袖手旁观,互相推诿,以致教育不兴,百业不振,奄奄垂死,迄于今日",每每想到这种现象,陈嘉庚有难于言说的心酸痛楚,"诚堪痛苦流涕",只能殷切期待着诸位同仁勿忘中国,能早日跟上外国人的脚步。他告诫公司的全体同仁,积攒财富不要只是仅为儿孙计,"父之爱子,实出天性",但却不是"多遗金钱方谓爱",而要警惕"贤而多财则损智,愚而多财则益过",财富只为儿孙计是"乃害之非爱之也"。③他用了母亲告诫他的话提醒诸位同仁:"金钱如肥料,散播才有用。"力劝华侨应该把钱财用到国民的天职义务上,鼓励同仁捐款资助厦大。

在这位厦门大学创办者的心中,如果有人肯每年捐出一二百万元给厦大来"作十年之设备",那么厦大"各科完善,生额数千,十年之后,年毕业生数百名;再后十年,专门生可五七千名",加上其他大学的毕业生,则大学生"布满于各省社会、议会、政界各机关。许时民权愈盛,或可以一鼓而扫除腐败政治与军阀,则我大中华民国乃有朝气上升乐观之日也"。④此时的陈嘉庚,是如此真诚地将中华民族的希望寄托在高等教育的兴旺上,他想象着众多大学生走上社会后中华蒸蒸日上的新气象。

---

① 陈嘉庚1923年2月23日致集美校长叶采真函。
② 陈嘉庚1922年12月26日致陈延庭先生函。
③ 陈嘉庚:《愿君勿忘中国——1919年5月归国前在恒美厂宴请同人时演说》。
④ 陈嘉庚1923年2月23日致集美学校校长叶采真函。

远景是如此美好，现实则不容乐观，一面是大学所带来的国家发展社会进步的美丽憧憬，一面是无人跟进呼应厦门大学创办的悲哀现实，陈嘉庚只能孤独前行，他说"唯心不死，勉作希冀"，决心义无反顾地推进心中的宏图意愿，变倡导为独资创办。于是，他改变在故乡逗留三五年的原有计划，在厦大成立后再次前往新加坡，坐镇公司指挥经营，期待企业的业绩能"入息年年增加，三四年之后，年可供集、厦二校经费二百万元以上，十余、二十年之后，冀可达我之目的"。①

在陈嘉庚的厦大蓝图中，厦大是要"与世界各大学相颉颃"的，师资队伍、教学科研设备、硬件软件都要向世界名校看齐，不能节俭。仅强大教师队伍一项，厦大的举动就很是轰动。鲁迅在北大时月薪只有一百五十大圆，在厦大则是四百大圆；顾颉刚在北大月薪五十大圆，在厦大聘为讲师月薪一百五十大圆。当年月薪二十五大洋就能养活五口之家，陈嘉庚便是以这样的重金礼聘而迎来了厦门大学的群贤毕至。但要维持这样的待遇和学校的正常运行，厦大需要有多大的经济支撑啊，如此巨大的办学经费，重重地压在陈嘉庚一个人身上，全然要陈嘉庚一人承担。

陈嘉庚不能不时时感叹道，"因未有充分基金，是以屡屡欲进不前，力与愿违"，想到厦大、集美两校时常刚许下增加费用，只一两个月便又缩减，内心的愧疚油然而生，"抚心自问，愧歉交集"，他说："知我者，谓我心忧；不知我者，将谓我'大炮'矣。"尽管是如此的独行，陈嘉庚还是坚信，"跛者不忘履，盲者不忘视。天若不败我，进行不过些迟日子耳"，目的则是一定要达到，也一定会达到。②

这是一个大学创办者的孤独与坚守，是一个中国私立大学先驱者的无奈与执着，但也只有这样一种孤独的坚守与执着，才有了后来厦门大学私立时期的自强与辉煌。一九二七年，英国伦敦会海外秘书霍金斯在访问了中国多

---

① 陈嘉庚1923年2月23日致集美学校校长叶采真函。
② 陈嘉庚1926年8月18日致集美学校校长叶采真函。

所大学后来到厦门大学。之后,他特意写信给林文庆校长,称赞厦门大学"成绩之优良……从未见优胜于贵校者";一九二八年,厦门大学以"基金充裕,成绩甚佳,各种设备,亦极完善,方之他处,又过而无不及"先于金陵、复旦、南开等名校获得国民政府立案;一九二九年,厦大教育系主任、民国时期著名教育家孙贵定自信地说:"在目前的中国,私立大学只要经费充裕,办理得人,实在比国立大学安定得多,厦门大学便是个最好的例子。"

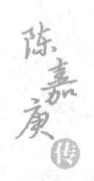

"愿为厦大奋斗到死"

厦大立案之后,过了花甲之年的林文庆曾向陈嘉庚提出辞呈,却不料陈嘉庚坚决地回复他:"你不能去,你须为厦大奋斗到死!我也愿为厦大奋斗到死!"① 一九三五年一月,林文庆为了厦大的生存第二次到新加坡募捐,在吾庐俱乐部的李光前欢迎宴会上,他将陈嘉庚的这些话透露给朋友们,他说:"好!我现在就与陈嘉庚先生共同为厦大奋斗到死。"言语之铿锵,语气之悲壮,两贤互勉"愿为厦大奋斗到死"的慷慨,引起满堂掌声不绝,感叹不已。此时,厦门大学已经到了最危急的时候,校长林文庆也已经是六十六岁高龄。

陈嘉庚(1929)

厦大开学后,因为没有其他华侨的跟进,庞大的办学经费压在陈嘉庚一人肩上。但他很清楚自己"自经营商业迄兹二十余年,对于经济无时余裕,亦无时不欠债",无法像富商股户一样,"现金满库,用之不竭",② 但他坚信"厦大关系我国之前途至大,他日国家兴隆,冀居首功之位",为此他依然奋力推进厦大的建设,"下辛苦经营负此重任",③ 毫不犹豫地铁肩担起独资建设厦

---
① 陈嘉庚:《愿为厦大奋斗到死——在新加坡吾庐俱乐部的演词》,《南洋商报》1935年1月9日。
② 陈嘉庚1924年元月12日致陈延庭函。
③ 陈嘉庚1923年4月3日致陈延庭函。

大的义务，绝不因为"财政之困难"而忍心"速减厦大之建设"，①决不放弃厦大"必高大之规模"的高标准规划。②陈嘉庚如此为厦大不顾一切地拼搏奋进，殚精竭虑地劳心劳力，终于让厦大在20世纪20年代的末期成为中国高等教育的佼佼者，成为一所"办理完善，成绩斐然"的多科性大学。

然而，正当厦门大学蒸蒸日上之时，陈嘉庚公司的实业经济却江河日下。

或许出于一种商业敏感，陈嘉庚在一九二八年底对自己公司的经营进行了一次三年总结算，结果发现三年来总耗蚀达五百九十五万元，其中包括厦大、集美两校办学经费二百二十万元。面对这种亏空，陈嘉庚不得不卖掉一万英亩橡胶园计四百万元用来抵额。此时，他的固定资产瞬间从一千二百多万元降为六百万元，整整减少一半。面临经济的严峻局势，陈嘉庚丝毫也没有减少对厦大、集美两校的投入。一九二九年三月到七月，汇给厦大的经常费十万四千元，仍旧不低于一九二八年的标准。这一年，他已经意识到厦大、集美两校所要面临的危机，于是调动一切手段维持厦大、集美两校的运转。在新订的《陈嘉庚公司分行章程》中，陈嘉庚明确指出，公司员工"直接为本公司店员，间接为厦、集两校之董事"；既为董事，"有筹措经费之责"，既为店员，"有发展营业之责"；章程要求全体员工"为本公司多谋一分利益，即为国家多培养一个人才"，由此将两校的命运与公司每个员工的命运紧紧连在一起，明确阐发了陈嘉庚公司及制造厂与厦门大学及集美学校两校的血脉关联。

  盖厦集两校，经费浩大，必有基金为盾，校业方有强健之基。而经济充实，教育无中辍之虑，两校命运之亨屯，系于本公司营业之隆替，教育实业，相需之殷，有如此者。

---

① 陈嘉庚1924年2月7日致集美学校校长叶采真函。
② 陈嘉庚1922年12月26日致陈延庭先生函。

如此将一个经济实体的命运与学校的命运融为一体者，大概这世界上除了陈嘉庚之外，很难再找到第二人了。

但天有不测风云，事物的发展并不以人的意志为转移。二十世纪二十年代末至三十年代初，世界爆发经济危机，美国一个恐怖的"黑色星期五"，让纽约的百万富翁一夜间沦为乞丐，全球经济空前惨烈。美国是新加坡、马来西亚橡胶的主要买主，经济危机对陈嘉庚的橡胶工业产生严重冲击。而此时，日本政府又对本国橡胶企业补贴扶持，通过廉卖、挂钩推销等手段，乘着经济危机抢占橡胶市场，橡胶价格暴跌，一担的橡胶由原本的七十至八十元猛跌到八元七元，新加坡的橡胶工业陷入崩溃边缘。

一九二九年，陈嘉庚公司已累积亏损三百二十万元，陷入资难抵债的困境，公司面临着倒闭的危险，急需注入资金以挽救局面。当时汇丰银行和一个准备支持陈嘉庚公司的财团，知道"病死的骆驼比马大"的道理，认定陈嘉庚公司在商场上潜伏着巨大的能量，只要卸掉办学的沉重包袱，必能起死回生，东山再起。于是，他们向陈嘉庚提出一个条件，要求陈嘉庚停办集美、厦大两校，只要陈嘉庚能答应这个条件，即刻会有大量资金注入陈氏企业。陈嘉庚一听这样一个触犯到自己信念的条件，也不加考虑就回答："企业可以收盘，学校决不能停办。"后来陈嘉庚回忆起这件事时说："有人劝余停止校费，以维持营业，余不忍放弃义务，毅力支持，盖两校如关门，自己误青年之罪少，影响社会之罪大。"①

一九三一年八月，陈嘉庚公司的所有借贷陆续到期，却无力清还，公司被迫接受汇丰等债权银行的条件，改为股份有限公司，公司董事会由汇丰等债权银行派代表组成，陈嘉庚仅出任董事经理，月薪四千元。他除了留下一百元作生活费外，其余三千九百元全部汇给了集美学校，至于家庭费用，他说："由业已长大的子女自行照料。"也就是在这段极其艰难的时期，陈嘉庚出售掉新加坡林密小山中的三幢楼房，维持住了厦门大学的正常运转，这

---

① 陈嘉庚：《南侨回忆录·牺牲非孟浪》，中国华侨出版社2014年版，第434页。

林密小山中的三座楼房，是陈嘉庚为儿子陈济民和陈阙祥购置的别墅。陈嘉庚的这一举动犹如痴绝精卫的填海鸣叫，令人震撼，人们称之为"出卖大厦，维持厦大"。真真应了黄炎培先生的《陈嘉庚毁家兴学记》所言，在这篇文章中，这位中国教育的先驱者高度评价陈嘉庚"毁家兴学"的境界与人格。

一九三四年，陈嘉庚将为儿子陈济民、陈阙祥购置的三幢别墅出售，用以维持厦门大学的正常运转。这是三幢别墅之一

改为股份公司后，拥有巨额资产的陈嘉庚瞬间降为股份公司的一个股东，一个敢于叱咤风云一向指挥全局的企业家顿时要受到来自方方面面的制约，要听命于他人办事，拳脚不能再像以前那般自如地伸缩了，这对于陈嘉庚来说是极其痛苦的事。陈嘉庚常对儿子说："社会公益事业要视自己的能力随时随地去做，如果要等到发财去做，终生一事无成。"[①]然而，这个随时准备将自己的所有奉献给厦大和集美学校的闽南汉子，此时却不能按自己的意愿来为厦大和集校运筹帷幄了，别说没有发财就去做"社会公益事业"，就是陈嘉庚

---

① 陈国庆：《回忆我的父亲陈嘉庚》，中央文献出版社2001年版，第121页。

股份公司发财了，董事经理的陈嘉庚也无法再像以前那样决策公司的资金流向。救国的抱负受阻，兴学的信念遭遇到金钱的困扰，陈嘉庚心痛极了。而恰恰在这个时候，一家手持伦敦汇丰银行令箭的英国商号来到新加坡，要求陈嘉庚股份公司放弃其他七家商号，将股份公司的所有胶制品靴鞋由它垄断专卖。公司董事会不顾陈嘉庚的坚决反对，越权与这家公司签订了专卖合同，陈嘉庚尤为恼火。一九三四年二月，陈嘉庚股份公司宣布收盘，收盘时股份公司债款达三百零九万元，陈嘉庚的资本实力已经丧失殆尽。

"公司可以收盘，学校不能停办"，陷入江河日下困境的陈嘉庚依然是一条路走到头，他不能放弃自己生命中不可或缺的那部分。

一九三五年一月，陈嘉庚公司已是一贫如洗，再也无力支撑厦门大学的正常运行，此时，福建省政府也停止了对厦门大学的资助。为了在逆境中继续生存发展，校长林文庆带着法科主任傅文楷和毕业同学会代表曾郭棠，再度远渡重洋，第二次来到新马募捐，开始又一趟"为厦大奋斗到死"的旅程。

林文庆一到新加坡，就在《南洋商报》刊登启事一则，表明为解厦大燃眉之急，"不得不南来劝募"的目的，相信南洋侨胞"慷慨热忱，爱护桑梓，重视教育，定荷解囊乐助"。

一月三日，新加坡最负盛名的华人社团怡和轩俱乐部设宴欢迎林文庆，宴会上陈嘉庚发表演讲《对厦大提出断语》。演讲中，陈嘉庚讲述自己抱定"为教育义务牺牲，不遗资为子孙"信条，回顾自身钱财都用之于集美学校与厦门大学的历程，他说，今日虽破产，却"决心不计成败，现虽赤手空拳，尤愿继续奋斗，以尽天职"；他呼吁侨胞"人人具有新眼光"，捐助厦大，"以马来亚闽侨之富，此区区百十万元，有三数人之力肯牺牲，便以绰绰有余"。演讲扣人心弦，令人对厦大的建设发展充满信心。[1]

一月七日，陈嘉庚女婿、南益集团创办人李光前在吾庐俱乐部宴请林文庆，林文庆发表《论孔学之真谛》演讲，并向到场人员表达愿与陈嘉庚一起

---

[1] 陈嘉庚：《对厦大提出断语——在怡和轩演词》，《南洋商报》1935年1月5日。

"为厦大奋斗到死"的决心。接着陈嘉庚致辞,他告诉人们林文庆是为维持与发展厦大的目的与目标而来,说明了此次林校长亲自到南洋募捐,乃是在极其艰难的困境中,也还是要竭尽全力为厦大兴建医科与农林专业。

陈嘉庚与林文庆"愿为厦大奋斗到死"的精神与意志感动了新加坡侨胞,在新加坡十五天,林文庆获得捐款总计国币十万九千余元。之后,林文庆莅临吉隆坡,北上怡宝,抵达太平,前往槟城,历时将近一月,亲访各大姓公司,足迹踏遍新马重要之地,一路演讲"孔子学说之价值",一路宣传厦大之前景与危机,一路呼吁侨商为厦大捐款出力,成为厦大成立以来最大规模的一次向新马华人展开的募捐活动。在陈嘉庚与林文庆校长的感召下,厦门大学获得新马各埠华人总捐款达国币二十五万零八百七十九元三角四分,新加坡币一千零七十七元。在世界经济危机危害尚未消失的时候,这样的捐赠数已是难能可贵的收获,但距离林文庆原定目标四十万元尚差一半。《南洋商报》这样评论道:"以目前所捐得的款项,充其量,只能消极地维持学校数年之经费,而对于闽南地方之农村建设、卫生事业极有关系之农医科,将永为梦想之事。"[①]陈嘉庚建立厦大农科与医科的梦想由此成了泡影。他原本还想带着林文庆前往印尼、菲律宾继续募捐,"曾致函荷属之巴城、三宝垄、泗水、菲律宾等处社会闻人,请每处最低限度亦捐二三万元",但收到的回复"均不约而称","无法筹之,请勿前往"。[②]

三月七日,林文庆结束新马募捐之行,乘着荷属轮船"万福号"返回厦门。《南洋商报》评论道:"国内大学校长,能得马来亚同侨如此一致称誉欢迎者,孰如林氏!国内大学校长能于两月之间,不景气尚未完全过去之时,能募得偌大款项者,孰如林氏!"[③]林文庆校长的募捐行动,赢得新马华侨一片赞誉声,但他心里很清楚,募捐的款项远远没有达到预计的数目。航行在东海南海上的厦大校长,眼望着大海,大海茫茫,无边无际,这位准备"为厦大奋斗到死"的校长,内心不免翻卷起自创办厦大以来未曾有过的惆怅。

①②③ 子心:《如何使厦大农医科早日实现》,《南洋商报》1935年3月7日。

一九三〇年林文庆校长与厦大教职员子女合影（庄德昆老师提供）

一九三七年五月，厦大财政危机更加严重，校务逼近无法维持状态，提出"愿为厦门大学奋斗到死"的陈嘉庚使出最后一招，发布《厦门大学购置胶园收息作基金募捐启事》，以募捐厦大购置柔佛树胶园七百英亩，作息维持厦大生存。启事中陈嘉庚特别指出，"乡帮隆替所系之教育事业"，号召"恭桑梓之怀，切福国利民之念，慷慨解囊，热烈输将"，使"厦门大学基础之获固"，发展之可期。这项举措最终在陈文确、李光前、陈延谦、李俊承四位侨商的大力支持下，获得捐款十一万五千元，完成了他购置树胶园拯救厦大的行动。七月，厦门大学改归国立，依照捐款人的意愿，七百英亩的柔佛树胶园改归集美学校。①

在厦门大学最困难的时候，也就是林文庆第二次前往新加坡募捐以及陈嘉庚购置柔佛树胶园的募捐活动中，给陈嘉庚最大支持的是新加坡五帮中的福建帮，尤其是闽南方言社群的闽南人。在一九三五年到一九三七年厦大的

---

① 《厦大胶园移归集美学校境况之报告》，《南洋商报》1937 年 8 月 10 日。

募捐活动中,捐献国币一千元以上的四十八位留有籍贯的捐赠者中,福建占三十九位,捐款给厦大购置柔佛树胶园的四位捐款者则是清一色的闽南人;在这些愿与陈嘉庚一起为厦大奋斗的支持者中,最主要捐赠者是从事树胶业与土产业的业主。陈嘉庚是新马树胶业的先驱,一度是树胶王国的巨子,对当年整个南洋树胶也产生很重要的影响,当这位树胶业的巨子振臂一呼的时候,树胶界的呼应是比较热烈的。像陈文确、陈六使兄弟,早年就在陈嘉庚的树胶公司任职,后来创办益和树胶公司,两兄弟这期间就拿出二十一万五千元捐助厦大与集美两校;而给以陈嘉庚最大支持的,还是陈嘉庚的姻亲。他们并不都是豪门望族,但其中的女婿李光前,亲家曾江水、林义顺、周献瑞、叶玉堆,都在精神和财力上鼎力支持陈嘉庚建设厦门大学和集美学校等社会活动。曾江水分别认捐一万元与十五万元资助厦大公医院与图书馆建设,林义顺捐献五千元、叶玉堆捐五万元给厦大公医院,李光前捐五万元购置厦大柔佛树胶园。当陈嘉庚失却了经济实力时,当厦门大学的办学陷入困境时,南洋华侨通过同乡关系的"地缘"、树胶界同仁的"业缘"和"血缘"上的姻亲关系,帮助陈嘉庚渡过了厦门大学最艰难的关口,"愿为厦大奋斗到死"的不屈意志与自强毅力,感动与激励的不仅仅是林文庆校长与厦大人,还有南洋广大的华人。

　　就这样,在几近一贫如洗的时候,陈嘉庚靠着姻亲、族亲和诸多南洋侨胞的鼎力支持,一点一点地募得一些资金,自己又亲笔写信给蒋介石和福建省教育厅厅长郑贞文,"告以千苦,乞极力赞助月捐三四千元"[1],由此而苦苦地支撑着中国东南沿海的一片教育天地。但办大学终究是要花大钱的,尽管陈嘉庚、林文庆迅速地缩小厦大的办学规模,从五个学院二十一个系裁减到三个学院九个学系,乃至将当年影响很大的教育学院也压缩为教育学系并入文学院,但厦大还是摆脱不了办学经费的拮据困厄。一时有关厦大的谣言蜂拥而至,无中生有的"陈嘉庚辞董事长,林文庆辞校长"消息,竟也通过《申

---

[1] 陈嘉庚1933年11月7日致叶渊函。

报》的简讯而传播开来。

陈嘉庚曾说:"我原主张办学以尽天职,诚心诚意,实事求是。抱定此宗旨,任何天翻地覆,矢志不移,成败付之天命。"①没想到这话说过的十年后,尽管依然"矢志不移",但寄托着他最宏伟目标与梦想的厦门大学,却在"天翻地覆"中不能不直面严峻形势,陈嘉庚深感厦大在维持中已"无进展希望",自己已经是力不从心,心力憔悴,便决定将厦门大学无条件地"奉送"政府,献给了国家。

---

① 陈嘉庚1927年5月21日致叶渊函。

厦大归国立，校名不可易

一九三六年五月十七日，陈嘉庚致函福建省政府主席陈仪和南京教育部部长王世杰，向他们坦陈苦衷，请求政府"收办"厦大：

> 窃弟自创办厦大后，来洋已十有四年之久，为俗务纠缠，无福可得回梓视察厦集二校，虽梦寐思乡，寝食不忘，乞成泡影，而念虑之切，尤以厦大为最。又不幸弟自十年以来，在洋事业如江河日下，千余万元资产荡尽无遗，迨至昨年敝公司收盘后，对厦大经费乏力维持，不得不请求政府帮助，免至停闭关门，然后再作后图也。厦大为福建省最高独一无二之学府，建立于厦门地方，论省界不免有稍偏于南区，若合浙江、广东沿海区域而言，则堪称为最中心地位。况研究海洋生物，已经全国各大学考虑公认，推全国沿海最相当之地点。又若大而言之，合南洋祖国，则更为中心之中心矣。
>
> ……
>
> 以厦大如此重要而限于经济不能发展，弟千思万想，别无他策，唯有请政府收办。弟愿无条件将厦大产业奉送，不拘省立或国立均可，所有董权一概取消，如何之处，千祈示复。①

老人的拳拳之心，一腔热血与一片苦心，委实让人动容，更

---

① 厦门大学校史编委会：《厦门大学校史》第一卷，厦门大学出版社1990年版，第151~152页。

让一代代的厦大人感恩不已，永不忘怀。

一年后的六月四日，南京政府教育部部长王世杰致电陈嘉庚："将于本年度编列厦大改归国办预算。"从陈嘉庚致函国民政府到王世杰部长的明确表态，厦大收归国立的事情折腾了一年时间。这一年中，陈嘉庚一面还是不遗余力地募捐拯救厦大，一面让厦大全体师生致电教育部，推举代表赴南京请愿。校长林文庆也亲自到南京晋谒教育部部长，最终厦大收归国立事尘埃落定。十年后，当陈嘉庚回忆起这件事时，他的话语带着深深的人生感慨："每念竭力兴学，期尽国民天职，不图经济竭蹶，为善不终，贻累政府，抱歉无似。回忆古语云善始者不必善终，亦聊以自解耳。"[①]

一九三七年七月一日，经南京国民政府核定，私立厦门大学正式改为国立。

七月六日，国民政府行政院任命清华大学萨本栋教授出任国立厦门大学校长，第二天，卢沟桥事变发生，全面抗战爆发，中国土地上烽火连天，神州大地陷入无法安放一张安静书桌的战争年代。

萨本栋教授受命于民族危难之际，于七月十一日离开北京，先到南京教育部报道，于二十四日抵达厦门，二十九日开始执掌厦大，一段艰苦卓绝的烽火弦歌历程开始了。他那年只有三十五岁，是全国最年轻的国立大学校长。

九月三日，日本军舰侵入厦门海域，炮击胡里山炮台，厦门大学校园陷入火线之中。萨本栋借公共租界鼓浪屿的英华中学和毓德女校，坚持厦大秋季的开学上课。就在这个严峻的九月，北京大学、清华大学与南开大学，在兵临城下的危险时刻南迁长沙，成立临时大学，之后再迁徙云南组建西南联合大学。

平津沦陷，淞沪激战爆发，厦门面临着日寇铁蹄顷刻践踏的危险，厦门大学往何处去？是跟着北大、清华、南开等国立大学往西南内地迁徙、流浪，还是探寻出一条自己的出路？此时年轻的萨本栋校长，想到的是校主陈嘉庚

[①] 陈嘉庚：《南侨回忆录》，新加坡南洋印刷社 1946 年版，第 19 页。

毁家兴学的远大见识和坚韧卓绝的精神，他说："在艰危中，须特别努力分内职务，务必无负陈嘉庚毁家兴学，及政府将厦大收归国立之至意。"① 在他心中，有的是"应勿忘先生之事业，先生之精神人格，以及先生之识力眼光，时时引为楷模。时时求所以副先生之期望，庶无负先生拳拳祖国之忧"。② 为不负陈嘉庚创办厦门大学的拳拳之忧，萨本栋果断决定，厦大不离开福建，厦大要坚守东南，即使身置硝烟炮火，厦大也要去实现陈嘉庚建设"南方之强"的梦想。他决定厦大内迁的原则是：一要留在东南最偏远的福建省内，以免东南青年向隅；二是设在交通比较发达的地点，以便利闽浙赣粤学生之负笈；三是新校址的环境要比较优良，以使员工得安心教导与求学。由此，萨本栋选择福建山城长汀为战时厦门大学的内迁目的地。

十二月二十日，厦大全校停课，二十四日，在萨本栋果敢指挥下，三百多名徒步师生与九辆满载着仪器设备和图书资料的大卡车从厦门分批出发，渡鹭海过九龙江，翻越多座崇山峻岭，蹚过十几条溪流，道路崎岖，风雨无阻，向着近千里之外的山城长汀进发。当时的教务长周辨明教授这样描写这场内迁："从十里洋场的厦门到七闽穷僻的长汀，从雕栏石砌的高楼大厦到画栋剥落的破败庙宇，从贵族到贫民，从繁华到朴素，这期间，转变得太可惊人了。"他说那时的长汀是"举目凄凉无故物"。③ 但就在如此简陋无比与艰难困苦的条件下，厦门大学却铸就了八年烽火弦歌的辉煌。一九三八年年底时，平汉、粤汉铁路线以东的大片国土沦丧，上海、江苏、广东等地的国立大学纷纷往大西南转移，中央大学前往重庆，同济大学前往云南昆明，中山大学迁到云南澂江，武汉大学迁往四川乐山，浙江大学进入贵州遵义。就在这中华民族最危险的时候，厦门大学坚守闽西，以"不到最后一课"绝不放弃的精神，挺起了南方之强的脊梁，肩起了中国高等教育的东南半壁江山，承担

---

① 萨本栋：《勖勉同学词》，《唯力》旬刊第3期，1938年4月3日。
② 萨本栋：《陈嘉庚先生莅汀欢迎词》，《厦大通讯》第二卷第9、10期，1940年11月9日。
③ 周辨明：《厦大迁汀两年来之变化》，《唯力》旬刊第二卷第7、8期合刊，1939年7月7日。

起收留因战乱而失学的青年的历史使命，勇敢地担负起粤汉铁路以东国立最高学府的全部责任，成为加尔各答以东战区中唯一的国立大学。

然而，正当厦门大学浴血奋战在中国高等教育的火线而屡创战时教育佳绩时，一件让厦大人难以接受的事情发生了。

一九四〇年三月，是一个失却了春意而弥漫战火硝烟的春天，在同为山城的福建长汀与陪都重庆，发生了一场不大不小的厦大易名风波。那时，厦门大学归国立迁长汀刚刚两年，但社会上开始传出一个信息，厦门大学要改名为福建大学。紧接着，福建与当时陪都重庆的一些报纸也开始报道这个消息。三月下旬，执掌厦门大学的萨本栋校长接到了国民政府教育部的正式来电，就厦门大学改称福建大学一事征求学校的意见，全校一片哗然。

原来，福建省国民政府主席陈仪想办法、医、农综合的福建大学。一九三九年，陈仪与福建财经实权操纵者徐学禹合谋，忽然召开福建大学筹备委员会会议，会议决定，留美法学博士邱汉平为福建大学校长，距永安旧城二十余公里的黄历乡为校址，一九四〇年三月先让法学院招生开学。时任福建省教育厅厅长的郑贞文（曾为厦大首任教务处主任）提出应照章报告重庆教育部立案，但徐学禹是徐锡麟侄儿，其叔与时任教育部部长的陈立夫的叔叔陈其美是通家兄弟，两人都恃势弄权，陈仪又是陈立夫的乡前辈，不把陈立夫放在眼里。他们不听郑贞文劝告，不向重庆教育部报告立案，自行其是地先以法学院招生，准备着福建大学的开学。待到福建大学要隆重举行开学典礼的前一天，重庆教育部来电明确指示"不准立案"，给了陈仪与徐学禹当头棒喝。徐学禹当场大骂陈立夫"这小子胆敢如此无礼"，陈仪则若无其事，对教育部指示秘而不宣，第二天照旧在震耳欲聋的鞭炮声中，以法学院招收的新生为基础，举行福建大学开学典礼，力图既成事实逼教育部承认立案。福建大学师生和到会的党、政、学各界来宾却对此中实情一无所知。

就这样，福建大学成立，但成立的福建大学是教育部不予承认的。陈仪只得先斩后奏，以省政府名义向教育部递上创办省立福建大学的申请，但陈立夫对陈仪与徐学禹貌恭心厌，并不屈服于他俩淫威，他回复福建省政府：福建已有厦门大学，战争中不宜再增办大学，并以新设法学院应由国家直接办理为由，断然拒绝立案。为此，徐学禹自告奋勇亲往重庆和陈立夫大闹一场，之后还是铩羽而归。万般无奈的陈仪只得改变策略，提出将厦门大学改为福建大学的申请，陈立夫以为此意甚妥，有一举两得之功，便向厦门大学发出正式征求电函，厦大易名风波由此掀起波澜。

厦大易名事件由上而下，来头是教育部和省政府，势头极凶，此时厦大已归国立，一切权力都在教育部与省政府，厦大改为福建大学应是铁板钉钉的事。然而，由陈嘉庚创办起来的厦门大学自开始便呈现出一种敢做敢担当的自强精神。当学校改名信息传出后，厦大师生和校友群起反对。

一九四〇年三月二十八日，远在新加坡的厦大校友首先发难。新加坡厦大校友召开特别大会，会上群情愤慨，当即以快邮代电的方式向重庆国民政府行政副院长孔祥熙、教育部部长陈立夫和福建省政府主席陈仪发出电函，要求"保存厦门大学原名，勿予更改"。他们向国民政府行政院、教育部和福建省政府提出厦大不可改名的三条理由：

一、厦门大学为南洋侨领陈嘉庚先生所创办，苦心经营约廿载，个人捐资达国币千余万元；陈先生为谋厦大前途尽量发展起见，而自动呈请政府收归国办。今苟轻易改名，在重实际轻虚名之陈先生，或将不以为意；惟政府方面，为维持策励初衷计，自无轻于更易之理。

二、历考中外著名大学，每多所在地命名，后虽经扩大范围，亦无轻易改名之举。厦门大学创办迄今，已历廿载，负有国际上、学术上之荣誉，苟予轻易改名，过去光荣历史，势将付诸东流，可惜孰甚？

三、厦大毕业同学之留学欧美者为数甚多，在校学业成绩，早经欧美大学正式承认。此种信誉,自非朝夕所可幸至,一旦遽予改名,将来同学进修及学校行政比多困难。①

一石激起千层浪,两天后,即一九四〇年三月三十一日,厦大旅汀毕业同学会在长汀召开全体会员临时大会,就"教部致电学校征求将厦大改名福建大学本会应如何表示"一案进行讨论、议决,议决结果形成五点意见:

一、由本会即电陈校主,请其支持本会意见,反对改名;
二、征求校友总会筹备会同署名;
三、提请校友总会致电教部表示反对;
四、电重庆校友会共同表示反对,并函各地分会一致行动;
五、电文交由干事会负责,限明日发出。

紧接着,一个个厦大校友的集会在全国各地举行,一封封反对厦大更名的电报、信件从各地飞往重庆陈嘉庚住处。

一九四〇年三月二十六日下午四时,陈嘉庚率领南侨回国慰问团从缅甸仰光飞抵重庆,下榻嘉陵招待所,开始他在抗战中的一次重要考察。厦大改名风波荡起时,他正在重庆。

厦门大学改名福建大学一事,陈嘉庚在未到重庆之前并不知道,抵达重庆三天后他访问教育部部长陈立夫,才从陈立夫的口中知道这件事情。那一天,陈立夫向陈嘉庚说明了福建省政府审办福建大学和教育部同意厦门大学改为福建大学的决定,称厦大易名一事原本就想咨询陈嘉庚的意见,想到他行将到重庆,所以没有告知。陈嘉庚听了陈立夫的话,做出一副"本人闻言,未置可否"的姿态,并不对此作答,而反问陈立夫:"战争期间贵部如何打算?"第二天拜会孔祥熙副院长,孔祥熙照旧向陈嘉庚提起厦大更名一事,

① 《厦大通讯》第二卷第七、八期,1940年8月30日。

陈嘉庚照样不予回答。

三月三十日，是国民政府参政会第五次会议开幕的前一天，张伯苓副议长为陈嘉庚举行欢迎茶会，并请陈嘉庚向众议员报告南洋华侨的情况。在众议员的掌声中，陈嘉庚简略地报告了南洋华侨的大概，但他很快话锋一转，说："现有一事亦与南洋华侨略有关系，敢费诸君时间。"陈嘉庚所说的"敢费诸君时间"的事便是厦大改名一事，陈嘉庚幽默地说自己对厦大更名有三项"怀疑"[①]，敬请众议员给予解惑和主持公道。

陈嘉庚所谓三个"怀疑"：一是厦大改为国立，是否就得改动校名。为此，他特别举新加坡"陈笃生医院"为例加以驳斥。他说，七十年前新加坡华侨陈笃生捐资六千元创办"陈笃生医院"，后由新加坡政府接收，政府每年投资百余万元扩大医院规模，提升医疗水平。后来政府要办中央医院，有人提议将陈笃生医院改为中央医院，提案交到新加坡"议事会"议决。议事会二十多席，华侨只占三席，但议决的结果却是：陈笃生虽仅捐六千元，却是首倡义举，没有陈笃生的首创，又如何有陈笃生医院，"今日政府如欲创办中央医院，应另处设立，不宜埋没创办人名誉"。陈嘉庚说，"殖民地洋人尚待华侨创办人如斯高风，我国素称礼义之邦，反欲如是摧残"，实在让人无法理解，"况厦门大学悉地方之名，与余姓名无丝毫关系"，为何非得更改校名？

二是厦门大学改为福建大学，中国的海洋与海洋生物的研究与人才培养还要不要。陈嘉庚对众议员说，中国海洋与海洋资源，"不亚于诸富强国家"，厦门大学地处海洋，周边海产丰富，化学生物等设备完善，建校十多年来，已成为国内各大学、研究机构或专门学校研究海洋和提供海产物标本的中心，"此为厦门大学与国内诸大学不同之点"，倘若改名福建大学，学校也将"移往他处"，则"海洋生物无从实验"，这关系非同小可。身在异邦的陈嘉庚，既痛感近代以来中国海权丧失的耻辱，又深知海洋资源对于一个民族一个国

[①] 陈嘉庚：《南侨回忆录》，中国华侨出版社2014年版，第106~107页；《反对厦大改名》，《南洋商报》1941年1月8日。

家的重要性，他创办厦大时就意识到海洋与民族富强的紧密关系，所以厦门大学是全国高校中第一个设立海洋系的学校，也是在海洋生物学科最早产生国际影响的中国高校。将厦门大学改为福建大学，对陈嘉庚来说，不是一所学校改名不改名的问题，而是一个牵涉到要不要海权与海洋资源的问题。于是，陈嘉庚向众议员们抛出了他的第三个"怀疑"。

第三个"怀疑"实际上是对国民政府掌权者非常严厉的指责和警告。陈嘉庚说，在这个关系到民族存亡的抗战关头，厦大改名将伤痛广大华侨的心。因为南洋华侨福建人居半数，家乡多在与厦门相邻的闽南一带，厦门则是闽侨唯一出入门户。自厦门沦陷后，闽侨"痛苦哀情不言而喻"，终日"盼望抗战早日胜利"，所以他们不遗余力地筹赈支持祖国的抗战。而如今"政府无故将厦门大学改为福建大学，或难免海外闽侨，疑政府将步甲午故智，如台湾之放弃乎"。陈嘉庚所说的"甲午故智"是指中日甲午战争，一八九五年四月十七日，清政府被迫与日本签订《马关条约》，将台湾割让给了日本。甲午海战的失败，是中国历史的一个转折点，也是国民与海外华侨的一块心病。陈嘉庚将厦大的改名比作"台湾之放弃"，指责国民政府"以厦门沦陷则连大学亦该消灭厦大二字"，让人"怀疑""我政府收复厦岛的坚决"，如此一来，势必"增加闽侨之悲痛，于抗战时筹赈及外汇之助力，难免有多少不利"，话语之重，令四座震惊。

一九四〇年是全面抗战爆发的第三个年头，日本帝国主义的铁蹄蹂躏着大半个中国的河山，全国军民同仇敌忾，誓死收复祖国河山，但抗战处于持久战中最为艰难困苦的阶段，无论是国民政府还是整个抗日战场，都极需要海外华侨与世界反法西斯阵营的各种支持和资助。陈嘉庚带着南侨回国慰问团抵达陪都重庆，带来的不仅仅是精神的慰问，还有着抗战急需的物资和资金。海外华侨尤其是陈嘉庚所说的东南亚一带的"南侨"，一直是中华民族抗日救国的重要财源。

所以，当陈嘉庚将厦大改名一事与抗战、与南侨的心中祈盼联系起来辩驳国民政府厦大的易名事件时,参加欢迎茶会的参议们都为之一震,他们对陈嘉庚的"怀疑"深表同情,共同表示愿意为厦大保留原校名而呼吁。

欢迎茶会两天后的一个晚上,陈立夫部长与萧吉珊来到陈嘉庚下榻的寓所拜会陈嘉庚,声明国民政府教育部已收回成命,厦大改名一事已经取消,此后不会再提起。并且指示福建省政府,将已经开学的法学院移归国立厦门大学,一切员工设备送交厦门大学处理。这一次拜会,陈立夫有些尴尬,所以座谈也就长了一些,按陈嘉庚的回忆,"座谈至一二小时之久"。

厦大改名的风波就此平息,在中国现代教育史上,厦门大学因此成了极其少有的自始至终未曾改动过校名的高校,成了具有百年历史的高等学府中唯一没有改变过校名的大学。

中国的现代大学,发端于清末民初以救亡图存为目的的改革运动,在这个梁启超所说的"千年未有之变局"时期,大学的名字随着时代的风云而变动是常有的事情。北京大学的前身是京师大学堂,京师大学堂的创设,是戊戌维新运动的产物,可以说是中国传统高等教育体制被迫向近代演变的标志。民国建立初期,严复接办京师大学堂,由于蔡元培提议,京师大学堂才正式命名为国立北京大学,一九二九年则改为北平大学北大学院,之后才恢复原名;清华大学的前身是创建于一九一一年的清华学校,一字之差却也是名字与内涵的重大变动;全面抗战爆发后,北大、清华和南开奉命南迁,先在长沙联合成立临时大学,后又迁往昆明改名西南联合大学;一九二一年成立的国立东南大学则由南京高等师范学校演变而来,南京高师之前还有一九〇三年创建的三江师范学堂为基础;浙江大学的前身是杭州知县林启于一八九七年创办的求是书院,不久又依次改名为浙江求是大学堂、浙江大学堂和浙江高等学堂,一九二七年建立的浙江大学原名却是国立第三中山大学,后才改名为浙江大学;交通大学的前身是盛宣怀一八九六年创办的南洋公学,与北洋大学堂同为中国近代历史上中国人最早创办的两所大学,一九〇七年改上海高等实业学堂,后才命名为交通大学;复旦大学的校名则经历过从震旦学院到复旦公学的变动，一九一三年李登辉出任校长时，才正式改组为复旦大学，校名蕴含着恢复震旦的意思。重庆大学虽然也没改过校名，但它的历史还比较短。

当人们回顾中国现代高等教育这段滥觞史的时候，厦大人会为自己学校的未曾改名而引以为豪。校名的更改并不一定意味着一所高校宗旨、精神的变化异动，并非代表或表示一所高校的价值与层次，但厦门大学的校名更改风波乃至未曾被改过的校名，却蕴含着厦大人和他们的校主与国民政府据理力争的故事。厦大人清楚，自己与校主的坚持与奋争，并非是一个学校改名不改名的纷争，而是一种坚守，一种对于文化血脉的坚持，一种不愿放弃创校初心和向往的力争。厦大是一所从创校开始便有自己的校训、校歌和大学精神的学校，从为坚守校名群起而奋争的学生、校友和校主陈嘉庚身上，人们会感受到一种豪迈，一种气节，一种从黄河流域流淌到东南沿海的"坐不改名，行不改姓"的中原风骨与品格，一种已经内化于每个厦大人灵魂的敢与天地精神独往来的自强个性。

厦大更名的风波，也是厦大人将自己的学校看得犹如自己生命一般的具体体现。爱校是厦大人的特别情怀，爱校精神又是厦大自强个性的一种内在力量。正是这样一种由校主传承而下的精神个性和情怀，才使东海之滨的厦大，在她的百年风雨旅程上，铸就了"南方之强"的辉煌；才使海滨一隅的学府，在中国现代历史的各个风口浪尖，造就了一批又一批政治、经济、科学、文化的时代"弄潮儿"；也才使得厦门大学的发展在遇到艰难困苦时，就会有千千万万双有力的手向她伸将过来，与她不息地携手前行。这种精神个性的敞开，袒露的是一所中国高校自立于世界高等教育之林的信心与能力。而铺就这样一条精神个性轨道的，正是一个个厦大人的鲜活生命。

厦大人为保持自己学校的校名而做出的奋争，也成了中国现代高教史上的一个奇观。

第三编

走延安

华侨领袖的历史抉择

逝者如斯，站在长江上游的嘉陵江畔，想望着莽莽苍苍的秦岭山脉，看战争给祖国带来的满目疮痍，这位华侨领袖又会怎样开始他一生中至关重要的生命之旅？

早在一九三八年，张楚琨给了他一本斯诺的《西行漫记》，那位外国人"红星将照耀中国上空"的预言，那黄土高坡上扭开了的人民当家作主的大秧歌，让这位上下求索中华民族伟大复兴的侨领，心驰神往那个自己还很陌生的世界。

一九四〇年六月八日陈嘉庚挥手告别宝塔山的时候，他并没有想到，这一次的延安之行改变了他的政治生命，也导致了南洋华侨社会的巨大动荡。

第八章

华侨旗帜是怎么树起来的

陈嘉庚传 Biography of Tan Kah Kee

从『福帮』领袖到社会领袖

中国的政治社会，传统行政以县治为独立单位，县下并无今日的乡村政权，县衙也只有为数不多的衙役皂吏以供驱使，社会底层、广大民众的治理与启动，全靠当地士绅的自觉承当与调节。也就是说，士绅阶层在中国古代封建专制政体下对引进新观念、吸收新知识、改造旧社会，有着至关重要的作用。这种士绅制度延伸到南洋，便形成"帮"。

当时的南洋，侨民们因为来自不同的地域，形成了一个个不同的"帮"，太平洋战争之前的新马华人社会基本上还是个帮派社会。"帮"作为新马华人社会一个历史性概念，它主要是中国沿海移民在异邦的土地上一种集团性、社群性的组织，是一种极富于方言属性、地缘属性和职业、行业性特色的社群组合。在新加坡和马来亚，来自福建漳州、泉州（包括同安，今厦门）等闽南地区的侨民自发形成"福帮"，操的是闽南方言；来自潮汕地区的侨民形成了"潮帮"，操的是潮汕方言；来自广东大埔及梅州、福建汀州的侨民组成"客帮"，说的是客家话；除此还有广东帮与海南帮，俗称"五帮"。这些帮派内部，除了共同的家乡、共同的方言和习俗及共同的职业外，并无严密的组织与纲领，其作用也仅限于解决内部纠纷或者对外争取一些相关的利益。欧洲殖民者为了利用华人势力对华人以及殖民地进行管控，长期推行"甲必丹"制度，即利用不同族裔、不同方言群华人的头面人物与帮派领袖，通过赋予他们一种半警察性质的审判权与行政权，对所属帮派进行家长式的统治。这种带有自治性质的制度延续了数百年之久，在一八八九年英殖民者成立华人参事局时，便得以政治意义上的承认。

福帮下南洋的历史悠久，在这悠久的历史中，以泉州、漳州、厦门（厦门要到近代才出现，明清两代，大都属于泉州府同安县）的闽南人居多。福帮在新加坡华人社会中始终是实力最强大、人才最多、最具活力与最富裕的帮派，福帮的人大多从事进出口贸易，制造，工业（树胶加工、椰子榨炼、黄梨罐头、碾米、糖果、肥皂制造等），船务运输，造船商，银行与金融，保险、树胶种植与买卖，他们分享了新加坡经济繁荣的大片果实。由于闽南人的祖先早在十一世纪已经同阿拉伯人、葡萄牙人、西班牙人及东南亚等地商人进行过远洋运输与进出口买卖，他们更能掌握商业诀窍并获得成功，数百年的经商传统致使福帮不论在生意上或管理上都凌驾于他帮之上，因此也更加团结无间，也很早就设立闽南人在新加坡聚集议事的专门场所——天福宫。

一八三九年，闽南人在侨领陈笃生、薛佛记等人领导下，在新加坡的直落亚逸街兴建天福宫，供奉着福建沿海民众信奉的海洋保护神妈祖，这座富于闽南庙宇特征的建筑，很快成为福帮在新加坡祭祀与集会的中心。一八四

新加坡福建会馆

〇年天福宫落成后，福帮领袖们的办公场所也同时移到这里。一八六六年，福帮依托天福宫成立福建会馆，时称天福宫福建会馆。早期的天福宫福建会馆更多的是一种象征意义，象征着闽南沿海人在新加坡这块异乡土地上的地缘联结，实际上并没有为福帮公众做多少事，但它则是殖民政府华民政务四署批准的辖免注册的社团。因此，这个供奉着闽南人崇拜的妈祖神像的天福宫，注定会在一定的历史机遇中，托起一位能把握住时代风云际会、领导福帮走向历史深处的时代人物。

这个人物在辛亥革命最初的岁月中出现了，他凭借着领导一次支持故乡闽省独立的保安捐活动而显示出他的领导智慧与才华，成为福帮的杰出领导人，并由此开始了他作为一面华侨旗帜的光荣旅程，这人就是陈嘉庚。

在陈嘉庚踏上新加坡这块土地的时候，父亲陈杞柏最后留给儿子的虽然是顺安米店的倒闭以及诸多的债务，但也留给儿子一些难以用金钱购买的精神财富。陈杞柏不是福帮的领导人物，却也是个有影响的人物，曾经是福帮开展的许多社会慈善公益事业的开创者，他无意间为陈嘉庚留下了良好的人际关系与社会基础。当陈嘉庚在他父亲倒下的地方靠着自己的诚信与刚毅重新站立起来后，他的奋斗与人格得到华人社会的认可与赞赏。

这时期，新加坡既是戊戌变法失败后保皇党人的据点，也是孙中山同盟会革命的海外根据地。维新运动的主角康有为一九〇〇年来到新加坡，宣传其改良政治与教育的主张，促使华侨社会推出维新与儒学运动，陈嘉庚这个生命里流淌着中华文化血液的闽南人，曾经也崇拜过康有为。但陈嘉庚从骨子里恨透了清政府，他心里最深刻的记忆便是一次次的民族耻辱，是帝国的铁蹄一次次地践踏中华大地，是清政府一次次地将国土与白银奉送给外强，他与"驱除鞑虏，恢复中华"的孙中山更加投缘。

一九〇九年初，在同盟会星洲分会领袖林义顺引介下，陈嘉庚第一次见到孙中山；两人的第二次见面在这一年的五月，孙中山从新加坡要前往欧美，出发前的一天夜里，他在同盟会星洲分会的秘密会所晚晴园举行一次重要会议，陈嘉庚应邀参加这次会议。会议议题是讨论同盟会党旗设计，与会人士对党旗的"青天白日"没有异议，但对"满地红"的底色却争论激烈。见大家意见各异，孙中山面容忧郁，他希望同志们能意见一致。此时一位侍者给孙中山端来一杯水，会议暂时中断片刻。就在这片刻间，一滴朱砂墨汁自孙中山手中的笔上滴落杯中，杯中顿时红彤彤乾坤一片。孙中山似乎悟到什么，一口喝尽杯中水，连说"红乃幸运之色"，一锤定音，确定下党旗为一轮白日高悬青天，大地一片殷红。一九五六年，陈嘉庚在集美学校纪念孙中山先生诞生九十周年庆典上，清晰地回忆了这次见面时他所看到的情景。

一九〇六年四月，孙中山与新加坡同盟会会员合影

　　一九一〇年，陈嘉庚与胞弟陈敬贤剪去辫发，在晚晴园加入同盟会。待他再见到孙中山时，已是辛亥革命爆发后的两个月，一九一一年十二月十五日，孙中山从欧洲返回上海，再次经过新加坡，这是孙中山第八次也是最后一次访问新加坡。陈嘉庚与许多同盟会会员前往码头欢迎孙中山，就是在这

次会面中，孙中山与陈嘉庚谈起辛亥革命后新政权筹款之事。陈嘉庚一口答应，如果需要，他会支持孙中山的新政府五万元。第二年，孙中山为解决办公费的困难，电告陈嘉庚要款，陈嘉庚不失约言，将五万元汇给孙中山。这次新加坡码头的会面，是陈嘉庚与孙中山的第三次也是最后一次见面。这时，陈嘉庚内心充满革命成功的喜悦，他说"民国光复后余热诚内向，思欲尽国民一分子之天职"，① 他要乘着辛亥革命的东风，回乡创办集美学校。

就在他要踏上回乡之旅开始他宏伟的办学之前，一个发生在福帮的重要事件将陈嘉庚推上福帮领导人的位置。

武昌起义爆发后，全国各地纷纷起义宣告独立。十一月八日，福建宣告脱离清廷统治，光复独立，此时，林文庆的岳父黄乃裳正在福州。

黄乃裳是福建闽清县人，清朝维新志士，其三弟黄乃模是甲午海战中邓世昌"致远号"巡洋舰上的副管带，在甲午海战中壮烈殉国。丧权辱国的《马关条约》签订后，黄乃裳集国恨家仇于一身，一气呵成《英华格致书院关系国家说》，倡导国家生死存亡之际发展工商业抵抗外国侵略。后又自筹资金创办福建近代第一张报纸《福建》，倡导维新，由此引起维新派注意，后由维新派王锡蕃推荐入京参加经济特科考试，并开始出入于谭嗣同、林旭、杨锐、刘光第等"六君子"门庭，曾六次晋谒李鸿章，八次上书光绪皇帝，是维新变法的积极倡导者。戊戌政变，"六君子"伏尸都门，黄乃裳冒着生命危险通知康有为、梁启超出走避祸，然后返回福建，远涉重洋，来到新加坡。孙中山在新加坡成立同盟会，他同情也支持同盟会的工作。福建光复独立时，他立即电函新加坡同盟会领导张永福与陈楚楠，告知福建独立后所陷入的困境，呼吁新加坡各方经济援助。张永福与陈楚楠便来到福帮的怡和轩俱乐部，将福建光复情况转告陈嘉庚、林义顺等人。经过几个人商议，怡和轩的头面人物一致认为须动员福帮华侨，为家乡的光复独立尽一份力量，慷慨解囊支持福建新的革命政府渡过难关。

① 陈嘉庚：《南侨回忆录·创办集美小学校》，中国华侨出版社2014年版，第11页。

十一月十三日，新加坡福建华侨在天福宫召开群众大会，大会一致同意展开福建保安捐活动，筹集资金支持家乡变革，同时推选陈嘉庚为福建保安捐活动主席，这是陈嘉庚第一次走上领导整个福帮活动的位置。

福建保安捐是一项声势浩大的帮会活动，历时九个月之久。大本营最先设在天福宫，后来移到福帮的道南学校。作为主席，陈嘉庚朝夕为此忙碌，他设立了拥有二十名理事的募捐机构，设主席二名，财政二名，查账二名，总务二名，其余十二名理事除负责各自工作外，还分组进行筹款活动，主要向福建人开办的公司、商行乃至个人劝捐，陈嘉庚自己捐了一千五百元。犹如雪中送炭，福建保安捐很快就给福建革命政府汇去近二万银元，这之后还陆续汇去了一大笔钱，发挥了"华侨是革命的父母"作用。历时九个月的福建保安捐活动，向整个福帮及新马华人第一次展示了陈嘉庚在群众活动中的组织才能，加上他历来的诚毅笃信的信用，严于律己的作风，勤劳干练的性格和全心全意为众人服务的精神，陈嘉庚在福帮中的威信骤然提升，坚定地树立起来。陈嘉庚所领导的第一个带有政治意义的帮会活动，就这样奠定了他在将来作为统御南洋华侨帮会、社会与政治的华侨领袖的基础，一面华侨旗帜开始冉冉升起。

福建保安捐活动后，陈嘉庚将自己生命的热情与力量投入到教育与经济活动上，无论在办学上，还是在经济拓展上，都显得特别活跃，生命踔厉奋进，事业蓬蓬勃勃。

一九一一年，陈嘉庚任新加坡道南学堂第三届总理，筹建学堂新校舍，改革道南学堂的教学旧体制；赴暹罗（泰国）创办"谦泰"黄梨罐头厂。

一九一二年，回故乡集美创建集美小学。

一九一五年，建立谦益第一树胶厂；在一战战火中租轮四艘，兼营航运；创办新加坡第一所华人女校崇福女校。

一九一六年，派胞弟陈敬贤回到集美，集美学校大规模建设开始；购买三千吨英轮"东丰号"川航法国，将图桥头黄梨厂改建为制胶厂。

一九一七年，将恒美熟米厂改建成谦益制胶厂；增购三千多吨英艇"谦泰号"，与"东丰号"一起租与法国政府；在马六甲、麻坡等地设胶叶分栈，增千亩胶园"大同树胶园"。

一九一八年，故乡集美师范、集美中学开学；在新加坡牵头创办新加坡第一所华文中学南洋华文中学，并创办南洋女校；要求创办中的英华大学设立中文科系，以此为条件捐款十万元。

一九一九年，南洋第一所跨地域跨帮系的华文正规完全中学华文中学正式开学，被选为第一届董事长；在故乡集美增办女子师范与商科；开始倡办厦门大学。

一九二〇年，在故乡创办集美水产航海学校。

一九二一年，厦门大学成立，提出"世界之大学"宏愿。

一九二二年，在马来亚设立树胶厂分厂九处，拓展熟胶制造业。

一九二三年，创办《南洋商报》。

一九二五年，资产达一千二百万元，建立中国人在南洋的工商企业王国。

一九二六年，扩建南洋华侨中学；在厦大创办中国高校第三所国学研究院。

这个时期，陈嘉庚并没有沿着成功的福建保安捐的思路走下去，或许是辛亥之后的军阀混战、国民意志的消沉，让他对政治问题失却了发动福建保安捐那般的热情。这位走进天命之年的国民最坚信的是教育才是救国之本，他一方面加紧扩展自己的实业，一面将赚来的钱大把大把地用在教育事业上。他踌躇满志地预言厦门大学将造就出数千名毕业生分赴中国各地各个领域，以改变旧中国的满目疮痍，建立一个秩序井然新兴朝气的中国。

与此同时，他也越来越受到英殖民政府的认可与相信。

一九一六年，陈嘉庚为了获取注册船主的资格，做成海上运输生意，便向英政府申请归化为英籍民，英当局立即批准，这是英政府确认他的社会地位、财力地位的第一次显示。

一九一八年，因为他在一次大战的出色表现与经济贡献，他被赐封为太平局绅。在英国人看来，太平局绅是社会领袖，担负着为政府维持安全、防止非法惩罚及处理一些简单事务的职衔，有责任在动乱时协助英国人维持华人社会的秩序，职衔终身保有。

一九二三年，陈嘉庚成为华人参事局委员，这是英国人承认其重要社会与经济地位的第三次表示。参事局创立于一九〇五年，是华人护卫司署（后称华人政务司）的咨询机构，华人政务司通过主持参事局的每次会议，来听取华人各方意见，参事局委员都是华社各帮领袖。从一九二三年到一九三三年为止，陈嘉庚一直都是参事局的委员并出席大多数会议。

在经济上，陈嘉庚已从一九一一年拥有百万资产发展到一战结束后的千万资产，属下员工万名，堪称新加坡最雄心万丈的企业家。但他却不是东南亚的首富，与他同时代的南洋富豪中，三宝垄糖王黄仲涵，拥有数倍于他的资产，李俊源是当时新加坡的一名航运业、地产业大亨，余东璇也是树胶业的大胶园主、零售业巨贾，也比他富裕得多。尽管如此，财富的增加已无可置疑地确定了他个人的社会地位与在帮派中的位置，他已经是一位最负盛名的富豪之一。

拥有财富固然引起人们的敬重，但能否尽社会的义务、为众人尽其所能，这才是一个人是否赢得人们敬重与爱戴的根本。当时海外华人社会中，要成为一个领袖人物，除财富、能力之外，还要切实关心大众尤其是本帮群众的利益，愿意为公众的事情牺牲自己的时间与精力，有长期在帮口组织的不同阶层中担任职务的经历，有中国传统的人格魅力。

无论是从故乡土地上所汲取的文化营养，母亲给他的耳濡目染的滋养，还是自己少年时读的《四书章句集注》，陈嘉庚的生命中浸润的是传统的儒家文化，是"为国家生死""为生民立命"的"仁者"文化。在他的演讲与文章中，经常会出现"多难兴邦""保我国粹，扬我精神""上以谋国家福利，下以造桑梓之麻桢"这样的儒家格训，以及像"取之社会，用之社会""有钱出钱，有力出力"的儒味十足的朴素话语，他一生言谈举止，极少逾越儒家的规范。这样的家国情怀，成为他为侨帮、为整个南洋华侨、为祖国担当责任的内在动力，陈嘉庚个人威望与社会地位也在越来越多的公益事业、越来越重大的帮群与社会服务中得到提高，伴随着使命的出色完成而不断提升。一九一八年创办南洋华侨中学，跨帮、跨姓、跨门户，凸显出他在华侨中的出色领导，将他推上了万人敬仰的社会领袖位置；在集美、同安的教育贡献，为他在海外及闽省赢得教育推动者之美誉，而一九二一年创办厦门大学的传奇创举，更令他扬名整个中国及东南亚，既巩固了他作为新加坡一帮之首的坚实地位，也提高了他作为社会领导人物的地位。

至此，一位能让整个南洋数百万华侨信任与服从的领袖呼之欲出，历史在等待着一个重要的时刻与机会，水到渠成地让这面华侨的旗帜飘扬起来。

这时济南惨案发生了，历史在一九二八年五月三日这一天铭刻下中国人的一次痛苦记忆，这个历史的苦痛激起南洋的一次爱国运动，这个运动将陈嘉庚推向了政治风浪的潮头。

第一次领导民间政治运动

这次政治性风潮是由怡和轩俱乐部发起的。

怡和轩是著名的华侨社团所在地，一座历经百年风雨的西洋式建筑，坐落在新加坡牛车水。怡和轩俱乐部成立于一八九五年，是由一群具有强烈民族意识的华族商人组成的一个联谊性质团体。它虽不是一个政治组织，却在新加坡乃至整个南洋华侨的爱国运动中，扮演领导的角色，见证新加坡近代的历史风云。辛亥革命之前，怡和轩的会友积极协助孙中山推翻清朝统治；民国时期，怡和轩里的林义顺、张永福、陈楚楠等是同盟会的中坚分子；武昌起义后，怡和轩大力支持福建帮开展福建保安会活动，以及支持中华总商会发动的"中华民国捐"。从二十世纪二十年代到四十年代，陈嘉庚是怡和轩俱乐部最重要的领袖人物，他在担任总理期间，广开门户，不分畛域，招收各帮人士，使怡和轩俱乐部成为一个超帮派团体，怡和轩成为新加坡影响力最大的社交场所之一。一九二八年济南惨案发生后，担任怡和轩总理的陈嘉庚在这里发起了一场新马华侨山东筹赈会爱国运动。

二十世纪二十年代末期，南京国民政府分编四个集团军举行第二次北伐，以图征服张作霖，统一北方。支持张作霖的日本田中义一内阁一直企图将东北、蒙古从中国分离出去，认为一旦国民政府的北伐成功，东北就会被亲英美的南京政府所控制，英美势力向中国北方发展，日本在东北的利益就会受损，分裂东北的企图便会泡汤，于是以"就地保护侨民"为借口出兵山东，阻挠蒋介石军队北上。

一九二八年四月十九日，日军派遣第六师团五千人在青岛登陆，对青岛和胶济铁路沿线实行军事占领，并将军事占领堂而皇之称为"保护帝国臣民"。第二天，日军驻天津的三个步兵中队抢在北伐军进入济南前侵入济南，构筑军事工事，搭设活动电网，不许华人接近。五月一日，北伐军攻入济南，任命战地政务委员会外交处主任蔡公时兼任山东特派交涉员，负责与日本驻济南领署联系交涉。五月三日，日军以两个被流弹所击的士兵为借口，突然向国民党北伐军驻地发起大规模军事进攻，致使北伐军七千多人缴械。之后，在济南烧杀掳掠奸淫，无恶不作，唆使日侨义勇团杀害平时有过反日言论或抵制日货的中国学生、工人、店员。五月三日一天，被日本侵略者杀害的中国民众达三千六百二十五人，济南一时尸体遍街，血流成河，泉城成为日寇残杀中国人的屠场。

这一天深夜，日军公然践踏国际法，包围并强行搜查山东交涉署。特派交涉员蔡公时义愤填膺，用日语表示抗议，高喊"中国人可杀不可辱"，日军兽性大发，将蔡公时捆绑起来，挥动刺刀割耳、切鼻。蔡公时坚持民族气节，大义凛然，激励起交涉署张麟书、张鸿渐、王炳潭等人怒斥日军野蛮行径，日军恼羞成怒，一样对交涉署其他人员割耳、切鼻、断腿。这一天黑夜，蔡公时与其他人员全部被拽到屋外，遭受枪杀，山东交涉署除一位勤务兵侥幸逃出外，无一人幸免，情状惨不忍睹，这就是史上所称的济南惨案。

惨案发生后，抵抗日本的怒火在神州大地燃烧起来，怒火烧向南洋华侨社会，南洋各地华侨群情激愤，抗日情绪高涨。

一九二八年五月十一日，怡和轩发出一份赈济山东难民的通告。表示怡和轩将为济南惨案召开大会，呼吁华人社团与个人响应。短短四天，一百二十个华人团体站出来响应。五月十七日下午，大会在新加坡中华总商会举行，各界代表一千多人，将总商会会场围得水泄不通。一位代表愤恨地切下自己左手的一只小指，号召全体华人做一名血性男儿，同仇敌忾。会上周献瑞提名陈嘉庚为大会主席，下面即刻掌声如雷，陈嘉庚以大会主席身份做了《公理犹存，国耻定雪》的演讲。他谴责惨案制造者日本军队"野心凶暴，险恶蛮横，实全世界所未有"，他说，"今我国势虽弱，然人心未死，公理犹存，必筹相当之对待"，他号召全体华人"第一就是抵制，第二就是筹款"，自己一如既往地抵制日货，号召反抗日本暴行，筹款赈济山东难民，以让"死者可葬，伤者可医，散者可聚"。与此同时，他吁请代表们不要鲁莽行事，"当守居留地法律"，"应行文明办法"，以免招致英当局干涉，使赈济活动流产，①表现出一位华侨领导人的成熟与智慧。

会后，成立了山东筹赈会，陈嘉庚任主席，副主席是潮帮的陈秋楂，委员会设在怡和轩。陈嘉庚提出两项组织原则，其一是捐款由筹赈会统一管理，其二是将活动普及社会底层及各帮派。在他的领导下，华人的一百二十个社团和众多个人成为筹赈会会员，他们成立十四个筹款团，化整为零分散到各地各领域，主要城市也都成立筹赈会配合，四家中文报纸参与积极宣传。就这样，新马华人第一次不分帮派、不分籍贯、不论阶级的统一行动出现了，从店员、胶厂工人、出租车司机到工厂主、胶园主、商贸大贾，都参加到这场抗击日本暴徒、赈济祖国同胞的斗争中，就连向来不关心政治的娼妓、舞女也都踊跃捐款，仅一九二八年六月，筹赈会就收到三十八家妓馆的联合捐款二千二百六十元。由此，一场持续九个月之久、席卷整个新马社会的华人世界、跨帮跨派的民间政治运动如火如荼地开展起来，怡和轩也因此成了中国人在新加坡的政治大本营。

山东筹赈运动很快取得意料之外的成果，开展十八天后，便获得捐款五十万元的惊人实绩，一百天时达到一百万元，到一九二九年一月总结时，新加坡华人总共认捐了一百三十四万元，各地华人捐款达五百万元（国币）。三分之一的新加坡华人，大约十万人投入了这场轰轰烈烈的运动。这是南洋一场全民性的抗日运动，这场运动，也是陈嘉庚第一次站出来领导华侨开展的跨帮跨地的政治运动。他的组织理念与能力、精湛的组织技巧与领导才华，在这样一场持续时间长、发动范围广和效果显著的群众运动中经受了考验与

---

① 陈嘉庚：《公理犹存，国耻定雪——在筹赈山东惨祸全侨大会上的演讲》，《南洋商报》1928年5月18日。

洗礼。这位本来就才华具备、享有盛誉的社会名人，在山东筹赈会的推波助澜下，个人威望骤然提升到一个极高的位置，南洋八百万华侨领袖的地位由此奠定。

山东赈济运动，不仅在新加坡掀起华侨爱国主义的热潮，而且将抵制日货活动也推向高潮。新马一带早有抵制日货传统。一九〇八年春天，中国水师在澳门附近扣留走私武器的日本船只"二辰丸"，引发中日一场外交纠纷，粤商自治会因此发起中国近代第一次抵制日货运动。这场运动很快波及南洋，并在南洋断断续续进行了二十多年。这二十年间，日本政府也采取各种手段支持日商削价倾销橡胶制品与棉布，打击与破坏华商的经济。山东赈济运动，再次燃起新马华人抵制日货的烈火。陈嘉庚指出，在日本惨绝人寰的杀戮之前，侨民即使"不能以黑弹白刃与强横抗"，却可以以"经济绝交之下策"，呈现"人类良心所应有之主张"。[1]当日本就济南惨案提出言和时，陈嘉庚电告国民政府外长，"日兵未退，先许言和"，"万万不可迁就"，而要乘"民气初盛，抵制正剧"，振兴国货，"毅力坚持"，[2]表现出与罪恶势力毫不妥协、斗争到底的民族气概。那个时期，华侨与日本的贸易几乎完全中断，日侨在新马一带开办的诊所、理发店、商店等大小店铺，再也看不到华人的身影，日本在南洋的经济遭到严重打击。这场运动的领导人陈嘉庚，也就成了日本人的眼中钉，上了日本人的黑名单。

山东筹赈会募捐到的钱，大部分汇缴当时的南京政府，部分用于接济蔡公时的家属。当时，陈嘉庚还以筹赈会的名义在德国定制了一尊蔡公时先生铜像。铜像造好运到新加坡时，抗日战争已经全面爆发，长城内外硝烟弥漫，铜像无法运到中国安放，只好先存于福建会馆。后来太平洋战争爆发，在日本占领新加坡前夕，陈嘉庚命人将铜像埋藏在自己的一家橡胶厂内。日本投

---

[1] 陈嘉庚：《驳日本三井洋行董事在新加坡马来西报投稿关于中国人抵制日本事》，《南洋商报》1928年12月3日。
[2] 陈嘉庚1929年2月11日为日本突然毁弃济南惨案解决条款致中国外长电。

降后，蔡公时铜像移至晚晴园伫立。二〇〇六年四月，在中国驻新加坡大使与陈嘉庚侄子陈共存等人的共同推进中，蔡公时铜像才从它伫立几十年的新加坡晚晴园移到中国泉城济南。二〇〇六年五月三日，也就是纪念济南惨案七十八周年的日子，济南趵突泉五三惨案纪念园内，一座客居海外七十多年的蔡公时铜像被矗立起来。

山东筹赈会的成功，在整个东南亚产生的影响是空前的。著名的华人学者、澳大利亚弗林德斯大学教授杨进发甚至认为，这次活动在南洋"其规模之大，意义之深，前此之各项政治运动如辛亥革命、五四运动、五卅惨案等，皆不能望其项背"。他说这次活动"在精神上、思想上唤醒华人正视中国本土的政治"，"成功地在两个领域上为华人涂抹上浓烈的政治色彩"，它"打破帮派藩篱，使华人社会更易于聚凝，共图义举"，"也充当一个训练营，为未来支持陈嘉庚政治奋斗目标的一批批积极分子提供磨炼机会"，更重要的是"为一九三〇年代各项群众运动，在组织原则、形式及技巧等方面，树立了楷模"。[①]

[①] 杨进发著，李发沉译：《华侨传奇人物陈嘉庚》第163页，陈嘉庚纪念馆2012年9月。

两位侨领的恩怨纠葛

山东筹赈会活动的空前影响自然也带来了活动领导者影响的空前。陈嘉庚在华侨眼中，本就是一位热情于为公众造福、享誉隆盛的社会贤达，因为在山东筹赈中所体现出来惊人的组织能力与领导禀赋，更让他赢得卓越的社会地位，由此开始担当起侨帮、华人社会乃至政治领域的领导。中国政府与英殖民当局，也对陈嘉庚刮目相看，陈嘉庚自然而然地成了整个华社的代言人。

然而，当陈嘉庚将视线从筹赈会转向改造新马华人社会的工作时，一件法案诉讼将陈嘉庚推到了被告席上。筹赈会的"后遗症"冲击着这位刚刚松下一口气的领导人，他不得不再次陷入了不眠之夜的煎熬，而且这一次的打击是来自自己的同胞，同样是新马公认的侨帮领袖，同样是德高望重的胡文虎。

胡文虎原籍福建龙岩市永定县下洋镇，客家人。一八八二年一月十六日生于缅甸仰光。因父亲胡子钦在仰光开设永安堂中药铺起家。一九〇九年，胡文虎周游了祖国以及日本、暹罗等地，考察中西药业。第二年回仰光，着手扩充永安堂虎豹行。他根据南洋气候炎热，日光强烈，人们容易中暑、头晕、疲乏以及南洋的热带植物，创造出万金油等系列产品。一九二三年，胡文虎将永安堂总行迁到新加坡，在新加坡兴建新药厂，并先后在新加坡、马来亚各地广设分行，很快成为新马一带的传奇人物。一九三二年，他又把总行从新加坡迁到香港，并在广州、汕头建制药厂，先后在厦门、福州、上海、天津、桂林、梧州、重庆、昆明、贵阳、澳门、台湾以及暹罗（即今泰国）的曼谷，荷属东印度（即今印度尼西亚）的吧城、泗水、棉兰等地设立分行，市场扩展到中国东南沿海以及西南内地。

在数百万南洋华侨的心目中，"陈嘉庚先生为公为国，中外咸钦；胡文虎先生热心慈善，世界共仰"，两人都是南洋公认的新马首席侨领，备受英殖民当局及华社人士的尊敬，却为什么要对簿公堂？

陈嘉庚与胡文虎的恩怨纠葛还得从"虎标"商标使用权的争夺说起，这两位对品牌商标都很重视的实业家，在山东济南惨案发生前两个月，因商标问题开始交恶。

陈嘉庚的企业集团是一个庞大的多元化综合的企业王国，在树胶主业之外还拥有多种多样的产品与经营业务，其中中西药品生产也是陈嘉庚集团的业务之一，而且产品主要是头痛油。陈嘉庚曾经以买鞋一双免费赠送饼干一盒、良药一包等促销手段，赢得药品的市场，这就与胡文虎的虎标万金油产品系列产生竞争，发生利益冲突。

一九二八年三月，陈嘉庚率先通过律师向有关当局陈述，并公开通告："'虎标'乃属于陈嘉庚财产，与他所制造和售卖的下列商品有关：罐头黄梨、肥皂、头发洗涤剂、化妆品、牙膏、糖食点心、饼干、巧克力和糖果，任何人如果采用或模仿这商标或以其他方式侵犯陈氏的权利，将会受到法律行动的对付。"一九二九年十二月二日，胡文虎通过律师在殖民地公报上发表声明："上述商标，均属永安堂之财，已经多年被用来在海峡殖民地、马来联邦和马来属邦，推销中药和其他医药成品。这通告警告所有人士，一旦侵犯，就开始采取法律行动。"胡文虎公报上声明的商标图样也是"虎标"，两家都是以虎为标，而且两家的老虎几乎一模一样，不同的只是胡文虎永安堂的虎来自他的创业地仰光，比较瘦，从右向左奔跳；陈嘉庚集团的老虎比较胖，从左向右奔跑。由于胡文虎提供了万金油、头痛粉和八卦单三种药品的原样包装，并附有"虎标"商标多年使用的时间证明，这场商标纠纷就以当局不接受陈嘉庚的"虎标"申请而告终，陈嘉庚公司的所有产品依然沿用"钟标"。这场陈、胡的商标纠纷虽然开始于山东筹赈活动之前，但整个事件从发生到结束却与山东筹赈会活动同处在一个时间段，所以筹赈活动中的陈、胡纠葛在所难免。

山东筹赈会成立时，其主要委员是怡和轩俱乐部会员，当时胡文虎虽然认捐五千元，但并没有被委员会接受，这让胡文虎愤愤不已，他转而投向国民党要员张永福。张永福是被山东筹赈会拒之门外的国民政府官员，于是两人合作另行发起筹赈华北旱灾灾民的运动，与山东筹赈会分庭抗礼。陈嘉庚与胡文虎在华社的矛盾以及由此而来的领导权争执，由此呈现出公开化趋势。

一九二九年一月筹赈会进行总结，新马华人为山东筹赈认捐款累计达一百三十四万元，在这个总数中，有八万元是认捐但当时尚未到账的义款，其中大部分属树胶公会的树胶附捐，即树胶公司对出口胶片每担抽取一角钱捐款，这笔附捐总计六万元，等待树胶公会收齐后再上缴筹赈会。陈嘉庚将整个筹赈会的总收入及支出、余款于一月二十九日在《南洋商报》上做了公布。在筹赈会解散之前，又由主席陈嘉庚、福帮李振殿、广帮李亮琪、客帮刘登鼎组成一个四人临时信托小组，负责处理这八万元的余款。一九二九年六月，陈嘉庚与筹赈会执委们商谈后，决定将这八万元余款在南京兴建一所学校，以纪念在济南惨案中为国捐躯的外交官蔡公时。但这个商议遭到七十六名树胶公会会员的反对，他们在胡文虎羽翼林金殿的带动下，提出要将这笔余款转赠胡文虎主持下的"华北旱灾筹赈会"，要求召开特别会员大会定夺此事。林金殿这个提议当然与胡文虎在山东筹赈会的遭拒相关。

然而，陈嘉庚在树胶行业有着无可替代的威望与信用，树胶公会会员特别大会没能让林金殿如愿，余款转赠的提议被否决，大会决定将这笔争执的义款拨归前山东筹委会，争执以陈嘉庚和原筹赈会委员们获胜告终，但风波并不因此平息。

林金殿在第一回合交手失利后不服，以原告身份对六万元的树胶附捐处置问题提出挑战，他据于两个论点指控陈嘉庚与其他七名筹赈会委员无权处置筹赈余款。其一是山东筹赈会已不复存在，原筹赈会无权任意处理这笔余款；其二是济南惨案已获妥善解决，不该再将钱款汇回中国。一九三二年四月，高等法院驳回林金殿等人的上诉。但林金殿却以自己乃是出于保障公众款项而上诉法庭为由，不负担诉讼费用并获准，新加坡高庭判决山东筹赈会负责双方诉讼费，筹赈会委员们不满判决，表示向枢密院上诉。此时正好国民政府官员陈铭枢访问新加坡，在他的斡旋下，山东筹赈会余款风波最终平息，余款汇到南京财政部，作为赈济山东省一九三三年水灾灾民慈善款。

波澜既然搅起，也就不会轻易平息。一九四一年九月，胡文虎、胡文豹兄弟再次挑起山东筹赈会的账目问题，向华侨银行揭发十年前山东筹赈会的账款账目，在《星洲日报》《总汇新报》发表攻击陈嘉庚的文章。陈嘉庚虽坦然处之，却也愤愤然，于九月二十日在《南洋商报》坦然公布山东筹赈会进支总账，将所有账目公之于众，并提出要与胡先生对簿公堂。此时，国内抗战进入敌我相持阶段的紧要关头，太平洋战争一触即发，两位侨领的再次交恶，引发了新马华人社会的震惊，各侨帮同仁看到两位侨领因"纵迹稍疏，遂至参商辄起"，实在"非华侨之幸，更非国家之福"。于是林文庆、曾江水、李俊承等人，以强敌当前、国仇为大出来调解，劝两人发缨冠之义，精诚团结。在同仁的竭诚忠告下，双方达成和解，陈嘉庚将存于新加坡中国银行和华侨银行的山东筹赈会六十四元一角八分及蔡公时塑像存款三万五千四百五十元，汇到南京国民政府财政部，以蔡公时塑像的款项保存。陈嘉庚还将两人和解的信息披露报端，以告慰关心事态的广大华侨，陈嘉庚与胡文虎的矛盾也因此降下帷幕。

帷幕降下，但幕后的原因却让人深思。陈嘉庚与胡文虎两人都是公认的新马首席侨领，当年既受英殖民政府的尊敬，也备受国民政府的重视，虽然他们各自属于福帮与客帮两个不同社群，也曾为"虎标"商标展开争夺战，并由此种下了恩怨纠葛的种子，但平息后的山东筹赈会余款再次提出，实际上隐藏着一个更深层的政治原因。伴随着历史烟雾被驱散，人们越来越清楚地看到，陈嘉庚与胡文虎交恶会发展到上世纪四十年代初，暗地里有国民党政客的从中作祟，也意味着南洋华侨拥护共产党与拥护蒋介石两种政治立场的斗争。

中国抗战发生后，华侨尤其是南洋华侨是祖国抗战的主要经济、物资来源，南京国民政府因此加强对南洋华侨的控制，千方百计地通过各种渠道巩固国民党在南洋侨社中的领导与影响。

一九三六年十月，南京政府驻新加坡总领事高凌百上任。高凌百是个政客，为人狂妄，善于摇旗呐喊，陈嘉庚不喜欢这样的人。高凌百上任后不久，就召集侨民大会，宣扬蒋介石在国内发起的"新生活运动"，要求新马华侨响应。当时陈嘉庚虽然信奉蒋介石，也提出"拥护南京政府为首要目的"，但取的是"南侨爱国无党派"的立场，他认为"新生活运动"不宜在华侨中开展，因为新马在英国人管治之下，在异邦参与国内这类运动是不适宜的。但高凌百一意孤行，一面指责陈嘉庚不爱国，一面执意将"新生活运动"开展起来，结果推行不下去。之后，为将华侨组织置于领事馆统辖之下，高凌百成立华侨登记站，要求所有华侨会馆参与登记工作，但陈嘉庚领导的新加坡最有影响的福建会馆拒绝登记，这等于给高凌百当头一盆冷水。

高凌百见陈嘉庚桀骜不驯，不受领事馆控制，便利用陈嘉庚与胡文虎之间的嫌隙，转而依靠胡文虎势力，企图拉拢胡文虎成为自己控制的力量。胡文虎立场倾向国民党，他采取与高凌百配合的姿态，在"新生活运动"开展与侨帮会馆的登记上，与高凌百共同行动，并召集侨民大会，动议筹募新加坡币二十万元，兴建中国驻新加坡领事馆公署，以此挑战陈嘉庚的华社领导权威。陈嘉庚认为这项动议浪费华侨钱财，要求高凌百制止胡文虎的这项动议。高凌百正想借胡文虎的力量抑制陈嘉庚，对募款兴建领事馆一事大加赞赏。然而，山东筹赈会之后的陈嘉庚在华侨中的地位与威信，他人已经无法替代，陈嘉庚的反对起了作用，筹募兴建领事馆一事还是泡汤了。

一九三七年七七事变发生，抗战全面爆发，为支援祖国抗战，华侨组织成立星华筹赈会。八月十五日，筹赈会举行成立大会，陈嘉庚被选为主席。高凌百要求在会上发表演说，但当时英当局规定"中国政府官员不得干预筹赈活动"。为避免英国当局干涉筹赈会开展，大会主席陈嘉庚回绝了高凌百的发言要求，高凌百一气之下，愤然退出大会。后来，国民政府委托陈嘉庚等人在南洋发行五亿元公债，高凌百又私下成立马来亚募筹公债机关，准备接手公债发行，但英国当局拒绝为马来亚募筹公债机关立案，而是将发行中国政府公债的事务依然交给新加坡筹赈会主席陈嘉庚。国民党政客高凌百这些举动，在陈嘉庚与胡文虎的恩怨纠葛中，推波助澜，使南洋侨领的矛盾风波鼓捣不止。

一九四〇年十二月，陈嘉庚结束在祖国慰劳抗战将士的光荣之旅，返回新加坡，此时的陈嘉庚，在经历了延安之行之后，看到了中国的希望，看到了中国的未来，他不再将国民党政府看作是唯一合法的政府，不再将蒋介石看作是统一国人意志的领袖，而且越来越反感于国民党的腐败与独裁。因此，国民党当局开始有计划地部署打击陈嘉庚，他们派出中央海外部部长吴铁成来到南洋，这位国民党高层名义上来南洋是宣传抗战，向华侨筹募捐款，实际上是来整肃南洋的反蒋分子与展开反陈嘉庚运动。他一边通过国民党所控制的报纸《光洋日报》（槟城）、《新国民日报》（吉隆坡）、《霹华日报》（怡宝）等大肆诋毁陈嘉庚，一边计划投入四十万元新币，在新加坡创办一家大型国民党报纸，以便在舆论上控制南洋华侨，肃清陈嘉庚影响，但国民党在新加坡的办报申请被英国当局拒绝。

吴铁成使出与高凌百一样的手段，将政治的谋划转向与陈嘉庚有矛盾的胡文虎身上。胡文虎是南洋华侨报业巨子，他在马来西亚拥有四家报纸，分别是新加坡《星洲日报》《总汇新报》《星中日报》和槟城《星槟日报》，其中《星洲日报》报名为蒋介石题写，传媒势力的强大犹如陈嘉庚在树胶业的势力一样。

一九四一年一月九日，胡文虎特地从香港返回新加坡，专程与吴铁成会面。这次会面，吴铁成说服了胡文虎改组《星洲日报》，调走思想倾向左派的余颂华,由国民党记者潘公弼接任主编,使《星洲日报》体系成为倾向国民党的报纸,遂了吴铁成改组的心愿。两天后,《总汇新报》发表社论攻击陈嘉庚,并转载攻击陈嘉庚的文字,吴铁成亲自在《总汇新报》发表专门文章,攻击陈嘉庚名为无党无派立场,实为反抗国民政府、蛊惑华侨反对政府,指责陈嘉庚"背叛"。《总汇新报》的社论也鹦鹉学舌,大肆毁谤陈嘉庚"叛国"、诋毁政府的勾当,跟敌人同一鼻孔出气,所以是"国家罪犯"。[①]至此,胡文虎的报纸已经很清楚地投向国民党怀抱,参与了国民党在南洋对陈嘉庚的"围剿"。

面对着吴铁成挑起的攻讦,陈嘉庚奋起反击。这时,陈嘉庚已委任胡愈之为《南洋商报》主编,《南洋商报》由此扮演起反击国民党和胡文虎的角色。

一九四一年一月十五日,《南洋商报》发表社论《对于改善闽政运动的具体建议》,为陈嘉庚辩护,驳斥吴铁成对陈嘉庚的无党无派立场的谴责,宣称华侨多数信仰无党无派,批评国民党的威权主义,批判国民党在党的名义下集中绝对政治权力,同德国、日本法西斯独裁是一丘之貉,表达出华侨倾向民主、倾向无党无派的立场,表现出爱国华侨反对独裁与国民党的"党化"行径。[②]陈嘉庚与胡文虎由于政治理念的不同,两人的矛盾实际表现出拥护共产党与拥护蒋介石的激烈斗争,他们各自凭借着《南洋商报》与《星洲日报》、《总汇新报》阐述各自的主张,展开政治论战,在南洋华人社会中形成两个阵线,直至太平洋战争爆发,两人的战火才为大战的硝烟所淹没。

日本投降后,中国内战再次爆发,胡文虎对国民党的腐败逐渐产生不满,政治立场逐渐从倾向国民党转向中立。陈嘉庚与胡文虎两人的恩怨纠葛与政治论战也就逐渐平息下来,开始化干戈为玉帛。

从最早的商标争夺战到后来带着浓厚火药味的政治斗争,陈嘉庚与胡文

[①] 见《总汇新报》1941年1月11日、1月18日。
[②] 《对于改善闽政运动的具体建议》,《南洋商报》1941年1月17日、4月1日。

虎的恩怨纠葛，是陈嘉庚这位华侨领袖成长历程中的一次淬炼，在经历过这样一段侨领之间的矛盾插曲之后，陈嘉庚身上的政治色彩也更加鲜明突出了。

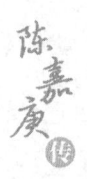

第九章

抗战烽火中的民族光辉

陈嘉庚传

Biography of Tan Kah Kee

国家大患一日不除，国民大责一日不卸

一九三七年七月八日，星期四，即卢沟桥事变的第二天，新加坡的天阴沉沉的。这一天，陈嘉庚正与五公子陈国庆驾车出门巡视陈国庆管理的企业，不知怎的，心里总觉得沉甸甸的，他不知道，就在昨天夜晚，一场日寇肆意制造的战火烧起来了。

一星期前，陈嘉庚与国民政府签下厦门大学改归国立的协议。昨天，国民政府教育部还来电告知，已任命清华大学教授、闽籍学者萨本栋为厦大校长，陈嘉庚心里那块重重的石头放下了。在将自己用心血创办的厦门大学无条件地献给国民政府时，他只提出一个要求，即厦大的校长应由福建人担当。萨本栋不仅是福建的色目人后裔，是北洋水师管带萨镇冰的后代，还是留学美国的电机专家，陈嘉庚是满意的。将厦门大学交给政府后，陈嘉庚考虑更多的是如何重振自己的企业，如何集中力量发展集美学校，还有如何进行心中正在酝酿的闽南十年建设计划。但局势并没能让他安下心来考虑这些问题，自一九三一年九一八事变以来，他在怡和轩总有些坐卧不安，他每天坐在那把藤椅上，把怡和轩的报纸读了个遍，总觉得将有什么大事要发生。

上午七时，轿车驶进乌节路时，陈国庆突然叫停汽车，他摇下车窗，赫然看见路边墙上出现一条用英文写的标语：日军占领卢沟桥。陈国庆十分震惊，连忙告诉父亲。陈嘉庚看着标语的内容，反应要比儿子平静得多，当自己预感的大事终于发生时，陈嘉庚反而相当的冷静。这位一身浸润着中国近代沧桑的老人早就预料到，日寇发动九一八事变不仅要东三省，它还包藏着更大更凶恶的狼子野心。

一九三一年九一八事变，日本打响入侵中国的第一炮，作为

当时已经是新马华侨心目中的中国事务发言人,陈嘉庚立即在新加坡召开声讨日本的侨民大会,并通电欧洲日内瓦国际联盟会以及美国总统,要求他们履行各种国际条约、维持世界和平、伸张正义,他当时就警醒国际组织"导火线自此发生,将造成将来世界纷乱",他说,"余明知开会发电虽无丝毫效力,然祖国遭此侵暴,海外侨民不宜塞耳无闻,自应唤醒侨民鼓动志气,激励爱国,冀可收效于将来"。①

一九三二年七月,集美学校要选派学生到日本留学,他即刻拦住,他说,"日贼亡我之野心至为明显,东三省万无退还之理势,列强决无坐视之狼狈",他预料到"我国与暴日势不两立,必有一日分裂解决",派留学生往日本,实为"凉血之举动"。②

一九三三年,他又在《答客辩》中对日寇近年来对中国犯下的桩桩罪行痛加鞭挞:

　　主使韩人,惨杀华侨,冀以引起报复,遂其奸谋,凶恶野蛮,无与伦比!此一事也。

　　九·一八夜,诬毁铁路,袭占邻国,不宣而战,狡言自卫,野心无厌,甚于盗贼!此又一事也。

　　一·二八夜,焚毁我闸北,图占我上海,虽奸谋未逞,而暴行更彰。此又一事也。

　　威胁溥仪,资为傀儡,强造伪国,欺人欺天。狡诈无耻,至斯而极!此又一事也。

　　九国条约,国联盟约,非战公约,安危事动寰宇,祸福关系人群,何等重大?而乃敢冒不韪,甘为罪魁,违盟背信,毁法乱纪?此

---

① 陈嘉庚:《南侨回忆录·"九一八"与南洋之抵制日货》,中国华侨出版社 2014 年版,第 39 页。

② 陈嘉庚 1932 年 7 月 16 日致集美学校校董函。

又一事也。

　　太平洋旧德领群岛，受国联委治，竟私营军备，据为己有，侈谈生命线，积极备战争，视欧美列强为无物。贪狼兽性，愈演愈烈！此又一事也。

　　综上六者，穷凶极暴，绝理灭伦，罪迹显然，举世咸知。任何古今中外占人土地，灭人国家之野心侵略者，亦无如此狂悖凶悍！[①]

　　陈嘉庚很清楚，日本自一九〇五年战胜俄国之后，跃升为世界强国，之后又借第一次世界大战机会迅速壮大，"于是黩武穷兵，蓄志侵略，积极谋我，垂数十年"。[②]尽管对日寇的狼子野心早有预料，但陈嘉庚还是没有想到，这场卢沟桥上的冲突很快就会演变成一场中日之间的长期战争，一场他将以全部生命投入其中的民族独立与民族解放战争，而且战争还将蔓延席卷到整个东南亚整个太平洋。

　　一九三七年七月七日夜，日军在北平西南卢沟桥附近演习时，借口一名士兵失踪，要求进入宛平县城搜查，遭到中国守军第二十九军严词拒绝，日军便向中国守军开枪射击，并炮轰宛平城。二十九军将士奋起反击，震惊中外的卢沟桥事变爆发。

　　七七事变爆发后，日本动员全部军事力量，开始全面侵华，扬言要在三个月内占领整个中国。中国军队在卢沟桥奋起抵抗，既宣告中国全面抗战的开始，也开启了中国开辟东方第一个大规模的反法西斯战场的序幕。消息传到南洋，海外华侨在中华民族最危急的时刻，将认同祖国的民族意识潮流推向最高潮，他们群情激愤，万众一心，同仇敌忾，共赴国难，新马华社社团会员、学生与工人纷纷组织各类筹赈活动，掀起了规模空前的群众运动支援

---

① 陈嘉庚：《答客辩》，《集美周刊》第14卷第3期，1933年10月30日。
② 陈嘉庚：《南侨回忆录·南洋各属华侨筹赈祖国难民会代表大会通启》，中国华侨出版社2014年版，第59页。

祖国抗战，仅新马两地就迅速涌现出一百一十八家华侨救亡团体。

那些日子，陈嘉庚整天坐在怡和轩里，注视着华北局势以及整个战争的丝丝缕缕，他意识到这将是一场旷日持久的战争，他觉得华北的战事还难以看出战争的全局，要发动全体华侨支援祖国，需要一个有效的并且能取得英殖民当局认可的计划。而这时的英当局也在密切地审视中日战争的发展以及自己管辖下的华人的反应，以伺机调整自己的策略，应对战争的发展与华侨越来越高涨的救亡筹募活动。

战局进展到八月十三日，这一天，日寇调动二十多万兵力对上海大举进攻，中国八十万军民奋起抵抗，一场持续三个月的大规模的惨烈的战役打响，史称淞沪会战。这次大会战，意味着中华民族生死存亡的时刻来到了。新加坡华社侨领叶玉堆、李俊承、陈延谦、周献瑞、李光前、陈六使来到怡和轩，请陈嘉庚出面领导新马的抗日救亡运动。此时，一贯取现实作风的英国人，也意识到日本的侵华战争直接影响到英国在中国的利益，看到新加坡中国人的抗日救亡浪潮已是汹涌澎湃，势不可挡，于是也不再加以抑制阻拦。他们考虑到陈嘉庚是新加坡最大帮派首领，是负责任的领袖，取的是无党无派立场，为人做事诚恳谨慎，也暗中请陈嘉庚出来领导新马华人的这场救亡运动。

八月十五日，也就是淞沪会战的第三天，新马华社一百一十八个团体派出七百名代表，在中华总商会举行大会，大会举陈嘉庚为临时主席，陈嘉庚当仁不让地站出来主持。大会确定成立"马来西亚新加坡华侨筹赈祖国伤病难民大会委员会"，简称"星华筹赈会"，委员会由各帮推选出三十一名代表组成，他们大都是华社中的萃英硕彦，陈嘉庚被推举为执委会主席。陈嘉庚说："此次抗战救亡为有史以来最严重之国难，国民须尽量出钱出力。"① 他宣布："今日大会目的专在筹款，而筹款要在多量及持久。新加坡为全马或南洋华侨视线所注，责任非轻。"② 会上，陈嘉庚带头捐每月国币两千元，一直捐

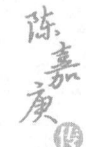

---

① 陈嘉庚：《南侨回忆录·马来亚筹赈会议》，中国华侨出版社2014年版，第53页。
② 陈嘉庚：《南侨回忆录·新加坡筹赈会成立》，中国华侨出版社2014年版，第51页。

到战事结束为止。那时,陈嘉庚的企业已经倒闭,自己已经没有在握的财力,但他依然身先士卒,带头筹赈。

星华筹赈会的成立,标志着南洋支援祖国抗战进入有领导、有组织、有周密计划的行动,仅募捐一事新加坡筹赈会就做出很周密的规划,形式有月捐、特别捐、由劳资双方协议从员工工资中抽取的捐款、募捐箱的公共场域捐款、出口产品附捐、纪念日捐以及通过销售、游园会、纪念会、义卖、义演等形式的捐款;组织上筹募会的分支机构如雨后春笋,全岛成立三十多个支部,两百多个分部,几乎遍及新加坡的每一条道路每一个角落,让筹募活动深入民间,形成了新加坡从未有过的走进每个华人家庭每个华侨心中的广泛的抗日救亡筹募活动。

然而,作为一位胸怀全局的华侨领袖,陈嘉庚看到的是整个南洋不断高涨的抗战救亡情绪与力量。一九三七年八月二十四日,新加坡筹赈会成立还不到十天,他又在《南洋商报》发表一份致马来亚各帮侨领公开信,邀请他们共同筹建一个泛马来亚筹赈组织,统一指挥更为广泛的抗战募捐活动,吸纳更多的捐款。这个倡议促成了新马十二个地区百名代表聚集吉隆坡的一次协调讨论,但会议并没有达成陈嘉庚预想的结果,而是成立一个以陈嘉庚为首的通讯处,用于协调新马各帮与国民党政府之间的筹赈问题,陈嘉庚的设想幻灭了。但不久,一个更高远更大的设想走进陈嘉庚的心中,重新点燃了他的梦想。

一九三七年十二月,菲律宾中国筹赈会主席李清泉向陈嘉庚提议,南洋华侨应在新加坡或香港组建一个领导全南洋华侨抗战筹募的总机关,但陈嘉庚以责任过重、新加坡难以胜任予以谢辞;一九三八年五月,厦门沦陷,李清泉第二次向陈嘉庚建议设立南洋华侨筹赈总机关,领导募款等行动。大致是英雄所见略同,印尼雅加达中国筹赈会主席庄西言也向陈嘉庚提出同样的要求,陈嘉庚都以自己缺乏"相当才望"和新加坡缺乏"相当之人"回函谢绝李清泉与庄西言的建议。庄西言只得转向国民政府行政院孔祥熙求助,孔祥熙便于一九三八年七月致电陈嘉庚，征询南洋华侨筹赈祖国总会相关事宜。孔祥熙提出三个问题，一是设立总会是否需要，二是新加坡是否是组织大会的适当地址，三是该机关如何有效地推动事务。陈嘉庚一下子明白，是他义不容辞的时候了。

菲律宾侨领李清泉　　　　　　　　　　　　　　　印尼侨领庄西言

一九三八年十月十日，在新加坡华侨中学，"立国五千年忍使黄魂洒赤血，华侨八百万誓扶白日照青天"呼声响起，南洋华侨支持祖国抗战最重要的也是最富有纪念意义的会议开幕，一百八十多名来自马来亚、印尼、泰国、菲律宾、北婆、砂劳越、缅甸、越南等地的代表聚集在新加坡华侨中学礼堂，成立南洋华侨筹赈祖国难民总会（简称南侨总会），讨论八百万华侨支援祖国抗战的主题。天空中飘着中国国旗，会场内外是"团结""救亡""抗敌""雪耻"的口号，墙上贴满了"有钱出钱，有力出力，抗战必胜，建国必成""先国后家，先公后私，国家兴亡，匹夫有责"的标语，主席台中央悬挂着孙中山肖像，两旁悬挂条幅："革命尚未成功，同志仍须努力。"

陈嘉庚作为大会临时主席致辞，他强调南洋华侨组织统一的南侨总会、争取抗战最后胜利的必要性，他说，"因为世界上任何事业，若有组织，能合作，当然有益无损，若无组织，不能合作，则散沙之弊，实所难免"。他要求全体侨胞要忠诚祖国，[1]号召全体侨胞"更各尽所能，各竭所有，自策自鞭，自励自勉，踊跃慷慨，贡献于国家"，在国家危急的生死存亡之际，"不当亡国奴，就要打到底，宁为玉碎，不为瓦全"。[2]大会足足开了七天，一直到十月十六日才圆满闭幕。会上成立了由东南亚各国各地区二十一名代表组成委员会的南侨筹赈总会，在众人的拥戴

陈嘉庚在南侨总会成立大会上致辞

下，陈嘉庚担起南侨总会主席的使命，不言而喻地成为南洋八百万华侨的代言人，成为八百万华侨抗日救亡运动的最高领导者和组织者。由此，陈嘉庚以华侨领袖的身份登上中国抗战的政治舞台，带领东南亚全体华侨鼎力支持祖国抗战。

在陈嘉庚领导下，南侨总会发出了"国家之大患一日不能除，则国民之大责一日不能卸；前方的炮火一日不能止，则后方刍粟一日不能停"宣言。他们在东南亚各地建立了两百多处筹赈组织，发动持续不断的抗日筹赈运动。陈嘉庚很清楚，"吾侨既远居海外，既免出力即更当出钱，而出钱之道，即当月月极力捐输，为祖国长期抗战后援，使军火能源源接济，而无告缺之虞，

---

[1] 陈嘉庚：《南侨回忆录·附录三：大会开幕主席陈嘉庚先生致词》，中国华侨出版社2014年版，第61页。
[2] 陈嘉庚：《南侨回忆录·附录七：南洋华侨筹赈祖国难民总会通告第一号》，中国华侨出版社2014年版，第73页。

方能守最后之胜利"。①

从那时起到一九四一年十二月太平洋战争爆发,那四年的一千多个日日夜夜,陈嘉庚就待在怡和轩办公室处理南侨总会那"一日不能止"的纷繁事务,每天工作长达十几个小时,几乎未曾回过家。除了协助他工作的几位子女,家里的其他人只有在大年初一这天,到怡和轩向他拜年时才能与他相见。在那些日子里,他不断地发表讲话、发出公告,分析抗战的长期艰巨与最后的必胜,激励南侨"充大精诚,固大团结,宏大力量",坚持不懈地为祖国抗战筹款,源源不断地为抗战前线集送冬衣、棉被、药品等生活用品与汽车、坦克、飞机等军事装备。

四年中,南侨总会共募集抗日义捐达五亿国币,认购救国公债二亿五千万,捐献飞机二百一十七架,坦克二十七辆,救护车一千多辆,据有关方面统计,包括间接汇款祖国家属等方面的款项,抗战中由南洋流入中国的巨款达五十亿元国币。抗战筹赈活动情形就像陈嘉庚《南侨回忆录》的附录一一所写:"风起云涌,海啸山呼,热烈情形,得未曾有,富商巨贾,既不吝金钱,小贩劳工,亦尽倾血汗。"八百万华侨抱定决心,"必须坚持不懈,无论人事如何变动,时境如何困难,要当排除瞻顾,勇往直前,出钱出力,能多固好,即少亦佳,务期普遍永久,以与祖国持久抗战,步步联系,息息相关,遥相呼应"。②信心之坚定,情怀之诚毅,可谓惊天地泣鬼神。

"奠建国之基于风雨飘摇之日,启复兴之运于河山破碎之时,操心弥苦而抱志弥坚,努力愈大而收功愈著",就这样,抗日烽火中的陈嘉庚及其领导的南侨总会,在民族遭遇日寇铁蹄践踏山河破碎之时,怀揣"吾侨爱国,素不后人,则于建国复兴之大业,何可袖手旁观"的民族大义,③与祖国抗战步步

---

① 陈嘉庚:《暴敌凶残,鬼神如有知必当共愤》。
② 陈嘉庚:《南侨回忆录·附录一一:南洋华侨筹赈祖国难民总会通告第一三号》,中国华侨出版社 2014 年版,第 86 页。
③ 陈嘉庚:《南侨回忆录·南洋各属华侨筹赈祖国难民会代表大会通启》,中国华侨出版社 2014 年版,第 60 页。

结婚不忘国耻,华侨萧丕居将自己女儿结婚时收的贺礼一亿八千万元全部捐给祖国抗战

联系,息息相关,遥相呼应。他们不仅使战争中的中国政府免于财政破产,在资源与装备上也有力地支援了抗日战场,为抗战的最后胜利做出卓越贡献。

华侨的民族光辉,在烽火硝烟中熠熠闪光。

"古今中外最伟大提案"

在中国抗战的光辉史册上,还记载着一个"古今最伟大提案"事件,这是华侨领袖陈嘉庚对国民党副总裁汪精卫卖国投降嘴脸最有力揭露。陈嘉庚与汪精卫,一对原本相互信任相互敬慕的朋友,在民族危亡时刻与民族大义面前,终究成为势不两立的敌人,二十多年的老朋友,为何成为势不两立的敌人?这还得从汪精卫第一次到新加坡说起。

汪精卫,名兆铭,字季新,原籍浙江绍兴,一八八三年生于广东番禺。在很长的一段历史时间内,他是孙中山革命的左右臂,是孙中山遗嘱的执笔人,他与周恩来、张学良和梅兰芳曾为国人称作民国四大美男子,而使他名声大震者,则是一九一〇年的刺杀清朝摄政王行动。这是近代震动全国的一件大事,那年汪精卫二十五岁。

但陈嘉庚认识汪精卫,是在刺杀事件的两年前,即一九〇八年。那一年,孙中山的革命陷入极其艰难的阶段,从一八九五年到一九〇八年,孙中山连续发动的广州起义、三洲田起义、黄冈起义、七女湖起义、镇南关起义、钦州起义、廉州起义和河口起义等八次起义相继失败。起义给了腐朽不堪的清王朝一浪又一浪的冲击,但也给革命带来了重创,一批仁人志士倒在血泊中,同盟会在屡战屡败中革命士气开始低落。此时,维新派趁机冷嘲热讽,梁启超在《新民丛报》上撰文,嘲讽孙中山是"远距离革命家",以革命大话煽动人家子弟去送死,自己则好端端地活在国外"高享高枕华屋",一时海外华人中掀起了批评革命党领袖的风潮。同盟会内部也闹起矛盾,同盟会机关报《民报》的章炳麟在同盟会掀起一场"倒孙狂潮"。"倒孙狂潮"的起因在一九〇七年,那年孙中山被日本政府驱逐出境,出境前接受日本朋友的二万多日元赠款,除了给《民报》留下二千日元外,其余的赠款他全数带回中国,用以购买武器和作为活动费用,但他没有将这笔钱向同仁公布,于是就有了章炳麟和《民报》的发难。就在这多灾多难的一九〇八年,汪精卫以同盟会总部评议会会长的身份来到新加坡,参加了支持孙中山的《中兴日报》与保皇党《南洋总汇报》的论战。论战中,汪精卫犀利的笔致和豪气动人的演讲倾倒许多侨胞,马来西亚福建华侨陈耕基的女儿、辛亥革命后成为汪精卫终身伴侣的陈璧君就是其中的一位。

陈嘉庚(前排右)、汪精卫(前排中)、林义顺(前排左)在新加坡怡和轩合影

陈嘉庚也就是在这时认识汪精卫,他为孙中山身边有这样一位政治干才和文士才子而高兴,他尤其欣赏汪精卫的慷慨之气和号召力。但那时的汪精卫则忧心如焚,他一边为同盟会撰写文章,参加辩论,一边想北上进京干一票大的,"以事实示革命党之决心,使灰心者复归于热,怀疑者复归于信",粉碎所谓"远距离革命家"的谎言。一九一〇年,也就是陈嘉庚在新加坡参加同盟会的那一年,汪精卫不顾孙中山和胡汉民的反对,带着"无论事之成

败，皆无生还之望"决心北上行刺，陈璧君也不顾汪精卫等人的劝告毅然相随，与汪精卫一同前往行刺的还有热血男儿四川籍的黄复生，懂得制造炸弹的喻培伦。刺杀的目标是摄政王、宣统皇帝的父亲载沣，当时实际上的最高统治者。但刺杀行动败露，汪精卫、黄复生入狱，身在纽约的孙中山得知消息后大为痛心，他说："兆铭是我们的大人才啊，失去他无疑砍我一条手臂。"汪精卫身陷牢狱后却视死如归，写下了"慷慨歌燕市，从容作楚囚"的《慷慨篇》，全诗共十六句，其中"引刀成一快，不负少年头"两句在当年曾为万众吟诵，产生深广的影响。

一九一一年十月十日武昌起义成功，十一月六日，汪精卫、黄复生重获自由。汪精卫出狱后与新加坡陈璧君举行婚礼，他拒绝袁世凯让他出任广东都督的委任，于一九一二年九月携陈璧君前往法国留学。但汪精卫的命运似乎注定要被卷进政治的旋涡，一九一二年八月，孙中山成立国民党，第二年三月二十日，国民党代理理事长宋教仁在上海被暗杀，南方各省起兵讨袁，开始"二次革命"，汪精卫被孙中山从法国紧急召回，参加讨袁运动。同年九月一日，南京陷落，讨袁失败，孙中山再次逃亡日本，汪精卫也逃到他留学的法国。一九一五年十二月，袁世凯废除共和制，复辟帝制，神州大地掀起新一轮讨袁运动，汪精卫再次被孙中山急召回国，加入讨袁救国军。一九一六年三月，袁世凯在讨伐声中宣布取消帝制，恢复共和，于六月六日急病而亡。袁世凯称帝失败后是张勋复辟，之后，段祺瑞在"再造共和"的幌子下废止国会，孙中山在上海展开护法运动，出任军政府大元帅，执着北伐，史称"三次革命"。但护法军政府逐渐由桂系、滇系军阀控制，孙中山的政令无法走出元帅府，一九一八年，孙中山被迫辞去大元帅之职。就是在这些动荡的日子里，陈嘉庚在家乡集美兴办了集美学校，汪精卫也一度在做办学的事，他与陈独秀、李石曾遵照大元帅孙中山的意思，利用军政府从总税务司和公使团争取到的13.7%关税余额，筹办西南大学。

一九一九年夏季，陈嘉庚从新加坡再度回到厦门倡办厦门大学，汪精卫也在昆明为筹办另一所大学——西南大学忙碌着,他赞赏陈嘉庚的办学举动,答应陈嘉庚的邀请,参加厦门大学的筹备会并出任厦大校长。他告诉陈嘉庚,西南大学的关税余额事情一解决,他便举家"来厦居住,一可静养精神兼研究学问,一可帮助厦大之事"①,并且让夫人陈璧君先行到了厦门,住在黄奕住的鼓浪屿观海别墅,与陈嘉庚商议相关事宜。

解决完西南大学的开办经费后,汪精卫守信地来到福建,他先到漳州访问了闽粤军总司令陈炯明,后抵达厦门,参观了方兴未艾的集美学校,然后与陈嘉庚一起察看了厦大的选址演武场。一切是那么的称心如意,汪精卫就任厦大校长似乎已经是万事俱备,只等厦大一成立便走马上任了。不料人算不如天算,时局再一次发生了变化,一九二〇年八月,陈炯明带领闽粤军从漳州挥师讨伐桂系、滇系军阀,击退了盘踞广州的桂、滇军队,请孙中山重回广州。次年,非常国会成立,军政府取消,孙中山在广州就任非常大总统,开始了第二次护法运动,汪精卫再次陷入繁忙的政务中,他无奈地写信向陈嘉庚请辞了厦大校长的职务。汪精卫的厦大校长终究没能当成,但他与陈嘉庚的交情却依然深厚,直到抗战爆发后,当陈嘉庚得知汪精卫的和平妥协言论时,即刻撕破脸皮,声讨起汪精卫的投降行径。

抗战爆发后,日本一面展开野蛮凶残的军事行动霸占中国大好河山,一面则推行所谓的"以华制华"政治策略和"以战养战"的经济侵略,妄图实现其在短期内占有整个中国的战争企图,以免陷入长期战争的泥潭,由此不断向国民党集团招降纳叛,在占领区寻找自己的代言人,他们找到了国民党副总裁汪精卫。

一九三二年一月,汪精卫出任国民政府行政院院长,负责主持对日外交,那时他与日本签订了《淞沪停战协定》和《何梅协定》,就透露出妥协投降的表现。抗战开始后,他就宣传"战必大败,和未必大乱"的谬论,一直对中国的抗战抱着消极态度,时刻在想着通过与侵略者周旋解决日本入侵问题,

---

① 陈嘉庚1920年6月14日致叶渊函。

他说："我对于觅得和平的意见，在会议里不知说过多少次，到广州丢了，长沙烧了，我的意见更加坚决，更加期望其实现。"一九三八年初，汪精卫派出高宗武等人到上海、南京、香港，同日本联系，探听日本和平的意图；七月高宗武再度潜赴东京，与日本首相近卫等人密谈，日方正式表示，希望汪精卫出来实现中日和平；十月中旬，汪精卫指定高宗武、梅思平作为他的代表，与日方交涉。

也就在汪精卫与日本开始秘密交涉的十月，陈嘉庚从英国路透社电传"汪精卫发表和谈讲话"中，获取了汪精卫跟日本进行和谈妥协的消息，他大感震惊。十月二十一日得到消息，二十二日他便以南侨总会主席的名义，发电报询问汪精卫，大意是"敌暂时得意，终必失败，路透社电传先生谈和平条件，侨众难免误会，谓无抗战到底决心，实则和平绝不可能"。电文还希望老朋友的"谈和平"不会是真的。汪精卫第二天就回电陈嘉庚，承认自己"主张调和"，认为和平为救亡图存之上策，提出"抵抗侵略与不拒绝和平，并非矛盾"论调。

陈嘉庚接到复电后，确信传闻乃属事实。十月二十五日，他再次致电汪精卫，指出与日本和平谈判将"影响我抗战力量，动摇我抗战决心"，他说："先生居重要主位，一言兴邦，一言丢邦，关系至大。倘或失误，不特南侨无可谅解。恐举国上下皆不能谅解。"苦口婆心，仁至义尽，希望汪精卫悬崖勒马，"接纳老友忠告，严杜妥协之门，公私幸甚"。但汪精卫依然坚持他的主张，还反过来要陈嘉庚劝告南洋华侨赞同他的主张。既然无可救药，陈嘉庚毅然决然对汪精卫展开讨伐。①

陈嘉庚从小就在郑成功的民族英雄氛围中成长，他的性格是越是在艰难困境中，越是要显示中国人的铮铮铁骨，他历来厌恶意志不坚定性格懦弱者，对于投降叛国者更是深恶痛绝。南侨总会成立时，曾有北平江朝宗、池

---

① 陈嘉庚：《南侨回忆录·附录八：为反对和议事来往电文》，中国华侨出版社2014年版，第77~86页。

尚同、王大贞等二十一人，联名来电给陈嘉庚，劝他赞成与日和平。陈嘉庚接到来电时愤怒无比，回电痛斥他们"卖国求荣，谄媚无耻，沐猴而冠，终必楚囚对泣，贻子孙万代臭名"，并谴责日寇"灭天理绝人道，奸伪欺诈，毒祸人类，为幽明所不容"，"终必惨败无地"。他奉劝这些人"及早悔悟，改过自新"，以不失为"炎黄子孙"。① 在南侨总会的工作中，他明确指出要负责明暗两种工作，明者即组织筹赈会，负责祖国抗战的筹款与劝募公债，"暗之一面，即组织爱国团，惩戒汉奸，抵抗敌货"。② 惩治汉奸，抵抗日货，也是陈嘉庚为南侨总会提出的一项重要工作。现在，他的老朋友汪精卫既然要投降当汉奸，他也就毫不留情了。

十月二十六日，陈嘉庚第三次致电汪精卫，这次的电文充满讨伐的火药味，一针见血地指斥汪的行为是"秦桧阴谋，张昭降计"。第二天，他将电文以《再忠告汪精卫》为名在《南洋商报》发表，电文中指出：

今日国难愈深，民风愈盛，宁为玉碎，不为瓦全，继续抗战，终必胜利；中途妥协，实等自杀。孰利孰害，彰彰明甚。若言和平，试问谁肯服从，势必各省分裂，无法统摄，不第和平莫能实现，而外侮内乱，将更不堪设想，坐享渔利，惟有敌人。呜呼！秦桧阴谋，张昭降计，岂不各有理由，其如事实何哉？③

十月二十八日，陈嘉庚致电蒋介石，他担心因汪精卫的投降言论影响蒋介石的抗战信心，望委员长明了"秦桧、张昭，无世不有"，"汪先生谬谈和平，公必不被误，万乞坚决实践庐山宣言，贯彻焦土全面抗战三大策略，宁为玉碎，不为瓦全，以博最后胜利"。④ 此时，国内尚未公开汪精卫的妥协投

---

① 陈嘉庚：《南侨回忆录·华北汉奸来电》，中国华侨出版社2014年版，第88页。
② 陈嘉庚：《电汉口秘书处电请蒋总裁领导抗战到底》。
③ 陈嘉庚：《再忠告汪精卫》，《南洋商报》1938年10月27日。
④ 陈嘉庚：《促实庐山宣告——与蒋委员长长电》，《南洋商报》1938年10月28日。

降之举，陈嘉庚便将自己与汪精卫的来往电文交给国内主要报刊，但当时汪精卫还是国民党副总裁、国民议会主席，重庆及各省报刊还不敢公开发表反汪的文章，汪精卫的投降之举未能得到揭露。于是在国民参政会第二届会议召开之时，陈嘉庚以参政员身份，电文向国民参政会提案："在敌寇未退出国土以前，公务人员任何人谈和平条件者，当以汉奸国贼论。"后凝练为"敌未出国土前言和即汉奸"十一个字，并很快获得二十位委员的签名认同。

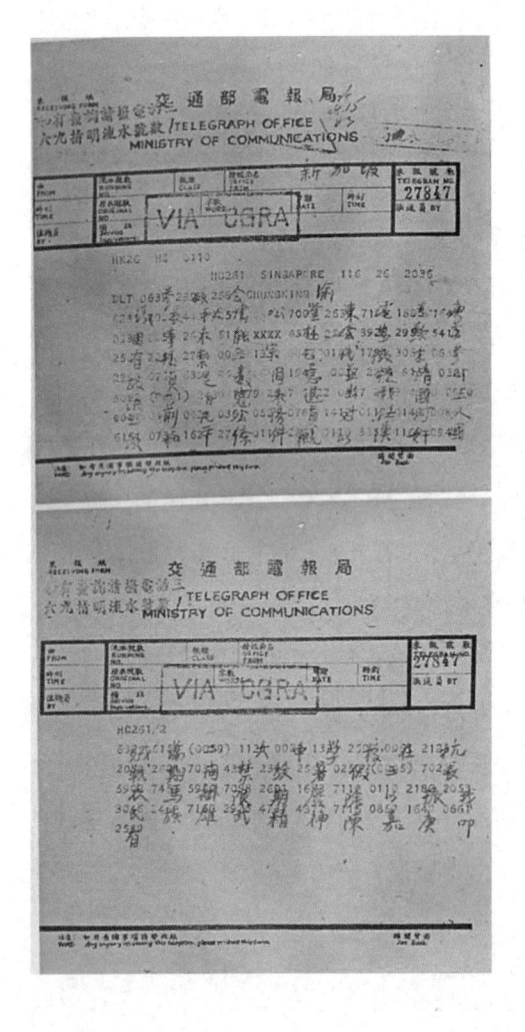

陈嘉庚谴责汪精卫提案

十月二十八日，也就在陈嘉庚致电蒋介石的那天，按大会规定，参政会议长汪精卫无奈地向大会宣读陈嘉庚提案，交由全体代表讨论。当时参政会会员中有"汪记"朋友，他们指责陈嘉庚提案是攻击"副总裁"，但更多的人则不顾"批评官吏就是反对政府"的纪律，奋然起来支持陈嘉庚的提案，提案最终获得大会通过。此间主席台上的汪精卫，用著名社会学家邹韬奋的描述是"面色突变苍白"，"神气非常的不安，其所受刺激深矣"。[①] 对这十一个铿锵有力的大字，邹韬奋称其为"几万字提案不及其分毫，是古今中外最伟大的一个提案"。

陈嘉庚的提案立即引发最广大反响，汪精卫意识到嘴脸已被揭露，便加快自己投降卖国的脚步。十一月二十日，汪精卫与日本双方在上海秘密签订《日华协议记录》《日本协议记录谅解事项》等，并商谈汪精卫潜逃计划；十二月十九日，汪精卫率领党羽曾仲鸣、周佛海、陶希圣等经昆明潜逃越南河内；二十二日，日本近卫内阁发表所谓"中日亲善""共同防共""经济提携"三原则声明，二十九日，汪精卫于香港《南华日报》发表电文，表示接受近卫的三项条件作为"和平原则"；一九三九年元旦，国民党中常委撤销汪精卫一切职务，私下派人劝汪精卫悬崖勒马，汪精卫执迷不悟，蒋介石遂下令军统特工赴河内刺杀，但刺杀未遂，汪精卫于五月底率领周佛海、高宗武等赴日本，与日本首相昭平直接会谈；八月在上海秘密召开伪国民党第六次代表会议，宣布"反共"；十二月三十日，汪精卫集团与日本签订卖国求荣的《日汪协定》（《日支新关系调整纲要》）；一九四〇年三月三十日，在南京正式成立伪国民政府。

就在《日汪协定》签订的第二天，陈嘉庚再次致电蒋介石，谴责汪精卫"不仅为总理之叛徒，亦为中华民国之国贼"，要求蒋介石"宣布其罪，通缉

---

① 陈嘉庚：《南侨回忆录·附录一〇：邹韬奋君〈抗战以来〉书中一段》，中国华侨出版社2014年版，第84页。

归案，以正国法，而定人心"。① 对于这一段过程，陈嘉庚在《南侨回忆录》中有这样一段叙述："迨汪逃至安南，余即电中央政府宣布汪卖国罪状，请革职通缉。否则，必逃往南京任敌傀儡。然政府尚徇党情不纳。其后经八九个月汪由香港而日本，始下令革职通缉，已太迟矣。"②

在与汪精卫的这场政治斗争中，陈嘉庚作为一名华侨领袖，表现出比任何国民党人更加坚定的立场与更加坚决的态度，他是第一个公开站出来反对汪精卫投降的海外华侨，也是第一个以海外参议员身份向国民党参政会提出强硬反投降"电报提案"的人。他的提案与声讨汪精卫的行为，有力地阻止了当时蠢蠢欲动的言和之风，对汪精卫等主张和平救亡的人提出严厉警告，同时表现出陈嘉庚领导下的南洋总会爱国抗战的坚定与坚强，对于汪伪政权来说，也预示了他们后来企图拉拢南洋华侨的失败。

在陈嘉庚的影响与领导下，南洋华侨团体和文化教育界人士，纷纷举行讨汪集会，强烈地要求国民党和国民政府严惩汉奸卖国贼。一九三九年一月五日，在国民党中常委撤销汪精卫一切职务时，新加坡总商会电告国民政府林森主席及蒋委员长，指出汪精卫"罪已不容诛"，除籍革职，不足以蔽其辜，请求"严令通缉汪逆及其顺从，归案照办"；新马二十八青年团体也电请蒋委员长，要求严办通敌求和者。

汪精卫看到自己不仅说服不了陈嘉庚认同，反而引来一个自己最强劲的讨伐者，引发了南洋华侨的声讨，于是收买汉奸到南洋各地活动，鼓动帮派对立，制造侨帮摩擦，培植敌奸报刊，散发对日和平论调，并于一九三九年七月九日，亲自上阵，发表《警告海外侨胞》一文，宣传其抗战结果是亡国灭种的谬论。面对汪精卫的挑衅，南侨总会于八月二十八日发出第二十一号通告反击，"通告"揭露汪精卫狡诈百出，捏造事实，蛊惑矛盾，收买汉奸，破坏筹赈，谓"汪贼卖国求荣，早为天下共弃"，广大华侨"当不为妖言所惑，

---

① 陈嘉庚 1938 年 12 月 31 日请通缉汪归案致蒋介石电。
② 陈嘉庚：《南侨回忆录·提案攻汪贼》，中国华侨出版社 2014 年版，第 75 页。

辨奸讨逆，亦为天职；输财救国，勿止中途"。汪伪叛国集团力图在南洋获得同情与认同的努力，终究在海外华侨的铮铮铁骨面前，碰得头破血流，一败涂地。

一九四〇年新年，就在汪精卫伪国民政府成立之际，《南洋商报》的新年特刊中为抗战中的中国，带来了一篇南洋华侨讨汪运动与抗战筹赈的消息。这篇新年特刊报道了"如火如荼地在全南洋各地迅速展开"的"反汪运动"，描述了在报纸上、在演讲会上、在街头巷尾都可以看得到、听得到的"反汪运动"，记录了南洋青年用戏剧与歌咏、演唱会与游艺会等形式声讨汪精卫"媚敌投降"活动。报道称，南侨总会主席陈嘉庚先生最先给予汪贼"当头一棒"，南洋华侨发动的一系列反汪运动，"无异给了汪叛及诸沐猴而冠或正在大摇大摆、准备袍笏登台的汉奸辈，以至一切失败主义的动摇分子，以一颗最有力的炸弹"。[1]作为中华民族的子孙，在他乡异水奋斗的海外赤子，当祖国面临着生死存亡的时候，他们又岂能容忍投降卖国者的存在，他们宁愿浴血奋战，"使国家得借吾人血汗一洗百年之奇耻，得借吾人力物力一报九世之深仇"，[2]如此的赤子忠诚，如此的对卖国投降者的愤懑与讨伐，体现的是中华民族的正正大义与浩然之气。

---

[1] 《一年来的马华筹赈运动》，《南洋商报》1940年1月日。
[2] 陈嘉庚：《南侨回忆录·附录四：南洋各属华侨筹赈祖国难民代表大会宣言》，中国华侨出版社2014年版，第65页。

生命线上的千里悲壮

滇缅公路在抗战时期被称为抗战生命线，它起于缅甸的腊戍，止于云南畹町，翻越过海拔三千多米的云岭、怒山、高黎贡山等横断山脉，跨过怒江、澜沧江、漾濞江等大江大河，穿过八处惊险万分的悬崖峭壁，道路崎岖，山峦叠嶂，全长一千一百四十六公里。

一九三七年底南京沦陷时，为保证美英等西方国家与苏联支援中国抗战的军需与其他物资运抵中国前线，国民政府按照云南省主席龙云提出的计划，在缺乏施工机械的情况下，以二十万中国劳工的双手，硬是在崇山峻岭间刨出了这条公路。在中国公路史上，这是唯一一条百分之八十以上依靠老人、妇女和儿童组成的劳工修筑起来的公路，当青年人都奔赴前线抗敌之际，滇西妇孺老幼用背篓，用镢头，用双手，夜以继日，人挑肩扛，一点点铺起这条埋葬日本占领中国梦想的交通大道。公路在一九三八年八月通车，全程仅用九个月完成，但不少于三千人在筑路中献出生命，其中包括八名工程技术人员，平均每公里埋葬六个人的生命。公路筑成后，英国《泰晤士报》连续三天发表文章，称"这是一条用手指凿出来的公路，堪与巴拿马运河相媲美，只有中国人才能做到"。烽火连天的岁月，中国人做出了多少人间奇迹！

滇缅公路之所以史称抗战的生命线，一是因为这是一条用几千个生命铺就起来的公路，它是公路史上的奇迹；二是它作为中国与外部世界联络的运输线路，在危难之中撑起中华民族抗战输血管的职责，担负着将抗战物资运抵中国战场的严峻使命，是战争史上的奇迹，而这一战争史上奇迹，则是由三千多名华侨技工的生命与鲜血书写而成。

滇缅公路昆明至畹町路段，全长九百五十九点四公里

　　一九三七年十二月日本占领南京后，加紧对中国沿海港口的封锁，一九三八年五月，厦门失守。十月，广州沦陷，日寇占领广州港口，中国通往外面世界的海上通道被切断。滇缅公路成了中国西南唯一的国际通道，世界各国和海外华侨支援中国抗战的军事装备与各种物资全靠这条公路输送，为此，国民政府专门成立了西南运输处。当时国际上支援中国一万多辆汽车，滇缅公路也刚刚开通，抗日前线与滇缅公路运输最缺的是汽车司机和机修工人。于是，国民政府西南运输处致电南侨总会主席陈嘉庚，请求南侨总会支

持，代招华侨机工回国服务。

作为南洋华侨抗日总部的怡和轩更加忙碌了，接到电报后，陈嘉庚召集总会各路领导协商后，立即在报上发布南侨总会《通告第六号：征募汽车修机驶机人员回国服务》，并致函机器行代为征募，号召"际兹国族凌夷之日，正好男儿报国之时"，华侨机工"当可联袂而起，为国服务，共肩民族复兴之责，以尽国民之天职"。① 陈嘉庚说："海外华侨就南洋而言，人口有八百多万人，当兹祖国被侵略而抗战，如在壮健之年，而有相当能力者，均宜回国服务。"② 他号令华侨机工要"毫不犹豫"地"对我国滇缅全路修驶人员负完全供应之责任"。③

一九三九年二月十七日，正是农历除夕，第一批南侨机工八十名在过年的鞭炮声中踏上征程。出发前，陈嘉庚在怡和轩召见全体技工，他赞扬他们放弃海外的职业，回国服务，不但利益减少，而且劳苦增大，他为"青年有志具此牺牲精神"而感动，认为青年机工回国服务的精神，"足为全马来亚之模范"。从发出号令到整装出征，第一批南侨机工的组建前后不过二十一天。

二月二十二日刚刚送走第一批回国机工的陈嘉庚，又开始第二批机工的招募，他通函南侨各埠筹赈会鼎力，在南侨机工《组织法及其手续》中特别要求回国服务机工"须注重忠诚为国，肯牺牲，能耐苦，有恒心"。二月二十五日，南侨总会发出《第七号通告》，三月七日，发出《第八号通告》，号召华侨司机机工紧急行动起来，"竭诚贡献，以抢救祖国之危亡，尽其国民之天职"。三月十三日，第二批二百零七名回国服务的华侨机工，从红灯码头登上"丰祥轮"，在千余人的欢送下走向祖国的滇缅运输线。三月二十一日，在第二批南侨机工出发一周后，南侨总会又发出《第九号通告》，开始第三批机工的征募，激励南侨青年"为国效命，以成时势之英雄"，结果响应极其

---

① 南侨总会：《通告第六号：征募汽车修机驶机人员回国服务》，《南洋商报》1939年2月14日。
② 陈嘉庚：《望机工善自勉励审慎勤勉》，《南洋商报》1939年3月27日。
③ 陈嘉庚：《在南侨总会欢送机工回国会上致词》，《南洋商报》1939年4月5日。

热烈,"原按三百余名,顷因各地踊跃投效,竟达六百余名之多",于是总会于三月二十三日函告各埠停止征募。第三批回国服务的南侨机工,人数达到五百九十四名。之后,一次次南侨总会征募汽车机工的通告接踵发布,一批批自愿回国效劳的南侨机工从新加坡马来亚经安南或经仰光踏上祖国的土地,投入抗日救亡的战斗。从一九三九年二月到八月,共有九批三千一百九十二名南侨机工回到祖国的抗日战场,其中有一部分司机从仰光直接驾着国际支援的汽车奔赴抗战前线,更多的南侨机工则投入到滇缅公路这条抗战生命线的运输战斗,青春生命,在战火中成长,报效祖国,尽华夏子孙天职。

行驶在滇缅公路上的华侨机工车队

槟城华侨筹赈会妇女部白雪娇是位女扮男装回国抗日的巾帼,因顾虑家庭阻拦,化名"夏圭"随机工队伍回国抗日。临行前,她给母亲留下一封告别信,信上写道:"家是我恋的,双亲姐妹是我所爱的,但是破碎的祖国,更是我所怀念热爱的。"青年机工李世容性格不拘一格,父亲一贯不满于他的放纵行为，父子间数年来互不关照，直到第二批机工要出发当天，父亲才知道儿子已经要出征回国报效，闻讯之后不胜欣慰，立即准备现金五十元、衣服一套、眼镜一副，送到准备启程的队伍，勉励儿子努力为国服务，不消灭日寇不可南来相见。蔡仁德的母亲一生只生一子，母子两人相依为命，老人平时全靠儿子照顾着起居饮食，但儿子也报名随南侨回国队伍奔赴滇缅公路，也是出发当天，母亲才知道儿子的决定，念儿子为国效劳志向已定，也不阻拦，只交代儿子须每月家书，为慰慈母。

　　南洋青年机工奔赴祖国战场的义无反顾，他们应征回国服务的热情与决心，他们放弃南洋安逸富裕的生活，放弃优厚的工资待遇，而选择艰难困苦为国分担，选择浴血奋战的生存，"月薪有叻币百余元者亦甘放弃回国为抗战复兴大业而奋斗"，让陈嘉庚"深感欣慰"，觉得"实诚难能可贵"。

　　滇缅公路上的日日夜夜，遇到的是南侨机工在南洋根本想象不到的艰苦，丛林峻岭中遍布林烟瘴气、蚊虫野兽，生活上住帐篷、吃陋食，病了缺医少药。陈嘉庚知道后还特地寄来了许多金鸡纳霜药品，还为国民党政府没能遵照征募机工时承诺的生活待遇而致电蒋介石投诉，对国民政府甚感失望。

　　但更为严峻的却是南侨机工的喋血运输。当时，日本为了阻拦国际支援物资运抵中国前线，特别组建了"滇缅路封锁委员会"，命令驻扎越南的一百架陆航机轮番轰炸滇缅公路沿途的桥梁、站口，阻拦中国汽车的运输。对此，陈嘉庚在《南侨回忆录》中写道："敌机时常来轰炸，闻两个大桥多被炸坏，军火减运不少，每天仅可行半日而已，余甚为忧虑。"[1] 就这样，南侨机工的载重汽车在高山密林中的崎岖山路上盘旋，脚下是万丈深渊，头上是敌机的狂轰滥炸，一条抗战的生命线，也是一条生命的死亡线，每时每刻都面临着死亡的威胁。而放弃南洋优厚的物质条件来到祖国的南侨机工，就这样毫无怨言地在千里滇缅公路上浴血奋斗，背负着民族重任，于生死而不顾，将决定战争胜负、民族存亡的军事装备与生活物资，源源不断地输送到祖国

---

[1] 陈嘉庚：《南侨回忆录·敌机炸两桥》，中国华侨出版社2014年版，第296—297页。

最需要的地方。从一九三九年到一九四二年，滇缅公路运输的军需物资达四百五十万吨，平均每天有三百吨物资从这条公路运抵抗战前线与后方。

在这一千多公里的抗战生命线上，有一千多名的南侨机工牺牲在这丛林公路上，平均每公里就有一名南侨机工牺牲在这里。巍巍山川，记录下历史画卷中悲壮的一页，斑驳的千里公路，却是由血肉筑成的抗战生命线。这不仅仅是一条公路，还是一个民族存续和崛起的脊梁，是"一条连着华人华侨和祖国的路"（南侨机工后代陈达娅语），它象征着中华民族在存亡之际海内外中国人筑起的运输长城，也象征着中华民族不惧艰险、不屈不挠、勇于担当的伟大精神，对此，陈嘉庚曾极其感慨地赞叹道："其可歌可泣、可敬可佩之精神，尤足于感天动地。"①

---

① 陈嘉庚：《陈嘉庚在武汉合唱团赈会上演词》，《南洋商报》1939年3月9日。

第十章

从重庆到西安

陈嘉庚传 Biography of Tan Kah Kee

侯西反事件与组织回国慰劳团

一九三九年十二月三十一日，正当新的一年到来之际，新加坡筹赈会领导、南侨总会常务委员侯西反被新加坡英当局押解出境，也就在这个月，陈嘉庚开始发起组织南侨回国慰劳视察团。组织回国慰劳视察团，既是陈嘉庚原本想要做的事，也是陈嘉庚面对侯西反事件及英当局不断加紧的政治控制而采取的策略性行动。

侯西反被遣送出境，是英当局对南侨总会的一个政治暗示。侯西反是陈嘉庚最信任的得力干将，一九三八年新加坡筹赈会成立后，正是他的努力与机灵，才使得筹赈会在很短的时间内建立起二十多个分部、两百多个支部，将筹赈会的分支扎根到三轮车夫、海员、家佣、建业工人、理发工人、鞋业工人、咖啡店店员等最基层最普通的华侨群体，让筹赈工作取得巨大成功，产生重大影响。在陈嘉庚眼中，他是个无人能及的独具社会良知的人，一位忘我的组织家，富有鼓动力的演说家，善于解决棘手问题的领导，陈嘉庚对他评价是"身健口利，忠勇勤劳，排难解纷，为其特长，凡有请托努力斡旋，多能平息，所有工潮劳资双方，都愿服从侯君调解"。[1]但英当局则对侯西反别有一番关注，他们指责侯西反在发起一个联合行动委员会的工作中扮演着重要角色，这个行动委员会正在促进马共外围组织华侨抗敌后援会与筹赈会外围的中华民族解放先锋队之间的联合，英国人估计这两个组织拥有三万多会员，已对当局构成威胁。当时的英总督汤姆士就认为："马来亚的这些政治性及半政治性团体的联合，外表上是

---

[1] 陈嘉庚：《南侨回忆录·侯西反君对筹赈会之努力》，中国华侨出版社2014年版，第98页。

指向反日一途，惟其最可怕之处在于，它将演化成为一种既反日又反英的运动。"很清楚，遣送侯西反的政治理由就在于英当局害怕新加坡反日热情的高涨也衍生出对英当局的不满。

在太平洋战争爆发之前，英殖民的新加坡及其主子英国是以中立国的形象出现在中日战争中的。一九三九年七月，陈嘉庚曾就日本要求英退出天津租界一事进行分析，他精辟地指出：在日本不能实现其三个月迅速占领中国妄想之后，便意识到自己最终的失败，于是"诱致"英国人出面调停中日战争，但被中国拒绝；因此日本就威胁英天津租界离开天津，以达到日本"独霸东亚之野心"。陈嘉庚认为，"英国远东利益，在天津原极为微末，若因小利而不顾大局，贬削威信，背离我国，与日寇妥协，则不但在东亚卖友毁约，失信于我中华四万万五千之民族，遗憾无穷，即其治下全印度数万万之民众，亦将以其助暴抑人、有失大国风度表示不满"。① 陈嘉庚很清楚，中立的英国人不可能完全站在为祖国而战的华侨立场上，但在英殖民统治的新马，华侨支援祖国的抗战运动又不能不在英当局的认可与支持下进行。作为华侨领袖的陈嘉庚，虽坚守中国人的立场与意志，却又不能不在方方面面保持维护侨英之间的良好关系。他就像一个外交家一样，在华侨与英当局之间的纠葛冲突中权衡斡旋，扮演着两者之间重要的政治与外交角色。

一九三九年七月，英国人在日本的压力之下，在天津租界交出抗日人士，让日本人审讯与刑罚。新加坡华侨青年闻讯后，对英国人苛待天津租界中国人表示极度愤慨，准备有所行动。陈嘉庚便在中华总商会召开公开集会，发表演词，指出英国乃中国友邦，抗战爆发以来已经给予中国政府五百万英镑的贷款，还支持中国军事与非军事物资，对中国是友好的，劝告青年不要贸然行事，并提议致电丘吉尔与雷尔德·乔治，请两人出面协助解决天津英租界的危机，由此将一场一触即发的反对英国人的活动化解。

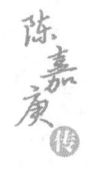

一九三九年九月三日，英国向德国宣战，这表明英国人中立国形象已经

---

① 陈嘉庚：《英虽如何退让亦难饱寇大欲》，《南洋商报》1939年7月25日。

崩溃，很快就会与日本决裂。陈嘉庚立即带领南侨总会向英国当局表示支持对德宣战，并以南侨总会名义，呼吁全部英殖民地或保护地的侨民与各筹赈组织，支持英国的战争行动，陈嘉庚自己与新加坡筹赈会会员也都捐款赈济英国战争中蒙难人士。

尽管陈嘉庚如此智慧地把握着华侨与英当局的关系，但面对华侨一浪高于一浪的抗日风潮，眼见着风起云涌的筹赈与抵制日货活动的开展，英当局还是心有余悸，对新加坡筹赈会与南侨总会行动加紧政治控制。南侨筹赈总会才成立一个月，英当局便提出将新马各个筹赈会置于社团注册法令之下，由华署出面提出七项严酷条例，用六个"不得"和一个账目审核，掌控华侨的爱国行动，于是，英当局与各筹赈会的冲突发生了。一九三九年四月，距七项条例公布近半年，新马的各个筹赈会不仅不登记，还在吉隆坡中华大会堂聚会，成立一个七人小组代表大家向英当局陈请延缓注册，陈嘉庚是小组主席，他决定按众人的意见行事。七人小组于六月二十一日联袂晋谒新加坡华署佐顿署长，要求取消注册要求，佐顿不同意。八月三日，陈嘉庚代表新马各筹赈组织向总督陈情，但请求依然无法获准。新马各筹赈组织无奈之下，只得向社团注册官申报注册。

但这一切都还是陈嘉庚可以预料到的事情，令陈嘉庚感到震惊乃至造成他与英当局关系紧张的是侯西反事件。侯西反个人被押解出境，其背后则是英当局对南侨总会领导下的南洋抗战的警惕与恐惧。

英当局给侯西反的罪名是"反英嫌疑"与"暗助非法团体"，两件事都统一在侯西反参与组织中华民族解放先锋队（以下简称先锋队）。先锋队在一九三八年九月即新加坡筹赈会成立一个月后成立，创建者是施方平、张楚琨、侯西反、黄奕欢等，他们是星华筹赈会福帮小组成员，是陈嘉庚信任的人。陈嘉庚不涉及其中，而且还要求黄奕欢等在这个组织要格外当心，但对先锋队的行动并不加以阻拦。先锋队在新马积极建立一个广泛的抗日灭奸统一战线，大力号召抵制日货，促进中英友好关系。由于力行抵制日货这一共同目标，先锋队与马来西亚共产党外围组织华侨抗敌后援会有了联合意向，并在一九三九年成立联合行动委员会，此前又步调一致地展开抵制德国货、意大利货的行动。不想两者的联合引起英殖民当局的恐惧，于是下手将侯西反等一批人驱逐出境。缺少侯西反等重要人物，先锋队的势力就弱化了，原本已经秘密联合起来的两个组织的合作也就解体了。

一九三九年十二月二十八日下午二时，陈嘉庚与新加坡筹赈会委员被召到政府议事厅，由辅政司主席代表总督向陈嘉庚等宣布侯西反的罪名及限三天内驱逐出境的决定。陈嘉庚当场责问，"侯君两罪，是否事实？"并提出"唯限三天未免太迫促"，"必宽容多天为宜"，力图为侯西反争取时间，但英当局不予理睬。之后，陈嘉庚质问英某行政委员：侯君两罪实据何在？而限令十天出境，却直到第七天才告知当事人与公众，公然违背法律不超过二十四小时的规定，律法何在？并致函新加坡总督，发出同样的责问。侯西反出境后，陈嘉庚在中华总商会召集华侨各界大会，表示"敢代侯君证明"不仅不反英，而且对英加以维护，要求广大华侨仍当继续努力，切勿因侯君不再，或馁志灰心，致误筹赈成绩，失侨民爱国之义务。①大会之后，他把这次演讲通过中西报纸予以发表，让国内外华人知道侯西反事件的真相，激发南洋华侨的爱国热情、抗敌意志。

至于对侯西反事件的追究，陈嘉庚始终没有停止过，据《南侨回忆录》记载，直到一九四〇年陈嘉庚到重庆，才从中了解到，侯西反被驱逐是同侨中自相残杀，有人无法对筹赈会主席陈嘉庚有所动摇，便蓄意拔除主席最得力助手，甚至不惜花十万元贿赂英政府机关的一名官员，陷侯西反于反英罪名。之后，又发若干电文给重庆政府，"诬陷侯君种种恶事，及共产色彩"，以穷追被驱逐回国的侯西反。好在陈嘉庚事先已经将侯西反事件告知重庆政府有关人士，所以回国后的侯西反并没有遭到黑手，反而在南侨回国慰问团回国期间，始终陪伴在陈嘉庚身边。后来陈嘉庚的儿子陈国庆明确地指出，

---

① 陈嘉庚：《南侨回忆录·宣布并质问》，中国华侨出版社2014年版，第100~101页。

那些唆使英政府驱逐侯西反的人士"是星马国民党的一些党员"。

侯西反事件的过程，再一次让人看到陈嘉庚骨子里的那份中华正正大义与浩然慷慨之气，再一次感受到他对于认定事情的执着。作为一位华侨领袖，陈嘉庚凭他的政治嗅觉也敏锐地意识到，侯西反被遣送出境以及英当局对南侨总会加紧的政治控制，意味着在殖民者统治下的南侨抗日救亡运动，不可能不考虑到当局的政治想法，不能不戴着镣铐跳舞，但他又不能让南洋华侨的爱国抗日热忱因侯西反事件而消沉下来，于是决定策略性地将英当局与公众的视线导向南侨总会的其他活动，其中，筹备组织回国慰劳团便是一个极重要行动。

一九三九年十二月四日，陈嘉庚让《南洋商报》刊登了组织"南侨回国慰劳视察团"（以下简称南侨慰劳团或慰劳团）启事，十日，他又在《南洋商报》作了答记者问，向全体华侨告示南侨总会组织慰劳团的动机、目的与办法。表明组织回国慰劳团动机，其一是慰劳忠勇抗战之将士、受伤士兵与民众，激励作战士气。陈嘉庚说："抗战两年余来，前线战士，捐躯救命，浴血沙场，忠忱主义，举国同钦。海外侨胞，远处南荒，情切家邦，尤宜交相惕厉，竞效精神物质，为诸抗战忠儿，共张声援。"回国慰劳，是代表全侨爱国热诚，"敬向前线战士及后方难胞表致感谢"，"向军政界及民众致敬慰问之意"。① 其二通过回国慰劳，"获悉抗战以来军政如何努力进步，民众如何同仇敌忾，各党如何团结对外，将诸良好成绩材料，带回南洋，向华侨报告宣传，使千万侨众增加爱国热心，俾私人汇款及救济义捐，月月增进，以外汇财力助祖国抗战"。② 陈嘉庚说这两点就是慰劳团回国之原因。

慰劳团的成员由总会属下的各地筹赈组织挑选组成，成员必须符合六项要求，须通晓国语与中文，须不染鸦片与其他不良嗜好，每人自备一千二百元费用。考虑到战火纷飞，到抗战前线难免与炮火打交道，代表团还承诺，

---

① 陈嘉庚：《关于慰劳团代表选派问题答记者问》，《南洋商报》1939年12月10日。
② 陈嘉庚：《南侨回忆录·自仰光飞重庆》，中国华侨出版社2014年版，第106页。

如发生意外丧生,将补助家属三千元新加坡币。

历史总会有一些偶然,有些偶然甚至会奇特地改变历史中的人物命运。组织慰劳团这一年陈嘉庚六十七岁,因为不谙讲国语,又年老怕寒,腰骨经常疼痛,不宜久坐颠簸,他最初只是发动组团,自己却无意参加回国慰劳行动,若不是当时发生了两件让他很有顾虑的事情,他或许就没有了这次重要的生命之旅。

第一件事是一些国民党人向重庆政府指称慰劳团成员大多为共产党人;第二件则是国民政府驻新加坡总领事高凌百听到组团回国慰劳之事后,立即找了陈嘉庚,毛遂自荐要担任慰劳团团长,想以此邀功请赏,捞取政治资本,他向陈嘉庚表示自己非去不可的意志。陈嘉庚历来讨厌高凌百,他立即以慰劳团已有团长为由谢绝高凌百的要求。鉴于这种情况,陈嘉庚意识到要不是自己带团,就很难阻拦高凌百的欲望。他马上找来南侨总会副主席庄西言与南侨总会秘书李铁民,要他俩与自己作伴,由李铁民担任自己的翻译,一起

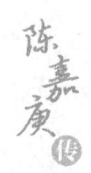

陈嘉庚抵达重庆,走下飞机

带团回国。

　　一九四〇年三月，南侨慰劳团近五十名成员分三路从南洋各地回到祖国，在昆明会齐后向重庆进发。三月二十六日，陈嘉庚、庄西言、李铁民三人自仰光飞赴重庆，比慰劳团其他成员早十六天到重庆。

　　这是陈嘉庚的第六次回国，距离上一次回国创办厦门大学，已经十九年过去了。逝者如斯，站在长江上游的嘉陵江畔，想望着莽莽苍苍的秦岭山脉，看战争给祖国带来的满目疮痍，这位华侨领袖又会怎样开始他一生中至关重要的生命之旅？

重庆：前方吃紧，后方紧吃

抗战以来，海外侨胞，虽远处南洋，则情系桑梓，交相惕厉，竞效热血，无私奉献援助祖国抗战，贡献之重大深为每位华夏子孙感动。当代表着南洋八百万华侨的南侨慰劳团回到祖国时，他们所到之处，无不受到祖国人民与党政军各界的欢迎。重庆是南侨慰劳团的第一站，也是原计划中最重要的一站。

重庆是座山城，一边是扬子江，一边是嘉陵江，两江相裹，山水佳绝。在中国历史上，很少有一座城市像重庆那样，因历史机缘，短短的几年内便成为全国乃至世界瞩目的焦点，于抗战的烽火岁月聚集起中国政治、军事、经济、文化教育的最多精英与资源，以完成中国人摆脱日寇侵略民族独立的重大使命，重庆被赋予了特别的历史内涵，人们称她为陪都。这个时代的陪都会给陈嘉庚他们留下什么？她能不能给八百万华侨一个充满信心充满憧憬的答案？

陈嘉庚、庄西言和李铁民三人最先抵达重庆，他们一到机场，便受到陪都各界临时设立的欢迎茶会的迎接。看到如此热情的欢迎场面，陈嘉庚发表机场即兴演讲，他说国内民众艰苦抗战，牺牲生命财产，而海外华侨安居乐业，华侨深感惭愧，出钱出力只是尽了义务，实为国民天职，中外同胞本是一体，不用特别厚待。① 他告诉在场的欢迎人士，慰劳团是因工作而来，绝非游历应酬，恳请各界极力节省"无谓宴请"，开会宴请最好联合一次"便足"。② 他听说国民政府特地拨款八万元作为慰劳团的

---

① 陈嘉庚:《南侨回忆录·各界欢迎会》，中国华侨出版社2014年版，第125页。
② 陈嘉庚:《南侨回忆录·自仰光飞重庆》，中国华侨出版社2014年版，第106页。

陈嘉庚（前排中）、庄西言（前排右三）一行在重庆机场受到热烈欢迎

膳宿与应酬费用，第二天就登报启事，表示愿践行蒋委员长倡导的新生活运动，厉行节约，尤其在这艰难岁月，更应勤俭节约，节省应酬，婉言谢绝政府的接待款，而坚持自付食宿费用。慰劳团自请一名厨师做饭，规定伙食费每人每天二十元，全团一天用餐不超过一百四十元国币。由于慰劳团坚持的战时节约原则，从四月十一日抵达重庆，到五月一日离开，全团所用的膳食仅六千一百元国币。这批慰劳团团员，在为祖国抗战捐款的时候，每个人都是大把大把地往外掏钱，他们在南洋的生活是宽裕的，但回到战时祖国，心里想的则是为抗战节约每一个铜板每一块钱，典型地体现出那一代侨胞该花钱的时候可以一掷千金，但平时却掰着每一分钱过日子。

为了确切把握抗战的具体情况，陈嘉庚紧张地会见拜谒军政要员，探访各军政机关，深入到工厂、行业组织、媒体乃至合作社、区公所视察调研，每天不间断地在下榻的嘉陵招待所接见陪都的各路要员，"无谓宴请"还是时时发生,他也不能不出席那些不好推辞的宴请。在重庆,他参加了参政院茶会、立法院孙科院长宴、国民党组织部部长朱家骅宴、行政院长孔祥熙宴、国民党主席林森宴、国民党中央政府机关的公宴以及蒋介石的两次宴请。

陈嘉庚刚到重庆时,蒋介石与宋美龄就设宴招待,筵终时蒋介石问陈嘉庚以为重庆境况如何,陈嘉庚回答他:政治自己是门外汉,愧不能言,看到的景象倒是"到处土木大兴,交通便利",但"人力车及汽车甚不整洁","影响卫生"。① 初次与蒋委员长见面,他很客气,只是对重庆的卫生不善做个提醒,在政府的市政管理上轻轻触动一下。但随着深入到各界各个领域与各个角落,他越发感到陪都重庆乌烟瘴气,后来就很不客气地指出重庆日常生活的种种弊端:男性长衣马褂,清代制服仍存,女性唇红口丹,旗袍高跟染红指甲;行政长官私设营业,政府各办事机关人员冗杂,多者百余人,少者也有数十人,月薪以万计算,却不知干了何事;酒楼菜馆林立,交际应酬互相征逐。② 一个战火硝烟的时期,陪都却是觥筹交错,夜夜笙歌,一派"商女不知亡国恨"的情景,这情景让陈嘉庚这位崇敬艰苦奋斗的爱国侨领感到极度的失望。

但让他更失望也更感忧患的还在"土木大兴"背后的腐败。在重庆时,他见到了在前线采访的《南洋商报》记者张楚琨,张楚琨得知慰劳团抵达重庆的消息,特地从北方前线赶到重庆见自己的老板。当陈嘉庚问张楚琨关于战局与重庆的情况时,张楚琨用了一句那时社会上流行的话说,"前方吃紧,后方紧吃"。张楚琨指着嘉陵招待所山下正在"土木大兴"的两座豪宅告诉陈嘉庚,这其中一座是曾任淞沪警备司令、广东省主席,现任国民党海外部部长吴铁城的官邸,另一座是前交通部长、现任国民党组织部部长朱家骅的官邸。前方在流血牺牲,陪都的党政要员却在大建自己的官邸,这叫陈嘉庚深恶痛绝。尤其当他知道许多国民党高官在发国难财时,他深深地感触到陪都

---

① 陈嘉庚:《南侨回忆录·谒蒋委员长》,中国华侨出版社2014年版,第108页。
② 陈嘉庚:《南侨回忆录·重庆与延安》,中国华侨出版社2014年版,第170页。

老百姓流行语"前方吃紧，后方紧吃"反映的丑陋与肮脏。

这一天，蒋介石在嘉陵宾馆宴请全体慰劳团团员。嘉陵宾馆建在嘉陵江岸上的高坡处，建筑新颖，富丽堂皇，是政府机关与高官们设宴请客的好去处。陈嘉庚参加的蒋介石宴请慰劳团和参政员，两次都在这里，政府各机关宴请慰劳团，宴席也是设在这里。这样一座消费着大量政府机关宴请费用的宾馆，其主人却是行政院长孔祥熙。陈嘉庚初到重庆时并不相信这样的信息，在他的信念中，政府官员绝不能经商营业与民争利，孔祥熙是位尊严高官，安肯经营旅馆行业？于是在孔祥熙到嘉陵宾馆时，陈嘉庚直接问及这个问题，没想到孔祥熙并不讳言自己开办嘉陵宾馆，显得习以为常，这让陈嘉庚很惊讶。陈嘉庚生活在英殖民下的新加坡，目睹英国政府的公务员不但不得私设工商营业，也不得买卖公司股份，无论是地产还是金融证券，一律不能沾手，预防舞弊甚为严厉，违反者立即开除革职处罚。陈嘉庚深知如果不是这样限制，就会给政府人员乘机操纵工商，谋取私利，损害公家，他不禁感叹道："至此乃深讶我国政治，与外国相差甚远。"[1]

对重庆这座要肩负起赶走日寇、实现民族独立使命的城市，陈嘉庚摇头了，失望了。一年前，身为副总裁的汪精卫竟然成了国贼，他的一个国民党朋友的形象灰飞烟灭；一年后，经过重庆的耳闻目睹，一个原本寄托着侨胞希望的国民政府形象也轰然崩塌了，陈嘉庚心里有懊恼，有痛苦，有惊讶，也有愤慨。陪都有这么多与浴血抗战极不协调的现象，高官厚禄者竟然在战火中乘机发国难财，国民政府所表现出来的腐败与无能，让他确信社会上流行的"前方吃紧，后方紧吃"的百姓讽喻。此时，他计划中的走延安愿望更加强烈了。

---

[1] 陈嘉庚：《南侨回忆录·重庆嘉陵宾馆》，中国华侨出版社2014年版，第140页。

慎终追远的中华赤子

一九四〇年五月一日,南侨慰劳团结束重庆之行,分成三团分别前往全国各省继续视察慰劳。第一团由潘国渠带队,走访四川、陕西、河南、湖北及安徽;第二团由陈忠赣带队,走访湖南、江苏、浙江、福建、广东和广西;第三团由陈肇基带队,走访甘肃、青海及绥远西北三省。陈嘉庚准备走访更多的区域,特别是西行延安,没有跟任何一个团出发,跟随他的是秘书李铁民与被新加坡英当局驱逐回国的好朋友侯西反,庄西言因德国与荷兰冲突,荷兰殖民的印尼风云变幻,重庆之行后便赶回吧城处理商行事项。

五月三日,陈嘉庚与李铁民、侯西反三人从重庆飞抵成都,从天府之都开始他一生重要的西行之旅。到成都吃完午饭,陈嘉庚便前往武侯祠凭吊。自少年看《三国志》,听说书老人讲魏蜀吴说忠义,心中就一直向往着神奇的蜀地,向往着与那批蜀国开创者的英雄们对话,这个深藏五十年的念想,终于带他来到这块积淀着巴蜀神奇的土地。

武侯祠占地二百三十亩,是一个由供奉刘备等人的汉昭烈庙、供奉诸葛亮的武侯祠与刘备的惠陵,供刘备、关羽、张飞的三义庙组成的建筑群。庙宇广大,古木参天,昭烈庙正中端坐昭烈帝刘备像,殿前东廊为文臣廊,供庞统等十四个蜀国文臣像,西廊为武将廊,供以赵云为首的十四名武将像。武侯祠中,诸葛亮手持羽扇,头戴纶巾,身披鹤氅,神态儒雅,与陈嘉庚戏中见到的一个模样。一壶浊酒喜相逢,浪花淘尽英雄,站在武侯祠殿前的庙场上,陈嘉庚的眼前到底浮现出古今多少事?是三顾茅庐的隆中对策,还是火烧赤壁的谈笑风生;是七擒孟获的开疆拓土,还是出师未捷身先死的生命遗憾，我们不得而知。但有一点是清晰的，这位常年在异邦土地上生活奋斗的中国人，他心中所崇拜的武侯以及其他蜀国的英雄，都是仁义忠勇之士，都在历史上呈现出传统中华做人的宗旨与精神，尤其是武侯诸葛亮，雄才大略，忠心倾国，济世扶危，为国为民"鞠躬尽瘁，死而后已"，这种千秋精神正是处在危难中的中国人更应该效仿与具备的。

令陈嘉庚想不到的是，在武侯祠又遇上一件让他气愤不过的事情。就在与汉昭烈庙、武侯祠构成一体的昭烈帝陵（惠陵）旁边，他看到有人正大兴土木，建造陵墓，一打听，是四川军阀刘湘的后人在为刘湘建造墓庙。"辟地之广，费款之巨，或比左畔昭烈帝庙武侯祠有过之无不及"，陈嘉庚不禁问道，刘湘"莫非要与昭烈武侯并肩媲美，流芳千古乎"。于是，这位深深爱着华夏忠义之士将英雄祖先作为高标膜拜的华侨领袖斥责道：我国历史自三代而后，爱民之诚，登极之正，能与昭烈帝刘备并称者不过数人而已，为臣之正，谋国之忠，政治之美，韬略之优，也只有诸葛武侯一人而已，正是昭烈帝的"遗爱在民"，武侯的"鞠躬尽瘁"，让"军民感戴"，这才捐资建起昭烈庙与武侯祠在昭烈陵畔，"以作纪念"，"刘湘何人，乃敢在昭烈陵武侯祠畔，大兴土木，建造墓庙，与古代贤君良臣、流芳万世者相颉颃"。[①] 一位回到祖国寻根追远的赤子，遇到历史上贤君良臣墓庙正在遭受今人的践踏，那心里会是怎样的滋味。"青山依旧在，几度夕阳红，白发渔樵江渚上，惯看秋月春风"，面对着爱民仁义的昭烈帝像和匡扶社稷、整顿乾坤的武侯塑像，想着在重庆、在武侯祠的所见所闻，六十七岁的陈嘉庚心中有无限感慨与感愤。

在青城山宿两夜，陈嘉庚来到灌县。"拜水都江堰，问道青城山"，从青城山下来，便是灌城的水色，一位很遥远很遥远的祖先向陈嘉庚走来，正是这位两千多年前的祖先，才让这块原本汪洋一片、洪水泛滥的土地变得美丽富饶起来。在灌县的都江堰旁，陈嘉庚很清楚地看到了秦王朝时期的一对身影，那是李冰与他的儿子。

---

① 陈嘉庚：《南侨回忆录·鱼目欲混珠》，中国华侨出版社2014年版，第142~143页。

公元前二五一年，李冰奉秦昭王之命，到蜀郡任太守，在这位蜀郡最高长官看来，当官就是为一方水土一方人治理、消灾、滋润、谋利益，作为蜀郡的官，就是要解决最大困扰这块土地的旱与涝，解决农民们最最关注的水利问题，这个为官的理念很朴素也很实在，于是他开始了一场水利高科技的研究与实践，从而将自己从一个政治官员变成一个历史上伟大的水利专家。他与他的儿子一起，手握着一把长锸，站在滔滔的江中，喝令江水从左走，从右走，"遇湾截角，逢正抽心"，用竹篓装石块，"深淘滩，低作堰"，成就了一项世界级的水利工程都江堰，至今依然在世界水利史上熠熠闪光，而更重要的是使都江两岸从此永远雨露滋润。陈嘉庚再一次面对着一位为民谋事的祖先。他望着奉祀李冰父子的两座神庙，顿时觉得两庙皆"宏壮美观"，觉得自己也该给这块两千多年前创造的中华奇迹做点什么。

离开成都，陈嘉庚一行三人受甘肃省主席、第八战区司令长官、福建人朱绍良的邀请来到兰州。在兰州，朱绍良为他讲"民气甚形进步"，第八战区副司令傅作义为他介绍"敌之士气大不如前"，国民党中央特务主任戴笠给他带来了湖北钟祥与宜昌大战的捷报，又到青海见了青海省主席马步芳，看到社会民众有种军训之精神，总算回国慰劳以来见到听到一些令人"喜慰"的事情。

五月二十四日，陈嘉庚等乘车奔驰西安，与慰劳团第一团会合。此时西安的八贤庄也驻留着中共代表办事处，为阻拦慰劳团与共产党人接触，国民政府接待人员改变原本慰劳团下榻的地方，限制慰劳团的自由，这让团员们很不高兴。两天后，省主席蒋鼎文、副总参谋长程潜、胡宗南将军设宴欢迎慰劳团。陈嘉庚借机发表一篇事先拟好的讲话，讲话将抗战与抗战胜利后的建国喻为种植橡胶的两个时期，第一个时期抗战胜利已经没有问题，但第二个时期建国，"则必须消除土劣贪污，如树胶之防恶草白蚁"，言下之意是不清除国民党的腐败劣习，即使抗战胜利，建国也难成功。[①] 陈嘉庚说这次

---

① 陈嘉庚：《南侨回忆录·抗战与建国之喻》，中国华侨出版社2014年版，第154页。

讲话是因为看到政治不良，所以借题发挥，这一借题发挥，却公开透露出陈嘉庚对政府当局的不满，那天宴席上的人称陈嘉庚的演讲"甚形中肯，渠极敬佩"。

在西安这座拥有三千多年建城史的古帝王都，陈嘉庚深深体会到民族历史文化的源远流长与博大精深，身处中华文明与中华民族的发祥地，面对中华民族遭受日本铁蹄践踏的现实，流淌着黄河血脉的陈嘉庚内心卷起滚滚的历史波澜，有大汉盛唐激起的自豪与雄健，也有马嵬坡映现出来的历史悲哀。在十三朝古都的历史中行走，他参观了周文王周武王帝陵，拜谒了汉武帝陵，凭吊了霍去病、卫青的墓园，还到了骊山与马嵬坡，看秦始皇陵墓，观马嵬庙杨贵妃墓，这是陈嘉庚在民族生死存亡关头对历史的一种缅怀与向往。在周文王陵前，他想到的是礼贤下士、宽厚待人、实行裕民政策所带来的周朝繁荣；在汉武帝陵与霍去病、卫青陵园中，他惊叹于马踏匈奴的历史与艺术，流连于秦砖汉瓦的雄厚与强硬；在马嵬庙杨贵妃墓前，浮现于这位质朴国民眼前的，是安禄山、唐明皇所导致的"天下大乱"。大汉盛唐的雄风与风骨，久久久久地萦绕在这位八百万华侨领袖的胸中。

慎终追远，对于离开祖国而在异邦的土地上奋斗的华夏子孙来说，总是积淀着比在家的人们更加深沉的故国情怀，更加热切的寻根问祖情结。自从到西安后，陈嘉庚就提出要谒祭黄帝陵，并特地拜托中部县（今黄陵县）县长预备祭陵仪式。黄帝是华夏民族的共主，传说中黄帝开创了播百谷草木、伐木筑室、始制衣冠、建造舟车、推算天文、中华医术，是中华民族古代文明的先祖。黄帝陵位于西安往延安途中子午岭向东延伸部分，自秦灵公三年（公元前四二二年）开始，黄帝陵便成为历代帝王与名士祭祀黄帝的地方，公元前一一〇年，汉武帝刘彻亲自率领十八万大军祭祀黄帝，从此黄帝陵便成为国家大祭之地。

在陈嘉庚的生命中，有一颗最真诚的赤子之心，他不仅时刻准备着报效祖国，而且最忧患海外华侨子孙要随着岁月的流逝而忘却自己的祖宗，忘却自己的文化血脉。他的倾资兴学于故乡，很重要的一个办学目的便是让海外华侨子子孙孙能回到祖国学习中华文化。在重庆蒋介石宴请慰劳团宴会上，他在答谢演讲中再一次透露出内心的这种焦虑，他指出，"华侨在南洋殷富者，侨生最多，盖受先代遗业及久积而来，然多不受祖国文化，视祖国为无须关系"。侨生是指那些出生在南洋成长在南洋从父辈手中接过产业的青年，他希望政府能注意到这部分人脱离祖国关系而造成的"损失"，设法"挽救此弊"。① 这样的爱国之情家国情怀，驱使着陈嘉庚快快来到祖先的诞生地，想望着能早日谒祭黄帝始祖，尤其在这样的烽火岁月中，在国家与民族需要国民血荐轩辕的时候。

五月三十一日上午，陈嘉庚来到黄帝陵山脚下。老人拄着手杖，登岭绕坡，步行几里路，经过黄帝祠，来到黄帝陵与"轩辕桥陵"前，与中部县县长带领的百余人一起，在摆满祭品的香案前，焚香行最敬礼，站在"轩辕桥陵"亭阶上，发表简短演说，向祖先向到场的国人表明，自己代表着南洋八百万华侨而来，旨在鼓励抗战民气而来。② 眺望着子午岭上古柏参天，审视着帝陵后方高山起伏的山脉，看着陵前与左右水流环抱，触摸着那棵历尽数千年沧桑的黄帝手植古柏，陈嘉庚心里呼喊着：如此大好河山，如此悠久伟大的历史文化，又岂容东洋日寇逞凶作践。

《南洋各属华侨筹赈祖国难民会代表大会宣言》宣告，"中国立国五千年，夙以和平正义昭天下，不幸邻邦日本，军阀专横，妄图吞并中国以为征服世界之准备"，"我之国土，虽涂满黄帝子孙之血，亦涂满三岛丑夷之血"，正是在此存亡关头，中国毅然奋起抗战，"中国之抗战，实为御侮而战，实为自卫而战，实为维护国际盟约而战，实为保障世界和平而战"，"抗战断无不胜，建国断无不成"。站在祖先面前，陈嘉庚再一次发出了南洋八百万华侨捍卫祖国、驱除日寇的铮铮心声。

---

① 陈嘉庚：《南侨回忆录·蒋公宴慰劳团》，中国华侨出版社2014年版，第126页。
② 陈嘉庚：《南侨回忆录·中部县祭黄陵》，中国华侨出版社2014年版，第158页。

一九五五年，陈嘉庚（左三）再次来到黄帝陵祭拜

一九五五年，担任中华人民共和国全国政协副主席的陈嘉庚再一次来到黄帝陵祭拜，此时离他第一次到黄帝陵已经十五年过去了。他看到黄帝陵与桥亭日久失修，虽历代碑石犹在，古柏依旧森森，但庙宇有倾塌之势，庭中杂草丛生，陵山私坟如鳞，帝陵无人看管，保护徒有虚名，满目一片荒凉。陈嘉庚见此痛心疾首，回到北京立即写信给毛泽东主席，要求人民政府重视对黄帝陵的修葺与保护。毛泽东接信后即刻批复给周恩来总理："周总理，此件阅后，请递交有关机关处理，我看陈先生的提议是有道理的。"慎终追远的陈嘉庚成了新中国成立后倡议保护中华始祖陵地的第一位公民。

一九四○年五月三十一日从黄帝陵下来，陈嘉庚坚定地踏上前往延安的黄土大道。

第十一章

中国的希望在延安

陈嘉庚传

Biography of Tan Kah Kee

一波三折向延安

南侨总会成立时，陈嘉庚与八百万南洋华侨就打心底里祈盼四万万同胞精诚团结，打败日本侵略者。他们在南侨代表大会宣言中写道："惟精诚始足言团结，惟团结始足以言力量。精诚充，则团结未有不固，团结固，则力量未有不宏。"宣言指出，有了这"充大精诚，固大团结，宏大力量"，则抗战一定胜利。[①]虽然宣言所指是南洋华侨，却又是南洋华侨对于国内国共问题的殷切期盼，国共两党的摩擦，一直是陈嘉庚与南洋华侨的一块心病。

刚到重庆时，陈嘉庚见到时任副总参谋长的白崇禧，白崇禧告诉他，抗战以来，国共合作相安无事，但从一九三九年夏天以来，国民党中央政府与共产党意见日深，"似有剑拔弩张之势"，所以他想做中间人从中调解。陈嘉庚说自己在南洋对此事略有风闻，本以为汉奸有意造谣，没想到竟比风闻的危险，他忧患地说："盖全国协力一致对外，尚恐未易获胜，若能合作持久，抗战到底，庶有后望。兹如不幸分裂发生内战，则无异自杀，为敌人万分快意。"他深望白崇禧"极力斡旋，若得化险为夷，一致对外，实国家民族无穷之福也"。[②]

几天后，中共叶剑英、林祖涵、董必武三人拜访陈嘉庚，并送来三件陕北出产的羊皮衣。陈嘉庚与三位共产党人就国共两党摩擦交谈了几个小时，叶剑英表示万分赞成白崇禧出来调解，"但求能一致对外"，只是担心国民党中央"无有诚意"。陈嘉庚也坦率地向叶剑英等人袒露心中的忧虑，他说："余到此后始悉

---

① 陈嘉庚：《南侨回忆录·附录四，南洋各属华侨筹赈祖国难民代表大会宣言》，中国华侨出版社2014年版，第66页。
② 陈嘉庚：《南侨回忆录·白副总参谋》，中国华侨出版社2014年版，第116页。

近来两党恶感严重，心中焦灼莫可言喻。"①之后，陈嘉庚应约出席设在曾家岩中共办事处的欢迎茶会，叶剑英、林祖涵、邓颖超、秦邦宪、叶挺等中共重要领导参加欢迎茶会。茶会上，陈嘉庚在林祖涵致辞后发表讲话，这是他在重庆讲话中最精彩的一次演说。他向与会者介绍了南侨总会支援祖国抗敌的情况，指出自欧洲法国首创共和政体以来，共和已成为世界之潮流，孙总理的三民主义，苏联的共产政体，"均为废除独裁帝制、资本权利、奴隶制度等流弊，而实现人民自由平等之幸福"，是"多国之模范"。这次演讲，他再次说出了自己的焦虑，"以我民族之众，土地之广，华侨之资，加以国民爱国程度日高，确信敌人不能亡我，最后胜利已无问题。兹若不幸国共两派意见日深，发生内战，海外华侨定必痛心失望……万望两党关系人，以救亡为前提，无添油助火，国家幸甚，民族幸甚"。②这次演讲深受与会者欢迎，叶剑英特别走到台上致答谢，表示非常欣赏陈先生的讲话，也盼望陈先生在国民党面前作同样的表示。

与中国共产党人的两次接触，让陈嘉庚看到共产党人的诚意，但要真正了解延安，有效促成两党的精诚团结，给南洋华侨带回国共两党的真实情况，就必须亲往延安走走看看。就在这次茶会上，陈嘉庚向叶剑英了解前往延安的路程、日程、交通与拜访主席等具体问题，叶剑英给了陈嘉庚详细回答。数天后，陈嘉庚便接到毛泽东主席的邀请函。

早在一九三八年，陈嘉庚便有走延安的念头。那时，《南洋商报》青年记者张楚琨给了他一本斯诺的《西行漫记》，一个外国人笔下的红星世界震撼了这位"心怀祖国"的华侨领袖，那二万五千里长征的传奇，那中国共产党人的理想、信念与作风，还有那黄土高坡上扭开了的人民当家作主的大秧歌，让这位上下求索中华民族伟大复兴的侨领，心驰神往那个自己还很陌生的世界。在南洋，国民党凭借着自己执政的权力，在海外大肆进行反共宣传，将

---

① 陈嘉庚：《南侨回忆录·中共党员来访》，中国华侨出版社2014年版，第120页。
② 陈嘉庚：《南侨回忆录·中共欢迎会》，中国华侨出版社2014年版，第129页。

共产党塑造成"共产共妻""江洋大盗"形象，真相如何？对于一切从实际出发讲求实践检验的实业家出身的侨领来说，只有亲往延安考察才能真正了然于心。所以，确立南侨慰劳团的组织与行程时，延安之行机缘也就来到了。但陈嘉庚并没想到，这一次的延安之行改变了他的政治生命，让他做出一生中最伟大的历史抉择，也导致了南洋华侨社会的巨大动荡。

延安之行并没有像重庆之行那么顺利，国民党人在绞尽脑汁限制这位德高望重的华侨领袖与延安与共产党人的接触。

刚刚到达重庆的那一天，在飞机场的各界临时欢迎会上，陈嘉庚就宣布，此次回国自己要亲往八路军所在地延安，"以明真相，不负侨胞之委托"。在重庆时，他耳闻国共两党摩擦日深的情形，目睹陪都国民政府"前方吃紧，后方紧吃"的腐败，他想往延安探其真相的愿望就更加强烈了。

到成都后，蒋介石与宋美龄宴请他，宴请结束后，陈嘉庚再一次提出要去延安的打算。蒋介石听后大为恼火，大骂共产党无民族思想，口是心非，背信弃义。陈嘉庚知道蒋介石不愿他去延安，却也据理力争，回答蒋介石："代表华侨职责，回国慰劳考察，凡交通无阻要区，不得不亲往以尽任务。"老蒋只得无奈地答应，却又没忘掉警告陈嘉庚："要往可矣，但当勿受骗也。"①一个六十七岁的老人，一个在海内外饱经沧桑的历史老人，又如何会"受骗"，陈嘉庚不禁觉得蒋介石有些心虚，说这句话缺乏底气。

到西安后，离延安的距离也就只有两天的汽车路程，国民党更是费尽心机阻挠陈嘉庚的延安之行。慰劳团第一团到西安时，原计划下榻西安招待所，这里极适合慰劳团办事。但招待所附近驻留着中共代表，国民政府负责接待的人员未经慰劳团许可，便转移行李，改变住处，防止慰劳团成员与共产党人接触，限制慰劳团的自由。第二天，八路军总司令朱德到慰劳团第一团住处拜会，并邀请第一团到他的办事处共进午餐，第一团接受了朱德的邀请。国民党闻讯后，却安排慰劳团参加另一个活动，故意刁难，第一团团长潘受

---

① 陈嘉庚：《南侨回忆录·蒋公问何往》，中国华侨出版社2014年版，第143页。

不得不向朱德辞谢。于是朱德将会面时间改为下午三点，并告知周恩来要与第一团成员见面。朱德是由河北战区要回延安，周恩来是经西安要往重庆，知道慰劳团与陈嘉庚到西安，特地逗留西安以招待南侨慰劳团，潘受团长欣然答应邀请，南侨的代表们也都盼望能见到神奇的朱总司令与周恩来。没想到国民党却将慰劳团载往远处参观访问，有意将时间拖到傍晚才回到西安，刻意阻止慰劳团与朱德、周恩来的会面。陈嘉庚到西安后，听了潘受的叙述与抱怨后，便在程潜、蒋鼎文、胡宗南举办的西安欢迎会上，将国民党的行径比喻为胶园中的"恶草与白蚁"。

之后，陈嘉庚来到七贤庄八路军办事处，一是询问前往延安交通事宜，一是专门为慰劳团失约朱德总司令的茶会表示抱歉，他要办事处负责人向朱德与周恩来转达自己的歉意，并说这是重庆派遣来陪同的人员从中作梗所致。八路军办事处负责人答应一定转达陈先生的意思，同时安排一大一小两辆汽车前往延安，小车载送陈嘉庚、侯西反、李铁民等三人，大车载送护兵与燃料。五月三十日，陈嘉庚等三人正准备启程，西安国民政府负责接待的寿家骏科长又出现在众人面前，声称奉省主席蒋鼎文之命，带着一辆新的大汽车来护送陈嘉庚等人。陈嘉庚看出这是国民党给八路军的难堪，但对此小事也就客随主便，改乘新的大车，让寿家骏跟着出发了。

五月三十一日在中部县祭拜黄帝陵后，陈嘉庚等人来到陕西国民政府管辖的最后一个县区洛川，洛川组织的欢迎人群邋里邋遢，且有人向陈嘉庚等人投递多件文书，浏览五件文书后，陈嘉庚看五件文书大同小异，无非是"诉骂共产党"，陈嘉庚立即意识到这是国民党"一手之作为"，是借农民投书的形式，蛊惑不信任与怨恨共产党。①陈嘉庚认为这是小人的弄巧成拙，厌恶地将那些文书撕碎抛向车窗外，任碎纸飞向路边深处。

是日傍晚，陈嘉庚、侯西反、李铁民三人终于冲破重重干扰，来到了红旗招展的地方，来到了革命圣地延安。山丹丹开花红艳艳，黄土高坡来了特别的南洋客人。

① 陈嘉庚：《南侨回忆录·洛川民众投书》，中国华侨出版社2014年版，第159~160页。

新的世界新的人

滚滚延河水，巍巍宝塔山。一九四〇年的延安，这处中国革命的落脚点与出发点，已成为重庆之外领导中国人民抗战的中心。这里聚集着一群中华民族的优秀子孙，他们从这里出发，到前线去，到敌人后方去，肩负起把鬼子赶出中国的民族解放使命。

五月三十一日，当夕阳辉映着宝塔山的时候，陈嘉庚踏上了这块土地，延安人民以热腾腾油糕似的热情和滚滚米酒般的真诚，迎接了这位领导南洋八百万华侨坚持抗战的领袖。

陈嘉庚在李铁民（左一）和侯西反（右二）的陪同下抵达延安

临时欢迎会设在露天广场，没有排场，没有美酒佳肴，有的是席地而坐的三四千民众的笑脸与掌声。而坐在前排的数百人都是会听闽南话的军民，他们是来自厦门大学、集美学校以及南洋各学校的青年，还有陈嘉庚的故乡与南洋的同胞乡亲，这个安排让只讲闽南话的陈嘉庚特别关注与感动。陕甘宁边区政府民政部部长高自立任主席致欢迎词，陈嘉庚向欢迎的人群介绍了南洋同胞抗战筹赈的情况，并表示此次延安之行，寄托着南洋华侨的心愿，自己一定尽代表职责。

陈嘉庚、侯西反、李铁民等三人被安排在延安城外的交际处住宿，这是边区政府最好的住处，当时还住着著名作家茅盾。交际处并非是重庆的高楼大厦，而是黄土高坡下的窑洞，窑洞长约三丈，阔一丈，高九尺，看上去像山洞，原始得很，却冬暖夏凉，舒适宽阔。陈嘉庚看着自己住的窑洞，觉得别有一番天地，他深知中华民族世世代代，便是从如此奇特的窑洞中繁衍发展出来的。在延安，毛泽东主席特地派了自己的警卫员陈昌奉为陈嘉庚服务。陈昌奉是跟着毛主席走过万水千山的红军战士，陈嘉庚便在与陈昌奉的接触中，实实在在地了解到他在《西行漫记》中读到的二万五千里长征的奇迹。

第二天（六月一日），在朱德和夫人康克清陪同下，陈嘉庚参观延安女子大学。这位在故乡集美、在南洋都创办女子学校的教育实业家，一直将女子学校作为现代文明、妇女解放的一项重要标志，不遗余力地加以倡导。延安女子大学同样办在窑洞中，每口窑洞可容纳三十多位学生，校长是留学苏联的陈绍禹（王明）。他诚挚招待陈嘉庚，邀约师生在洞中客厅与陈嘉庚座谈，这次座谈让陈嘉庚尤感亲切。他没想到这个学校竟然有多位南洋华侨

陈嘉庚在延安发表演说（一九四〇年六月一日）

女生，她们来自新加坡、马来亚和印尼等地，廖冰就是其中一位，她在新加坡时是陈嘉庚秘书李铁民女儿的同窗与好朋友。六十年后，已是中华人民共和国国务院侨办副主任的廖冰谈起当年见到陈嘉庚情景时依然非常激动，她说她当时一见陈嘉庚就非常高兴，因为她读南洋女中时认识校主，知道他老人家到了延安，就很想见到他。所以一到会场看到老人家老盯着自己，就知道校主还认得自己，"哎哟，我就跑过去了，跑过去了，当然很热情，陈先生就好像看到多年不见的儿女一样，他说怎么回事，在这个地方怎么有南洋女中的校友"。那一天，这些被陈嘉庚当作儿女一般的延安女子大学的南洋学生，一一回答了陈嘉庚询问的"校中各情"。她们告诉陈嘉庚，学校不仅不用交膳宿等费用，还每月给每人一元零用钱，衣服一年寒暑各发两套，均由政府供给；菜资每人每天六分钱，每星期可吃上一两次猪肉；用餐时六人一席，早餐食粥，午餐晚餐小米饭，并有汤一大碗。学生还养猪、开垦荒地种菜，收成归学校用来加餐加菜。除上课学习外，假日与周日要下乡宣传演说，鼓动农民爱国、同仇敌忾以及讲究卫生、和睦亲善生活等。陈嘉庚问效果如何，学生答道："甚见功效。"①

在延安期间，这些南洋来的学生经常到城外交际处拜访嘉庚先生，晚餐之后要回十里之外的延安城，陈嘉庚很担心她们的安全，但她们让陈嘉庚放心，她们说："绝对无关碍，此处风俗甚好，一人原常夜行。"有一天狂风大作，漫天黄土飞扬，屋内黄尘布席，陈嘉庚关切地询问她们"能耐此苦否"，她们说"初来多不堪，迨后习惯已成自然，无何关系"，至于少数人意志不坚定者，却早已逃走了。②听南洋学生开朗乐观地谈吐延安的生活，见到她们在如此艰难环境中依然乐观上进的精神状态，陈嘉庚内心已经认可了那黄土扑面的质朴坚韧，那一窑窑闪烁着精神光辉的黄土窑洞。

午餐后，陈嘉庚与侯西反步行走进延安城，延安城三面环山，前面开阔，

---

① 陈嘉庚：《南侨回忆录·一生洗三次》，中国华侨出版社 2014 年版，第 164 页。
② 陈嘉庚：《南侨回忆录·黄尘常飞扬》，中国华侨出版社 2014 年版，第 169 页。

由于敌机轰炸，街中店面住宅大都塌坏，一片残垣断壁。两人登上后山，登高望远，延安的优美壮观展现眼前，顿时诱发了陈嘉庚规划与建筑的灵感，陈嘉庚认为延安若按新加坡科学化建筑，他日可成为数十万人口的"天然人工美妙"的"热闹都市"。

从山上下来，两人走进一道街市，街两旁是百余间商店，有门市部销售日用杂货，有商行交流物资，店铺大多简陋，交易却还热闹。为了防止敌机轰炸，商家货物大多堆积在山洞里，所以店面的货物都比较简单。陈嘉庚看到市场，自然热情倍加，不时向店家询问，与店家交谈，而得到的结论是商店都是商家自己创业自己经营，与政府无关，政府也不"存货公卖"，大商店的资本也只要十万元或二三十万元，也有大者达百数十万元资产，但商家无论大小，政府均无抽税。三天后，陕甘宁边区财政部部长也告诉陈嘉庚，在延安，"人民自己营业，政府无干涉，就是新垦荒地亦然"。为此，陈嘉庚回到住处后还特别问南洋女学生真实与否，得到的回答是"商民之营业，与政府无关"。[①] 想到陪都重庆政府官员亲自经商发国难财，大兴土木与民争利，而延安的经济是党政军民皆自力更生，商业贸易自由，市场繁荣，哪一样的经济生产能给人民给国家带来兴旺，陈嘉庚心中有了一杆秤。

这一天下午四时，陈嘉庚与侯西反乘车往杨家岭赴毛泽东主席之约。杨家岭当时住着毛泽东、周恩来、朱德、刘少奇等中共中央领导人，是中共中央办公厅所在地，中共中央几个重要部门都设在这里。毛泽东主席在窑洞门口迎接两位越洋过海而来的南洋客人，陈嘉庚注意到，毛主席的窑洞极其简陋，大小与自己下榻的交际处窑洞略同，十几只木椅，大小高矮不一，写字桌是旧式的乡村民用家私。然而正是在这样的窑洞里，这位中国革命的领路人运筹帷幄，激扬文字，书写出中国革命最宏伟的篇章，犹如周恩来后来说过的一句话，"毛主席在世界上最小司令部里（窑洞）指挥了世界上最大的解放战争"。尽管当年还在抗战最艰难的时期，但陈嘉庚已经从这样的窑洞里，

---

① 陈嘉庚：《南侨回忆·延安城形势》，中国华侨出版社2014年版，第162页。

感受到了一种全新的气息，一种足以让人们坚信抗战必胜、建国必盛的希望。

毛泽东给陈嘉庚的印象与报上刊登的照片一样，只是头发颇长。毛主席告诉陈嘉庚：因为窑洞凉，最近病了，有两月没有理发。还说自己是夜间办公，鸡鸣时才睡觉，下午才起床，所以约下午相见。陈嘉庚劝他注意身体，改变工作习惯，毛泽东说"十年如是，已成习惯"。说话间，有南洋学生与集美学校校友进来，也不用客套敬礼，来了便坐，坐了便谈，"绝无拘束"，后来朱德、王明夫妇也来了，也是自如地坐下来与大家交谈，陈嘉庚顿时感到有一种自己想象不到的"平等无阶级"气氛。

一九五五年，陈嘉庚在延安窑洞前回忆十五年前与毛泽东会晤情景

晚上毛主席就在窑洞前招待陈嘉庚用餐，露天下的石桌上放上一张旧圆桌桌面，桌面过于陈旧，便铺上四张白纸当桌巾，一阵风吹来，白纸被吹跑了，毛主席只是诙谐地笑笑，便弃之不用。主食是大米和小米混在一起蒸煮的二米饭，因为大米是国民政府供应的，小米是延安自产的，所以叫国共合作饭，菜是土豆、白菜、辣椒，是主席在杨家岭开垦出来的一块地上栽种出来的，唯一的荤鲜就是一碗整鸡鸡汤。毛主席开玩笑地说：我只有五块钱的津贴，一个月只有三块钱的菜金，一天菜金一毛钱，买不得鸡做汤，这鸡是邻居大娘知道我有贵客，特地贡献出来招待陈先生的。晚餐的和谐无拘，餐桌上的粗茶淡饭，让陈嘉庚很是感慨。陈嘉庚一生简朴无华，即使是家财万贯，在自己与家人的生活上依然坚守勤俭持家的传统，他的一部发家史也是一部艰苦奋斗的历史，联想到陪都重庆的灯红酒绿、觥筹交错，联想到蒋介石在嘉陵宾馆宴请的豪华堂皇，陈嘉庚从两种不同的招待中，思考起两个地方、两个政府、两个党的不同品格。

在延安的每一天，陈嘉庚随时随地都会在一些细微之处发现延安的精神。六月四日下午，朱德陪陈嘉庚参加延安第四军校的毕业仪式，这所军校有学生五百名，当天有一百多名学生毕业准备奔赴前线，校园上空回响着《到敌人后方去》的歌曲。军校教室设在山洞，高低相差数百尺。当陈嘉庚一行到达学校时，正有军校学生在球场比赛篮球，见到朱德总司令，学生就大声喊："总司令来比赛一场。"朱德征得陈嘉庚同意，也就脱去上衣，与学生赛了两场球。这让陈嘉庚再次看到延安的平等作风，看到共产党领袖与普通士兵的亲密无间，看到共产党人与独裁的蒋介石、与等级森严的国民党官场的天壤之别。

六月五日，陈嘉庚到延安的第六天，他与陕甘宁边区的财政部长、公安局长、最高法院院长等高级官员会谈，这次会谈让陈嘉庚对延安经济、政治、民主与军事上的艰苦斗争有了更深入更深刻的了解。财政部长告诉他，陕甘宁边区政府对民经商不设任何税收，民众开垦田园属人民自己，政府也不干涉；农民收获作物，每季上四百斤者，百斤抽一斤，最多抽到七斤，这与陈嘉庚在延安市场上所看到了解到的毫无二致。公安局长告诉他，自抗战以来，国民党中央未给延安一枪一弹，八路军的武器，一部分是从鬼子的手中抢来的，一部分则是向民间收买的；延安多组织游击队，用长枪短剑、大刀长矛，出没无常，夜间杀敌，在敌人后方破坏敌交通运输，夺取军火物资，以艰苦的斗争开展游击战争。

陕甘宁边区最高法院院长雷经天是厦门大学学生，陈嘉庚与他交谈时还有多位南洋学生在座，气氛特别亲切、温馨与活跃。最高法院院长与南洋学生一一回答陈先生的询问，他们告诉陈嘉庚，延安治安良好，没有盗贼乞丐，凡失业或赋闲之人，政府都给安排工作，或者让他开垦荒地从事农业；县长由民众公举，皆为民选出来；官吏贪污五十元者革职，五百元者枪毙，犯者绝不留情面，绝不袒护宽容；公务员每天工作七个小时，加上两个小时学习，薪金每月五元，毛主席、朱德总司令也只

厦大校友，陕甘宁边区最高法院院长雷经天（校史馆提供）

有五元零用；周日或夜间有名人演讲的大课，露天举行，民众也可参加。与三位高官和厦大、南洋学生的交谈，让陈嘉庚更加自信于自己对延安的判断。

在延安的九天时间里，陈嘉庚与毛泽东主席一共会谈了四次，毛泽东两次亲临延安交际处与陈嘉庚共进晚餐。两位伟人的西北会面，交流了很多军事、政治、经济与文化问题，但对陈嘉庚来说，他心中最大的情结依然是国共合作，团结抗战一致对外是两人交谈的焦点。陈嘉庚直言海外华侨闻国内团结对外，"欣幸莫可形容"，若内战爆发，则要伤透心脾，海外汇款势必锐减。他希望两党领袖当尽力避免摩擦，国共两党的意见分歧，应当留待抗战

胜利后解决。毛泽东满口答应,并请陈嘉庚将此意同样呈请蒋介石,也将延安所见如实告知南洋华侨。

  毛泽东给陈嘉庚留下了美好的印象,平易近人,从容不迫,充满智慧,雄才大略。有一天晚上从陈嘉庚住处出来,毛泽东得知国民党陪同人员寿科长也住在这里,便走进寿科长的窑洞。陈嘉庚以为他只是做一次礼节性的会面,未敢上床休息,在窑洞里等着。不料这一等总是等不到寿科长窑洞的灯光熄灭,陈嘉庚只好先行休息,第二天他才知道毛泽东与寿科长一直深谈到天亮。共产党的最高领袖可以与一个国民党下级军官如此相见如故地深谈,这足以表明共产党人的虚怀若谷。

陈嘉庚在延安骑马出行

但更让陈嘉庚感到欣慰的，是他与毛泽东对抗战时局和中华复兴思考上的心有灵犀。自抗战全面爆发以来，陈嘉庚发表过不少演讲与文章，这些演讲与文章始终贯穿着一种思想：反对和谈妥协，反对速战速决，主张持久抗战，坚持团结抗战，坚信抗战必胜。这些思考与思想，恰恰与延安毛泽东《论持久战》等著作中表达的思想不谋而合，毛泽东对抗战形势的精辟分析，对战争问题的透彻论述，以及对中国未来的构想，都让陈嘉庚倍感钦佩，陈嘉庚感到终于找到了自己寻找了很久很久的那位独具雄才大略的人。

六月七日晚上，陈嘉庚出席了延安军政界与民众、学生举行的欢送大会，会议在延安剧院举行，千余人到会欢送这位跨海西行的南洋客人。欢送会由朱德总司令亲自主持，王明致辞，王明在致辞中强调中国共产党自抗战以来，以救亡为先务，积极反击敌人侵略，与国民党军队联络友爱，一致对外，面对着一年多来中央军"多生恶感"，也抱定主张，极力忍耐，避免破裂。陈嘉庚也在王明致辞后发表在延安的最后演讲，他赞许王明的"伟论"，喜慰共产党人"能如蔺相如之推让"，他再次强调"四万万五千万人皆欲团结"，他说，"万一不幸破裂，则不团结之罪，两党二三位领袖当负全责"。[①]第二天，陈嘉庚等三人离开延安。

历史的偶然总会蕴含着必然，人的命运也往往因遭遇偶然而发生重大变故。陈嘉庚原本计划走访延安三天，三天后的山西行程也都与阎老西阎锡山约定好了，不料李铁民碰伤了头、侯西反吃伤了肚子需要治疗，陈嘉庚只好向阎老西提出改变原来的行程，延安的走访由此延长到九天。

从三天到九天，这个时间的偶然差异，却让陈嘉庚对延安有了更深入更深刻也更坚定的认识。九天前，当他踏上延安的黄土高坡时，他想看看斯诺笔下这块土地到底有多么神奇，他想看看共产党领导下的延安是否像国民党宣传的那样"共产共妻""男女混杂""民生疾苦"，更重要的目的是他要通过重庆与延安之行劝说国共两党领导人团结一致、共同抗战。但他万万没有想

---

① 陈嘉庚：《南侨回忆录·不团结罪责》，中国华侨出版社2014年版，第170页。

到，短短九天的延安之行远远超出了他的预想，他的行程目的不仅达到了，而且他的思想、信念和政治信仰发生决定性的大转变。四年前，那位外国人斯诺已经发现，延安勤苦、奋斗，延安复兴中华的道路充满希望，但重庆腐败不可靠，他预言红星将照耀中国上空。一九四〇年六月八日陈嘉庚挥手告别宝塔山的时候，他已经认同了斯诺的预言。他走了重庆与延安，对重庆与延安进行了直面质朴的比较，他认为重庆生活腐败，交际应酬互相征逐，资源浪费，卫生污秽不堪，媒体遭钳制，政府机构臃肿，行政官员私设营业，与民夺利。而延安是一个简朴、守纪律、刻苦、严峻的地方，田园民有，商业自由，民风淳朴，尤其是共产党领导人给了陈嘉庚最直观最美好的印象，他们勤劳能干，诚实廉明，英勇忠诚，为国为民，献身忘我，这一切，都让这位牵挂着祖国的华侨领袖对延安梦寐神驰。他后来在《南侨回忆录》中写道：

> 余在延安视察耳闻目睹各事实，见其勤劳诚朴，忠勇奉公，务以立国福民为前提，并实行民主化，与民众辛苦协作，同仇敌忾，奠胜利维新之基础，余观感之余，衷心无限兴奋，梦寐神驰，为我大中华民族庆祝也。

他终于找到了长期以来苦苦寻找的"中国救主"，他说，"中国的希望在延安"。

滚滚延河水，巍巍宝塔山。同样的山，同样的水，但离开延安时，陈嘉庚已经不是来时的陈嘉庚了。在黄土飞扬的古道上，在中华民族祖先的诞生地，他找到了中华民族复兴的希望。回望宝塔山，回望延河水，他心情舒畅、充满憧憬。

选择延安，他的生命做出了一次最伟大的抉择。

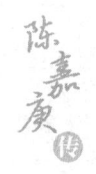

延安人民欢迎陈嘉庚与陈嘉庚抵达延安的报道

从拥戴蒋介石到寄望毛泽东

从延安再到重庆时，有一次蒋介石宴请陈嘉庚，席间警报响起，日本飞机空袭重庆，他们只得在卫兵护送下走向地下防空洞。此时蒋介石见陈嘉庚手无挂杖上坡困难，便将自己的手杖送给了陈嘉庚，陈嘉庚对此"私情之感，终身不忘"。然而，老蒋万万没有想到，从那时开始，陈嘉庚虽然挂着蒋介石送的手杖，却越走离蒋介石越远了。

在带领慰劳团回国慰劳之前，陈嘉庚一直很敬重蒋介石，他将蒋介石当作国民意志的代表，亲自担任"马来亚华侨购机寿蒋委员会"主席，购买飞机为蒋介石祝寿，也接受蒋介石为表彰他的功绩而授予的勋章；他认为只有南京政府才是中国合法的政府，确定《南洋商报》的办报宗旨是要以舆论"拥护南京政府"。在很长的一段时期他对蒋介石都抱着很大的希望，甚至不能容忍出现反蒋行动。

一九三六年六月，粤系军阀、国民党一级上将陈济棠联合桂系首领、国民党一级上将李宗仁、白崇禧发动两广军事事变，陈嘉庚立即在南洋发动声势巨大的反对内战、"拥护中央政府"的行动，维护蒋介石的地位。

事情的发生是这样的。自一九三二年以来，广东、广西地方实力派一直对国民党中央的权力结构与对内对外策略深怀不满，他们利用国民党元老胡汉民，组织西南执行部和西南政务委员会，形成西南半独立状态，与蒋介石中央政府对峙抗衡。一九三六年五月十二日，胡汉民在广州逝世，两广地方势力派失去重心，蒋介石趁机要取消西南执行部和西南政务委员会，收回陈济棠手中的军政大权。这时期，日本的侵略行径咄咄逼人，九一八事变强占东北三省，一二八事变进攻上海，之后又出兵热河和河北，同时加紧进行分离华北脱离中央政府统治的"自治运动"，中国北方局势岌岌可危。但蒋介石依然推行"攘外必先安内"的策略，五次"围剿"中国共产党建立的红色根据地，"围剿"中央红军，对此朝野上下议论纷纷。

借此朝野上下对蒋的不满，陈济棠先发制人，联合李宗仁、白崇禧等人打起"抗日救国"旗号挥师北上反蒋。六月一日，西南执行部和西南政务委员会召开联席会议，呼吁国民党中央和政府立即对日抗战；六月二日，将抗日主张通电全国；六月四日，陈济棠、李宗仁、白崇禧等数十名将领联名发表通电支持；六月六日，两广军队组成抗日救国军出兵湖南，进逼衡阳，蒋介石军队挥师南向，防堵镇压，冲突激烈起来；六月二十二日，西南军事委员会宣布成立，陈济棠任委员长兼抗日救国军总司令，李宗仁任副委员长兼副总司令，内战一触即发。

两广事变发生后，全国各界与海外同胞高度关切，一面是日寇对华北对整个中国虎视眈眈，国家处于生死存亡关头；一面是强敌面前内战即刻爆发，中央与地方两股军事力量陷进火拼危险。国人忧心忡忡，一致呼吁抗日救国，反对内战，和平解决两广事变问题。新加坡是南洋华侨各项活动的核心地区，两广事变一发生，华侨立即做出反应，各个华侨团体即刻致电南京政府与两广当局停息对抗，一致抗日。六月二日，华侨俱乐部致电西南政委会："国难已亟，负责非轻，刻应实现统一，共营救亡。"六月八日，陈嘉庚领导的福建会馆分别致电陈济棠和李宗仁、白崇禧，请他们"尊重中央，同舟共济"。当陈济棠回电自称此次西南事变是"纯为对外，而非对内"时，陈嘉庚又以福建馆再电陈济棠，电文写道："西南借口抗日，欺蒙民众，假途灭虢，叛离中央，司马昭之心，路人皆见。抑知战祸一兴，加深国难，资利敌人。苟真爱国，何忍出此。"语言犀利，已是口诛笔伐之势。六月十日，陈嘉庚召开怡和轩俱乐部执监职员紧急会议，决议致函各华侨团体，发起侨民大会，向南京与两广呼吁双方和平。

六月十五日,《新加坡华侨各团体吁请宁粤息争召集侨民大会通告》在各个华侨报刊刊登,通告道明,"西南领袖,出兵北上","中央政府""倾师南向","三湘七泽,满布战云","全国同胞,齐声反对",为避免国难,制止内争,维护"兴亡有责之义","特联同发起,召集国民大会"。通告发出两天后,由九十二个侨团参加的侨民大会在新加坡中华总商会举行,这是自一九三一年"九一八"国难发生以来新加坡的第二次侨民大会,是南洋华侨关切桑梓和祖国命运的又一次重大集会。大会上,主席陈嘉庚发表了长篇演说。他指出,两广事变一旦引发内战,"国家将遭遇不幸,故乡亦备受蹂躏",关系重大,华侨不能"放弃国人天职";他呼吁各处华侨与全国同胞一起,行动起来制止内战。大会上,陈嘉庚再一次表明"应承认南京政府为独一无二之政府",声明"拥护中央政府,并非拥护蒋介石",表示自己"唯一意志在拥护中央,不让西南借言灭虢,离叛中央"。针对西南起事借口呼吁抗日一说,陈嘉庚特地为国民政府"今日未行抗日"分析出五点原因,"一为无钱,二为乏粮,三为无军火,四为有匪患,五为无统一",他认同蒋介石宣称的"和平非至绝望则不轻易言战",认为"今西南反对中央,事实上反蒋",而对于蒋介石的看法是"如蒋先生如袁世凯行帝制,我人自应攻击,今事实上蒋先生并未如袁世凯之行帝制,则我人又将何言"。①

两广事变最后因蒋介石采取分化利诱手段收买地方势力,两广军队将领大量反戈一击拥蒋,西南政权最终瓦解。在两广事变中,陈嘉庚领导南洋华侨反对西南起兵,是南洋华侨一次反对内战、呼吁一致抗日的爱国行动。此时的陈嘉庚,信任蒋介石,信任国民党中央政府,他将抗击日本与建国的希望寄托于蒋介石及其中央政府身上。这种信任与希望,在陈嘉庚对西安事变的反响中再一次突显出来。

一九三六年冬天,日寇对中国的侵略行径日益扩大,中国人民抗日救亡运动空前高涨。但蒋介石依然坚持"攘外必先安内"政策,亲自抵达西安,

---

① 《陈嘉庚在侨民大会演词》,《南洋商报》1936年6月18日。

强制、督促张学良、杨虎城两位将军率领东北军、西北军进攻陕北根据地，"剿灭"刚刚经过二万五千里长征胜利会师的中央红军与陕北红军。但蒋介石万万没有想到，张学良与杨虎城激于爱国抗日之愤，于十二月十二日举行兵谏，在华清池将蒋介石扣押起来，要求停止内战，一致抗日，这就是震惊中外的西安事变。

西安事变的爆发引发新加坡社会的强烈震荡，六月的两广事变刚刚平息，十二月的西安又爆发让人惊悚的扣押委员长事件，这对于渴望停止内战、一致对外的南洋华侨来说简直是晴天霹雳。事变第二天，新加坡各家华文报纸纷纷出版号外，报道事变消息，各社团各团体纷纷发出函电，呼吁释放蒋介石，万勿"再酿分裂"。

那些天，陈嘉庚整日整宿地在怡和轩，寝食不安，焦虑万分，忧形于色，每隔二三分钟就要电话询问《南洋商报》事变消息，往往到凌晨还在电话旁等候，他对记者叮咛："我在等待，我未睡。"他对怡和轩一起关注着事变发展的同仁说："救中国的，只有蒋介石，如果天要亡我，那有何话可说。"那时，他还把蒋介石当作能救中国于灾难之中的领袖。

事变刚发生时，陈嘉庚并不相信张学良真会做出扣押蒋介石的行为，他认为张学良一向忠诚谋国，与蒋介石"私谊尤洽"，之所以如此"必有困难之处"。他以福建会馆主席的身份致电张学良，温和劝说张学良以国家民族为重，释放蒋介石。[①]

十二月十七日，陈嘉庚在怡和轩召开紧急会议，与怡和轩委员监事商讨如何解救"蒋委员长被禁"与"祖国安危"问题。这时陈嘉庚已不再像几天前那么温和，对于张、杨的行动，他的不满强烈起来，他说，"蒋院长为吾国军政领袖，所负责任非常重大，其一身堪称系一国之安危"，他提出召开侨民大会，发电各省军政长官，"服从中央，迅平战乱"。第二天，怡和轩立即向新加坡各华人团体发函，函中谴责"张学良率军叛变，劫持蒋委员长，破

---

① 《南洋商报》1936年12月15日。

邦家一统之局，招民族危亡之机"。几天后，新加坡一百零三个华人团体共同发表一份"召开侨民大会宣言"，宣言洋洋洒洒数千言，申述祖国处境的艰险，西安事变的乱法，责问"今日千辛万苦造成之伟大领袖，吾人亦宁肯坐视其再失"，声称对"张逆学良"要"群起而攻之"。[1] 一百零三个华人团体发起为西安事变召开的侨民大会，规模与发动声势都要比制止两广事变大会、"九一八"抗议日本侵略东北三省大会以及中华总商会召集的"购机寿蒋大会"大得多，足见当时新加坡华侨社会对于西安事变的高度关注与忧虑。

十二月二十三日，就在西安事变和平解决的前两天，新加坡侨民大会假中华总商会举行，八十七个宗乡会馆、行业工会、文化、专业团体与学校共一百多位代表参加大会。大会主席陈嘉庚致开幕词，他直截了当指出，召开侨民大会其一是位居南洋中心的新加坡深受南京政府重视，对西安事变应有所表示；二是国难方殷，外侮日亟，援蒋讨逆，为必然之事；三是多难兴邦，国难中华侨毋忘国民应尽之责任，召开侨民大会，亦为必然之事。大会形成五点议决案：

一、致电拥护中央政府，反对任何异动野心；

二、致电张学良悔祸，迅释蒋委员长；

三、设不幸蒋公被难，则请各省团结一致，安内攘外，则民族复兴可望；

四、将各议案通电中央及各省要人；

五、组织"新加坡华侨救国援蒋大会委员会"，推举陈嘉庚等二十二名委员。

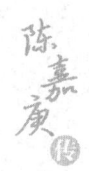

第二天，华侨救国援蒋大会委员会在怡和轩举行第一次会议，形成"救国援蒋大会主席陈嘉庚致各省当局电文"，电文继续阐明二十三日议决案的前

---

[1] 《星洲103团体为西安事变召开侨民大会宣言》，《南洋商报》1936年12月23日。

四点意见,指斥张学良"竟称兵犯上,甘为祸首,误国误民"。通电至各省当局及国内各主要报馆,电文传播遍及神州大地。

十二月二十五日,在中共中央和周恩来主导下,西安事变以蒋介石接受"停止内战,联共抗日"的主张而和平解决。西安事变的和平解决为抗日民族统一战线的建立准备了必要的前提,成为由国内战争走向抗日民族战争的转折点。十二月二十六日下午,和平解决的消息传到新加坡,整个星岛欢欣鼓舞,喜气洋洋,爆竹彻夜不绝。当天晚上,怡和轩俱乐部举办例常宴会,陈嘉庚领头举杯祝福蒋委员长脱险康宁,他还致电蒋介石:"公遇险,国家同遇险;公脱险,国家同脱险。为公庆,为国族庆。"①

在两广事变与西安事变中,我们看到了一个坚决拥护蒋介石的陈嘉庚。从一九二七年到一九四〇年,陈嘉庚抱定南京政府是中国唯一合法政府的信念,他坚信"蒋介石是唯一能团结全中国人民一致抗日的伟大领袖"。然而,在一九四〇年回国慰劳的九个月亲身经历中,特别是在对重庆、延安实地考察后,这位从不讲本本而是最讲实际最重民情的华侨领袖,立即改变了自己的政治信念,南京政府与蒋介石罩在他头上的光环顿时灰飞烟灭,红星高照的延安与在延安运筹帷幄的那位四十多岁的领袖,唤起了已经六十七岁老人新的历史希望,这也是这位老人心中中华民族的希望。伴随着滚滚延河水,一道光照进了陈嘉庚的心中,巍巍宝塔山上空的红星,从此照亮了陈嘉庚的生命旅程。

告别延安向东行,陈嘉庚渡过黄河,在山西与第一战区司令官阎锡山会面,交谈的问题依然是国共合作抗战的问题。

六月十四日,他重抵西安,陈立夫专程从重庆来西安,名义上是迎接,实际上是向陈嘉庚宣传共产党的罪过,陈嘉庚说他这是"醉翁之意不在酒"。陈立夫根本没想到延安行之后陈嘉庚思想的巨大变化,他的宣传显得尤为滑稽,用陈嘉庚的话说是"弄巧反拙"。

---

① 《南洋商报》1936年12月27日。

六月十九日，陈嘉庚进入洛阳古城，他在关帝墓、卧龙岗再一次与关羽、诸葛亮等历史上的政军天才灵魂相遇，在与卫立煌、李宗仁的会面中，他再次表明海外侨胞期盼国内各党同心同德、抗战救亡的心愿。

陈嘉庚与李宗仁（1940年6月24日）

六月二十六日，陈嘉庚在成都与慰劳团第一团团员会合，他向团员们畅谈了延安之行的经过与看法，他说行前自己总是牵挂的中国救主现在已经找到了，那个人四十多岁，还干了一番事业，这个人就是延安的毛泽东。七月十七日，陈嘉庚重新回到重庆，二十一日，他与周恩来在嘉陵宾馆首次会面，讨论解决国共摩擦的问题，周恩来告诉他不久国共可达成协议。四天后，叶剑英为他带来了国共两党停止敌对的文件，陈嘉庚甚感欣慰。

也就在叶剑英带来文件的前一天即七月二十四日，陈嘉庚应国民外交协会的邀请，向济济一堂的数百名代表和国内外记者发表了"西北的观感"讲话。他介绍了在延安九天的所见所闻，对传闻中的共产党没收私产、资财共产、男女混杂、妇女公妻、民生潦倒，一一做出耳闻目睹的澄清。他认为延安的今天民众自由经营，政府绝无干预，生活甚有秩序，恋爱自由礼节简单，是孙总理要实行的三民主义。他还告诉人们朱毛全力支持抗日的政策，并且呼吁全国民众团结一致去争取抗日胜利，为全民族生存奋斗。第二天，重庆的十一家报馆五家刊登了陈嘉庚的讲话摘要，《新华日报》于七月二十六日全文刊登。接着，陈嘉庚又接受《新华日报》记者采访，足足谈了两个钟头，除重新阐明前夜演讲的内容，还特别赞扬了延安精神，在他看来，延安体现出的精神是苦干、团结、平等主义、人无等级。七月二十九日，《新华日报》刊登了这次访谈。陈嘉庚的讲话与访谈报道，在重庆炸开了锅，国民党高层人士甚为不满，他们无法理解，陈嘉庚仅在延安逗留九天，为何就不再相信他们花了多少年用了多少心思宣传的延安形象，为什么一个原本拥戴蒋介石的南洋领袖，竟然公开为共产党"火上添油"。当侯西反将国民党人的不满与指责告诉陈嘉庚时，陈嘉庚毫不畏惧，他说："事实胜于雄辩，共产党果有良好政治，自能树进势力，外间毁誉何关大局。"①

外间毁誉何关大局，关键是认识事物的真相，对民族赤胆衷肠、对同胞对事物正直求真的陈嘉庚，并不会因为有人强加于他的立场与偏见挡住了自己的视线，当他能亲临其境去认知那片红星高照的黄土地时，他的高瞻远瞩让他看到了中华民族新的希望。他在国民外交协会的演讲，也就播下他与国民党分裂的种子。

"西北的观感"让蒋介石很不满，但对于这位代表着南洋八百万华侨的侨领，他还不能不表现出一副恭敬的姿态。七月二十八日，蒋介石单独接见陈嘉庚，只是会面时蒋介石有点失态，他暴跳如雷，面红耳赤，大骂共产党，叫嚷着"抗战要望胜利，必须先消灭共产党"，并且对陈嘉庚说，"此项话我

---
① 陈嘉庚：《南侨回忆录·党人大不满》，中国华侨出版社2014年版，第196页。

未尝向人说出，今日对你方始说出"，①表示对陈嘉庚的信任。然而，蒋介石的歇斯底里，反而让陈嘉庚更加自信自己对延安的选择，他并不正面回应声色俱厉的委员长，而机智地再次表明南洋华侨盼望祖国团结对外、坚持抗战的心愿。蒋介石自觉没趣，便又转怒为笑，特别交代陈嘉庚有什么需要，一定要函告他。

第二天，蒋介石又派朱家骅接陈嘉庚来到他的黄山别墅共进午餐，那天陪同用餐的阵容非同一般，有蒋夫人宋美龄、总参谋长何应钦、第二战区司令卫立煌、组织部长朱家骅、政治局主任张治中、蒋介石私人秘书陈布雷、海外局主任吴铁城，以及蒋介石准备派去陪同陈嘉庚西南考察的王泉笙。午餐后响起防空警报，一群人便落座会议室交谈，蒋介石一连三次探问陈嘉庚对国民党的观感，陈嘉庚却以自己是党务门外汉为由，不给正面回答，但面对着客气的主人的三次追问，又不想在那么多人面前暴露自己的想法，陈嘉庚便将答题引向新加坡的国民党人，他告诉蒋介石，"国内国民党事，实不能答"，但新加坡的国民党人，却"随便举动"，"多为人不满"，他们占有选举运动费，操纵国民大会代表选举；经营舞厅，用华女作佣，"贻害青年"，"有失国体"；新加坡抵制日货，身为国民党人的总商会会长却受贿，帮助敌人清理咖啡六千包；而且，国民党专员到南洋视察，"应酬尚不暇，非舞厅则游艺场，教育机关未一步行到"。②陈嘉庚一一数落着新加坡国民党人的劣迹，蒋介石心里很不是滋味，他虽然还叮咛吴铁城要禁止南洋视察的应酬，但也清楚地意识到，这位曾经购机为自己祝寿的陈先生，已经对自己和党国失望了，再也不会像之前那样拥戴他与他的党了。就在这时，防空警报再次响起，一群人便走向防空洞。也就是在这一次，蒋介石将自己的手杖送给了陈嘉庚，但那根手杖，并没有将陈嘉庚与蒋介石再次连接起来。自南洋回国慰劳团抵达重庆以来，蒋介石与陈嘉庚共会面五次，这第五次充满戏剧性的见面结束

---

① 陈嘉庚：《南侨回忆录·必灭共产党》，中国华侨出版社 2014 年版，第 197 页。
② 陈嘉庚：《南侨回忆录·蒋委员长三问》，中国华侨出版社 2014 年版，第 197~198 页。

在警报声中，显得尤为意味深长。这次午宴之后，陈嘉庚与蒋介石就再也没见过面。

七月三十日，陈嘉庚与侯西反飞往昆明，开始他最后的国内考察旅程——西南与故乡之行。离开重庆时，他登报声明，结束南侨慰劳团历时三个多月的慰劳之旅，并在昆明给蒋介石亲笔写了一封信，当天航空寄往黄山别墅，以补充在黄山别墅时的蒋介石三问。针对蒋介石担心他会在西南继续"宣传共产党好话"，信中直言自己说延安好说共产党好，乃是"所闻所见事实"，是"凭良心与人格"之言，自己说话绝不能"指鹿为马"；他再次表明"若欲消灭共产党，此系两党破裂内战，南洋千万华侨必不同情"，他奉劝蒋介石应学当年的诸葛亮、刘备，"东和孙权，北拒曹兵"，两党问题待抗战后解决。接着，陈嘉庚对蒋介石的三问国民党感想做了回应，说出亲闻亲见的三则事情：一是事关抗战军运重事的西南运输办理不利；二是国难中保管外汇的官员挪用外汇从事投机，让马寅初声泪俱下；三是西安污吏尽人皆知。陈嘉庚希望老蒋对此"三害""设法改善，勿使抗战与政治有不良阻碍"。[①]蒋介石读到这封信后是默默沉思还是暴跳如雷，我们已无从知晓，但原本派往昆明陪同陈嘉庚西南之行的王泉笙虽已购定机票，却再没有来昆明，蒋介石取消了这个陪同。

一九四〇年的回国慰劳，为陈嘉庚带来一个新的希望，开拓出一个新的视野，也为他带来一个新的憧憬。通过重庆与延安之行，他发现一度是他仰慕与不遗余力支持的蒋介石，已经难以担当起拯救国难、振兴民族的重任，而延安却正在生长着一种新精神，延安居住着一位人格高尚的共产党人，他实际、诚恳、简朴、自律、乐观、新颖，更重要的是他有着常人所不及的精力与精神，有着处处从民族、从民众考虑的宏才大略，陈嘉庚意识自己找到了真正的朋友，找到了中华民族的希望。

[①] 陈嘉庚：《南侨回忆录·函答蒋公三事》，中国华侨出版社2014年版，第200页。

第十二章

政治与战争硝烟中的华侨旗帜

政治时常是难于察觉的，它在看不见的地方涌动着，无声地改变着历史长河和人生江流的走向。"年届六十七的年轻人"陈嘉庚，尽管历来坚守"党务门外汉"的立场，他还是被逼走进了政治斗争的狭缝，树欲静而风不止，陈嘉庚与重庆政府与蒋介石的政治分裂公开化了，他开始与国民党官僚短兵相接起来。

"六十七"遭遇的政治

政治时常是难于察觉的，它像山岳河流下的暗流，在看不见的地方涌动着，却无声地改变着历史长河和人生江流的走向；政治时常又是剑拔弩张、硝烟弥漫，像一场敌我相对的生死之战，你死我活，将时代激流与个人生命卷进无法逃避的斗争旋涡。尽管陈嘉庚坚守着一种无党无派的立场，尽管他对蒋介石说自己是党务门外汉，政治还是或明或暗地找上他，他既受到政治暗流的冲击，也呈现出是非明确的政治选择。

在重庆宣布结束南洋回国慰劳团活动后，陈嘉庚并没有停下个人访问考察的脚步，老人心中牵挂着滇缅公路上两千多名浴血奋战的华侨机工，牵挂着故乡与抗战烽火中的厦门大学和集美学校，牵挂着西南的抗战形势与民众生存。从八月上旬到九月中旬，陈嘉庚行走在云南、贵州、广东、江西、浙江各省，从云南昆明启程到"天无三日晴"的贵州省会贵阳，离贵阳经柳州前往山水甲天下的广西省会桂林，自桂林再往"潇湘洙泗"的湖南省会长沙，再经长沙南下抵广东边陲韶关，进江西赣州，北上战时江西省政府泰和，抵边陲小镇上饶，入浙江火腿之城金华，与第四战区司令张发奎、第九战区司令薛岳、广西省长黄旭初、江西省政府主席熊式辉及老蒋的大公子蒋经国等国民党要人见面交谈，会见了林可胜医生、叶渊秘书长和集美学校校友黄文丰等友人，接受采访发表讲话，一身西装，一头华发，足迹踏遍西南各省，步子轻盈矫健，当时西南媒体称他为"一位年届六十七的年轻人"。然而，这位在为中国抗战胜利而踏遍西南山水的"年届六十七的年轻人"，却对向他偷偷袭来的政治暗流懵然不知。

在延安与毛泽东交谈时，毛泽东向陈嘉庚表示必定坚持国共合作、一致对外抗敌,也请陈嘉庚能将延安的真情实况告知各地民众与南洋华侨,消除那些强加在共产党头上的不实之词,陈嘉庚也应承了毛泽东的请求。作为一位富于传统文化人格的国人,陈嘉庚信奉的是礼仪之邦的君子之道,讲忠信,重然诺,"言必行,行必果",他对毛泽东一诺千金,整个西南之行,自然不断违抗蒋介石的意愿,一再谈到延安,谈起延安所见所闻。

八月十二日那天,他在云南的欢迎大会上演讲完后,又被引到客厅茶会,接受数十名记者采访,老人在客厅足足站了两个多小时,应记者们提出的问题,介绍了南洋新闻界、教育界情况,提出自己对国共两党摩擦的看法,将自己的延安之行"所闻见忠信相告",却对"国民党有何看法"的问题一言不发,小心地避免触怒国民党人。① 尽管如此,陈嘉庚对延安的如实"简单报告"依然激怒了国民党,他与蒋介石与重庆政府的关系走向分裂。

八月中下旬,陈嘉庚在桂林与叶渊重逢,集美学校创建后,叶渊一直是集美学校校长,直到一九三七年抗战全面爆发后才离开集美,陈嘉庚对他特别器重与信任。陈嘉庚到桂林时,他已任广西省省长秘书多年,刚刚升迁为广西税务局长,两人相见甚欢。然而,相见后叶渊不停劝说陈嘉庚不要再触怒国民党,这让陈嘉庚很失望与不快。将中华民族的正正之气当作生命价值的陈嘉庚,一生刚正不阿、嫉恶如仇,叶渊尽管与他有过相当亲密的关系,还是无法理解陈嘉庚为什么会如此无所畏惧地去触犯国民党当权。这次相见,陈嘉庚很感慨,他意识到即使像叶渊这样的老友,也依然无法深知他的"直言不欺隐、勇于负责"的天性与"爱国热忱",在广西,他的演讲依然坚持"必以是非为好恶"。②

从桂林到长沙,陈嘉庚与薛岳会面,薛岳偷偷告诉他,何应钦部长已致电给自己,暗示陈嘉庚同情共产党,接受共产党的"蛊惑",要薛岳谴责共产党。陈嘉庚意识到自己已被重庆政府暗中宣布为"不受欢迎的人",国民党人

---

① 陈嘉庚:《南侨回忆录·答昆明记者问》,中国华侨出版社2014年版,第211页。
② 陈嘉庚:《南侨回忆录·优缺不愿居》,中国华侨出版社2014年版,第223页。

在暗中监视、控制与诋毁他的西南之行。

九月八日，陈嘉庚来到江西泰和，熊式辉邀请他参加晚会。晚会上，熊式辉按照"谴责共党"的指示，大谈江西因遭红军蹂躏，经济不振，陈嘉庚则在致答谢词中反其道而辩称，自己因为对延安对共产党据实而言，不愿"指鹿为马"，便引起重庆党人不满，对他畏若蛇蝎，指斥他是共产党同情者。陈嘉庚毫不妥协地表示，南洋华侨希望国内能团结一致、枪口对外，国民党倘若政治行不好，就是没有共产党反对，也必有别党起而反对。

从江西进入浙江金华后，陈嘉庚就接到重庆可靠友人来函，告诉他从他离开重庆后，国民党中央对他就特别注意，并作出三项决议：一、由何应钦电告西南等省监视陈嘉庚的行动；二、发电新加坡总领事馆，以陈嘉庚亲共为由，设法运动英政府禁止陈嘉庚入境；三、派吴铁城前往南洋，到华侨群体活动，破坏陈嘉庚在南洋华侨的领袖地位与威望。"年届六十七的年轻人"陈嘉庚，尽管历来坚守"党务门外汉"的立场，他还是被逼走进了政治斗争的狭缝，树欲静而风不止，陈嘉庚与重庆政府与蒋介石的政治分裂公开化了。

分裂公开化后，"直言不欺隐、勇于负责"的陈嘉庚就不再顾及触怒国民党当权的问题了，他开始与国民党官僚短兵相接起来。

九月二十三日，在国民党中央监视与防备的乌云笼罩下，陈嘉庚从金华踏上福建故乡的土地。自从厦门大学创建之后再抵新加坡，陈嘉庚那走世界的脚步就再也没有走进八闽大地，这次再进福建故土时，已经是整整十九年过去了。

刚刚进入福建境内，国民政府福建省主席陈仪派了省参议兼集美学校校董陈村牧等人迎接，心系桑梓的陈嘉庚踏上故乡的土地，见到集美学校的友人，满心欢喜。但归乡的喜悦每每被一些或悲惨或令人气愤的见闻破坏，一路走来，他的心情越来越沉重。

在南平，有闽南的代表向他诉说闽南民众深受苛政惨苦，民不聊生；在所谓的模范村，他看到污水横流、公厕久积污秽，卫生极为不堪；去崇安路上，则是壮丁尸体裸身路旁，随行宪兵说那是壮丁病死后衣服被押官取去的结果；惠安诸山成不毛之地，泉州米价昂贵；贪官所办政府贸易公司，与民争利，甚至与日本人有生意往来；政府创办运输统制局，垄断营业，阻止民间商家运输，致使货物堆积，商家难得生存。到福州时，十余名记者纷纷向陈嘉庚告状，诉说民众苦境，苛政如虎，贪官污吏凭借政府的"统制"政策，私欲膨胀；而言论则严加控制，几位厦大学生、集校教师也告诉校主同样的情形。

离开福州前一天，十几位男女记者"为良心所驱使"，联袂再次求见，要求陈嘉庚出面"挽救民众倒悬痛苦"，认为除陈嘉庚先生外，再无他人能"挽救"福建民众。一九四〇年十月二十八日《福建新闻》的《欢迎陈嘉庚特刊》这样写道："欣逢先生之来也，为情之切，为望之奢，有如旱涸之欲沐甘霖，有如枯草之欲沾雨露。"陈嘉庚到来，为八闽乡亲带来希望，他们深知"先生之家既可为教育而毁，先生之身亦当不惜为民众而瘁"。见到百姓对自己给予如此厚望，陈嘉庚决计站出来为故乡"挽回劫运"，为民众"解悬"，他希望记者能写一份披露政府的详细材料给他。在他的要求与激励下，一位记者抱着"为民众死亦甘心"的决心，决定将他们所知所见的苛政猛于虎与民不聊生的情况写成书面材料，交给陈嘉庚先生。

十月二十日，陈嘉庚从泉州向省主席陈仪发出电函和信函两封，一简一详地将自己在福建行走二十个左右县调查所得的民众积怨，集中从统制运输问题上，追问与谴责政府行为，明确指控自统制运输后，运输深受影响，造成民众诸多悲惨情景。到永春后，陈嘉庚再次致书陈仪，一边追问泉州致电的回复，一边又列出七条自己沿途所见的民众苦境和贪官苛政，要求陈仪下令改变现状，"免贫苦人民数十百万人饥饿疾病死亡之惨"。①

抗战时期，福建主政者陈仪热衷于对全省的工业生产、交通运输、粮油交易施行统一管控，强令推行政府对经济的管控。这样一来，大批贪官污吏

---

① 陈嘉庚：《南侨回忆录·再上书陈仪》，中国华侨出版社2014年版，第262页。

便趁机插手经济领域，中饱私囊，百姓则处处受到政府管控，毫无经济生路，柴米日渐昂贵，生活日渐悲惨。陈嘉庚向来关注民生，更不能容忍政府与民争利，当他向陈仪提出"统制"政策带来的弊端与民生疾苦后，陈仪则以不下数百字的回电加以敷衍。陈嘉庚认为陈仪骄横，无意接受他为百姓提出的恳求，即刻拒绝陈仪请他去永安的邀约，他与陈仪的冲突在所难免。

十一月三日，陈嘉庚来到漳州。漳州是座古城，距离陈嘉庚故乡集美仅有一小时车程，不到六十公里路。当年建设集美学校和厦门大学时，为了节省建筑费用，实现学校建筑的独特风格，陈嘉庚在漳州建立了砖瓦厂，专门生产厦大集校建筑所需要的砖瓦，经常来往于漳州、厦门与集美之间。那天，漳州民众在戏院召开欢迎会欢迎陈嘉庚的到来，陈嘉庚的随从侯西反在欢迎会上厉声呵斥："凡贪官污吏，害民惨苦者，立当驱逐出去。"因为他们发现，陈仪已在陈嘉庚行程中布下诸多耳目。

四日，陈嘉庚走进闽南产粮区漳州海澄，见到因政府的"统制"政策，乡村稻米堆积无数，而漳州、泉州、厦门等非产粮地则米价昂贵非常，于是再电陈仪，述说"统制运输"而带来的"米积满栈，闻臭坏不少"与"公务员奸商乘机舞弊""贫民凄惨难以形容"之状况，急切要求陈仪撤销"统运"。之后，在龙岩，在长汀，无论是与龙岩县长交谈，还是与陈仪派来的三个代表会面，陈嘉庚都坚决要求撤销"统制"，严厉指斥"统制""阻止自家良民之生活交通，政府借此以取财利"，谴责闽省"统制"世上罕见，"令贫民饥饿、疾病、死亡、惨痛，无异帮助战时敌人之残杀"。①

十一月十一日，他来到战时福建省会永安与陈仪会面。面对陈嘉庚提出的"统制"问题，陈仪依然强调战时"统制"运输的必要性，不仅毫无反悔表示，而且在政府机关日报上全篇刊登自己的"统制"演说，称"统制"乃战争时代各国通例，"为不识政治之人，故有反对，然政府必行其任务，以顾全大局"。陈嘉庚明白陈仪说的"不识政治之人"指的是自己，意识到陈仪是要

---

① 陈嘉庚：《南侨回忆录·与陈仪三代表论统运之害》，中国华侨出版社2014年版，第272页。

"统制"一意孤行下去了。他想起故乡福建自民国以来，无论军阀无论国民政府，"无一善状可言"，"不但对闽政无丝毫裨益，而祸害愈烈，纠纷愈甚"，面对着这样一种百姓遭难的情形，他再也不想站到政治之外，桑梓之情再一次激起了他改变闽省现状、变革福建政治的激动情绪。他说："余安能缄口任小民供其鱼肉耶？"决意与陈仪斗争，"挽救闽民于水火之悲惨"，而不再顾忌蒋委员长会做出什么反应，不再考虑蒋委员长满意不满意。①

在他离开福建从江西前往昆明的路上，他向蒋介石拍发四封电报，第一封电报从赣州发出，抗议福建省的田赋、作物税从十月一日起增加三倍至十八倍，闽省百姓难于独担重负，请蒋委员长裁减；第二封于十一月二十日由泰和发出，详细叙述陈仪"统制"运输带来的民生痛苦与种种弊端；三天后，又从桂林发出第三封电报，吁请蒋介石介入福建政事，表示对陈仪的不信任；第四封在十二月三日从昆明发出，再次吁请蒋介石解救福建人民于陈仪统治之中。对于这四封电报，蒋介石只回复两封，第一封告知来电敬悉，闽省的增收田赋乃中央决定，若为闽事可电告他，切勿外扬。第二封仅说昆明来电收到，对陈嘉庚吁请蒋介石出面介入福建政事一事只字不提。陈嘉庚彻底失望了，他清楚蒋委员长在暗示他不要干预福建的政事了。然而，既然政治找到他头上，这位走向大海、在异邦的土地上闯世界、在民族独立解放中浴血奋斗的南洋华侨领袖，又岂能不迎头而上。陈嘉庚绝不会坐视福建的父老乡亲的悲惨而不顾，他决意与陈仪斗争到底。

延安行前后，六十七岁的陈嘉庚遭遇到了他自认为是"门外汉"的政治，政治让他与蒋介石的关系走向分裂，陈仪事件更是加深加大了两人的裂痕，政治上的分歧，是无法让陈嘉庚与蒋介石再回到从前的关系了。

---

① 陈嘉庚：《南侨回忆录·决意攻陈仪》，中国华侨出版社2014年版，第279页。

做华侨的良心

"羁鸟念旧林，池鱼思故渊"，在行走八闽大地的这段时间，陈嘉庚回到了阔别十九年的故乡集美，这一天是一九四〇年十月三十一日。

当集美学校的校舍映入陈嘉庚的眼帘时，他"欣喜莫可言喻"，因为那是"梦中遇见"的情景。这时，厦门已被日寇占领，厦门大学早已内迁长汀，集美虽没有沦陷于日本铁蹄之下，但也笼罩在日寇的海陆空轰炸之中，自己在故乡建的住宅与集美学校的一些建筑，也都遭到轰炸，仅存残垣断壁，集美学校的农林、水产、商业三校，也迁到大田山村。

厦大与集美学校是陈嘉庚生命承载中分量最重的两所学校。在与陈仪会面前，陈嘉庚特地走进长汀，走进山城中的厦门大学。

这一天是一九四零年十一月九日，长汀天气寒冷，但烽火中的厦大师生听说校主要来，便沸腾起来，有几十位同学还跑到离城五里的南薰亭去迎接。在一阵敌人的轰炸之后，陈嘉庚所乘坐的流线型汽车在长汀南郊厦大欢迎的师生面前停了下来，整个长汀南郊响起了"吁嗟乎南方之强"的校歌，萨本栋校长、长汀的专员、县长和厦大全体师生，层层将陈嘉庚围住，情不自禁地喊出："陈校主万岁！"校友总会则推出《厦大周刊》"欢迎陈嘉庚先生专号"，奉献给刚刚遍历十五行省、风尘仆仆的厦大创办人。

师生将陈嘉庚拥进新建的大礼堂，萨校长致欢迎词，他说：陈嘉庚先生"今日莅止长汀，吾人始得一瞻风采，畅聆伟论，其毕生之事业、人格、精神、以及识力眼光，在在足为全国同胞之

陈嘉庚与抗战时期的厦大校长萨本栋

陈嘉庚（左五）到大田看望内迁的集美学校师生

楷模，而吾人今日欢迎陈先生之意义亦在乎是。"①陈嘉庚动情地向师生倾述心情，他说，"离开厦大十九年以来，我总想找个机会回来看看大家，但因环境不许可，与各方面的关系，使我这想念不能早日实现，直到十九年后的今天，才得以诸君共叙一堂，惆怅之余，也深感快慰。"②

陈嘉庚在长汀两天，足迹踏遍校园的每个角落。长汀时期的厦大，在萨本栋校长"务求无负陈嘉庚先生毁家兴学，及政府将厦大收归国立之至意"的信条下，艰苦奋斗，弦歌不辍，发展壮大，被称为"加尔各答以东之第一大学"③，陈嘉庚创校时欲将厦大办成南方之强的愿望在长汀渐成现实。看到厦大的重大发展，他高兴地说："厦大有进步"，"比其他诸大学可无逊色。"④

他还到大田看望集美的农林、水产、商业三校师生，四百余名师生欢欣鼓舞，他们将校主围在中央，向校主汇报着烽火岁月中的学习与生活。视察

---

① 萨本栋：《陈嘉庚先生莅汀欢迎词》，《厦大通讯》第二卷第九、十期，1940年11月9日。
② 《嘉庚先生视察厦大演讲词》，《厦大通讯》第二卷第十一期，1940年11月9日。
③ 《厦门大学校史》，厦门大学出版社1990年版，第一卷第221页。
④ 陈嘉庚：《南侨回忆录》国华侨出版社2014年版，第263页。

厦大与集美学校，让这位正遭遇上政治苦恼的南洋侨领，在故乡与祖国西南之旅中有了些许安慰。

到集美的第二天，他登上故乡的一座小山岭，望着浔江默默东流，望着自己熟悉的山熟悉的水，还有那历历在目的橙瓦校舍，登高临远，望故乡渺邈，他不禁涌起一股乡愁，便悄悄地对同行的侯西反说："余今登山见集美校舍，是否乃最后一次呢？"依依别情夹着忧郁，真可谓"未登程先问归期"。侯西反见他如此感伤，劝他不要悲观，陈嘉庚便谈起自己的忧虑，他说自己顶撞了陈仪，攻击了国民党，蒋介石、陈仪以及整个国民党就不会放过他，即使陈仪下台了，他还会站出来攻击国民党的苛政，当权的国民党是容不下他了。此时，陈嘉庚已做好了为国民党所不容的准备。

十二月八日，陈嘉庚在考察完滇缅公路后，来到中缅边境的芒市，在这里他与侯西反依依惜别。侯西反可谓陈嘉庚的生死之交，一九三九年十二月，侯西反被英殖民政府以莫须有的政治原因遣送回国，陈嘉庚在新加坡的抗战筹赈运动失去一位自己最信任最得力的同仁。当他率领南洋回国慰劳团回到祖国时，侯西反立即到重庆见他，他便将侯西反留在身边，一起过黄河，走延安，进山西，入湘赣，跨八闽，行滇缅，在回国慰劳的九个月旅途中，侯西反与他寸步不离，与他渡关过卡，亲密无间。但当他就要再次踏上异邦的土地时，这位生死之交却不能再和他一路同行。这次的离别之后，陈嘉庚再也没见过侯西反，边境小城芒市成了这对一起为民族的独立解放而奋斗不已的新加坡华侨挚友最后一次会面的地方。

与侯西反告别的第二天，陈嘉庚走进中国边境的最后一个小镇畹町，他要从这里进入缅甸。当他最后看了一眼自己九个月来行走不止的祖国大地时，他并没有想到，前面将有一段更为残酷的岁月在等待着他。

十二月十二日，陈嘉庚来到缅甸的首都仰光，在仰光，"爱国爱省之心不能自已"的陈嘉庚敲响了整个东南亚华侨讨伐陈仪斗争的战鼓。十五日，仰光各界举行欢迎会，陈嘉庚上台发表回国慰劳团汇报，从自己历十五省的亲闻亲见说起，报告当前中国的军事、经济、社会及财政状况，向仰光各界报告了中国军民"愈战愈强，确可自慰"的消息，激励仰光华侨抗战必胜的信心。

当晚，在福建会馆的欢迎会上，他向福建华侨揭露陈仪在福建祸国殃民的真相，列举陈仪苛政的四大表现：一、统制运输；二、管办企业与民争利；三、田赋税增，以作物价格而非以地价征赋；四、虐待壮丁，将一路所见所闻福建乡亲苛政下的惨景一一加以描述。自此，陈嘉庚从仰光到马来亚至新加坡，沿途披露陈仪苛政，报告闽人惨状。回到新加坡时，他又将陈仪的罪状增加到十二项，包括各县县长强征赋税、各地遍设特务网络、关闭私立师范学校、实行镇压性教育及高官舞弊八项。吁请南洋福建华侨救乡救国，打倒陈仪，改善闽省政治，"救闽民于水深火热"，鼓励福建华侨学习美国汽车大王，不怕失败，不因"陈仪祸国，便灰心馁志"，要继续为祖国抗战做出贡献，让"后世子孙亦可无遗憾"。①陈嘉庚将陈仪的十二项苛政，印发数千份材料，散发给南洋各地华侨，引发了媒体的极大关注。

一九四一年一月十日，陈嘉庚又在新加坡中华总商会召开闽侨大会，报告福建千余万人民，在陈仪、徐学禹、陈祺、陈肇英等浙江籍国民党军政人员统治之下，"日处倒悬之中，饥饿、疾病、死亡。自杀者不可胜计，且日甚一日，悲惨无已"，谴责陈仪亲往祝贺日本台湾割让四十周年纪念日，斥陈仪为"抗战之贼""亲日次于汪精卫"，同时拟电文向国民参政会提出罢免陈仪议案。就在这次会议上，陈嘉庚向人们公开表示他对蒋委员长的失望，他说陈仪是蒋介石同乡，是嫡系，"余对蒋委员长要求既无效"，只得团结各属闽侨起来"援救本省民众"。②一场不打倒陈仪决不罢休的斗争就这样在新马各地华侨中轰轰烈烈开展起来。

---

① 陈嘉庚：《南侨回忆录·在仰光福建会馆报告闽人惨状》，中国华侨出版社2014年版，第307页。
② 陈嘉庚：《南侨回忆录·新加坡闽侨大会》，中国华侨出版社2014年版，第311页。

打倒陈仪，清除祸害，这个来势不小的行动表明了陈嘉庚与国民党的决裂，一度他敬佩与支持的蒋介石，此时在他心中已经成了陈仪等国民党贪官污吏的代言人与最高代表。陈嘉庚将希望投向延安，这既是重庆及其政府与延安的现实影响了他的政治理想，更是陈嘉庚自身的信仰、抱负与文化基因塑造了他的历史。在他心中，他要成为故乡的赤子，成为闽省的良心，成为深怀祖国、心系桑梓、报效民族的南洋华侨的良心。回到新加坡，他说，"关于国共问题，兄弟皆不多说，说时就凭良心"，针对国民党人大造其受到共产党蛊惑的舆论，他坦然告诉人们："在重庆时期有激烈派谓小弟受了共产包围。其实兄弟从来未对共产党接洽分厘，实在祖国延安是无共产情事，数十万元营业者比比皆是"，而对于那些想要打倒共产党的人，他则警告他们，"假如要枪口对内，亦当势所不为。因为分裂就是灭亡，这是敌伪汉奸所喜，而为全国军民所反对者"。① 他认为，"今后抗战胜利，华侨爱国热情，必更增进，投资建国，必更踊跃，但须政治良好，社会安定，无贪官污吏、土豪劣绅阻碍进行，始能达到目的"。②

陈嘉庚与国民党当局在国家团结与地方统治方面的根本性分歧，他对于重庆国民政府腐败无能的认识，他对于延安"贸易自由，市肆繁荣""民众安居乐业""上下一律，绝无等差"的宣传，自然惹怒了国民党当局和蒋介石，于是，在陈嘉庚回到新加坡后，国民党就在新加坡大打出手，企图向陈嘉庚的政治领导以及他对东南亚的影响提出挑战。

陈嘉庚回到新加坡后，国民党海外部部长吴铁城随后抵达新加坡，指使自己的英籍秘书高咸（Morris A. Cohen）以陈嘉庚宣传共产主义为理由，向英政府当局提出禁止新加坡为陈嘉庚开欢迎会的要求，向陈嘉庚开出第一炮。但英当局拒绝吴铁城的请求。一九四一年一月五日，新加坡万余人在快乐世

---

① 陈嘉庚：《苛政不除闽省将永无安宁——在巴生侨团联合欢迎会上致词》，《南洋商报》1940年12月28日。
② 《本埠陈嘉庚回国考察观感》，《南洋商报》号外，1940年1月9日。

界集会，欢迎他们的侨领的归来。

吴铁城一计不成，又生一计。他一面将国民党人安插到华侨学校和新闻媒体，扩大国民党在新加坡的文化影响，一面指派一些文人为国民党报纸编辑，壮大国民党的宣传力量，并且亲自撰写、鼓动报馆发表文章，攻击陈嘉庚"拥护蒋委员长是假的"，是"口是心非"之人；同时以中央政府资助二十万元、斥资四十万元的诱惑，收买记者，拟创办一家宏大报馆，扩大国民党势力，企图以当权政党的威势消减陈嘉庚在南洋的影响。但创办报馆的申请没能获得英殖民政府的通过。

于是，吴铁城变本加厉，在南侨总会大会上使尽破坏之能事。

一九四一年三月二十九日是黄花岗起义纪念日，南侨总会第二届大会在这一天举行，会期三天。这是南侨总会成立以来的第二次盛会，它肩负着对千万南洋华侨抗战工作的新规划与新部署，并选举出总会的第二届主席。新马国民党人意识到这次会议的重大与关键，他们四处活动，向代表们鼓唇弄舌，要他们缺席或反对会议召开。吴铁城还指派菲律宾的国民党代表王泉笙运动总会副主席菲律宾侨领庄西言，煽动庄西言不要再推举陈嘉庚为主席。庄西言则回答："我知无处再觅此好人，岂能别举？"[①]煽风点火不成，国民党驻新加坡总领事高凌百便赤膊上阵。在开会当天，陈嘉庚致辞后，高凌百迫不及待跳上台，以狂谬辱骂之言大骂华侨拥护中央毫无诚意，无党无派是倒行逆施，肆意侮辱侨众，并且将演说稿投到报馆发表。陈嘉庚称其为"贪官无耻官僚，妄自尊大"，认为此种"毫无价值"之人，会"一跃便来新加坡作优缺总领事"，乃是"善于献媚"蒋委员长与国民党内部。

第二天，大会主席陈嘉庚便下逐客令，不许国民党驻新加坡总领事参加会议，撤去高凌百的旁听席，并且在台上揭露吴铁城、高凌百以及广东国民政府省主席在南洋"到处鼓树党权，破坏华侨团结"的罪恶。吴铁城手下王泉笙便跳将出来，责备陈嘉庚侮辱中央外交官总领事，要求代表们举手通过

① 陈嘉庚：《南侨回忆录·辞第二届南侨总会主席》，中国华侨出版社2014年版，第318页。

高凌百回到会议上。陈嘉庚历来是个铮铮铁骨的硬汉，岂容王泉笙凭着国民党的当权淫威而对华侨指手画脚，他立即否决王泉笙的提议，任凭王泉笙以中央政府代表的名义耍尽无赖，死缠不放，也绝不退让一步，坚决不许高凌百参会。①

尽管国民党大肆破坏，尽管陈嘉庚也向代表们提出自己因"获罪中央"而不要再当总会主席，大会最终选举的结果，陈嘉庚依然是以一百五十二名代表有一百五十一票赞成的绝对优势继任第二届南侨总会主席。会后，大会发表宣言，重申"最后胜利终必属我"之自信，表达华侨"宏抱国家民族""集全力于祖国"之决心，期盼抗战后中国"苟日新，日日新，又日新"之希望，宣言中还以决议形式指出："总会陈主席嘉庚，公忠谋国，一生如一日，其在教育上贡献，古之所无，其以人民地位协助政府抗战，今日仅见，而识足以辨奸，才足为群伦钦式，徒因守正不阿，刚毅质直，每当有事之时，辄招无根之谤。"同时明确表示，"值此抗战期间，南洋华侨不能无筹赈总会之组织，则不能无陈主席之领导。同人深信南洋绝大多数侨胞需要陈主席，爱戴陈主席，国内绝大多数同胞，亦需要陈主席，爱戴陈主席"。②

国民党人万万没有想到自己弄巧成拙，他们千方百计的破坏，不仅未能撼动一丁点陈嘉庚华侨领袖的地位，反而更增强了陈嘉庚在广大中国国民中的威望。

南侨总会大会后，陈嘉庚马不停蹄，又于四月一日至四月四日召开南洋闽侨大会，南洋各属一百二十二个各类团体三百一十八名代表聚集新加坡大世界，代表南洋数百万同乡侨众，发出了声讨陈仪鱼肉福建民众、徐学禹助纣为虐的最强音，这是南洋历史上闽侨集会的破天荒之举。大会成立闽侨总会，选陈嘉庚为主席，致电国民政府林森主席与蒋介石委员长，强烈要求派

---

① 陈嘉庚：《南侨回忆录·狂谬之总领事·高总领事罪恶》，中国华侨出版社2014年版，第324页。
② 陈嘉庚：《南侨回忆录·附录一九：南洋华侨筹赈祖国难民总会代表大会宣言》，中国华侨出版社2014年版，第329页。

遣代表前往闽省调查，纠正纰漏，救民于倒悬，撤惩陈仪、徐学禹，并揭露吴铁城、高凌百等人在新加坡的倒行逆施、谈黩误国之恶。这次大会的举行，向世人宣告闽侨打倒陈仪、解福建父老乡亲于水深火热中的坚定不移意志。在陈嘉庚等闽侨不屈不挠的斗争下，最终国民党行政院、国民参政会不得不派出委员赴闽调查，不得不将陈仪调离福建，另任命刘建绪为省主席。

陈嘉庚领导闽侨打倒陈仪的行动，意味着他与国民党的彻底决裂，也意味着他与蒋介石私人情谊的完全破裂。后来陈嘉庚回忆起他与国民党的分裂时，说了这样一段话："余自前年因西南异动而攻击陈济棠；以提倡和平卖国，攻击汪精卫；以阻碍军运，攻击宋子良；以舞弊国帑，攻击孔祥熙；以腐污误国，攻击吴铁城、蒋鼎文、高凌百；以野心祸闽，攻击陈仪徐学禹；以教育党化，攻击陈立夫。呜呼，此岂余之好事哉！……不过激浊扬清，属余代表南侨职责，疾恶好善，出令爱国天性。"① 这位深爱祖国的华侨领袖深知，他的这一系列斗争，"蒋委员长及诸贪污等人，对余必更加切齿，亦势所必然也"。②

历史的发展，将给陈嘉庚与蒋介石这对曾经的朋友带来什么样的变化？这只有让历史抉择的关键时刻来呈现了。

---

① 陈嘉庚：《南侨回忆录·为公为私可质天日》，中国华侨出版社2014年版，第335页。
② 陈嘉庚：《南侨回忆录·敌机散宣传品》，中国华侨出版社2014年版，第337页。

太平洋战争中的坚守与避难

一九四一年十二月八日凌晨四时，这是黎明前的一段黑暗时间。陈嘉庚像往日一样，在怡和轩俱乐部的三楼卧室休息，这时忽然传来三声巨大爆炸声响，朦胧中他本以为是雷鸣的声音，起床来到窗口一看，空中火光四射，街上警笛长鸣，他立即意识到这些天来意料的事情真的发生了。日本飞机轰炸新加坡，日本向英国宣战。

战争的爆发反而让陈嘉庚有了一种"心中欣慰"，因为他由此看到了日本的穷途末路，看到中国抗战并不孤立，敏锐地感觉到抗战必胜的信息。自二十世纪初开始，日本就野心占有整个东亚大陆，为确保它在东亚帝国的地位，先是以中间突破的谋划侵略中国，并扬言三个月灭亡中国，却不料遇上中国军民持久顽强的抗战，迅速解决中国的美梦破灭，日本陷入中国战场而无力自拔。当此被动之际，日本只得从"南进"和"北进"寻找新的突破口，结果"北进"苏联时以失败告终，于是孤注一掷，乘着欧洲战场上德、意军事上的暂时胜利，发动对新加坡等南洋区域的入侵，太平洋战争由此爆发。太平洋战争的爆发实际上是日本的无奈之举，它意味着日本军国主义的垂死挣扎，这便是陈嘉庚"心中欣慰"的原因。而且，那时陈嘉庚坚信，老牌的英帝国兵力一定比日本强大，新马定能坚守抵御。

在战争尚未发生之前，陈嘉庚就在欧战周年纪念前夕召开华人大会，呼吁新马华人积极行动起来，支持一项由伦敦市长主持的空袭伤亡筹赈运动。在他心中，无论中国还是英统治下的新马，投入反侵略战争，打败日本法西斯并不分彼此，那时陈嘉庚就说："马来亚是我们的第二故乡，抵抗侵略是我们义不容辞的责任，只有协助英国取得胜利，我们的家园才会更加安全。"①

但事情并没有陈嘉庚料想的那么乐观。十二月十二日晚间，陈嘉庚接到新加坡华民政务司署帮办孙崇瑜电话，告知英军的两艘远东主力舰"太子号"与"击退号"被日本飞机炸毁；十三日，又传来吉打与关丹两地失守的消息；十五日，槟城也陷落日寇之手。英军在新马节节败退，战事发展出乎陈嘉庚意料，他开始对英军保卫新马的能力产生怀疑，内心深深为新马人民的前景担忧。此时，朋友们极力劝他尽快离开新加坡，以免遭受敌寇之害，陈嘉庚却认为此时不宜言退，逃难还不是时候。

陈嘉庚（前排中）与马来半岛英军司令及新加坡华社领袖合影

十二月十七日，新加坡警察总监狄更生来到怡和轩，他奉命来请陈嘉庚往总督府商议事情。战火燃起，新马形势危急，陈嘉庚二话没说欣然前往。

① 杨进发：《华侨传奇人物陈嘉庚》第221页，陈嘉庚纪念馆，2012年9月。

总督要求陈嘉庚出面组织一支人马挖掘防空壕沟，防御日本的天天空袭，并让他劝请全体市民一起投入挖壕沟防空的战斗。陈嘉庚当即答应，并让各界侨领于十九日开会讨论挖壕沟防空的大事。不到一个星期，新加坡的房前屋后，便布满了抵御日寇轰炸的壕沟。

此时，在中国战场陷入持久战争的日本，急于从南洋半岛获取解脱困境的资源，对新马一带的进攻甚为猖狂，新马危在旦夕。圣诞节那天，新加坡没有了往年迎接圣诞老人的盛况，人们在惊恐中祈祷着星岛的安宁与和平。新加坡英总督汤姆士召集五十名华侨首领在总督府商讨防卫大事，并提议华人成立动员会以协助新马的防御。这五十名华人代表有共产党、国民党和华人各界人士，他们一致表示愿协助英政府抵御日本的侵略，参加新马的防卫战。

十二月二十六日，狄更生与总商会会长连瀛洲来到怡和轩找陈嘉庚，向他转告总督请他出面组织并担任新加坡华侨动员总会主席的职务。陈嘉庚以自己"军事政治完全不晓"、华人对此也是"盲人瞎马"为由予以推辞。二十七日，狄更生偕同陈嘉庚好友孙崇瑜再次到怡和轩劝请陈嘉庚，孙崇瑜说实在没能再找出合适的主席人选，助防新加坡的华侨动员总会非陈先生出来不可。于是陈嘉庚向狄更生了解了自己所需要负责的工作：一、建设各街义务警察，帮助治安与防备，清理轰炸后的废墟；二、组织宣传队，到各处宣传；三、代政府雇佣劳工，以应付各处各方面的需要。

十二月二十八日，在陈嘉庚答应出任华侨动员总会主席后，汤姆士总督即刻召集新加坡各界领袖与华侨代表、中西报界代表二百多人，在总督府召开动员大会，号召华人协助政府防卫星岛，举荐陈嘉庚为动员总会领导。会上，陈嘉庚表示接受总督的委托，担当责任，与政府与华侨一起进行新马的防卫工作。

十二月三十日，陈嘉庚召集了新马各界华人在中华总商会举行第一次会议，探讨三项责任工作的进行。会上，催生出一个由二十一位华人组成的委员会，分别来自共产党、国民党、华侨社会及支持陈嘉庚的民众，华侨动员总会成为一个以陈嘉庚为首的新加坡抗日统一战线。会后，在黄耶鲁及一批青年人的坚持下，动员总会组织起一支有三千多人参加的"新加坡华人抗日义勇军"。第二天，动员总会的第二次会议连续举行，会议根据总会所负责的工作组成总务、劳工、保卫、武装、宣传等五股，确定各股委员的名单。自此，在太平洋战争新马保卫战的硝烟中，便活跃起一支由各方人马组成、团结一致共同防御的华人统一战线团队，根据新加坡当年警察总监狄更生一九四六年的描述：他们在劳力供应方面给予政府忠诚与积极援助，他们组织的武装队伍，为总司令部提供宝贵贡献；在民防方面，表现出热心与无私，且保持极佳公共纪律。①陈嘉庚领导的新加坡华侨动员总会在太平洋战争中为中国人赢得了光荣与名誉。

即使在兵临新加坡城下的危急中，重庆国民政府依然没有放弃对陈嘉庚的攻击。在华侨动员总会成立后，重庆政府通过驻英大使顾维钧向英国外交部施加压力，坚决要求撤销陈嘉庚的动员总会主席的职位，理由是陈嘉庚是"显为共产党，乃重庆政府著名反对者"。针对英国政府的追问，新加坡总督汤姆士在一九四二年二月三日致英国外交部与殖民部函中表明，陈嘉庚"其职位乃由星岛华人各界代表一致举荐者，这些代表包括国民党人、中国驻星总领事及重庆代表乔治叶等。他是唯一能够代表各派华人共同办事者。重庆政府仇视陈嘉庚无非出于某些国民党政治人物的个人成见，尤以铁城为然"。汤姆士最后断言，"鄙人深深感到，其留任乃切切须要者"。面临着日本铁蹄踏上星岛的危机，英殖民总督清楚地知道陈嘉庚及其领导的华侨动员总会的力量与作用，他不仅不理睬重庆国民政府的要求，还将武器发给动员总会武装股组织的千名青年华侨，将他们派遣到战斗岗位上，在新马奋斗的中国人，当自己的第二故乡遭受到侵略者屠刀威胁时，他们毫不犹豫地走上了保卫新加坡和马来西亚的战斗。

① 杨进发著，李发沉译：《华侨传奇人物陈嘉庚》，厦门陈嘉庚纪念馆，第224页。

然而，种种迹象却显示出英军在放弃抵抗，在撤退。英国妇孺已撤出星岛；军港的器物无论贵贱，都被投入海中；老巴杀区的十几门高射炮已不知去向，民用船只正在被广泛征用；更明显的则是英军自己燃放了军港的十个储油池，英军大炮自己轰毁了自己的巨大建筑，十三万英军面对六万日本侵入者，竟然如此怯懦软弱，这是陈嘉庚及其动员总会的中国人所没能意料的。一九四二年一月三十日，陈嘉庚与动员总会的总务股主任叶玉堆、劳工股副主任刘牡丹、保卫股副主任黄奕欢和华侨银行董事陈振传前往总督府拜见总督，探听战争的虚实，终于确认英军的飞机船只已经撤往印尼的苏门答腊，随时可以从印度洋撤离南洋群岛。陈嘉庚万万没有想到，英帝国联军竟然如此不经打，两周之后，"不沉堡垒"新加坡沦陷了，十三万英国联军沦为战俘。日军以悬赏百万荷盾捉拿陈嘉庚，南洋许多爱国侨领遭日军通缉，陈嘉庚与其他侨领被迫自行安排一切，开始了他三年六个月的避难生活。

一九四二年二月三日，在得知英军撤退的确切消息后，黄奕欢与刘牡丹向友人借了一大一小两条火船，趁着凌晨二时的黑暗，避开英军的船只没收行动，行色匆匆地离开新加坡，驶向苏门答腊。小船载着陈嘉庚、刘玉水、船主陈贵贱和陈六使长子陈永义四人，大船上则是黄奕欢、胡愈之、李铁民、郁达夫、张楚琨等人与其家属，他们是日军通缉的要人，尤其是陈嘉庚，他早就成了日本军国主义的眼中钉。

一九三九年，一部日本的《华侨研究》就专段研究陈嘉庚的经济与社会活动，并断言："若将此人除外，不但马来亚之抗日运动，即凡其他华侨社会活动，均不得考究矣。"因此，一经占领新加坡，日本便悬赏捉拿陈嘉庚。对陈嘉庚来说，那天的逃离十分危急也十分及时，陈嘉庚来不及与亲友道别，仅随身带着两千元钱。茫茫大海中，黑暗的世界里，陈嘉庚会逃向哪里？他想到自己已经得罪蒋介石，得罪国民政府，国民党要人绝不容许他立足，"祖国既不可往"，他想先在印尼维持两三个月，"必要时或转往澳洲或印度"。[①]

---

① 陈嘉庚：《南侨回忆录·离开新加坡》，中国华侨出版社2014年版，第358页。

此时，逃难中小火船上的他依然牵挂着集美学校，想着集校负责人陈村牧有否收到他一月中旬的两封航空信件，因为那两封信函关系到三万元校费，关系到集美学校在战争中坚持下去的问题。

陈嘉庚或许没有想到，他的这次逃难竟然有三年多的时间，等到他再回到新加坡与亲人见面时，已经是一九四五年八月日本投降、第二次世界大战结束的时候。

陈嘉庚逃难的第一站是印尼最大岛苏门答腊，当时印尼在荷兰殖民统治之下。二月四日，他抵达苏门答腊的淡美那岸，受到那里侨领与华侨的热情招待与帮助。二月十二日，他获得一张往巨港的通行证，乘车前往巨港，准备从巨港转往爪哇。就在离巨港百余里的飞机场，守卫在那里的荷兰军人告诉他，日军已经在昨晚占领巨港。陈嘉庚后来得知，侵入巨港的日军只是一小队伞兵，但一万多名装备精良的荷兰军队却望风而逃，跟新加坡十三万英国联军一夜间败给六万日军如出

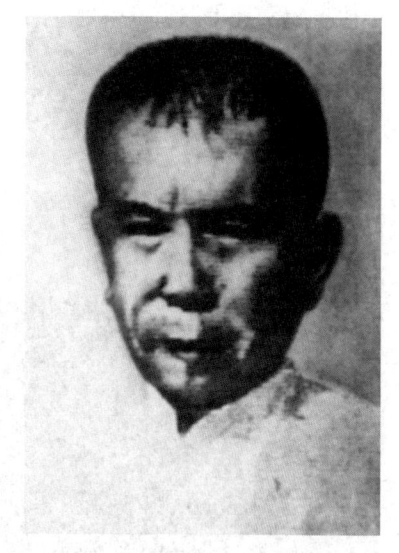

剃须改装后的陈嘉庚，化名李文雪避难爪哇岛

一辙，这让陈嘉庚很不理解，感到世界上最坏的军人及公务员，也不如荷兰人如此不负责任。巨港的道路既已阻挡，陈嘉庚只好原道回到归南益树胶公司的福东树胶厂，重新寻找去爪哇的途径。之后他乘车到巴东，在侨领甲必丹吴顺通的帮助下，乘船抵达爪哇这个印尼经济、政治、文化中心。

陈嘉庚先到爪哇西部的吧城，住在印尼侨领庄西言的宅院，尽管他不想让人知道他的到来，但印尼的侨领们一个传一个，相继来拜访他们尊敬的陈主席。三月四日，日军登陆爪哇，吧城不得久留，陈嘉庚被迫再度迁移。离别时，嘱咐庄西言家人如果日寇得知他在印尼的消息就如实相告，不必隐瞒，

以免为了他而牵连到庄家。三月十日,庄西言被捕,任凭日军残忍拷打,他坚决不透露陈嘉庚的行踪。这是陈嘉庚逃难中的第一次死里逃生。

五月十五日,厦门大学与集美学校校友会(简称厦集校友会)的郭应麟、廖天赐赶到吧城接应,准备前往爪哇东部的泗水。此时,爪哇西部的交通路口已经布满日军,他们在车站、渡口展开搜查,出入吧城都要有当地的身份证明,陈嘉庚没有适当的证件,很难按原定设想前往泗水。在郭应麟与廖天赐的掩护下,陈嘉庚改为先抵万隆,再转日惹,经日惹往梭罗。在日惹车站,没有印尼爪哇身份证件的陈嘉庚只得乘车站混乱时,躲过日本宪兵的盘查,躲过死里逃生的第二劫。

陈嘉庚在爪哇避难时的玛琅巴兰街四号住所

撤出爪哇西部,进入爪哇东部的梭罗,接应陈嘉庚的是厦集校友会的黄丹季与陈明津,以及厦集校友会主席林清芬和郭应麟的夫人林翠锦。见到两校校友,校主陈嘉庚非常欣慰与感动,危难之中,是南洋的厦集校友不顾生命不惧危险地保护自己。在梭罗，校友们已经做了周密安排，他们事先为陈嘉庚登记了一个"李文雪"的户口，并登记了李文雪长期爪哇居民的身份。由此，陈嘉庚以李文雪的身份，与郭应麟、黄丹季、林翠锦及其两个女儿，以及刘玉水和一名女佣，租了一间平房，住了下来。八月，由于梭罗天气炎热难熬，陈嘉庚又患牙痛，居住在玛琅的黄丹季提出移居到玛琅，于是，陈嘉庚再次迁移，来到玛琅；因日本宪兵搜查，又移居峇株。因峇株住处位于公路边，日本宪兵又追查得紧，厦集校友再次让他转移。由此，陈嘉庚便在厦门大学与集美学校校友的精心安排与掩护下，于玛琅与峇株之间频频转移，与日本宪兵周旋。

有一天清晨，一辆日军卡车突然驶到玛琅陈嘉庚的住处，车上跳下一群日本兵，迅速将陈嘉庚的住所团团围住。与陈嘉庚住在一起的黄丹季慌忙打开屋门，拦在门口，只听得日本兵对着他一边叽里呱啦地叫着"荷兰人，荷兰人"，一边就要冲进房间。就在这危急时刻，有人用印尼语喊着："错了，不是四号屋，是二号屋。"日本兵这才撤向另一座房子。原来日本人要抓的是一位荷兰的军医，他就住在陈嘉庚相邻的屋子，事情的发生有惊无险，黄丹季却吓出一身冷汗。另一次惊险是在峇株，那时陈嘉庚与集美学校校友李荣坤及其母亲、妻子和孩子一家同住。一九四三年的一个夏天，两个日本兵突然闯进李家索咖啡喝，他们一进屋便发现正在阅读《三国演义》的陈嘉庚，正要上前盘查，李荣坤立刻拦住日本兵，告诉他们看书者是自己耳聋的叔叔，将日本兵拉到客厅。当时正有一名华侨青年来探望陈嘉庚，李荣坤灵机一动，立即吩咐青年泡好咖啡端上客厅。青年捧来咖啡时竟然慌得手脚发抖，咖啡溅出杯子，引起日本兵怀疑。李荣坤却非常镇静，他向另一个日本兵解释，青年数月前曾在吧城遭受日军殴打，因此一见日本兵便惊恐不已，日本兵深信不疑，便不再追究。这又是一次死里逃生。

艰危无休止的逃难，几次的死里逃生，陈嘉庚已经将生死置之度外，他谢绝了厦集校友的劝告，决意不再逃亡其他地方，他想到命运，想到死亡，不禁感叹道："生平对国家对社会尚无罪恶，于财色嗜欲亦绝无污染，问心无愧，安危听之命运可也。"①他做好了最坏的打算，假如自己被捕，敌人必将要请他出来当日本的"傀儡"，替日军说好话，但自己一定宁死不从。

陈嘉庚毕竟是陈嘉庚，他早就说过："自古英雄豪杰，何尝不遭艰危落拓。"②他将战争中的罹难当作一次生命必经的旅程与淬炼。一九四三年三月，已经将生死置之度外的陈嘉庚开始一生中一次伟大的写作，在逃难的岁月，在艰难与危险中，在玛琅与峇株的移来移去漂泊中，他用了十三个月的时间，完成了他的《南侨回忆录》。这部书于一九四六年在新加坡出版，它追忆了陈嘉庚自己的生平活动，详尽地介绍了这位让人敬仰的华侨领袖在太平洋战争前的社会、政治活动，并对中国的抗日战争、太平洋战争做出了独特而精准的分析，将自己亲身经历的半个世纪的风云呈现给时代，给世世代代的中国人。完成这部著作的时候，古稀之年的陈嘉庚也来了个老夫聊发少年狂，他用诗歌抒发了自己的人生感慨：

领导南侨捐抗敌，会场鼓励必骂贼。
报章频传海内外，敌人恨我最努力。
和平傀儡甫萌芽，首予劝诫勿昧惑。
卖国求荣甘遗臭，电提参政攻叛逆。
强敌南侵星岛陷，一家四散畏虏逼。
爪哇避匿已两年，潜踪难保长秘密。
何时不幸被俘虏，抵死无颜谄事敌。
回检平生公与私，尚无罪迹污清白。
冥冥吉凶如有定，付之天命惧奚益。

---

① 陈嘉庚：《南侨回忆录·再移峇株》，中国华侨出版社2014年版，第365页。
② 陈嘉庚：《畏惧失败才是可耻》，《东方杂志》1934年第31卷第7号。

《南侨回忆录》手稿

一九四五年八月十四日，日本天皇通过广播发布《停战诏书》，第二天，日本宣布投降，中国人民十四年艰苦卓绝的抗日战争取得最终的胜利，世界人民反法西斯战争赢得伟大胜利，陈嘉庚三年多的避难生活结束了。

大难不死，在太平洋战争中三番五次历险的陈嘉庚，经过战火的历练，已经是一位在政治斗争与对敌斗争中充满智慧与胆识、坚韧与勇气的领袖人物，他对于历史的判断，对于自己的人生志向与命运抉择，更加充满了精确判断与乐观自信。

真诚的祝贺与深沉的忧患

一九四五年十月六日,陈嘉庚从印尼的雅加达飞回新加坡,一下飞机,他顾不得回自己的家,就直奔怡和轩而去。那是他人生中最重要的地方,也是他一生待得最久的地方,他在那里度过了自己最值得记忆的日子,解决新马华侨在创业、办学、团结等方面的现实问题,领导南洋八百万华侨的抗战筹赈运动,组织起保卫星岛的战斗,那里正有他的最亲密的朋友在等待着他的归来。离别三年多,陈嘉庚并没有久别重逢的兴奋,战争中,他的第三个儿子陈博爱病殁,第四女婿温开封遇难,透过正在进行战后修葺的怡和轩,看到战后新加坡街道的残垣断壁,想到返回星洲一路上见到的被日本铁骑践踏蹂躏的南洋情景,陈嘉庚感慨万千,难免感伤,而更让他忧患的则是战后祖国的政治局势。

当战争结束的时候,这位自称为"政治门外汉"而政治嗅觉敏锐的华侨领袖,似乎就预感到什么。十月三日和四日,在他决定离开吧城回新加坡时,厦大、集美学校的校友和印尼华侨各界为他举行欢送会,会上有人提出希望校主领导华侨襄助战后祖国建国,陈嘉庚听后坦言:"国共表面似有妥协之可能,然根本上则背道而驰。"他特别强调,"建国必先认清是非,如是非不先认清,则政治上一切建设,都无从谈起",他说,"我侨在海外有千万人,既富有金钱势力,若能加以认清是非,对此后建国贡献,比之以前抗战贡献,必更伟大"。由此,"明是非,辨真伪"成了这个阶段陈嘉庚生命中要承受的思考。

这时候,毛泽东主席正在重庆,与蒋介石进行历史性的会晤与谈判,陈嘉庚密切地关注着重庆谈判的结果,政治是非在这位考察过重庆与延安的老人心中,是极其清楚与清晰的。欢送会上，陈嘉庚又一次回顾了重庆之行与延安之行，再一次传达了自己在延安的良好感受，最后他表达出八百万南洋华侨的意愿，"我国政治如能办好，华侨人人心理中之愉快，比之霎时获资数十万元，当更狂喜"。①

陈嘉庚的忧患有着深深的历史思考，但对于新马华侨来说，他们还是要沉浸在抗战胜利、领袖回来的欢乐中。陈嘉庚回到新加坡的消息一经传开，怡和轩立即涌来了一批又一批的人士，有各个华人团体的领袖、会员，有专程从外埠赶来为他的安全回归道贺的，刚刚复刊的《南洋商报》《星洲日报》不断接到祝贺的广告，新马的华文报刊上接连出现"龙马精神""南侨福星""侨众领袖""当代伟人"等祝词，人们敬仰这位星华筹赈会、南洋华侨总会和星华动员总会主席的崇高威望，他们希望这位前辈回来继续领导他们，解决战后的各种问题，谋划战后新的事业。

十月七日，就在陈嘉庚回到新加坡的第二天，中华总商会，金融银行界，马来西亚共产党的外围组织以及派出代表，在怡和轩设宴为他接风洗尘，向这位避难而归的领袖致敬。这次接风洗尘宴可谓八方来客，群英汇集，被当年的新加坡英当局形容为"史无前例"的集会。但更加史无前例的欢迎集会还在两周后。

十月二十日，经过两周的筹备，中华总商会发起的由五百个社团参与的欢迎陈嘉庚安全归来的盛大集会在中华总商会举行，空前的规模，空前的热情，人们对于陈嘉庚空前的仰慕与期待，意味着战后陈嘉庚领袖地位与威望空前高涨，也体现出战后新马华侨的空前团结。在总商会会长连瀛洲致欢迎词后，陈嘉庚借此机会，再一次将在吧城的政治思考分享给了自己的同胞，再次探讨起战后祖国是否发生内战的问题。他认为战后中国政治舞台存在三股力量：国民党、共产党以及由阎锡山、冯玉祥、白崇禧、李宗仁、傅作义和张发奎等军事统领组成的第三势力，他说倘若国共携手合作，则第三势力绝无抬头机会；倘若国共分裂，则华侨社会当分清是非黑白，并指出，战

---

① 陈嘉庚：《南侨回忆录·吧城欢送会附答词》，中国华侨出版社2014年版，第372~375页。

时黑白较为难分，但在战后，谁是真的践行三民主义，则是不难水清鱼现的。在吧城欢送会与这次欢迎会上对时局的分析与观点，实际上在陈嘉庚一九四一年回国慰劳后就已在心中酝酿着，它是陈嘉庚在历史转折中政治抉择的前奏，也是他在内战爆发后便开始讨伐蒋介石的思想基础。

就在新加坡欢迎陈嘉庚安全归来的时候，十一月十八日，国内各界人士也在重庆举办陈嘉庚安全庆祝大会。大会由十个社会团体发起，会堂上贺词挂满四壁，参加者五百多人，他们有郭沫若、黄炎培、柳亚子、陶行知、沈钧儒等各界著名人士与社会贤达。中共中央主席毛泽东为陈嘉庚送了幅单条，极其高度凝练地将陈嘉庚誉为"华侨旗帜，民族光辉"；周恩来、王若飞送的祝辞是"为民族解放尽最大努力，为团结抗战受无限苦辛，诽言不能伤，威武不能屈，庆安全健在，再为民请命"；国民党中央军事委员会副委员长冯玉祥将军则为陈嘉庚的脱险做了一首自称为丘八的诗："陈先生，即嘉庚，对人好，谋国忠，一言一动皆大公，闻已返旧居，远道得讯喜难名。"毛泽东与冯玉祥的题词题诗挂在大堂中央，格外引人注目。

庆祝大会由著名的民主人士、国民党参政会秘书长邵力子主持，他在致辞中说："陈先生一生就是：兴实业、办教育、勤劳国事，言人之所不敢言，为人之所不敢为。"黄炎培也在会上特别指出："发了财的人，而肯全拿出来的，只有陈先生。"郭沫若代表中华全国文艺界抗敌协会庆贺陈嘉庚的安全，他称"陈嘉庚先生是建设的人物"，是"坚决地反对有破坏性的人物"，"是诚实公正的人，能为老百姓多说几句诚实公正的话"，而如今是有破坏性人物存在的，有不诚实不公正存在，他激动地说道："我们人民要求安居乐业，水够深，火够热，我们绝不容许再使水加深，再使火加热。陈先生现在是在庆幸个人的安全吗？不错，但我想他更多时候是在忧虑全国人民的安全呢！我以良心来庆祝他的健康，同时庆祝全中国人民自己免掉内战的健康。""免掉内战的健康"，郭沫若的弦外之音引起全场最热烈的掌声，引发全场的热烈共鸣，他道出了抗战胜利后国人的最大愿望，说出了抗战胜利后人们的最大忧

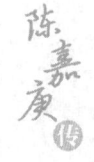

虑，无意中也说出了陈嘉庚在新加坡最深沉的忧患。柳亚子听后激动地站起来，吁请在致陈嘉庚的贺电中加上"请他和他的朋友快来重庆参加政治协商会议，以制止内战"，制止内战一时成了庆祝陈嘉庚大会的主题之一。

庆祝会最后发出致陈嘉庚庆祝电，电文除报告庆祝会的盛况，特别道出各界对陈嘉庚健康归来的庆贺与对和平的期盼："祝公康强，为国宣力，和平永奠，端赖老成，盼赋归软，群情所企。海天万里，无任神驰。"①

真是"心有灵犀一点通"，新加坡庆祝陈嘉庚归来，祖国庆祝陈嘉庚健康，而就在两个不同空间同样庆祝主题的集会上，人们又如此不约而同地提出了对内战战火重新燃起的深深忧虑。

回到新加坡的陈嘉庚，并没有沉浸在海内外的庆贺声中，战争虽然结束，但从战乱中走过来的八百万南洋华侨依然陷于茫然无措中，他们还只能在不敢回首的岁月中慢慢地捡起一块块生活的碎片，艰难地将这些碎片连接起来。现实要如何收拾？前方的路要怎么走？一系列影响战后华人生存与发展的问题，都需要他们的领袖站出来，引领带领他们重拾旧河山，开辟新天地。形势不由人，陈嘉庚不敢不担当，这位南洋中国政治事务的实际领导者，此时虽然已是七十一岁，但他还是新加坡华侨筹赈会和南洋华侨总会的主席，是南洋八百万华侨心中最信任的领袖。

回来一星期后，他立即受命处理华人通敌事件，这个在人的处置上绝对敏感的问题，充满英当局与华侨、华侨与华侨间的纠葛。人们都很清楚，陈嘉庚痛恨日本侵略者，痛恨那些没有民族骨气、不敢抗争的懦弱者，更不能容忍像汪精卫那样的卖国贼。然而，当他面对那些在日本淫威之下被逼与日军合作的华人时，他要求他的助手采取宽容态度，在英国当局指控的时候，要为这些人请命，宽容他们在日军枪尖下的被迫行为。正是陈嘉庚这一理性，让战后新加坡这一桩极富杀伤力的政治事件没有酿成华人世界的巨大祸害。

作为新加坡筹赈会与南侨总会主席，陈嘉庚回到新加坡后的一个重要行

---

① 《重庆新闻报》1945年11月19日。

动就是以两会主席的名义，发动收集和统计东南亚华侨战时生命财产损失，向日本、英国索赔。十月初，南侨总会发出战后第一号、第二号公告，指出南洋各属沦陷敌寇三年余，"生命财产损失惨重"，"敌寇抢掠物资，几至竭泽而渔"，侨胞要求"严惩报复，及请追回，或求赔偿"，要求各处侨领组织调查委员会，调查收集华侨损失，"呈请中外政府，勿期达到目的"。十月十五日，新加坡筹赈会举行委员会，以陈嘉庚为主席组织调查委员会，发起大规模的敌寇占领期华人生命财产总损失调查，收集敌寇惨无人道的酷刑逼讯奸淫屠杀罪行。这些材料后来由陈嘉庚命名为《大战与南侨》，于一九四七年由南侨总会出版成册，它成了战时东南亚人民惨遭荼毒的历史见证，不仅为华侨向有关方面进行战后索赔提供依据，而且为揭露日军暴行、提审战犯提供证据，成为一九四一年至一九四五年间东南亚华侨一部历史活动的珍贵文献。

战争是经济与政治的集中表现，血与火的洗礼让人的生命更加绚烂更加开阔。经过战争磨难的陈嘉庚，他的政治视野更高更远，此时他对于祖国的关注已经融入对整个亚洲乃至欧洲的关注，他不断地分析战后的政治变动，包括美、英、俄、法、德的情况，梳理出自欧战以来亚洲尤其是东南亚的历史，从历史到战后，对安南、蒙古提出自己的看法。在日本投降后的第三天，即一九四五年八月十七日，荷属东印度爆发了"八月革命"，印尼人民的领袖苏加诺宣布印度尼西亚脱离荷兰统治独立。当时陈嘉庚正从玛琅转泗水到吧城，准备返回新加坡，苏加诺还特别派出印尼士兵一路保护。陈嘉庚被苏加诺所感动，因印尼人民高举独立大旗而激动，他感受到了二战之后一种历史性变化的到来，他说："各国政体必多改革，民治化势力蔓延，绝不允许独裁盘踞误国。"在离开吧城的欢送会上，他号召印尼华侨起来协助印尼人民反对荷兰统治、争取民族独立，回到新加坡后，他亲自发电感谢致力于民主独立运动的苏加诺。

他对于印度的民族独立运动也投入很大的热情，在印度民族独立领袖尼赫鲁访问新加坡时，他毫不顾忌英殖民当局的态度，派出代表到机场迎接，在怡和轩设宴招待尼赫鲁，并且在怡和轩门口悬挂一副楹联，"真自由要向监狱争得，大领袖须从群众中来"，以此迎接尼赫鲁的到来，表示对印度民族独立运动的支持。在欢迎尼赫鲁的宴会致辞中，陈嘉庚发表了《领袖与诚信》的演讲，在称誉尼赫鲁的诚信伟大之人格与独立行动的同时，他特别指出："我中华民族，亦希望有诚信伟大之领袖，出而拯救四万万人于水火之中，我中、印的民族之外，希望他国亦有真正人道主义之领袖出而合作，领导全世界人类均获大同平等之幸福。"① 争取民主、民族独立，期盼"诚信伟大之领袖"出来领导民族独立解放，这是第二次世界大战之后的世界潮流，也是经历过战争磨难后陈嘉庚生命的关键词，正是这些关键词，促使了陈嘉庚不再顾及自己与蒋介石的私人情谊，而是站在一个更高的历史起点上，展开了对蒋介石集团独裁统治的声讨与鞭挞。

回到新加坡的第二年，即一九四六年，陈嘉庚与国民党和南京政府发生了一场直接的冲突，冲突的缘由便是抗战中前往滇缅公路的新马华侨机工的遣送问题。

一九三九年，为了粉碎敌寇的封锁，三千二百多名华侨机工放弃南洋优越的生活，奔赴中国滇缅公路，在艰难困苦的条件下，冒着日寇飞机的轰炸扫射，运送祖国抗战急需物资，保证中国抗战前线的物质需要。一九四〇年十二月，作为陈嘉庚回国慰劳的最后一站，他来到滇缅公路，考察南侨机工的工作与生活。那时，南侨机工正在烽火中于极端恶劣的生活与自然条件下浴血奋战，这条中国抗战的生命线上，掩埋着成百上千个南侨机工的忠魂。然而，国民党西南运输处并不按承诺办事，这些为爱国而来的华侨机工经常会遇上非人的待遇。考察时，陈嘉庚就看到一位机工被拘禁暗房三天，寒气逼人的天气中身上只穿一领单衣，原因是当局要"赔补"却迟迟没补，机工自己又"无钱可买"，见此情景陈嘉庚"伤感之余几为下泪"；之后，陈嘉庚

---

① 转引自陈共存口授、洪永宏编撰：《陈嘉庚新传》，陈嘉庚国际学会、八方文化企业公司出版，第302页。

又在西南运输车场，看到数辆陈旧不堪的货车，"似乎已用过数年"，但这些车却是当年春天南侨总会捐给祖国的，是用新加坡华侨捐款"零星凑集"二十万余元买的一批新车，仅五六个月，就"如此陈旧"，想到华侨的心血竟被国民党公务员"视若泥沙"，心里既疼痛又愤怒。视察过后，那年的十二月十三日，陈嘉庚在昆明给蒋介石致电，报告自己在滇缅公路所见，对改善滇缅公路的运输与南侨机工的生活、医疗条件提出建议。但蒋介石回电只是表明收到电报，对陈嘉庚的建议只字不提。

一九四二年，缅甸失守，滇缅公路被敌寇切断，南侨机工陷入危难困境。此时，新加坡已经被日寇占领，南侨总会主席陈嘉庚开始避难，尽管这些回到祖国的机工们用生命捍卫了抗战物资的生命线，国民政府还是只用一纸决定就将他们遣散了，南侨机工的一部分人跟随联军进入印度，大部分人则流离失所。新马已沦陷，南侨机工有家难归；侨汇已中断，南侨机工生活无着；总会侨领在避难，南侨机工成为无人管照的无业游民，有的机工没有牺牲在烽火运输线上，却死在被遣散后的贫病交加中，而国民政府却没有一个部门来分管这些为抗战舍生忘死的华侨同胞。

抗战胜利后，陈嘉庚回到新加坡，他牵挂着这批在祖国危急时请缨出战的同胞，他与南侨总会的侨领以及千百个华侨家庭，都急切地盼望着与这些在祖国度过最艰难岁月的亲人相聚。然而，国民政府对此却漠然视之，虽然南侨总会驻国内代表潘受、庄明理多次与国民政府交涉，遣送回归工作依然因政府的拖沓久久不得实现。陈嘉庚见政府毫无诚意，担心南侨机工被国民党利用去打内战，便决定南侨总会自行办理机工的回归问题，于一九四六年六月六日通告新马各筹赈会派出代表，十天后在吉隆坡集合开会，讨论资助南侨机工回归问题。

通告发出后，政府驻新加坡总领事伍伯胜即刻向报界发表声明，声明国民政府在努力办理南侨机工的遣送任务，只是"交通困难，未能及时南返"。对此托词陈嘉庚忍无可忍，于六月八日致函伍伯胜，指出遣送机工"并非挟泰山而超北海，端在肯与不肯耳"。六月十六日，马来西亚"支援南侨机工复员代表大会"在吉隆坡举行，并分别致电南京政府有关部门和官员，要求尽快解决南侨机工的复员问题。

在陈嘉庚与南侨总会的努力与抗争下，国民政府终于同意与国际组织救济联总合作，办理南侨机工的遣送。一九四六年，大部分机工与家属终于回到南洋，走进了自己阔别多年的家，他们中的一千多名同伴却将生命永远留在了那块充满血、火与泪的滇缅公路上。青山埋忠骨，人们分别在滇缅公路与马来西亚建立了南侨机工纪念碑，永远缅怀那些为了祖国离家出征、不畏牺牲的南洋华侨优秀儿女。

南侨机工的遣送事件，让陈嘉庚对国民党的不守信义、不顾民众死活的行径更加深恶痛绝。当中国历史的伟大转折到来的时候，陈嘉庚选择公开站在中国共产党的一边，对蒋介石及其统治集团展开毫不留情的讨伐。

在历史伟大转折面前

一九四五年五月,日本的侵略战争失败的日子已经来临,国民党召开第六次代表大会,会上蒋介石叫嚣:"今天的中心工作,在于消灭共产党。日本是我们国外的敌人,中共是我们国内的敌人。只有消灭中共,才能完成我们的任务。"一九二七年的"四一二"反革命大屠杀的悲剧似乎就要重演,黑云压城城欲摧。但这一年,中国共产党领导的军队已经发展到一百万人,抗日根据地面积达一百万平方公里,人口近一个亿,中国的红色力量,已经不是蒋介石说要消灭便可消灭的了。

抗战胜利后,蒋介石虽然清楚共产党已是今非昔比,但眼瞅着自己取得了战略主动权,而且占有军事优势,于是接受了国民政府文官长吴鼎昌提议,三次宴请毛泽东到重庆谈判。一九四五年八月二十八日,中共中央主席毛泽东带领周恩来、王若飞抵达重庆,与国民党代表王世杰、张治中、邵力子等历经四十三天的谈判,于十月十日签订了《政府与中共代表会谈纪要》,这份被称为"双十协定"的重庆谈判协议。双方同意召开有各党派代表与社会贤达参加的全国政治协商会议,讨论和平建国方案。协定虽然在军队、解放区政权两大根本问题上没能达成协议,但它的签订,却证明中国共产党人"以和平、民主、团结、统一为基础"的主张赢得了国内外广泛同情和支持,并让国民党陷入被动局面。

一九四六年一月,全国政治协商会议在重庆召开,参加会议的有共产党、国民党和民主党派、无党派代表三十八人,通过五项协议。经历过十四年抗日战争磨难的中国人,期盼着中国就此走向和平、民主、团结、统一,建立一个独立、自由和富强的新国家。

然而，就在重庆谈判期间，国民党军队却没有放弃对战略要地的占领。一九四五年八月十五日，日本投降，蒋介石就迫不及待地任命熊式辉为东北行辕主任，张嘉璈为东三省经济委员会主任，前往接收东北，国民党军队也在这时开始朝东北进军。但此时中国人民解放军早有十万军队在东北站稳脚跟，并且制定了"向北发展，向南防御"的战略，两党两军冲突在所难免。"双十协定"签订后不到半年，蒋介石于一九四六年四月就东北接收问题发表讲话，并提出了"国民党命运在东北""如东北为共产党所有，则华北也不保"的战略论调，这些论调传出后，引起中国共产党与进步传媒的攻击。四月十五日，在苏联军队撤出东北后，中国人民解放军占领长春、哈尔滨、齐齐哈尔，国共两党军队在四平、长春展开激战。五月，国民党军队发动第二次四平战役，并展开全线追击，将林彪的军队一直赶到松花江畔。六月十六日，蒋介石撕毁"双十协定"和政协协议，调集二十二万兵力，围攻鄂、豫边的中原解放区，紧接着又以大军压境之势，分头大举进攻华东、晋冀鲁豫、晋绥、东北以及海南等解放区，提出要在三五个月内消灭共产党领导的军队，挑起了全面内战。

陈嘉庚对战后祖国的局势一直高度关注。早在自己告别吧城时，他就提出战后华侨的重要问题是要分清政治是非，经过一九四〇年九个月国内考察后，他已很清楚"数年来执政权诸国民党员，处心积虑，愈行愈辣，既欲行其一党专政之霸政，又力谋其党权永远存在"，①他认为国民党中央政府诸要人"多野心不正举动，在内包围制造一党合污之政权，在外如香港则设党政机关，以笼络及欺蔽海外华侨"。②这位与蒋介石以及许多国民党高官都有过亲身接触的华侨领袖，在中国现代历史发生最重大转折之时，已经看清了蒋介石及其政府的独裁统治嘴脸。

---

① 陈嘉庚：《南侨回忆录·南洋教育党化》，中国华侨出版社 2014 年版，第 337~338 页。
② 陈嘉庚：《南侨回忆录·挂羊头卖狗肉》，中国华侨出版社 2014 年版，第 340 页。

内战爆发后,他立刻站了出来,在《南洋商报》上发表文章《独裁政治没有出路,民主运动前途光明》,针对蒋介石挑起内战、企图消灭中国共产党的行径尖锐指出:"世界上最强大的独裁国家如德、意、日尚且不容存在,中国岂能跟着向灭亡的独裁政治路上跑,要跑这条路,就只有没落,死亡。共产主义被一些宣传家歪曲夸张渲染好像毒蛇猛兽,由于认识不清的误解者,便把共产主义视若畏途。"他说:"事实排在我们面前,独裁就是死亡。中国一切不能再走这条路。"并指出:"中国当前最适合的政治路线只有一条——民主。"① 两个月后,他在接受《现代日报》记者采访时,再次对蒋介石的独裁统治进行声讨:

> 蒋主席说来说去总是说那套老话:什么明是非,什么礼义廉耻,什么明责任守法纪……说出来好像很有道理,其实他口是心非,说话全无诚意,言行相背。他亲小人,远君子,重用恶人,排挤好人。像陈仪这班贪官,他故意予以重用,以戕害百姓;像中共那班清官,他故意加以诬陷;他为要讨好苏联,孤立中共,竟把外蒙古割给苏联。总之,蒋主席只知为他自己和他的亲戚朋友的利益打算,他未曾为整个国家民族的利益打算,所以他包庇许多误国殃民的贪官,他痛恨主张民主和实现民主的好人。②

就在这次采访时,陈嘉庚断言内战"不必五年,最多三年,独裁贪污者必倒,民主派必胜"。这个断言,后来竟被历史证实,其判断的准确程度令人惊奇。

这一年的六月二十七日,美国国务院批准替国民党政府建立拥有一千

---

① 陈嘉庚:《独裁政治没有出路,民主运动前途光明》,《南洋商报》1946年6月22日。
② 陈嘉庚:《坚持独裁绝没有前途,实现民主必须大流血——与〈现代日报〉记者谈话》,《现代日报》1946年8月28日。

架飞机的空军；七月十六日，美国国会正式通过决议，赠送国民党军队二百七十一艘舰艇。如此一来，在光明与黑暗的决战中，中国共产党及其领导的军队面对的是拥有海陆空美式装备的八百万国民党军队，力量的悬殊是一比十的差异，形势极其严峻。

　　面对美国支持国民党挑起内战的行为，一九四六年九月七日，陈嘉庚以南侨总会主席名义，向美国总统杜鲁门、美国参众两院议长、南京马歇尔特使、司徒雷登大使发出通电，并将通电交由各通讯社发表，谴责美国"以借款军火，助长中国分裂"的罪行，通电指出：

陈嘉庚在新加坡的群众集会上发表演说，反对美国政府支持国民党政府打内战

　　　　查蒋政府执政二十年，腐败专断，狡诈无信，远君子而近小人，其所任用官吏，如孔宋内戚及吴铁城、陈立夫、蒋鼎文、陈仪等，贪污营私，声名狼藉；以致民生痛苦，法纪荡然，为中外人士咸知，贵

国政府尤了若指掌。抑蒋政府要人，就本人多次接触，深知其昏庸老朽，头脑顽固，断不足与言改革。贵国传统政府，对各国人民，公允友爱，不事侵略，信誉昭然；今乃一反常道，竟多方援助贪污独裁之蒋政府，以助长中国内战。本人曾经访延安中共辖地，民主政治已见实施，与国民党辖区，有天壤之别；且中共获民众拥护，根深蒂固，不但国民党军队不能加以剿灭，即任何外来金钱武器压迫，亦不能使其软化。职是之故，本人代表南洋华侨，特向贵国呼请顾全国际信誉，以日本为前车之鉴，勿再深信武力可灭公理，奸谋可欺上帝；务望迅速改变对华政策，撤回驻华海陆空军及一切武器，不再援助蒋政府，以使中国内战得以终止，人民痛苦可以减少。则贵国将为全世界爱好和平之人民所拥护，而上帝必佑贵国矣。

陈嘉庚的这份通电既入情入理又严厉有力，既是对美国政府的一份劝告，又拉又打，也是对美国政府与南京政府的一份声讨，毫不手软；既是以自己切身的体会揭示国共两党的本质区别，又是以历史的教训警告美国政府"多行不义必自毙"。通电经美联社星洲分社发表，立即引起轩然大波，不仅轰动整个中国，也引起世界震动，更是在南洋华侨中引发剧烈震荡。

南洋华侨心系桑梓，原本大部分人都将祖国的富强寄托在当权政府身上，特别是抗战全面爆发后，更是将蒋介石奉为"最高领袖"，像当年的陈嘉庚一样，将抗战的胜利和国家的希望寄托于当权的国民党。虽然从延安回来后的陈嘉庚的思想转变对他们有所影响，他们也对国民党政府的腐败很不满，对国民党政府在处理南侨机工的问题上很不满，但整个抗战期间，陈嘉庚并没有公开讨伐国民党，加上国民党作为执政党在南洋拥有的掌控权力，众多的华侨依然没能看到国民党政府腐败的本质，还是将国民党视为祖国的代表。所以，当陈嘉庚奋起揭露国民党丑陋性质，称国民政府为"独裁之蒋政府"时，许多华侨都感到惊愕，甚至起来反对陈嘉庚的通电。

九月二十二日，在陈嘉庚通电发出两周后，马六甲中华总商会召开该会注册社团代表大会，通过了否认陈嘉庚通电的议案，会议也发出一份致美国电文，指责陈嘉庚"不惜自毁过去历史"、"中伤中美感情"，甚至骂陈嘉庚"狂悖怪诞，无以复加"，声明马六甲总商会六十四侨团"决意通电否认"陈嘉庚电。紧接着柔佛中华总会、吉隆坡二十六个侨团、婆罗洲诗巫社团代表大会、槟城六侨团等侨团组织，相继发出快邮通电，反对陈嘉庚的通电，指责陈嘉庚"攻击祖国政府""做中共尾巴"；新加坡也有几十个社团联名签发致美国政府通电，请求美国政府继续援助国民党政府；新马传媒大都为国民党控制，多家报刊都打出了反对陈嘉庚通电的旗号，就连陈嘉庚自己创办的《南洋商报》（这时股权已经发生变化），也站到陈嘉庚的对立面，马六甲海峡的狂风巨浪凶猛地向陈嘉庚扑将过来。

就在这恶浪席卷星洲之时，马来西亚的厦大、集美的校友首先挺身而出，坚定地维护和拥戴自己的校主，接着新加坡的两校校友也愤然站了出来，与马来西亚校友一起共同发出《为拥护陈嘉庚校主最近通电的宣言》。宣言有理有据地向人们阐明了陈嘉庚的呼吁是"现阶段中国人民最迫切的一个要求，是当前最正确的一个民意，这不但可以代表南洋华侨共同的意见，而且可以代表中国人民大众衷心的愿望"，称

拥护陈嘉庚通电大会的报道

陈嘉庚"就是中国老百姓的代言人",号召侨胞们"辨别是非","主持正义","一致拥护陈嘉庚先生伟大而正确的通电"。紧接着,新、马的厦大、集美校友,槟城、新加坡、菲律宾、爪哇、苏门答腊等地的华侨,相继召开拥护陈嘉庚通电大会,泰国曼谷七十一个华侨社团联名发出向陈嘉庚致敬电与致美国总统杜鲁门电,要求美国军队撤出中国。

由此,"拥陈反蒋派"与"反陈拥蒋派"形成,"拥陈反蒋派"以厦大、集美两校校友,福帮社团和新加坡民盟分会为主体;"反陈拥蒋派"以国民党支持的一些商会、新闻媒体、华侨社团为主,两派针锋相对,阵营势均力敌,展开激烈的口诛笔伐。在这个大风大浪中,陈嘉庚更是坚定地站在斗争的风口浪尖。这一年九月十六日,民盟新加坡分部、教师公会等十多个团体举行追悼李公朴、闻一多和陶行知大会,陈嘉庚来到大会上,他就像闻一多的《最后一次演讲》说的那样,带着"我们不怕死,我们有牺牲精神,我们随时像李先生一样,前脚跨出大门,后脚就不准备再跨进大门"的勇气,慷慨激昂地发表演讲。他说"李、闻、陶三先生为反对内战,奉行孙总理民主政治运动而牺牲",是因为蒋介石"独裁专制并不放松其高压手段,较之抗战时间尤变本加厉,排斥异党",知识分子进步人士不能不"每受暗杀";中国"欲废除独裁,实行民主,非再流血,决不能达到"。他回顾了中国历史的"天运循环""善恶演变",指出蒋介石发动内战后,"独裁专制变本加厉,民主未能实现,民不聊生",揭露蒋介石的所谓"开明政治",实际上是"挂羊头卖狗肉"。[①]

李公朴、闻一多被暗杀事件,也警醒了海外广大华侨,南洋华侨反独裁、争民主运动也随之发生。九月二十七日,新加坡各界两百多个团体八百多人齐集中华总商会会所,举行支持陈嘉庚通电大会,李光前、陈六使、黄奕欢以及其他许多知名人士,纷纷上台发表演讲,支持陈嘉庚,反对独裁政府,提出数项动议,通过成立"新加坡华人促进祖国和平民主联合会"的动议,

---

① 陈嘉庚:《在李公朴、闻一多、陶行知追悼会上的演词》,《现代日报》1946年9月17日。

选举黄奕欢为大会主席，胡愈之为副主席，发表支持陈嘉庚宣言。之后，马六甲、吉隆坡、怡宝、新山、芙蓉等马来西亚各市镇和曼谷也都分别举行拥陈反蒋大会，表示对陈嘉庚争取中国民主和平的鼎力支持。

拥陈反蒋派与反陈拥蒋派的紧张对峙，在一九四六年的十月十日达到高潮。这一天，反陈拥蒋阵营的两百多个社团在中华总商会举行国庆庆祝会，国民政府驻新加坡总领事参与筹划这次大会，他们向蒋介石致意，声称新马华人坚决站在蒋介石背后。与此同时，刚成立不久的新加坡和平民主联合会也在花拉公园召开纪念会，参加者三万多人，其中包括工团会员、文化团体成员与学生。陈嘉庚与其他人士在会上慷慨陈词，抗议内战，呼吁和平。大会分别致电毛泽东与蒋介石，呼请他们立即停止战争，解决内部纷争，回归民主。

在中国内战紧锣密鼓敲响的时候，新马华侨在政治与思想上的分裂，转化成两个阵营的鏖战，陈嘉庚成为媒体、社会与多方政府关注的焦点，成为反陈拥蒋一方最主要的攻击对象。但陈嘉庚是一个看准了目标就毫不动摇地去追求去奋斗的人，在反陈拥蒋的攻击面前，他毫不气馁。十月八日，他接受了中央社记者采访，他说自己自七七事变以来，主张言论总是遭人攻击。通电反对汪精卫叛国，国民党中有人反对；赞同英对德宣战，遭前总领事高凌百干涉；组织回国慰劳团返国慰问，亦有人在报上大肆攻击，"倡办之事，总有人从中反对攻击"。但自己"一向作事均凭良心，并不因遭人反对攻击而停手不做"，否则会"失人格矣"。对于致美国总统及两院通电的立场与态度，他依然坚定不移，坚决要求"美国即刻停止助长我国内战"，"实不应再有海陆空军驻于我国"，指出美国"今日所为，实已反其传统精神，且已与过去之日本帝国主义无异"。①

接受中央社采访之后，他又在福建会馆的纪念"双十节"活动上演讲，

---

① 陈嘉庚：《要求美军退出祖国是职责所在——答中央社记者问》，《华商报》1946年10月8日。

以天道的运行为题，阐述"我中华民国，不幸自成立以来，所有在朝执政权者，多不能忠诚推行主权，实行民主政治，致卅余年纷乱内争，无年停息"，一针见血地提出现下因内战愈烈，"人民凄惨莫可言喻"。讲话中还流露出内心的无比忧患，他说，"今日之庆祝民主共和成立纪念日，而国内反遭受苛政独裁之惨祸，吾人外貌虽似喜悦，而内心实蕴荐无限悲痛"。但他对于大时代的中国前途与命运却充满信心，他说，"自世界第二次大战结束，世界已推入为人民世纪，人权应受尊重，无分上下东西，而我国之民主政治，其气势旺盛，有如日在天中。我国人民又富于和平天性，必不愿忍受独裁卖国之高压，此一广泛之和平民主运动，必日日膨胀，成为洪流"。他断定"至多不出一两年，独裁必不能生存，民主政治决可实现"，表示自己绝不放弃"主人翁地位，国民天职"。①

陈嘉庚撰文反对独裁政治，发表时评针砭时弊

"双十"过后，新加坡和平民主联合会乘势而上，展开一场声势浩大的运动，要求美军滚出中国，以演讲、表演与座谈会等方式，历时一周时间，希

---

① 陈嘉庚：《论天道的运行——在福建会馆及所属三校师生国庆纪念会上的演词》，《民声报》1946年10月14日。

望迫使美军撤出中国。这个活动，形成一份三万人签名的请愿书，谴责美国在中国支持蒋介石政权打内战。

经过几个回合的论战之后，华侨民主派看到新闻媒体的重要性，甚感欠缺一个媒体一张报纸的缺失，为更好地宣扬自己的政治路线与主张，为新加坡马来半岛的反独裁反内战推波助澜。一九四六年十一月，在陈嘉庚首肯下，由黄奕欢、陈国庆和刘牡丹等七人发起，四十三名股东筹集了二十六万四千零五十元经营资本，办起了《南侨日报》，陈嘉庚任董事主席，新加坡民盟著名领袖胡愈之担任董事经理。从此，《南侨日报》变成为陈嘉庚、民盟新加坡分部和拥陈反蒋阵营的喉舌，成为新加坡马来西亚反独裁、争民主的有生力量，在三年零十个月的岁月里，日销一万二千至二万份，它冲破了国民党对新马舆论的控制，为中国人民和海外侨胞的民主和平斗争鼓而呼，成为星洲战后三大报章之一。至此，拥陈反蒋的政治主张与民主思想，越来越深入南洋华侨之心。

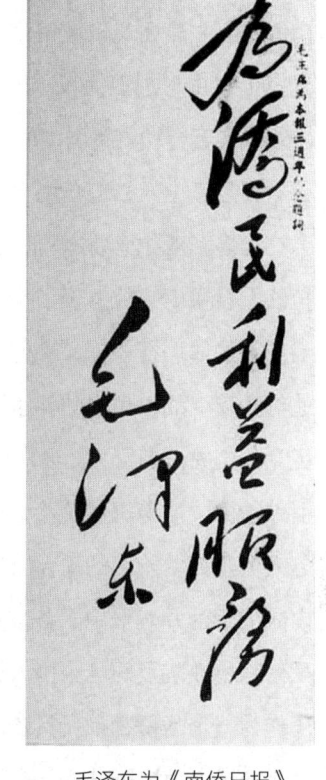

就在这阵线分明的斗争波澜中，七十三岁的陈嘉庚度过了不平凡的一九四六年。

一九四七年的到来，也是中国人民反内战、反独裁、争民主一次高潮的到来。这年五月，全国各城市举行示威游行，学生、学者罢课，工人罢工，商人罢市，新闻媒体疾呼，要求停止内战，实行民主和平，华夏大地群情激愤，长城内外反蒋浪潮一浪高过一浪。蒋介石政府却将人民的历史要求视为共产党的阴谋，采取高压的"白色恐怖"，对民主力量进行严酷镇压，封报

毛泽东为《南侨日报》创办三周年题词

馆，抓学生，将新闻记者投入监狱，用血腥暴力驱散集会、游行队伍，压制人民的正义呼声。

经历了七十多年风风雨雨的华侨领袖陈嘉庚对此反应敏锐，他能从历史的隧道中感受到"白色恐怖"下的非正义的色厉内荏。五月二十八日，他以南侨总会主席名义致电南京国民参政会，表示支持学生的正义行动，要求恢复言论自由，捍卫人权。同时，在怡和轩召集新加坡和平民主联合会开会，决定以实际行动支援国内学生爱国运动。

五月三十一日，一场声势浩大的声援中国学生反独裁、争民主的群众大会在维多利亚纪念堂举行，这是新加坡华侨史上的一次历史性大会，陈嘉庚担任大会主席，他发表了措辞严厉的演讲，指责蒋介石政权借以巩固自己独裁统治的罪恶行径。大会通过三项议案：第一，致电中国学生，同情与支持他们的反内战争民主的斗争；第二，发表宣言，昭告全中国人民起来阻止国民党的拉夫盘剥行为，要求国民党释放政治犯，实行言论、出版、结社自由，消除特务，取消军法统治，铲除贪污舞弊，没收高官贪赃所得财产，提高公务人员及劳动阶级的薪俸，增加教育开支，撤退驻华美军，停止举外债以打内战的行为并确保中国各政党之合法、平等权利等；第三，将上述宣言书送呈南京行政院及昭告全国人民。民联大会通过的三项议案，充分体现出陈嘉庚作为一个华侨领袖所具备的优异的政治素质，体现出一位经历过自辛亥革命以来半个世纪历史风云的华侨领袖政治上的成熟与老辣。

然而，这一年不仅是国内反内战、反独裁、争民主斗争高潮时期，也是国民党实行高压的"白色恐怖"时期，同时又是国民党大举进攻共产党和解放区的年头。这年二月，国民党军队从共产党手中夺取了一百零五座城市；三月，胡宗南部队攻占了红色都城延安，反对独裁、爱好和平的海内外华人，一时心中阴云密布。

此时，面对四百三十万美械蒋军的压境之势，毛泽东正以其雄才大略，运筹帷幄，主动放弃延安放弃城市，以"不以一城一地的得失为成败标准"

和"在运动中集中有生力量歼灭敌人"的战略战术,与强大十倍于共产党军队的蒋介石军队周旋。尽管陈嘉庚并不很清楚中国共产党军事上的战略方针,但他却对共产党的胜利充满信心。他从秦、汉、隋、唐到宋、元、明、清的历史更替中,看到改朝换代的决定因素不在军事上的一时强弱,而在恒久之"民心","得民心者得天下,失民心者失天下"。从一九四〇年回国慰劳以来,他就越来越清楚地看到了蒋介石及其集团的倒行逆施、民心向背,判定他必然失败的结局。

一九四七年下半年,国统区经济到了崩溃的边缘,物价比一九三七年上涨六万倍。尽管经济上已破烂不堪,蒋介石却依然要维持几百万军队和庞大的官僚机构,要支撑进攻共产党、解放区的巨额军费,蒋政府不顾人民死活,民不聊生的困境达到极点。陈嘉庚似乎听到了民众的呼声,这年九月,他在中国民主同盟全马大会上发表《独裁政府必定倒台》的演讲,他说:

> 我们要知道,孙中山先生打倒清朝是中国第一次革命,是为中国民主政治打定了基础,现在国共内战,就是第二次革命,这一战的胜利,是屈指可以计算。到了独裁政府倒台了,美国的反动派,亦必然倒下去,影响于全世界各个国家倾向于民主,是毫无疑问的。①

几天后,他接受上海记者团的访问,在回答记者的问题时他答道:"国共内战,胜败似无难知,可视民众趋向而定,民众拥护者,当然可获最后之胜利,民众怨叹不满者,必定失败也。"②③尽管国民党及其军队气势汹汹地占领了中共中央的所在地,扑向广大解放区,陈嘉庚却判断蒋介石集团必败。就在这次访问中,陈嘉庚风趣地说自己早在布尔什维克人在苏联掌权前,就已

---

① 陈嘉庚:《独裁政府必定倒台——在中国民主同盟全马大会上的演讲》,《民声报》1947年9月29日。
② 陈嘉庚:《祖国时局——答询上海记者团》,《民声报》1947年10月1日。
③ 陈嘉庚:《民主中国在望——接见我国赴欧留学生的谈话》,《人民报》1947年12月20日。

经实现共产主义了，他早就立誓捐出自己的全部财产作为厦大集美二校经费。他坦承地告诉上海记者团，他已发现一位足堪领导中国人民的伟大人物。面对严峻的军事形势，身处于蒋介石统治最恐怖最黑暗的时期，七十四岁的陈嘉庚对于时局的分析与对于未来的判断，竟是如此乐观、如此吻合历史发展的现实，这种政治远见、政治胆识以及政治立场，恰恰表明了一位历史参与者与创造者对自己历史选择的百倍信心。

当一九四七年即将过去一九四八年新年就要到来的时候，陈嘉庚接见了中国赴欧留学的留学生，他对那些就要奔赴欧洲的中国青年揭开了历史的"阴霾毒雾"，向他们指示了中国"无限光明"的前途：

> 世界潮流时势所趋，中国已经到了否极泰来的时候了。中国的前途是绝对可以乐观的，美国的金钱，是买不了中国人民的心！中国人口众多，知识不下于欧美各国，土地肥美，不下于任何列强。一旦专制政府倒台，民主政治实现，中国是一定可以和世界列强并驾齐驱的。①

一九四八年一月一日，陈嘉庚为《南侨日报》撰写《新岁献辞》，在这篇献辞中，陈嘉庚宣告一九四八年"实为我国历史上巨大变革之年，或亦竟为中华民族大革命胜利成功之年"，他说："我国地大物博民众，内外恶势力铲除以后，复兴建国，突飞猛进，转危为安，转弱为强，转贫为富，指顾间事。"《新岁献辞》发表后，蒋介石自然极为恼怒，已经亲近国民党的《南洋商报》发表题为《陈嘉庚可以休矣》的社论，攻击《新岁献辞》与作者陈嘉庚，说陈嘉庚如今与战前判若两人，被人利用当傀儡。与此同时，国民党为夺得新加坡最大势力的福建会馆的控制权，以代缴会费为诱饵，争取会员支持，挑起郑古悦、王吉士、庄惠泉等显赫人物出来争夺福建会馆权，但最终

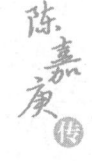

---

① 陈嘉庚：《民主中国在望——接见我国赴欧留学生的谈话》，《人民报》1947年12月20日。

还是以国民党势力在福帮的惨遭失败收场，陈嘉庚支持者重新掌舵，陈嘉庚蝉联福建会馆总理。

尽管这一年陈嘉庚已经七十五岁，但"可以休矣"的不是他，而是他反对讨伐的蒋介石统治集团。

一九四八年，中国的局势发生了巨大变化。五月一日，蒋介石在南京举行总统就职宣誓，但他一就职，国统区的经济就崩溃了，物价指数上涨到抗战前的七百万倍，国民党政府所发行的"法币"变成一堆废纸，尽管蒋介石绞尽脑汁以一元"金圆券"替换三百万元法币，企图拯救危机，但没几天"金圆券"也就遭遇与法币同样的命运。军事上，中国人民解放军与蒋家王朝的军队的兵力对比已从内战爆发时的 1∶3.14 变成 1∶1.3，而胡宗南、白崇禧、刘峙、傅作义、卫立煌五大正规战略集团，已被解放军分割在西北、中原、华东、华北和东北五大战场，全部陷入了战略上被动劣势的危境中。

一九四八年九月，中共中央在西柏坡召开政治局扩大会议，发出了"抓住有利时机，与国民党进行战略决战"的号令。九月十二日，辽沈战役打响，十一月六日与二十九日，淮海战役与平津战役先后发起，人民解放军由战略防御转入全面战略进攻，陈嘉庚所预言的历史大转折来到了。

对中国时局的准确判断，坚定不移地维护国民维护华侨利益的立场，在恶劣环境下初心不改、威武不屈的人格魅力，让陈嘉庚更受到南洋千万华侨的拥戴，他以更充沛的精力和更老练的笔力，接连发表了《祖国光明在望》《蒋介石的最大错误》《中国内战何日告终》《再论中国内战前途》等文章与演讲，他说："我国革命大功不日告成。此后兴利除弊，富国利民，确可料到。"①

七十五岁的陈嘉庚就这样傲立在中国历史大转折的时代风云中，自信而坚定地迎纳两种力量决战中的风风雨雨，这位中华民族的赤子知道，黑暗即将过去，曙光就在前头。

---

① 陈嘉庚：《致集美学校校长陈村牧函》，1949 年 2 月 10 日。

陈嘉庚在南侨日报社的会上致辞

第四编

回祖国

一个国民的生命荣光

一九四九年十月一日，陈嘉庚与中央人民政府委员会暨中国人民政治协商会议第一届全体代表一起，登上雄伟的天安门，下午三时，毛泽东主席向全世界宣告：中华人民共和国中央人民政府成立了。陈嘉庚站在天安门城楼上，望着辽阔的蓝天白云，望着漫天飞翔的和平鸽，望着百万欢腾不已的人们，心中不禁又响起刻骨铭心的几句话："以四万万之民族，决无甘居人下之理。今日不达尚有来日；及身不达，尚有子孙；如精卫之填海，愚公之移山，终有贯彻目的之一日。"他无限感慨，中国人民终于站起来了，一生奋斗的目标终于实现了。他的心头，一时闪过这样的念头：叶落归根，是回到家国怀抱的时候了。

第十三章

踏上新中国的新旅程

陈嘉庚传
Biography of Tan Kah Kee

回国共商国是

一九四九年六月七日,北京的天气就像中国南方的春天,风和日丽,鲜花盛开,西山更是满山绿叶,苍峦叠翠。一辆小轿车驶到毛泽东的西山寓所前,周恩来从车上走下来,他拉开车门,扶着一位老人下车,这位老人就是毛泽东盼着再次见面的陈嘉庚。这年陈嘉庚七十六岁,在西山等着他的是正在为新中国的成立运筹帷幄的毛泽东和刘少奇。

毛泽东迎到门口,他握着陈嘉庚的手笑着说:"我们俩跟六月有缘,在延安见面是六月,在北京见面又是六月,六月里有花香,有清风,真是个好季节呀!"陈嘉庚笑着,他很喜欢毛泽东这样的见面方式,他的心情一下子豁然开朗,言行也就无拘无束起来。

两个六月,相隔近十年,却是天翻地覆,沧海桑田。当年黄土高坡上的毛泽东,如今已是最后打败蒋介石、建立新中国的共产党的主席。历史在一九四九年拐了个大弯,这本是陈嘉庚意料到的,但一旦历史真的如自己所料,他还是非常惊喜。

九年前的六月七日,是陈嘉庚与毛泽东在延安告别的日子。那是一九四〇年抗战最艰苦的年代,陈嘉庚结束了在延安的九天考察,就要返回重庆,延安各界举行集会欢送他,他在欢送会上表达了自己对延安的美好印象与憧憬。延安行之后的陈嘉庚已经对那位在小小的窑洞里思考着指挥着千军万马的毛泽东刮目相看,他把这位头发有些长的四十几岁的湖南人看成是自己正在寻找的人,将他作为拯救中国的人物,把延安看作"中国的希望"。他没有想到,在延安、在黄土高坡,会有这么一个让人振奋的与重庆政府完全不同的政权,这个政权为民服务为民争利,领导人个个勤奋艰苦,作风质朴,他们领导下的延安与陕甘宁边区经济活跃、社会有序、教育先进、文化新颖、军民和谐,还聚集着许多南洋的侨生和厦大与集校的青年。离开延安的时候,陈嘉庚希望毛泽东坚持国共合作,团结一致打败日本侵略者,两党的分歧等抗战胜利后再说。毛泽东答应了陈嘉庚,并请陈嘉庚回去后如实报告延安的所见所闻,澄清国民党污蔑共产党是"共产共妻"的谬误,陈嘉庚同样答应了毛泽东"绝不指鹿为马"。九年过去了,神州大地发生了天翻地覆的历史变化,他们两人都坚守了自己的承诺,毛泽东领导的中国共产党坚持国共团结打败了日本侵略者,陈嘉庚不顾国民党的阻拦威胁,不仅在南洋而且在国内许多地方,向人们报告了延安的真相和自己对延安的美好印象。两人信守各自的承诺,言必信、行必果的品行让他们都很感欣慰,也使陈嘉庚与毛泽东的这次相隔九年的相见,显得尤为亲切。对于毛泽东,陈嘉庚曾经这样说过:"毛主席为人甚温和慈祥,善体贴人情,虚怀若谷,文学极好。"①

那一天,毛泽东告诉陈嘉庚,请他来京是要请他参加新政协的筹备会议,共商国是。陈嘉庚虽然也想过毛主席的用意,但还是坚持了自己"在野"的想法,他说:"我素为政治门外汉,国语又不通,怕是要辜负主席美意。"周恩来在一旁忙说:"国语不通好解决的。世界上没有人能懂得所有国家的语言,但国际交往却天天在进行。"这天晚上,陈嘉庚与毛泽东、周恩来、刘少奇、陈伯达一起用晚餐,他们谈论中外形势,一直谈到半夜,陈嘉庚才回到北京饭店。

九年后的这次北京相见,是陈嘉庚应毛泽东的邀请从新加坡赶回祖国的,这事发生在四个月前。

一九四九年一月二十日,中国人民解放军已兵临北京城下,中国共产党人正准备从西柏坡走向北京城。这时,毛泽东通过特殊渠道,给陈嘉庚发去

---

① 陈嘉庚:《新中国观感集》,新加坡怡和轩俱乐部、新加坡陈嘉庚基金会、中国厦门集美陈嘉庚研究会 2004 年版,第 86 页。

陈嘉庚（左）与毛泽东（中）在勤政殿前合影

了一份庄重的邀请，邀请函写道：

嘉庚先生：

中国人民解放斗争日益接近全国胜利。召开新的政治协商会议，建立民主联合政府，团结全国人民及海外侨胞力量，完成中国人民独立解放事业，亟待各民主党派及各界领袖共同商讨。先生南侨硕望，人望所归，谨请命驾北来，参加会议。肃电欢迎，并祈赐复。

毛泽东　一月二十日

陈嘉庚接到毛泽东的邀请函后，为中国人民革命胜利感到振奋，为四万万之民族即将结束黑暗统治走向光明道路而高兴，他立即给毛泽东回复一电：

毛主席钧鉴：

革命大功将告完成，曷胜兴奋，严冬后决回国敬贺。蒙电邀参加新政治协商会议，敢不如命。唯庚于政治为门外汉，国语又不通，冒名尸位，殊非素质，千祈原谅。

陈嘉庚

陈嘉庚受邀回国的事，即刻引起了各方的关注。二月二十二日，美联社星洲分社主任马斯特逊来到怡和轩，这位曾在美联社驻华机构任职过三年的美国人拜访了陈嘉庚，两人就陈嘉庚回国问题以及中国今后的形势进行交谈。这次谈话内容，被第二天的《南侨日报》报道出来：

马斯特逊（简称马）：陈先生准备回中国吗？

陈嘉庚（简称陈）：上海解放后，就要回去。

马：照陈先生看法，预料上海何时可解放？

陈：这，你比我看得更清楚了。

马：陈先生认为中国的政局，将来应该如何处置？是不是应该有一个包括中共、民盟，以及李济深等各方面人士联合组成的联合政府？

陈：是的。

马：在新的联合政府中间，谁将握有控制权力？是中共、民盟，或是某一类他方面？

陈：当为中共，因为他们具有十数年丰富经验，对中国实际情形有充分之了解，而且拥有甚多优秀人才。

马：照陈先生看法，蒋介石有再登台的机会吗？

陈：余早已见及蒋介石无可能保持其政权。前年余致电美国总统杜鲁门，即曾指出蒋介石政府乃无希望之政府。盖蒋介石乃一不顾信义，经常不遵守诺言者。即余个人亦曾数次受其骗。[①]

马斯特逊还回应陈嘉庚的问题，就自己在中国数年的观察，谈了自己对

---

① 转引自陈共存口授、洪永宏编撰：《陈嘉庚新传》，陈嘉庚国际学会、八方文化企业公司2003年版，第332~333页。

中国前途的看法。陈嘉庚也告诉马斯特逊，只要美国政府改变目前错误的对华政策，新中国将与美国发展友好关系。显然，美联社已经注意到陈嘉庚的回国问题，他们力图从探访中了解南洋华侨对即将取得全面胜利的中国共产党的看法，因为这时美国政府也陷入了国民党失败的忧患中，他们在重新考量中国的局势。陈嘉庚坦然地向马斯特逊谈了自己的想法，道明了自己对中国共产党人的完全信任。

形势的发展迅速得容不得人们有太多的思考。就在毛泽东向陈嘉庚发出邀请函的前一天，蒋介石宣告"隐退"，代理总统李宗仁上台；二月八日，北平和平解放；在内外交困中，李宗仁展开一场要求和平的攻势，提出国共双方进行和谈。三月二十六日，中共中央通知南京政府，以毛泽东八项条件为基础，于四月一日在北平举行和谈。四月一日，南京政府派出由张治中（首席代表）、邵力子、刘斐、章士钊、黄绍竑、李蒸组成的和谈代表团抵达北平，与中国共产党的谈判首席代表周恩来及代表林伯渠、叶剑英、林彪、李维汉、聂荣臻进行谈判。国民党一面公开表示愿意以八项条件为谈判基础，一面绞尽脑汁保存实力，占有江南数省，以期东山再起。台上是李宗仁在进行和谈活动，台后是蒋介石在加紧实施三至六个月内完成大规模扩军的计划，企图重建四百个师，征募二百五十万新兵，重新召集退役军官，编制新的装甲兵团，扩充空军。

四月六日，新华社发表社论：揭露国民党政府虽然"表示希望参与和平解决国内问题，但是他们和继续主战的蒋介石及其死党一样，反对人民解放军继续前进，反对接受中共的八项条件"，"他们要把反动势力'平等'地'光荣地'保存下来，以为卷土重来的资本"。社论严肃地表明中国共产党的态度，打破了南京代表团的幻想。四月十三日，双方举行第一次正式会议。中共提出了在八项条件原则基础上制定的《国内和平协定》草案，中心问题有二：一是中国人民解放军渡江接收国民党军队，二是改编国民党军队。这两个中心问题粉碎了南京政府企图划江而治与保留其军队的幻想。之后，中共代表团接受南京政府代表团二十余条意见后修正了《国内和平协定》，形成"八条二十四款修正案"。四月十五日，双方召开第二次正式会议。会上宣布了协定的修正案。周恩来郑重宣布：谈判以四月二十日为限期。四月二十日晚，南京政府回复不同意在《国内和平协定》修正案上签字，并反对解放军渡江；二十一日，毛泽东、朱德发布渡江命令，中国人民解放军吹响了"将革命进行到底"的冲锋号。

四月二十三日，百万雄狮跨过长江天堑，国民党统治中心南京解放。

新加坡的怡和轩欢腾起来了，南侨总会的办公处车水马龙，庆贺胜利，探寻战况，人们纷纷涌向这一处华侨最信任的地方，华侨也更加赞赏与敬佩陈嘉庚先生这些年来对中国局势的先见之明。严冬过去了，陈嘉庚决定回国，他邀中国民盟槟城分部负责人、槟城庄协成公司总经理庄明理结伴同行。

庄明理为槟城侨领，他十分敬佩陈嘉庚。早年参加国民党，在南洋因从事爱国运动两次被英殖民当局驱逐出境，驱逐回国后到重庆。一九四〇年陈嘉庚率领南侨回国慰劳团抵达重庆时，他参加了慰劳团的工作，并一路陪伴陈嘉庚走过华东、华南、西南等地。太平洋战争爆发后，英殖民当局取消了他与侯西反的驱逐令，陈嘉庚立即电告他们，请他们返回新马参加抗敌工作。侯西反已在国民党内担任要职，不想返回，庄明理则立刻到英国大使馆办理返马护照，但被国民党一直"挽留"到抗战胜利后才重返新马槟城。就在他再度出洋前，他秘密晋见了中国民主同盟主席张澜和副主席章伯钧，加入民盟。两位民盟领袖付托他到南洋后与胡愈之等人联系，组建中国民盟分部。

一九四六年五月，庄明理抵达新加坡，立即与胡愈之、李铁民、张楚琨、洪丝丝等共同创立南洋中国民主同盟组织，反对国民党的统治。在陈嘉庚通电杜鲁门事件发生后，庄明理坚决拥护陈嘉庚，成为"拥陈派"的主干，与"反陈派"进行不懈斗争，他也因此被南京政府开除国民党党籍，撤销党内外一切职务。如今，国民党兵败如山倒，胡愈之也已经离开南洋回到解放区，在这春天到来之际，陈嘉庚邀他相伴返回祖国，他自然喜出望外，当即向陈

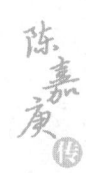

嘉庚表示十分乐意伴行回到沧桑巨变的祖国。

回国之前，七十六岁的陈嘉庚再次像年轻人一样马不停蹄地工作了。

三月十四日，他分别致电李宗仁、何应钦、白崇禧，敦促他们接受中共提出的和谈的八项条件，警示他们不接受将后悔莫及，遗臭万年；

四月一日，国民政府和谈代表团抵达北京，他立即在新加坡发表谈话，再次敦促国民政府谈判代表接受中共条件；

四月九日，看到全国的大好形势，他想到自己故乡也将迎来新的生活，特地给毛主席拍去一份电报，请求"选择贤能闽人，训练多士，俾福建解放迅速，兴利除弊"。

五月一日，他将自己三年来发表的论文、演讲、通告、电函汇编成册，取名为《陈嘉庚言论集》，写好弁言，交给南侨报社有限公司出版发行，这是陈嘉庚继《南侨回忆录》之后又一本重要著作。

此间，陈嘉庚五儿子陈国庆为父亲办理好回国的护照等手续，新加坡各社团纷纷举行欢送自己领袖回国的活动，福建会馆与怡和轩联合举行盛大欢送会。在欢送会上，福建会馆赠给即将启程的陈嘉庚一副楹联：

> 合公谊私情，送先生归舟万里；
> 论勋劳物望，实中外在野一人。

陈嘉庚也在欢送会上致辞，他说："余无所谓先见之明，不过是辨明真伪与是非而已。欲辨明真伪是非，自己则须忠诚公正。"临行的一番话，道出了一个"在野"政治领袖朴素的是非观念。

五月五日，这位"中外在野一人"的老人，与前来送行的李光前、陈六使等人一一握手告别后，在庄明理的陪同下登上半岛与东方航运公司的国泰轮，启程前往香港，有几千人到新加坡码头送行。

陈嘉庚（左）与李光前（中）、陈六使（右）

五月九日，陈嘉庚到达香港，受到香港同胞和侨领们的热烈欢迎。他的二儿子陈厥祥伉俪和两个孙子一起来到码头，把他接到九龙的家中居住。十四日，香港中华商会和其他华人组织六百多人，在金陵酒店举办盛大招待会，欢迎这位为四万万之民族奋斗不已的华侨领袖的到来。

此时，人民解放军摧枯拉朽，势如破竹，长江以南的解放战争，犹如秋风扫落叶一般将蒋家王朝扫进历史的垃圾堆中。继南京之后，仅一个月时间，人民解放军就解放了武汉、九江、南昌、杭州等一百多座城市，五月二十七日，全国最大的工商业城市、"东方的巴黎"上海宣告解放。

就在上海解放的第二天早晨，陈嘉庚搭上"捷盛轮"从香港启程，往天津港口驶去。诚信刚毅的他就连回国的日子都与他跟马斯特逊所说的时间一致，他算得太准了。

那时东南沿海一带还在国民党军队控制之下，"捷盛轮"只得在远离海岸的公海上航行。大海茫茫，一望无际，但陈嘉庚和船上的人们分明都感受到海洋上的一片曙光，一轮喷薄欲出的红日。

经过六天的航程，"捷盛轮"于六月三日抵达天津港，天津军管会参谋长王世英等人，到码头迎接，把陈嘉庚接到原德国快乐部寓所住下。晚上，胡愈之等人从北京来到天津，专门接他到北京。第二天早上，陈嘉庚与胡愈之等人乘上政府专车直奔北京，十一时半抵达北京总站。中共中央领导林伯渠、董必武、叶剑英、李维汉和民主人士沈钧儒、邵力子、蔡廷锴、齐燕铭等以及百余名华侨学生来到北京总站，欢迎这位从南洋归来的华侨领袖。新旧朋友相见，格外高兴。陈嘉庚第一次来到北京，第一次住进政府招待所北京饭店。

六月七日，周恩来带着陈嘉庚到西山见毛泽东，这就是我们开篇见到的那一幕。

十一日，朱德总司令宴请了自己在延安结识的老朋友。那年，朱德总司令陪陈嘉庚看了延安许多地方，总司令与战士们打篮球的镜头，一直是陈嘉庚生命中的一次很美好的记忆。

从西山回到北京饭店后，周恩来、林伯渠、董必武、叶剑英、陈绍禹、李济深、沈钧儒、郭沫若、马寅初、黄炎培，先后来饭店拜访陈嘉庚，与他交谈参加新政治协商会议筹备会议的事。陈嘉庚心里还是犯嘀咕，他一直说自己是"政治门外汉"，但在重要的政治问题上，又一直是非明确、旗帜鲜明、富有远见，实在是"中外在野一人"。

十三日，北京举办欢迎陈嘉庚大会，各界代表来了二百多人，大会由叶剑英主持，致欢迎词后，主持请陈嘉庚致辞，陈嘉庚便讲了南洋自日寇侵入后的战乱情况。欢迎会上，陈嘉庚再次表示自己不通国语，对参加全国新政协筹备表示歉意。郭沫若一听，忙说："心通胜于言通。"他介绍自己前月带领代表团到欧洲参加和平大会，各国代表语言都不相同，但意志一致；他说自己与蒋介石语言大通特通，信念则完全不同。林伯渠也称誉华侨对祖国抗战贡献很大，出钱出力，新政协要有陈嘉庚这样的华侨代表。在大家的鼓励下,陈嘉庚终于打消了"政治门外汉"与"不通国语"的顾虑,同意作为华侨首席代表参加新政协的筹备。与其他主要筹备委员一起,两次到毛主席寓所,讨论开幕办法。

十五日晚七时,中南海勤政殿,张灯结彩,大宫灯琉璃灯,灯光闪烁,一片辉煌,人民政协筹备会议如期举行。陈嘉庚与一百四十多位代表在殿中央围成椭圆形,场上讲台两旁坐着八位记者,代表席后面坐着五十位来宾。周恩来任大会主席,毛泽东、朱德、李济深、郭沫若、陈叔通、陈嘉庚相继在会上讲话。陈嘉庚说:"这是中国历史上一件大事情,是我们世代子孙幸福有关的一件大事。由于中国共产党毛泽东主席的正确领导,人民解放军的英勇战斗,全中国大部分土地已得到解放,而贪污独裁为全国人民所深恶痛绝的蒋介石反动集团,现在只剩了奄奄一息。海外华侨无不同声欢呼。"他情不自禁地回忆起一九四〇年回国慰劳之行,"当抗战时期,本人回国慰问,亲到重庆、延安,看得十分明白:重庆蒋介石政府,只知道搜刮民脂民膏,恣意挥霍;而延安毛主席和其他中共领导者,则勤劳刻苦,处处为人民打算"。他对毛主席不避危险、亲到重庆和蒋介石谈判的举动表示敬佩,认为想让"蒋介石还政于民,等于与虎谋皮"。他感慨地说,"中国共产党虚怀若谷,广邀各民主党派,各人民团体及各界民主人士来共商建国大计。正如毛主席时常所说,遇事和群众商量。因此对中国共产党和毛主席,实在无限钦佩"。他兴奋地告诉代表,"这次祖国大革命的胜利,对全世界极有影响,对海外华侨也有很大影响","华侨在海外地位也可提高",相信"海外华侨听到新政协筹备会成立的消息,一定非常高兴"。① 在讲话中,陈嘉庚对于自己被推选为新政协筹备会代表深感责任重大。

---

① 陈嘉庚:《新中国观感集》,新加坡怡和轩俱乐部、新加坡陈嘉庚基金会、中国厦门集美陈嘉庚研究会2004年版,第6~7页。

陈嘉庚与新政协筹备委员会常务委员合影
前排左起谭平山、章伯钧、朱德、毛泽东、沈钧儒、李济深、陈嘉庚、沈雁冰

人民政协筹备会召开后，陈嘉庚在庄明理、王雨亭等人的陪同下，于六月二十二日离京前往东北、内蒙古等地参观考察，这次旅行历时两个多月。八月三十日回到北京，准备参加全国政协第一届全体会议。九月二十五日，毛泽东、周恩来召集陈嘉庚、郭沫若、沈雁冰、黄炎培、田汉、徐悲鸿、梁思成、贺绿汀等十八人，征求他们对国旗、国歌、纪年等的意见。

一九四九年九月二十一日，在毛泽东的宣布声中，中国人民政治协商会议开幕，主席台上挂着孙中山和毛泽东画像，中间和两侧挂着人民政协的会徽、中国人民解放军的军旗，会场休息室内挂满了全国各人民团体、各部队和各地区的贺幛和锦旗。军乐队奏《中国人民解放军进行曲》，会场外鸣礼炮五十四响。全场六百三十五位代表和三百多位来宾起立，热烈鼓掌五分钟之久。毛泽东致开幕词，叙述了会议召集的历史条件和历史任务，陈嘉庚特别记录了当年报章上的报道，说毛泽东"充满说服力量和乐观情绪的演讲，几乎每一句都引起了会场雷鸣般的鼓掌"。①毛泽东演讲完毕，全场起立为在人民解放战争和人民革命中牺牲的人民英雄默哀三分钟。

开幕式历时四个小时。陈嘉庚以华侨首席代表身份发言。代表海外华侨对《中华人民共和国中央人民政府组织法》和《中国人民政治协商会议共同纲领》"表示完全接受和极力拥护"，他说，"站在海外爱国华侨的立场，我们特别感到这三个草案，符合我们的愿望"。"海外华侨已成为全中国人民民主统一战线的成员"，"有充分的代表权和发言权，这使得我们华侨在祖国政治中的地位空前提高了，我相信侨胞一定感到无限的快慰"。尤其对新民主主义经济、民族政策、外交政策中提出的便利外汇、吸引华侨回国投资、改善华侨在海外的地位等政策倍加赞赏。②

陈嘉庚在签到席上签名

九月三十日下午，大会举行人民政协全国委员会选举和中央人民政府主

---

① 陈嘉庚：《新中国观感集》，新加坡怡和轩俱乐部、新加坡陈嘉庚基金会、中国厦门集美陈嘉庚研究会 2004 年版，第 8 页。
② 陈嘉庚：《新中国观感集》，新加坡怡和轩俱乐部、新加坡陈嘉庚基金会、中国厦门集美陈嘉庚研究会 2004 年版，第 10~11 页。

席、副主席、委员选举，毛泽东当选为中央人民政府主席，朱德、宋庆龄、刘少奇、李济深、张澜、高岗为副主席。大会规定以五星红旗为国旗，以《义勇军进行曲》为国歌，以北平为首都并改名北京，采用公元纪年。最后中国人民政治协商会议第一届第一次会议在中央人民政府主席、副主席的主持下，在《义勇军进行曲》的乐曲中落下帷幕。就在军乐队演奏《义勇军进行曲》时，主席台上第一次悬挂起五星红旗。陈嘉庚当选为第一届政协全国委员会委员。这一天，全国政协第一届全体会议向正在解放全中国的征途上的人民解放军发出慰问电，向英勇战斗的人民解放军"表示热烈的慰问、感谢和敬意"，相信人民解放军"在中华人民共和国中央人民政府成立以后，不要多久你们就会实现全国人民的殷切希望，彻底地消灭一切不投降的敌人，解放台湾、西藏和一切尚未解放的地方，最后完成统一全国的伟大事业"。

就在政协第一届全体会议即将结束时，一项为人民英雄彪炳千秋的工程在首都北京奠基了。全国政协第一次会议决定，"为号召人民纪念死者，鼓舞生者，特决定在中华人民共和国首都北京，建立一个为国牺牲的人民英雄纪念碑"。九月三十日下午六时，陈嘉庚与全国政协第一届全体委员一起来到天安门广场，举行人民英雄纪念碑奠基仪式，周恩来代表主席团致辞，毛泽东宣读了他亲自撰写的碑文：

三年以来，在人民解放战争和人民革命中牺牲的人民英雄们永垂不朽。

三十年以来，在人民解放战争和人民革命中牺牲的人民英雄们永垂不朽。

由此上溯到一千八百四十年，从那时起，为了反对内外敌人，争取民族独立和人民自由幸福，在历次斗争中牺牲的人民英雄们永垂不朽。

"滚滚长江东逝水，浪花淘尽英雄"，在民族独立、人民解放的日子到来之际，陈嘉庚与毛泽东、周恩来、朱德等几百名政协代表一起，执锹铲土，为人民英雄纪念碑培土奠基，纪念无数为了民族伟大事业而奋斗牺牲的仁人志士与英雄豪杰。

　　公元一九四九年十月一日，陈嘉庚与中央人民政府委员会暨中国人民政治协商会议第一届全体代表一起，登上雄伟的天安门，下午三时，毛泽东主席向全世界宣告：中华人民共和国中央人民政府成立了。升国旗，奏国歌，鸣礼炮，检阅三军，一场伟大的盛典，一个伟大的开端，一个伟大的国家和几亿伟大的人民，从此站立起来了。陈嘉庚站在天安门城楼上，望着辽阔的蓝天白云，望着漫天飞翔的和平鸽，望着百万欢腾不已的人们，心中不禁又响起刻骨铭心的几句话："以四万万之民族，决无甘居人下之理。今日不达尚有来日；及身不达，尚有子孙；如精卫之填海，愚公之移山，终有贯彻目的之一日。"[①] 他无限感慨，中国人民终于站起来了，一生奋斗的目标终于实现了。他的心头，一时闪过这样的念头：叶落归根，是回到家国怀抱的时候了。

---

① 陈嘉庚：《倡办厦门大学演词》。

行走在祖国的大地上

十月九日，陈嘉庚参加了中国人民政治协商会议第一届全体会议，当选为全国政协常务委员；十九日又参加了中央人民政府委员会第三次会议，讨论决定政务院副总理、政务院委员及各部委负责人的任命。在讨论任命这批领导人之前，周恩来曾与陈嘉庚交流过，想请陈嘉庚出任政务院华侨事务委员会主任。但陈嘉庚称此次回国主要是为庆贺胜利、为考察参观而来，他没有答应周恩来的出来工作的邀请。但对中央人民政府的组成和政务院各部委领导的任命，他打心里满意。

在参加全国政协第一届全体会议之前与之后，陈嘉庚从北到南，对刚刚从废墟中站立起来的祖国进行了两次参观考察。

一九四九年六月到八月，在全国政协筹备会议后，在中央的安排下，陈嘉庚由庄明理、王雨亭陪同，参观了东北和内蒙古。这时，战火还在中国南方燃烧，中国共产党和人民解放军刚刚从农村走向城市，到处是一片战争的废墟。那时，陈嘉庚说："中外报纸每有中共政府治乡村，不能治城市之论，余虽不信，惟念国土广大，迅速解放，干部需人众多，除旧布新，求其尽宜，颇不易易。"①他就带着这样一种忧思走进了广阔的内蒙古与东北的黑土地。

在东北，他发现东北出品的煤炭、洋灰、纸张、火柴、玻璃片等成本太高，认为只要"希望增加生产，减低成本"，则"乃能发展"；他走访沈阳、四平、长春、哈尔滨、齐齐哈尔等处，认为这些城市走现代化道路，"将来必为更繁荣大城市"，他展望东

---

① 陈嘉庚：《新中国观感集》，新加坡怡和轩俱乐部、新加坡陈嘉庚基金会、中国厦门集美陈嘉庚研究会2004年版，第1页。

北的城市将来必能与伦敦、纽约一般,"数十年后,全东北交通网完成,各业兴旺,其繁荣如伦敦、纽约或芝加哥,当可以实现,希望当局放大眼光,预早计划未来市区建设图案,必须多留空地,放宽街路,改良住屋,适合现代卫生,并准备扩展市郊以外"。①

作为一位橡胶大王,陈嘉庚在汽车轮胎的制造、生产、销售等方面,可谓是专家,他很关注东北乃至全国的汽车轮胎生产,开诚布公地将自己的想法意见告诉给地方上的领导,他说,"余对制造汽车外胎,将来消用之广,制造困难,既为当局言之,复贡献于地方领袖,以尽知无不言之责"。他分析全世界每年销售量、美苏每年的汽车产量,我国汽车轮胎生产地上海、天津、东北实际生产情况,以及日本在南洋争夺东南亚轮胎市场的历史变化,提出汽车轮胎需求量很大,加上"人民政府成立后,汽车路之进展,必能迅速显著,而需用汽车轮胎之多,时所必然",所以轮胎生产"私人经营难于发展",要"成绩要好,规模要大,出品要多,只有政府力量,乃能达到目的"。②

除此,他感受了东北政治中心沈阳、山水吉林、文化长春、省会齐齐哈尔、壮美大连、煤都抚顺、鸭绿江畔安东等城市的经济、文化与人文,对发展水电力、建设钢铁厂发表自己的考察意见。在东北的烈士纪念馆,他留下了"为保卫和平而抗战,精神不死;为打倒独裁而牺牲,千古流芳"题词。

对东北、内蒙古的考察,让他得出了"从东北看全中国,国家建设的前途一片光明"的结论。八月三十日回到北京,他向周恩来谈了自己的观感。一九四九年九月七日,离全国政协第一届全体会议召开还有两周时间,周恩来向新政协代表作报告时说:"陈嘉庚先生这次到东北参观,同时也到了内蒙古自治区,他回来后说现在内蒙古的汉蒙两族合作得很好,犹如兄弟一样,这消息我们听了非常高兴,这足以证明我们的民族政策的成功。"

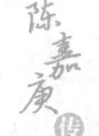

---

① 陈嘉庚:《新中国观感集》,新加坡怡和轩俱乐部、新加坡陈嘉庚基金会、中国厦门集美陈嘉庚研究会 2004 年版,第 32 页。
② 陈嘉庚:《新中国观感集》,新加坡怡和轩俱乐部、新加坡陈嘉庚基金会、中国厦门集美陈嘉庚研究会 2004 年版,第 24~26 页。

在参加中央人民政府第三次会议的前两天，陈嘉庚得到了十月十七日厦门解放的消息，他喜出望外。从创办厦门大学之后返回新加坡，他离开厦门快三十年了，厦门有他用心血铸就的厦门大学。集美虽在一九四〇年回过一次，但至今也快十年了。梦魂牵绕的故乡，厦门大学和集美学校两块心头肉，在呼唤着他的归来，陈嘉庚迫不及待了，他想尽快回到福建，回到厦门、集美。

陈嘉庚视察郑州郊区农业生产合作社

十月三十日，还是由庄明理、张殊明陪同，陈嘉庚开始了由北而南的旅行，此行的目的地在故乡。他们先乘火车到济南、徐州、开封、郑州、武汉、长沙等地，参观了济南的广智院博物馆、大冶钢铁厂、湘潭锑品制造厂，游览了黄河风光，视察了各地的生产和人民生活。在济南，他从华兴造纸厂看到了新政府对民族工业的保护；在徐州这个古战场，他想起了抗日的"徐州大会战"和伟大的"淮海战役"；在郑州，他感觉到这处两大铁路交叉点的商业繁盛；在武汉三镇，他感慨汉口的如林帆樯、武昌的街衢整洁、蛇山的江防天成；在新生的长沙，他听到了人民"百分之百的从心内呼喊出来"的对共产党和人民军队的拥戴。① 途中，陈嘉庚获悉蒋军飞机自十一月十一日开始，连日轰炸集美学校，校舍炸毁多座，师生死伤数十人，心中无比愤怒，他在汉口发表书面谈话，谴责蒋介石政府"如此狠毒，将遗臭万代"。

陈嘉庚在长沙公园巧遇幼儿园孩子

　　十一月二十三日，陈嘉庚换上吉普车离开长沙，前往福建。此时南方刚刚解放，正常交通尚未恢复，国民党残留的散兵游勇和各地土匪恶霸，严重扰乱社会治安，第三野战军运输部专门派出一连武装部队，沿路护送，于二十九日进入福建境内，经崇安、建阳、南平，换乘汽车，沿闽江而下，十二月三日到达福州。

---

① 陈嘉庚：《新中国观感集》，新加坡怡和轩俱乐部、新加坡陈嘉庚基金会、中国厦门集美陈嘉庚研究会2004年版，第105页。

在福州他会见了省人民政府主席张鼎丞，第三野战军第十兵团司令叶飞和福州军管会主任韦国清。在九日的欢迎大会上报告参观各地的见闻，赞扬沿途各地人民政府的首长和各级干部仍保持着当年的艰苦朴素作风，他说"这是解放事业成功的重要条件"。并于十二月十三日应福建人民革命大学邀请，在福州孔庙为四千多名从各县招考进来的后备县干部作报告。

十二月十九日，陈嘉庚离开福州继续南下，沿途视察了汉江、莆田、惠安、泉州、同安。于二十七日回到故乡集美，在集美花了十天工夫视察各处，听取意见，调查研究，拟就重建集美学校的计划；然后于一九五〇年一月七日，乘汽船到达阔别二十八年的厦门本岛，受到中共厦门市委书记林一心、市长梁灵光和各界代表的热烈欢迎。视察了厦门大学，与师生畅谈发展教育与科学事业的意见，参加了厦门各界的欢迎大会和人民代表会议，指出厦门的发展前景无限美好，勉励大家发挥延安精神，负起建设重任。

圆满完成故乡之行，了却了那份挥之不去的乡愁，陈嘉庚经由闽西抵达广州，从广州乘机回新加坡。

一九五〇年一月，五儿子陈国庆在新加坡收到陈嘉庚的信，信中说他已是中华人民共和国中央政府的委员，新加坡政府是否同意他返回新加坡。如果新加坡政府拒绝，他就不回去，要在中国生活了。陈国庆立即找了相关政府官员咨询，得到的消息是英新加坡总督富兰克林纳·吉姆森不反对陈嘉庚返回新加坡。这样，陈嘉庚在香港停留四天后，于一九五〇年二月十五日乘飞机返回新加坡。这一天，新加坡加冷机场聚集着许许多多等待陈嘉庚归来的人，他们期盼着能快一点听到故国沧桑巨变的信息。当陈嘉庚在便衣警官的护卫下跨过舷梯走向候机大楼时，等在那儿的欢迎人群立即爆发出一阵阵欢呼和掌声。

回到第二故乡，他真实地向侨胞报告了自己回国的观感，介绍新中国所执行的新政治新制度新政策，介绍国内的工业、农业、军事、人民的衣食住行，他说："毛主席提倡发展工业，建设新中国，欲将农业国变为工业国，要建设新中国,与欧美苏联并驾。"①对于南洋华侨最为关心的日常生活问题,他说:"新中国建设之目的,为改善人民生活,其重要者为衣食住行。"②

一九五〇年二月二十七日,他接受《南侨日报》的记者采访。采访中,陈嘉庚向南洋华侨介绍了他所认识的共和国主要缔造者,他对毛泽东的印象是"态度诚恳,慈祥,温和,简朴,而且很能体贴别人的困难";他说周恩来"政务繁忙",有"耐劳刻苦精神,有很健康的身体,简直是一个'钢人'";他对朱德总司令的印象是"和十年前一样,是一个和平的人"。他告诉侨商,"在人民祖国,将来工商业必然达到高度发展",商人"只要不是垄断企业家,只要不会阻碍民族工商业的正常发展","都是还会得到合理保护的"。记者问他对人民政协的印象,陈嘉庚从心底发出直观的结论:"到会的各方面代表意见都很一致,会议进行得很顺利、成功。"③整个采访,陈嘉庚表现出对开国大典的深刻记忆与兴奋,他用了足足半个小时时间,向记者叙述了天安门开国大典的盛况。他赞美天安门前三十万群众为人民政府成立而热烈欢呼的伟大场面,赞美北京人民提灯庆祝的那一片壮烈的"火海",赞美那走过天安门广场的雄伟的人民武装队伍,赞美那由三四百人组成的雄壮整齐的乐队。

回到新加坡的陈嘉庚,此时已经有了新的人生决定。他在新加坡奋斗了六十年,度过了自己最重要的人生历程,创立了雄冠南洋的工商企业集团,领导了八百万华侨的抗日救国运动和保卫第二故乡的战斗,成为南洋华侨的最高领袖,成为一面华侨的旗帜。新中国成立时,他又作为华侨的首席代表,参加了中华人民共和国的开国创建工作,当选为全国政协常委与中央人民政府委员,这是何等的光荣何等的责任重大。他意识到自己不能再待在新加坡了,作为一个新中国的政协和人民政府的委员,一个华侨的首席代表,他应

---

① 陈嘉庚:《新中国观感集》,新加坡怡和轩俱乐部、新加坡陈嘉庚基金会、中国厦门集美陈嘉庚研究会2004年版,第127页。
② 陈嘉庚:《新中国观感集》,新加坡怡和轩俱乐部、新加坡陈嘉庚基金会、中国厦门集美陈嘉庚研究会2004年版,第131~132页。
③ 陈嘉庚:《新中国观感集》,新加坡怡和轩俱乐部、新加坡陈嘉庚基金会、中国厦门集美陈嘉庚研究会2004年版,第146~148页。

该回到那百废待兴的祖国。在做出这个重要的人生决定后,他把自己回国参加人民政协会议和参观考察祖国各地的见闻感想写成文字,集成《新中国观感集》在新加坡出版,让南洋的侨胞们更加了解新兴的祖国和改天换地的家乡。

这一天,五儿子陈国庆像往常一样到怡和轩看望自己的父亲,令他没有想到的是父亲走上来握住了他的手,有些激动地说:"一个强大的新中国已经出现。从此,中国再不受帝国主义列强欺凌,这个史无前例的大变化发生在你们这一代,你们就可以抬起头,你的子孙后代也可以抬起头来。"新加坡的中华儿孙能够抬起头来,陈嘉庚已经没了后顾之忧,他对陈国庆说:"我打算告老,回故乡集美。"①

一九五〇年五月二十一日,陈嘉庚在返回新加坡三个月之后,又再度取道香港来到内地。他告别了曾经生活和奋斗了六十年的新加坡,放下满堂儿

一九五〇年回国前与家人的合影

---

① 陈国庆:《回忆我的父亲陈嘉庚》,中央文献出版社 2001 年版,第 98 页。

孙，只身一人回到百业待兴的新中国，这年他七十七岁，他告诉自己的亲人这是告老还乡。可是谁能不知道，这位中央人民政府委员与全国政协常委，那颗报效祖国的心是那么强烈地跳动不停。就在他回到祖国的那些日子，他已经向新中国提出了七项建议：建议在全国中小学普设科学馆，在沿海各重要地区设立水产航海学校，建议增加纸烟的税率，停止公务人员之配给，新建住宅应注意卫生设计，设立华侨教育领导机构、引导华侨回国投资，救济华侨失学儿童。七项建议，件件针对现实问题，件件富有远见，"久客南洋，心怀祖国，希图报效，已非一日"，当这个足以让自己的生命痛快淋漓地报效祖国的日子到来之时，七十七岁的陈嘉庚不必再"久客南洋"了。

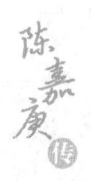

人民代表的侠胆衷肠

一九五〇年六月十日,陈嘉庚取道香港抵达北京,参加全国政协第一届全国委员会第二次会议。从共和国成立到这次大会召开,短短的半年时间,祖国大地已经发生了巨大的变化,这个在十四年抗日战争、三年解放战争的废墟上重建起来的国家,到处是一片迎接经济建设新高潮和文化建设新高潮的大好景象。陈嘉庚看在眼里,喜在心中,在大会上,他感慨地说:"华侨不再是海外孤儿,而有了一个伟大的慈母。这就是伟大的中华人民共和国。"他赞誉共和国半年来在土改和城市建设上的成绩,赞扬共产党和各级人民政府,他提议中央人民政府早日与相关国家建立外交关系,派出使馆,保护华侨。

陈嘉庚在全国政协二届三次会议上作"橡胶工业原料问题"的发言

回到祖国后，陈嘉庚先后担任中央人民政府委员、全国政协常委、华东行政委员会副主席和全国人大常委，一九五四年后又当选为全国政协副主席和全国侨联主席。

一九五五年八月，已经八十二岁的陈嘉庚在京参加完第一届全国人大第二次会议后，从北京出发，携庄明理、张楚琨等人，再次走访了东北、西北、西南、中南十六个省，行走几十个名城，从新疆伊犁哈萨克自治州到椰风椰雨的海南岛，从中国最大的钢铁基地鞍山到中国南部的海南橡胶垦殖场，行程二万五千多公里，置身于正在进行着的轰轰烈烈的社会主义建设之中，感受第一个五年计划实施两年多以来祖国的新面貌，行走在华夏大地山川秀水

陈嘉庚在全国人大一届一次会议上发言

和淳朴的民风民俗之间，陈嘉庚心中无限舒畅，这是老人的第三次新中国之旅，也是老人的最后一次祖国万里行。那年新年，他将他的这次行程写成《伟大祖国的伟大建设》，作为中国新闻社的新年特稿发表，文章最后他感慨地写道："事实证明，只有社会主义才能使国家富强，使人民幸福。社会主义是完全适合中国国情的。"

就在这次考察中，陈嘉庚特别视察了大连海运学院，这所学校在院系调整中由上海航运学院与福建航海专科学校合并组成，而福建航海专科也是在院系调整中由厦门大学航海专修科与集美水产商船专科合并成立的，陈嘉庚到大连来，显然很想看看曾经的厦大与集美学校的航海专业如今成长得怎样。结果陈嘉庚大失所望，"其校舍构造简陋"，按他观察，这样的校舍"每平方米造价尚不值四十元"，但学校则称"达二百元之巨"，"且重要部分如科学馆、图书馆、礼堂等，均无一有"，但学校的经费不少，"每生每月占二百一十元，亦闻所未闻"。他联想到归并前的福建航专，"学生一百八十余名，教职员六十人，每月经费仅需万元左右，平均每生每月不过六十元。且有实习船一艘，月费千元左右"，而大连海运"乃无一专设备"。想起归并福建航专的理由是："一、节省分设数校的浪费；二、集中教学可以精简人才收充分效率。"但经过这实地考察，前后对比，"以今日所得结果，较之为合并以前，乃适得其反"①。眼见着关系到国家海洋事业的航海教育受到如此折腾，他九月回到北京后，立即写信给全国人大常委会和周恩来总理，要求查究。十二月，陈嘉庚接到人大常委会转来的交通部函件，承认交通部对该学院失察。第二年二月七日，在人民政协第二届全国委员会第二次全体会议上，他再次发言，特别就航海、水产和会计教育说话，呼吁对海洋和会计事业的关注，他说："几年来我们对航海、水产和财经学校，未见增加，反有减少。现在农业合作化飞快发展，迫切需要会计人才。至航海、水产方面，以我国领海之广，海岸之长，渔场之多，需要足够人才来发展海洋事业，因此我希望

---

① 陈嘉庚：1956年1月9日《致上海市人民政府及有关部门函》。

有关部门对培养此项技术人才加以注意。"①

关注海洋，力挽海权，发展祖国的海洋事业，这是海边长大、遭受过失却海权的痛苦、在异邦的海港奋斗半辈子的陈嘉庚心中的牵挂，正是出于发展海洋事业，力挽海权的目的，他在集美创建了航海学校，在厦门大学创办了中国高校的第一个海洋系，但面对着离初衷甚远的合并后的航海专科的状况与祖国航海教育的问题，他焦虑、心痛，希望能针对海洋事业的发展"革除种种弊端"。

一九五七年六月二十六日，陈嘉庚参加了第一届全国人民代表大会第四次会议，为主席团成员。会议比较特别，大会、小会和书面发言集中在声讨右派，声讨者达数百人次，最多的一天发言者有一百三十八人，还有五十四篇书面发言，口诛笔伐，反对右派分子。会议历时二十天，于七月十五日闭幕。七月十六日，《人民日报》立即发表社论《反右派斗争的一次伟大胜利》，副标题为"祝第一届全国人民代表大会第四次会议闭幕"。显然，反对右派分子是这次人大会议的最重要主题。

七月二日，陈嘉庚也做了大会发言，但他的发言与整个大会气氛很不一样，他将批评的矛头指向官僚主义。他先告诉人们二月份刚刚参加国务院扩大会议的情况，他说会议的精神是"以较长的定期进行整风运动"，认为"这次整风的主要，党员骄傲、内部矛盾、官僚主义、主观主义"，"独是官僚主义根深蒂固，大不相同，不是用命令告诫、口舌宣传所能奏效"，他说：

> 官僚主义系中国数千年的积习，病国蠹民莫不由此。人民政府成立后，早经宣誓要予革除，如在会议上指摘，在文书上传达，不啻三令五申，无年不有。但收效甚微，甚或变本加厉。……要认真革除，应从治标治本两方面入手。

---

① 陈嘉庚：《在人民政协第二届全国委员会第二次全体会议上的发言》，《光明日报》1956年2月10日。

> 治标办法，除宣传告诫外，各省应设查访机关，犯此风者即应免职，送往特设训练所或学校学习改造，结训后方得试用，至治本办法，须从正规学校教育做起。

他的发言让代表们咋舌，大家都很惊诧，大会上人人都在反击右派分子，而这位人大常委会委员则在发出另一种声音。陈嘉庚则照着自己的思路坦然地继续着，将官僚主义的弊端危害一一点名。

> 官僚主义弊端，为懈怠傲慢，任职而有此弊，虽清白不贪污，亦难免误国病民。例如高高在上，凡事皆向下面推诿，绝不自己动手；又如坐在办公厅内，足不出户，外间实际情形，属下工作状况，毫无所知，这样则下情不能上达，凡所措施脱离群众，加以缺乏虚怀，主观自满，动作寡少，体力薄弱，执笔尤怠，何能领导部属搞好业务。①

陈嘉庚发言洋洋洒洒，长达五千言，在代表们都齐声声讨右派分子之时，他只字不提反右派，却严词批判官僚主义，这使得代表们尤为惊愕。陈嘉庚的发言结束时，会场是一片奇异的寂静，只有零落的几声掌声而已。后来香港的人大代表徐四民回忆起当年的情景时说："一九五七年我回国出席第一届全国人大第四次会议，就在这一次大会上，'反右'苗头初露，陈老先生在中南海怀仁堂的讲台上，痛斥党内官僚主义严重的那一幕情景，给我的印象是非常深刻的。当时极'左'气氛笼罩整个会场，陈老先生的正气磅礴的发言结束时，除了我和几位国外回来的代表鼓掌外，全场一片奇异的'寂静'。"②

陈嘉庚作为一个人民代表，他一直生活在人民当中，他深知人民需要的是什么，反对的是什么。作为一位亲身感受过延安精神而改变了自己政治立

---

① 全文载《中华人民共和国第一届全国人民代表大会第四次会议资料汇编》。
② 《回忆陈嘉庚》，文史资料出版社1984年版，第188页。

场的华侨领袖，作为一位为了祖国为了自己所信奉的政党而回到祖国的中国国民，他最为忧患的是那千年的积习会腐蚀到共产党的身上，他当年因对国民党官僚恶习深恶痛绝而将希望寄托于延安，今天他依然担心那样一种积习要"误国病民"。他大概没有想过他的发言会这么不合时宜。然而，却是这样的不合时宜再一次表明陈嘉庚生命抉择的高远胆识。

一九八一年六月二十七日中国共产党第十一届中央委员会第六次全体会议一致通过了《中国共产党中央委员会关于建国以来党的若干历史问题的决议》，决议认为：在整风运动中对极少数右派分子的进攻"进行坚决的反击是完全正确和必要的。但是反右派斗争被严重扩大化了，把一批知识分子、爱国人士和党内干部错划为'右派分子'，造成了不幸后果"[①]。

在历史的天平上，陈嘉庚再一次表现出一个正直刚毅国民的政治判断力，一位杰出华侨领袖的执政素质与水平。即使在今天，当我们审视那篇反对官僚主义的长篇发言时，即使不考虑其中的用心用意，仅是反对官僚主义本身，也是足以让人警醒的。

[①] 中共中央文献研究室编：《三中全会以来重要文献选编》，人民出版社1982年8月版，第754页。

第十四章

心系桑梓，叶落归根

陈嘉庚传 Biography of Tan Kah Kee

修筑海堤的风波

一九五〇年九月五日，陈嘉庚谢绝了周总理的挽留，离开北京，回到厦门集美定居。老字号的住房，古老的床、写字桌，破旧的沙发、蚊帐，打了补丁的外衣、裤子、袜子，磨破了皮的皮鞋与皮箱。当年的广东省委书记陶铸同志看到这情景后，回到广东便在广东省政府机关干部大会上，号召全省干部学习陈嘉庚的克己奉公精神。

陈嘉庚回国参政后，政府按照有关规定给他定为行政三级，当年毛泽东主席是行政一级，省主要领导是行政五级。陈嘉庚的月工资三百九十元，加上地区补贴每月有工资五百三十九元八角。这月收入在当年是很高的，但他规定自己的伙食费每月十五元，余款存入银行，作为集美学校建设基金。他经常吃地瓜稀饭。菜是花生米、豆干、豆腐乳，加上一道鱼。曾在陈嘉庚身边工作十多年的张启华说：陈嘉庚的内衣、袜子、手帕一直是自己洗。他一直将自己当作普通国民，喜欢过一种勤俭朴素的平民生活，他的生活座右铭是："应该用的钱，千百万也不吝啬；不该花的钱，一分钱也不能浪费。"

生活在远离北京的东南沿海，陈嘉庚总是被毛泽东、周恩来等中央领导牵挂着。华东军区司令员陈毅，福建省领导叶飞，厦门市委书记林一心、市长梁灵光以及像蔡廷锴、方毅等，是陈嘉庚集美住屋的座上宾，陈嘉庚就用家乡的风味小吃像海蛎煎、炒米粉、芋头猪蹄招待这些贵宾。一九五二年，面对着较复杂的形势，毛泽东特别指示周恩来要加强对陈嘉庚的保卫工作，或劝来京居住。当"三反""五反"运动在全国范围内开展时，厦门市委就集美学校和厦门大学要不要开展运动的问题请示上级领导，中央指示：在厦大和集美学校内部进行运动，应取得陈嘉庚先生同意，并由他来领导。

这一时期，回到集美居住的陈嘉庚，他的脑海里翻腾不已的是家乡的现代化建设。

从北京回到厦门那一年，梁灵光任厦门市市长，张维兹是副市长，他们经常去看望陈嘉庚。这一天，在集美陈嘉庚的住处，陈嘉庚向梁灵光提出，应该修建一条海堤将厦门与集美连接起来，那时厦门是个海中孤岛，没有与大陆相连，来往厦门都要靠船只运输。陈嘉庚从英国人修建连接马来西亚与新加坡的石堤得到启发，他对梁灵光市长说，英国人能修成，我们新中国也能修成。梁灵光很赞成这个想法，他认为这不仅能解决厦门与大陆连接的问题，而且造堤开山取石，还可以解决刚刚解放的厦门人民的就业问题。当时厦门作为海防最前线被国民党封锁，工商业难以发展，作为消费城市的厦门损失严重，群众生活极为困难。于是梁灵光市长便向叶飞汇报，叶飞也很赞成，并立即组织学者、技术人员讨论，得出的结论是集厦海峡的潮水从金门与鼓浪屿两个方向涌来，又从两个方向退潮，是潮水的一处结合缝，可以在此建设海堤。这年秋天，陈毅到厦门视察，听了修建海堤的汇报后，乐呵呵地同意了，并上书毛主席，建议修建连接厦门集美的海堤，得到毛主席的赞同与批示。

一九五三年，主持中央财经工作的陈云把厦门海堤作为国家预算外基建投资，拨给厦门一千三百万元专款，交通部建港局和福建省水利局派来了大批的干部，一场海上滩上造堤的战斗在厦门打响了。当时梁灵光已任福建省副省长、工业厅厅长，他与省委书记、省长叶飞负责组织领导造堤工程，厦门市市长张维兹组织施工，苏联专家沙士可夫为工程的指导专家。但在海堤的设计上，陈嘉庚与沙士可夫发生了争论，而且各不相让。

设计方案出来后，张维兹向陈嘉庚汇报，陈嘉庚听了方案后，看了图纸，提出两条意见：一是堤宽二十一米应扩大到二十五米，要留有铁路线，铁路是双轨的，公路铁路各拓宽二米；二是在厦门一侧，铁路与公路应搞立交，以适应厦门今后的发展。意见由张维兹带回后，遭到苏联专家的坚决反对。沙士可夫认为原有设计堤宽二十一米就已经太宽了，他坚持要改成十九米，去掉胸墙和人行道，实际只有十四米，公路、铁路各七米，不仅不接受陈嘉庚的建议，还要缩小海堤的宽度。至于建立交，沙士可夫说只有每天要经过两千辆汽车的地方才需要立交，而厦门当时军民总共也才有几百辆汽车，何须立交？最终，厦门海堤还是按照苏联专家的意见，只造十九米宽，实际使用宽度仅十六米半。

按照苏联专家的方案，英雄的厦门人民在国民党飞机的扫射下，搏击风浪，翻江倒海，抛石筑堤，创造出移山填海的奇迹。海堤造成后，陈嘉庚才知道海堤堤宽只有十九米，自己的意见并没有被采纳，他的拐杖敲得地板咚咚响，很是生气，他指责苏联专家短见，批评市领导没有远见。他当时对人

新通车的厦门海堤

说，马来西亚与新加坡连接的石堤几年后便汽车拥堵，前车之鉴，我们竟然置之不顾。多年以后，当厦门海堤无法应对日益发展的厦门交通时，当年具体负责厦门海堤建设工程的厦门市市长张维兹不无感慨地说："今天才看清楚，陈先生的意见'不幸而言中'了，造成今天再拓宽或架高一层公路桥都极为困难的局面。"①

就在厦门海堤即将竣工之际，中央批准修建鹰厦铁路，工程技术人员与苏联专家来到厦门，研究和制定从漳州进入厦门的线路。他们带来的方案是从角美而不是漳平向东北延伸，再沿杏林湾东岸向东南经集美进厦门。陈嘉庚知道这个方案后，把市长张维兹邀到集美住处，告诉市长方案不妥，建议不要绕道东南浪费资源，而从角美经灌口向东，修一条杏林到集美的海堤直接进入厦门。陈嘉庚提出，海堤修成不透水的，其经济效益一是能缩短二十公里铁路里程，火车不用绕圈；二是可围垦出四万亩良田。但当张维兹市长将陈嘉庚的意见与苏联专家研究时，苏联专家认为陈嘉庚的意见行不通，理由是杏林湾的海潮与厦门海堤的来潮不同，只有一个方向，来潮冲力巨大，不可能使用厦门海堤的修建经验。而且要不透水，就得使用钢板桩，这在材料供应和投资费用上都难以预计，所以陈嘉庚的意见没有被采纳。

但这次陈嘉庚执拗了，他给张维兹讲起了《福建通志》中的故事。那个故事发生在福建宋代，莆田一位叫钱四娘的女子，传说是一位被遗弃的宫中妃子，她从宫中回到莆田家乡后，见到木兰溪水时常在洪峰时期给百姓带来洪患，于是将自己从宫中带回来的全部积蓄拿出来修筑木兰陂，其间百姓中一位孀妇也加入了修陂，木兰陂修成后，两位女性以身殉职，却让莆田分成南北洋，将四万亩荒坡滩涂变成良田，使家乡成为八闽大地有名的富庶之乡。陈嘉庚对市长说："一千年前的宋朝两位女流能用自己的财力改变四万亩荒坡海滩，难道今天共产党的政权，以国家的财力还不能把杏林湾围起来？""长

---

① 中共厦门市委党史研究室编：《陈嘉庚研究之二·回忆陈嘉庚文选》，中央文献出版社 2001 年版，第 189 页。

远看，它的利益都是不可估算的。"①

张维兹市长听完又是遗憾又是羞愧，想到自己的想法连一位古代的女子都不如，更钦佩陈嘉庚的高远见识与不畏困难的决心。他回来后便向苏联专家转达了陈嘉庚的意见。苏联专家问他，修筑这条堤是陈嘉庚拿钱还是国家出钱，张维兹回答说当然是国家出钱。苏联专家就说，国家出钱，为什么要听他的？张维兹无言以对，一个苏联专家，他哪里会明白，陈嘉庚是一位将自己万贯家财都奉献给祖国和人民的人。

后来王震为修建鹰厦铁路来到厦门，他已经得知了陈嘉庚的关于杏林海堤的意见，他亲自与苏联专家和技术人员进行研究，认为陈嘉庚的想法是合理可行的；之后，彭德怀和王震再次来到厦门，与叶飞交流筑堤方案，认为按陈嘉庚的方案，于军用或民用，都是划得来有利的。就这样，鹰厦铁路进厦门就改走杏林线，按照陈嘉庚的想法修筑杏林海堤，并以四百万造价由厦门市政府向铁道部承包。结果是以三百万的造价完成杏林海堤的工程。厦门海堤与杏林海堤节约下来的四百余万元资金，经报请福建省委省政府研究后决定，作为厦门发展轻工业和安置造堤员工就业的资金。于是，厦门就有了杏林工业区，有力地推动了二十世纪五十年代厦门的工业建设与发展。

然而，千万别以为陈嘉庚是一位建筑海堤的热衷者，修建海堤是他在长远利益与当下现实的结合中做出的选择。杏林海堤方案确定之后，厦门的火车终点站和商业码头的布局就成为市政建设的重大课题，此时苏联专家、铁路专家和建港专家倒是对筑堤感兴趣了。他们确定东渡港为理想的万吨级商业码头，所以，火车的终点站应选在筼筜港的北岸、东渡港的东南方，以便于车站与市区联系，因此确定在筼筜港再修一条海堤，以便联系市区与车站。但这次陈嘉庚发火了，他狠狠地批评了专家们的筑堤方案，他让市委领导看得远一些。他指出，厦门通商后，港池太小便会成为一个重要问题。筼筜港

---

① 中共厦门市委党史研究室编：《陈嘉庚研究之二·回忆陈嘉庚文选》，中央文献出版社2001年版，第190页。

是厦门港池的重要组成部分，背山避风，将来航运发达后，是台风季节重要的避风锚地，绝不能把它围起来筑堤，千万不能干这种愚蠢的事情。陈嘉庚不同意修筑筼筜海堤的意见，与交通部建港局刘总工程师恰恰不谋而合，筼筜港筑堤的方案终于被否决了。

然而，陈嘉庚生前万万没有想到，筼筜港最终还是没有保下来。"文化大革命"到来之后，筼筜海堤筑起来了，原因是"以粮为纲"，要把筼筜港内变成万亩"大寨田"；中山公园改成了蔬菜基地和"革命"广场；东渡商业码头也不要了，当时人们认为对外通商是很遥远的事情，是修正主义的设想。

历史就是这样充满变数，时不时会离开人们的愿望走进非正常的轨道，但最终正确的总是正确的，历史的真理总是历史的真理。当二十世纪中国改革开放的历史新时期到来的时候，厦门成为中国的经济特区之一，那时，陈嘉庚在厦门市政建设上的精确与远见，再一次在历史的嬗变中焕发出光彩。而这样的光彩，在鹰厦铁路的建设上更加富于历史的内涵，这一条陈嘉庚提出修建的铁路，让一个持续了将近半个世纪的华侨"救乡梦"成为现实，终于结束了现代的八闽大地无一寸铁路的历史。

圆"救乡"之梦，写福建铁路历史

一九五三年春夏之交的一天，中共厦门市委接到国务院总理周恩来拍来的一份电报，嘱咐市委将电报转给陈嘉庚。市委书记林秀德立即将电报交给市委办公室的林沙，并嘱咐林沙绘一张闽赣地图，一起交给在厦门居住的陈嘉庚。这份电报的内容是关于鹰厦铁路的勘查与选择情况，周恩来告诉陈嘉庚勘查的铁路线有三条，经过对比论证，决定采用的方案为：自江西鹰潭经闽北、闽西而闽南，厦门为铁路的终点。这个方案正是陈嘉庚设想的方案。电报言语恳切，口气温和。林沙奉命用一张比四开大一点的道林纸，按电报所示用虚实两种线条画了一张鹰厦铁路的路线图，与电报一起交给了陈嘉庚。陈嘉庚一看，喜出望外，顿时笑开了颜。

原来，三年前的全国政协第一届全国委员会第二次会议上，陈嘉庚带着福建人民的嘱托和海外侨胞的渴望，提出了在福建建设铁路的建议。

八闽大地，直到新中国诞生时还没有一寸铁路，修建铁路是福建万千民众与海外千万闽侨近半个世纪的梦想，是近代史上南洋华侨"救乡计划"中一个没能完成的凤愿。

厦门最早有一段铁路，那是在清末新政时期的洋务运动中，从厦门嵩屿港至漳州江东桥修过一段长二十八公里的铁路，这是福建历史上的第一条铁路。铁路由当时的福建全省铁路公司兴建，筑路资金主要来自华侨募捐。但铁路公司由官僚把握实权，以至于筑路成本平均每公里近八万银元，高出成本一倍。眼见着筑路捐款遭如此挥霍，失望的华侨不愿再追加投资，原本计划的漳州到厦门的铁路也就在江东桥戛然而止，没能继续向前延伸。一九一一年底，厦门海关税务司巴尔在《海关十年（1902—1911）报告》中，很惋惜地写道："1911 年间，由于缺乏资金，筑路工程完全停止了。由于本地投资者没有表现出任何认购资本的意愿，似乎将不会有任何把铁路继续修筑到漳州的前景了，这最初的目标看来将成为泡影。"巴尔还指出：没有铁路，运输的困难必定成为大片矿藏的开采所"不可逾越的障碍"，只有开辟连接闽西、安溪等矿区与沿海的铁路交通，"情况才可能改观"。当时人们已经意识到在闽西、在厦门周边的安溪，存在着大量的矿藏，但如果没有铁路，这矿藏也只能依然藏在山坳中。

又过了十年，到一九二一年，厦门口岸一个新的繁荣时期到来，厦门海关税务司麻振在作《海关十年（1912—1921）报告》时，又意识到发展的"最大的困难是交通"，厦门应尽快成为一个连接福建各地、江西以及长江流域其他省份的铁路交通中心。直到一九三一年，厦门海关报告的重点，依然是厦门缺乏与富庶的中国中部相连接的铁路，认为致使厦门成为南部中心省份集散港口的希望"耽搁和损害"的原因，便是没有铁路交通。

正是在这种情况下，当南洋的福建华侨掀起"救乡运动"时，修建铁路的希望重新燃起。一九二四年，在马尼拉中华商会会长李清泉倡议下，旅菲闽侨成立了"闽侨救乡会"，并选李清泉为会长，南洋其他地方华侨一呼百应。这一年，印度尼西亚四大糖王之一、已经定居在鼓浪屿的黄奕住也开始为救乡运动多方奔走。一九二四年五月二十八日和六月二十六日，上海《申报》连发两篇消息报道黄奕住的实业救乡行动，黄奕住针对十多年来搁下不动的二十八公里的铁路现实指出："漳厦铁路建设至今，形存实亡。其急需改造与急需建筑之必要。"

一九二四年八月，黄奕住抵沪，向交通部申请修筑漳厦铁路，但恰恰在这个时候，军阀交兵导致南北交通断绝，他不得不返回鼓浪屿。对此，《海关十年（1922—1931）报告》这样写道："由于政治动荡……1926 年，一些本地金融家从中央政府获得批准，承担该铁路的改进和扩建，但内地的动乱阻

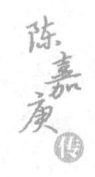

止了这一计划的实施，没有完成任何建设。"尽管如此，黄奕住并不气馁，反而将计划扩展为一个规模更大的从漳州到龙岩的漳龙路矿计划。

一九二六年三月十五日，"南洋闽侨救乡会代表大会"在鼓浪屿召开，李清泉、黄奕住、林文庆等五十多名闽侨领袖参加了这次大会，北京、上海的福建同乡会也派代表参加，会上提出了"敷设铁路为救乡之根本要图"，黄奕住提出"续办漳厦铁路抵龙岩"，并且计划待厦门、漳州、龙岩全线通车后继续敷设覆盖全省的其他干线：由龙岩经永定通潮汕为第二干线；由厦门、漳州通同安，经泉州至福州为第三干线；由福州通南平，经浦城出福建，与江西、浙江铁路相连为第四干线。规划宏伟，壮志雄心。会后成立漳龙路矿计划筹备处，发起民办福建全省铁路股份有限公司，派出工程师勘测敷设路线。

一九二六年，北洋政府同意黄奕住经营福建全省铁路。但到十月，何应钦率领北伐军东路军进入福建，北洋政府倒台，敷设铁路行动停止。此时，国民党通过北伐宣言提出"银行、铁路、航道之属，由国家经营管理之，使私有资本不能操纵国计民生"，黄奕住的漳龙路矿计划破产。就在漳龙路矿计划破产后，龙岩一带却勘探出煤矿矿层，漳龙路矿计划生不逢时。

一九三二年，十九路军入闽，福建政权再度变动。由于南洋华侨曾对十九路军有过巨大支持，十九路军总指挥蒋光鼐对闽侨抱有好感，加上一九三三年五月独立的福建省政府成立建设委员会，李清泉担任常务委员，于是，漳龙路矿筹备处在鼓浪屿重新开张，黄奕住再次提出敷设铁路到龙岩的计划，得到蒋光鼐的支持，中途停止的勘探工作再度启动。

一九三三年蒋光鼐发动福建政变，成立中华共和国人民革命政府。然而"革命政府"短命，仅仅存在两个月，在蒋介石军队的攻击下，福建政变宣告终结，漳龙路矿计划随之灰飞烟灭，从此再没人提起。

抗战爆发后，日军侵占厦门，嵩屿火车站被日军炸毁，驻守漳州厦门的中国军队撤退时实施焦土战略，把残存的铁路全部拆卸或炸毁，从此，福建再也没有一寸铁路。

现实让亲身经历"救乡"失败的福建华侨心里尤为清楚,个人的命运与国家民族的命运紧紧联系在一起。当中国人民真正当家作主,华侨有了自己的祖国作为依靠的时候,当年的"救乡梦"才能重新焕发出美丽的光彩。在离开新加坡回归祖国时,陈嘉庚说:"本省山多田少,崎岖险峻,交通不便,面积十二万平方公里,人民一千二百余万人,未有一寸铁路,此殆为世界所无,各项事业之不振,民生之困苦,与此不无关系。"他指出厦门要建设铁路发展商港,如果福建有铁路,厦门与漳州、龙岩、福州、泉州及浙赣铁路连接起来,则"厦门海港深阔,数万吨巨舰可以停泊,为我国沿海数一数二良港"。① 他深深地感到,"国家之有铁路,如人身之有血脉,缺乏铁路交通的地方,百业不振,文化落后,正如人身患了麻痹,生活的技能必然损失"。②

从新加坡回到祖国,他就在全国政协一届二次会议上提出:福建全省无铁路,交通落后情况亟待解决。但因当时抗美援朝战争正在激烈进行着,全国的焦点放在这场伟大的保家卫国战争中,福建铁路的修建问题一时无法考虑。但陈嘉庚是个拿定了主意就一定要践行要干成事的人。一九五二年五月和十二月,他先后两次写信给毛泽东主席,提出修建福建铁路的急切性,毛泽东主席接信后,立即批示:"此事目前虽不能兼顾,但福建铁路的正确意见,当为彻底支持。"毛泽东主席将指示发送给有关负责同志办理。

一九五三年二月,抗美援朝战争接近尾声。有一次,周恩来来到陈嘉庚北京下榻的地方,与陈嘉庚交流福建铁路和发展工业的问题,并明确表示要尽快修建福建铁路。那天,"嘉庚先生非常高兴。事后他对很多人说,'总理确实伟大、谦虚,我没有次序地什么都讲,他不插话,耐心地等我讲完。我一共讲了多少个问题连自己也记不清,还是总理最后替我和姚笛一个不漏地归纳成几个问题,并做了明确的答复'"。③ 之后,中央还派了王震、彭德怀等

---

① 陈嘉庚:《新中国观感集》,新加坡怡和轩俱乐部、新加坡陈嘉庚基金会、中国厦门集美陈嘉庚研究会 2004 年版,第 139 页。
② 陈嘉庚:《鹰厦铁路与厦门港口的重要性》,《厦门日报》1956 年 12 月 11 日。
③ 张其华:《在陈嘉庚身边十年》,《回忆陈嘉庚文选》,第 195 页。

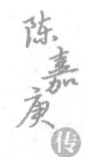

先后到厦门实地考察，华东区领导陈毅也大力推动，周恩来又多次与陈嘉庚交流意见。

一九五三年七月，《朝鲜停战协定》在板门店签订，朝鲜战争结束。七月三日，周恩来总理就来了电报，修建福建铁路有了最终的结果。陈嘉庚从林沙手中接过电报后，清楚地看到福建铁路修建选择的是自己建议的方案，感到莫大的欣慰。一九五四年春天，到北京参加全国人民代表大会的陈嘉庚，又与毛泽东主席、周恩来总理当面交流福建铁路事宜，此时，中央已经把鹰厦铁路的建设列进第一个五年计划。毛主席与周总理告诉陈嘉庚：已经做出决定，即将动工兴建。

一九五五年二月，在寒冷的天气中，鹰厦铁路的爆破声、哨声、开山凿洞声开始响起，此起彼伏，组成闽赣大地的建设交响曲。从朝鲜战场上开回来的人民解放军铁道兵部队，在闽赣的崇山峻岭中开凿隧道、搭建桥梁、铺设铁轨，逢山开路，遇水架桥，挖出了四十六条隧道，建造了一千九百七十三座桥梁涵洞（其中桥一百六十三座）、两条十华里长的海堤，挖填土石方六千五百多个劳动日，从一九五五年八月二十日铺下第一根钢轨，到一九五六年十二月十日铺轨到厦门，铁道兵以平均一天建一公里多铁路的速度，完成了全长六百九十四公里的鹰厦铁路，于一九五六年十二月九日完成全部工程，鹰厦铁路建设在中央的直接领导下，在中国人民解放军的艰苦奋斗下，比原计划提前一年建成，全线修建经费折合四百多万两黄金。一九五七年四月十二日中午十二时，从厦门开出第一列北上客车，建设者与人民群众欢呼雀跃，福建没有一寸铁路的历史结束了，半个世纪以来华侨的梦想实现了。四十位从海外赶回来的华侨乘上这第一列从鹭江边开出的火车，兴奋地随车北上，列车上的侨胞李禧先生即兴作诗一首：

梧村塘外殷轻雷，

万里飙轮倾刻来。

吩咐春风为传讯，

一行恰好百花开。

这一年，陈嘉庚在北京参加全国人大一届三次会议，毛泽东见到陈嘉庚，特意走到他面前，高兴地对他说："鹰厦铁路一通，三个姓陈的都高兴了。"毛泽东的"三个姓陈的"指的是陈嘉庚、福建省副省长陈绍宽和华东军区司令员陈毅。

鹰厦铁路通车后，陈嘉庚撰写了《鹰厦铁路与厦门港口的重要性》一文，很激动地叙述了请造福建铁路的过程。他说："今天我看见鹰厦铁路在福建通车，我永远激动。这是毛主席英明果毅施行富国利民政策所赐予的成果。"他特别感激王震将军所率领的铁道兵，"执行艰巨的工程，发挥伟大的力量"。他对鹰厦铁路通车后厦门的发展充满憧憬，他说，"政府以鹰潭为铁路起点，以厦门为铁路终点，是具有为全国运输统筹利益之成算"，通了铁路交通发达之后，将来的厦门港将"容纳五洲万吨之商船，东南亚贸易之市场将以此为集散地点"，"厦门港之重要性必然提高不少"。①

"梧村塘外殷轻雷，万里飙轮刻倾来"，时代的列车在驰骋，千万个回望故乡的华侨半个世纪以来的"救乡梦"实现了，八闽大地从农业向现代工业发展的目标，乘上时代的列车飞奔起来。

---

① 陈嘉庚：《鹰厦铁路与厦门港口的重要性》。

"洞葛"有神，两校新装

集美学校与厦门大学是陈嘉庚的心头肉，当年陈嘉庚公司经济危难时，为了这两所学校，他说出的是"公司可以停盘，学校不能停办"的壮烈话语，他做出的是"出卖大厦办厦大"的惊世举动，壮怀激烈，义无反顾，对两校倾资、倾心，历尽波折，在所不惜。如今新中国如冉冉升起的红日，喷薄而出，出现在东方，他更是有了继续建造中国南方教育王国的动力与舞台。回到祖国的陈嘉庚决定为厦门大学和集美学校谋划更新更美的发展蓝图。

一九四九年参加完全国政协第一届全体会议之后，他听到国民党的飞机经常闯过台湾海峡，飞到厦门上空，轰炸集美学校，他在北京就待不住了，立即启程由北南下，一路风尘仆仆，于十二月回到久别的故乡。回到集美，回到集美学校，站在被蒋介石飞机轰炸了的集美学校前，他无比愤怒，当即慰藉师生，敌人炸了旧校，我们将建设新校，用一万年的精力投身扩建集美学校。

一九五〇年初他返回新加坡清理自己经营的企业，把全部余款汇回国内。六月回到北京参加全国政协一届二次会议，然后回归故乡，开始大规模的集美学校与厦门大学的两校扩建工程。此时，他把自己在上海、厦门和香港开设的集友银行所有股息和红利都捐献作为集美学校校产。他还得到长婿李光前和宗亲陈文确、陈六使等人支持，募集了八百八十万元的扩建资金。周恩来总理和国务院侨委会廖承志主任得知陈嘉庚的宏伟工程规划（包括建设集美鳌园和厦门华侨博物院）之后，知道陈嘉庚手中资金缺口，便先后拨款一千四百五十万元予以支持。

集美学校的修复扩建工程开始了，年近八十的陈嘉庚拄着他那把从集校创建时就不离手的手杖，每天两次巡视集美学校建设工地，由此也书写了一部"嘉庚先生的'洞葛'"传奇故事。"洞葛"是闽南话，指的就是手杖，嘉庚先生的"洞葛"便是陈嘉庚不离手的手杖。

　　一天，陈嘉庚巡视集美学校延平楼的工地，这里要建一幢新的集美小学校舍，这片山坡地是一片坟地，建设新楼需要迁移上百座坟墓。但五天过去了，陈嘉庚发现坟墓才迁移十来个，他非常恼火，即刻叫来工人追问原因，才知道是动工迁坟后，有人夜里见到了鬼魂叫屈，还有工人称自己被鬼魂追赶。闽南一带相信人死灵魂不灭，化作鬼魂，所以七月的普渡节总是做得隆重讲究。陈嘉庚一听，知道这是人们信鬼怕鬼的结果，于是将工人们数落一通，提着手杖，带着大家在坟地走了一圈，边走边用手杖指指点点，敲敲这块坟土，点点那个坟头，告诉大家鬼魂纯属迷信，也交代工人迁坟要小心保护好骨骸。说来奇怪，自从陈嘉庚的"洞葛"敲打过那片坟地后，工人们怎么挖土开地，夜里再也见不到鬼魂影子听不见鬼叫。于是"嘉庚先生的'洞葛'有神"的传说便在集美传开了，人们很快就将"'洞葛'有神"的源头追溯到陈嘉庚在南洋新加坡时的一则故事。

　　据说有一回，陈嘉庚从码头回怡和轩，他拄着手杖沿着海边漫步，就在他要拐进大街时，见到一个衣衫褴褛的华人跪在街旁乞讨，身边破草席还裹着一具尸体。陈嘉庚走近一看，原来是福建老乡谢荣寿。陈嘉庚见状，心中悲戚，连声叹气。那谢荣寿一见是陈嘉庚，来了个财神爷，更来劲了，唉声更哀，叹气更重，求乞道："嘉庚先生啊，昨晚吾弟吃了坏物，死了，没钱埋葬，您好肚量，施舍施舍我们谢家吧。"陈嘉庚被悲切的哀求声打动了，一只手伸进口袋里准备掏钱，一只手却将手杖末端钩了一下破草席，发现那草席里的"尸体"动了动。正当谢荣寿准备伸手接受陈嘉庚的接济时，只见陈嘉庚提起手杖，掀开了破草席，用手杖往"尸体"头上一点，喝道："起来！"这一喝，那"尸体"霍地"活"起来，伏在地上连连磕头，"以后不敢了，以后不敢了"。原来是谢家兄弟用这种方式乞讨骗钱。陈嘉庚将谢家兄弟当场训斥一番，最后把他们带到自己的橡胶厂做工。几年后谢家兄弟成家立业，还有了一点小财。由此，华人社群中便传开了"嘉庚先生洞葛有神"的故事。

"洞葛"有神自然是故事，但陈嘉庚扩建集校和厦大时，那支"洞葛"确实给人们留下了深刻的记忆，令人津津乐道。扩建中的那些融汇中西建筑技艺、富有民族风格的建筑物，都是陈嘉庚自己设计方案，自己择地放样，自己监督施工。他既是总设计师，又是总工程师，那批如今是国家保护文物的嘉庚建筑很多都没有图纸，设计图纸装在陈嘉庚肚子里，谁也看不到，谁也猜不出，施工方案也装在他的肚子里，工匠只要在施工现场按他的交代去做就行了。放样时陈嘉庚就提着手杖，指点着建筑的方位与位置，口头交代尺寸度量，这时有人负责捧着白灰和皮尺，跟着他散发灰线。到第二天，他又提着手杖，用脚步与手杖顺着灰线度量长短，把各条灰线的位置、距离再检查一番，并当场做出修改，然后下令"开工"，就是厦门大学建南大会堂如此宏伟如此大体量的建筑，也离不开陈嘉庚先生那支独特的"洞葛"。

陈嘉庚在延平故垒举起手杖指点江山

从一九五〇年至一九五六年，在陈嘉庚"洞葛"的指点下，在中央政府的支持与陈文确、陈六使先生的鼎力捐助下，集美学校不仅修复了战争中毁坏的校舍，而且依波濒海建起了二十多幢新校舍和相关设施，其中有当年厦门市的最高建筑南薰楼，有两千多个座位的福南大会堂和体育馆，建筑面积达十六万平方米，等于新中国成立前校舍总面积的三倍多，投入建设费用一千零二十五万元，一个全新的集美学校瑰丽地展现在世人的面前。

在修复扩建集美学校的同时，陈嘉庚的手杖同样在鹭江边五老峰下指点起来。一九五〇年初陈嘉庚一走进阔别近三十年的厦门大学校园，他就对当时的厦门市主要领导梁灵光和林一心提出要扩建厦门大学的想法。当时梁灵光和林一心劝他以后再动手，原因是厦门大学的对面就是国民党军队占领的大担、二担，相距只有几千米，随时都会遭到炮击。但陈嘉庚坚定地说："在我有生之年一定要把厦大建设好。蒋帮把她炸毁，你们再修就是。"[①]

回到集美定居后，扩建厦大的行动与集美学校的修复扩建同步展开，他提着那支手杖，带着族侄陈永定，走遍五老峰山麓和胡里山下，决定在原校址演武场的东侧、北侧数百亩的坡地上，新建一批校舍和一座大礼堂，这一次，他的"世界之大学"的美景和"为吾国放一异彩"的蓝图已经非常清晰。

此时，厦门大学经过抗战中坚韧有力的发展，已经走向了全国名校的行列，人们称它为"南方之强"。但由于日寇的轰炸破坏了校舍，由于厦大自身的发展壮大，师生人数的增加，学校原有的旧校舍已经无法容纳发展壮大起来的厦门大学。一九四六年厦大全部师生从长汀复员回到厦门时，教职员和学生只好分散住宿在鼓浪屿、大生里、宏汉路等旧民居。陈嘉庚先生回到故乡后，下决心要给厦大一个与她相称的崭新的校园，他计划将厦门大学的办学规模逐步发展到三四万人。

一九五〇年十二月，陈嘉庚成立了厦门大学建筑部，陈嘉庚不顾耄耋之年，不辞劳苦，亲自负责厦大的建筑工程。他让族侄陈永定负责具体事项，

[①] 《陈嘉庚研究之二·回忆陈嘉庚文选》，第72页。

建设资金主要是大女婿李光前捐献的六百万港币。扩建厦大，陈嘉庚照样没有请设计师，照旧凭着手中的那根"洞葛"指点位置，用自己的步伐测量空间，让手中的手杖成为工程最重要的指挥棒，划地放样，奠基开工，厦大人将陈嘉庚的这种设计放样称作"以步代尺"。

一个将近八十岁的老人就这样提着手杖，在集美与厦大之间来回奔忙。那时海堤还没有兴建，厦门与集美之间的来往全靠海上运输，主要是小客轮、小舢板和筏子。陈嘉庚每天要从集美龙王宫码头坐上小客轮到厦门，上岸后再乘坐市政府的汽车到厦大。客轮小而破，设备不好，拥挤不堪，空气混浊，陈嘉庚与乘客一起，每天都要熬上一个小时左右的海上旅程，遇上暑天或雨天，行程更是困难。王亚南校长见校主为学校如此辛劳艰苦，就准备给陈嘉庚置办一艘小汽艇，但陈嘉庚坚决拒绝，他说："一艘小汽艇，至少要花几千元，没有必要，钱要用在建设上。"①

为了更好地指导厦大校舍扩建工程，陈嘉庚在厦大建筑部设一个小房间，作为办公、休息的地方，面积约十平方米，房间摆着一张小木床、一张小办公桌、一张靠背椅、一张小茶几、两张旧沙发和一个木头面盆架，这些家具是从厦大校产科借来的。床上置放着一个木棉枕头与布被单，面盆架上挂着一条毛巾，放着一个陶瓷面盆和小牙杯；办公桌上是一个喝水用的加盖的小玻璃杯，他就在这样一间十分简陋的小房间里，指挥着一个决定一所中国著名高校未来发展的校园建设工程。

他对厦大的建筑工程的要求极其严格，建筑质量要高，务实美观，工程费用要便宜，施工进度要迅速。为此他处处精打细算，就地取材。为了解决厦门大学建筑特殊的红砖绿瓦，陈嘉庚拄着手杖，在厦门周边地区考察，选定在龙海石码设立厦集公司办事处，兴建多座砖瓦厂，根据嘉庚建筑的特别要求生产砖瓦等建筑材料，专门满足厦大、集美学校的扩建需求。为了解决建筑的石料，陈嘉庚还是拄着手杖，在厦大周边考察，选定厦大附近的蜂巢

---

① 《陈嘉庚研究之三·科教兴国的先行者陈嘉庚》，第113页。

山和西山、琵琶山、"不见天"四处开采石料，用了六七百位打石工人，日夜奋战，供应厦大扩建所需的各种各样的石料。

陈嘉庚视察厦门大学建南楼群（一九五五年）

就这样，用五年的时间，陈嘉庚率领厦大建筑部先后兴建了建南大会堂、图书馆、生物馆、化学馆、数学物理馆、厦大医院以及作为师生宿舍的芙蓉楼四座、国光楼三座、丰庭楼三座和竞丰膳厅、游泳池、看台可容纳两万多名观众的上弦体育场，三十几幢楼房，六万二千多平方米建筑，相当于新中国成立前总建筑面积的两倍。厦门大学顿时闳丽辉煌，建筑更加新颖别致，骑楼、栏杆、琉璃瓦，红绿白三色色彩相映，整个校园呈现出一种广阔宏伟瑰丽的别致风景。

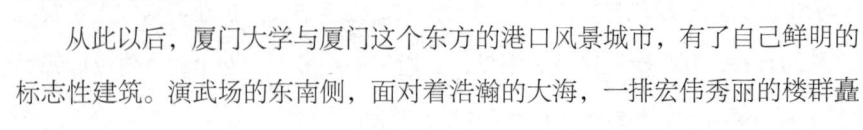

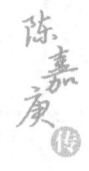

从此以后，厦门大学与厦门这个东方的港口风景城市，有了自己鲜明的标志性建筑。演武场的东南侧，面对着浩瀚的大海，一排宏伟秀丽的楼群矗

立在高处，一主四从，居中是建南大会堂，四根圆形罗马式大石柱，撑起高耸入云的宫殿式屋顶，石柱下端是细逐的四方形柱盘，上方为螺旋状柱斗，白色花岗岩石窗和墙壁，宫殿型绿色琉璃瓦盖顶，二十五米的高度，四十二米长三十二米宽的大厅，拥有五千个座位，至今依然是全国高校中最大的会堂之一。建南大会堂左右两侧分别是图书馆（成智楼）、生物馆（成义楼）、化学馆（南安楼）、数学物理馆（南光楼）四座大楼，中西合璧，雕琢工艺细腻缜密，与建南大会堂一起构成半月形楼群，圈绕着上弦体育场，俯瞰着鹭江万顷波涛。体育场背靠会堂，以二十五层石阶构成庞大的环抱操场的看台，可容纳两万人观礼看竞赛。南面平坦无阻，直伸大海，右边斜对岸鼓浪屿，林木苍翠，楼阁玲珑。当年建南大会堂落成时，厦大中文系著名的因明学专家与书法家虞愚教授遵校主吩咐，撰联一对："自饶远势波千顷，渐满清辉月上弦"，楹联呈现出一远一近、一阴一阳、一刚一柔之势，不仅提炼出建南楼群的形态气势，更淬炼出厦门大学作为南方之强的性格特征。陈嘉庚站在建成的大会堂前，满怀激情地说："台湾统一后，将有万吨十万吨的外国和本国轮船从东海进入厦门，让他们一开进厦门港就看到新建的厦门大学，看到新中国的新气象。"[①] 话语中充满了自信与豪气。

---

① 《陈嘉庚研究之三·科教兴国的先行者陈嘉庚》，中央文献出版社 2001 年版，第 115 页。

两座博物院的情怀

一九五二年五月的一天，正忙着集美学校、厦大两校建设的陈嘉庚，收到毛泽东主席从北京发来的一封厚厚的信件，他高兴极了，迫不及待地拆开信封，他知道，毛泽东为鳌园的集美解放纪念碑的题字来了。题字还附有一函：

陈委员：

　　惠书早已收到，迟复为歉！遵嘱写了集美解放纪念碑七字，未知合用否？先生今日身体如何，时以为念。

顺致敬意！

毛泽东

一九五二年五月十六日

集美解放纪念碑，是陈嘉庚除集美学校之外，要献给生他养他的那片土地的另一个礼物。

一九四九年参加完中华人民共和国成立大典后，陈嘉庚由北方返回故乡集美，一路上，他参访了许多城市。伟大十月的最后一天，他来到济南，应邀参观济南的广智院。走进院内，真是琳琅满目，陈列于院内的除了古代文物、书画作品与飞禽走兽标本之外，还有一些有关卫生、交通、住屋、造林、河流、水利等模型，其中还有不少对照性的图画，像泥泞狭窄的旧街道与宽阔整洁的现代马路，让人一目了然，颇受教育。济南广智院的这种文化启智方式给他触动很大，一贯以教育启智为使命和担当的陈嘉庚，便决心要在自己的故乡集美建设一座比济南广智院更广博、更引人注目、艺术水平更高的建筑，寓教于游，寓教于乐。这位办学大师此时从济南广智院获得新的灵感，他在想象着一种更加广泛的社会教育，一种能更早更快更自然地推动父老乡亲向往现代文明建设走向现代文明生活的形态。此时，对祖国文化充满自信与信奉的心灵又活跃起来了。

陈嘉庚是富有创意的建筑师，他从来不按部就班复制别人的东西，这也是他在创办企业、创办学校和领导一千万南洋华侨成功开展各项活动的重要秘诀。他要将博物院放到野外，让文化与自然汇合一起，这个自然的博物院的地点就选在集美社东南面的鳌头屿。

当年的鳌头屿实际是一堆叠连在一起的海边礁石，屿上有一座小小的妈祖庙，因战争遭遇炮火，早已剩下残垣断壁，屿的内侧有一条沙堤，潮水褪去后可与村庄边缘连接，沙堤两侧是无碑坟墓，专门埋葬小孩的尸体。闽南有个风俗，孩子去世叫"夭寿"，不能有墓碑，不能刻记名字，所以鳌头屿让人感到凄荒。陈嘉庚就想着让家乡这块凄荒之地变个样，他要把鳌头屿改造成一个充满文化意味的启智园地，变成家乡的一个重要景观，他把它叫鳌园。

一九五〇年的一天，陈嘉庚乘着海水退潮，带上安溪工匠陈坑生，涉过沙堤，走到妈祖官的废墟上，又是将手中的手杖一挥一点，指点着左右前后，划出一片自己想要建的鳌园博物院范围。第二天，老实勤快的陈坑生便将昨天陈嘉庚手杖指点的范围，做上记号。第三天鳌园工程开始动工。

陈嘉庚原计划中的鳌园只包括两个部分，中心是一座十丈高的天然石砌，为集美解放纪念碑；环绕在纪念碑周围的是博物大观，或嵌挂，或安放，构成一处具有高度教育意义、纪念意义和艺术价值的鳌园文化景观。但后来工程启动之后，有一天发生了一件事，又让陈嘉庚在鳌园中增加了一个项目。那一天，陈嘉庚像往常一样去鳌头屿巡视，石雕师傅林江淮便把他带到纪念碑前的一块大礁石前，他告诉陈嘉庚这是一块好风水，将来可以作为嘉庚先生的陵墓。林江淮是晋江人，出名的石雕师傅，陈嘉庚请他担任纪念碑和博物大观雕制工程的总负责，他对天文、地理都有所了解，也很敬佩陈嘉庚，陈嘉庚也敬重他。经林江淮的一指点，陈嘉庚立即看出这块礁石高出水面九尺，石面平坦，南朝厦门高崎，蓝天碧海中，行云走风，很有晴朗俊伟之势。想想自己与纪念碑一起，与历史上的英雄豪杰在一块，有博物奇观陪伴，也是很温暖和愉快的事，于是认同了林江淮的观点，将自己墓陵也选在鳌头屿，这也就构成了鳌园博物院的第三部分。

集美解放纪念碑占据鳌园的中心，陈嘉庚请毛泽东主席为纪念碑题写碑名。他真诚地将毛泽东当作中国人民的大救星，是毛泽东领导共产党和人民解放军打败了蒋介石腐败政府，解放了全中国解放了集美，应当立碑刻字，必须让世世代代记住故乡的解放，记住毛泽东，记住共产党，他是带着感恩之情请毛泽东主席题写碑名。毛泽东也是因为陈嘉庚这位让他钦佩不已的华侨领袖，才泼墨挥毫为闽南的一个小乡镇题写纪念碑名。与此同时，陈嘉庚又向董必武、李济深、沈钧儒、陈叔通、陈毅、黄炎培、邓子恢、谭平山、张治中、傅作义、张奚若、邵力子、马叙伦、马寅初、谢无量、叶恭绰、陈培坤、虞愚等当代政治、文化名流和书法大师乞得墨宝，将他们的亲笔题书镌刻在石板上，一幅幅嵌挂两壁，成为千古不朽的题刻精品，作为博物大观的重要组成。

就这样，陈嘉庚组织了林江淮、惠安石雕师傅杨顺源以及洪师、丙丁师、来福师等人，带领百来名石雕工人，从一九五一年九月开始，日夜赶雕历史人物故事的青石浮雕，赶琢珍禽奇兽、奇花异草的石刻雕像，打造学生上课、体育运动、饮食起居、卫生常识、工业生产、农渔劳动等石像，连同政治文化名流的墨宝，汇合成以石头艺术为主体、集当代名人书法大全题刻、融闽南雕艺大成的石像的鳌园博物大观园。鳌园历经十年精工修造，于一九六一年竣工。一座具有科学性和艺术性的博物馆，一座蕴藏着丰富的科学文化知识、向往健康体魄、崇尚高尚的精神情操和满目精美的石雕题刻的鳌园，从此开始吸引千千万万的人们，络绎不绝地来到集美，来瞻仰安眠在集美解放纪念碑前、在博物文化中的陈嘉庚。

扩建集美学校和厦门大学、创建集美鳌园和华侨博物院被人称为陈嘉庚

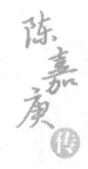

回国后的四大建设工程。

厦门华侨博物院是陈嘉庚回到故乡后倡办建设的最后一个文化工程。一九五六年陈嘉庚亲自撰写《倡办华侨博物院缘起》(简称《缘起》),对倡办华侨博物院的目的、意义、定名、规模等,做了详细的阐述。他在《缘起》一文中说:"博物院是文化教育的一种,与图书馆、学校等同重要,而施教的范围更为广阔。学校为学生而设,图书馆为知识分子而设,博物院的对象则不限于学生和知识分子,一般市民,无论男女老幼,文野雅俗,一入其间,都可由直观获得必要常识。"在海内外创办或参与建设一百多所各类层次的学校之后,陈嘉庚想到了民间与整个社会,想到了更广大的老百姓,他们也需要文化营养,需要获得启智的机会。从华侨作为祖国的骨肉同胞出发,这次他要建一个华侨博物院,用它来反映海外华侨艰苦奋斗的历史,表现海外华侨爱国爱乡的光荣历史。

于是,他向华侨兄弟姐妹发出号召:"我认为祖国社会主义建设是人民应尽的责任。我是华侨,很希望侨胞们来尽一份责任。因此我建议由华侨设立一所大规模的博物馆。"他说:"这是我们效力祖国建设的绝好时机,应该尽个人的力量,负起责任来帮助祖国做好这一建设。"陈嘉庚的倡议得到人民政府和国内外华侨的支持,厦门市人民政府拨地约九十七亩为建院地址,陈嘉庚自己带头捐款十万元,华侨归侨知名人士也纷纷捐资,不久便募集三十七万元建设资金。一九五六年,刚刚完成集美学校、厦大扩建工程的陈嘉庚又开始华侨博物院的建设。

陈嘉庚提出:"陈列内容不但是全国性的,而且是世界性的。"在这位创办过"世界之大学"的华侨领袖心中,华侨博物院也要建成具有世界性功能的博物院,他的原计划是拟建五座大楼,设四个馆,分人类博物馆、自然博物馆、华侨与南洋博物馆和工农业博物馆。

一九五七年八月,他写给参与厦门华侨博物院建设的陈永定先生,告诉他自己走了许多城市,对各地博物馆有了大概了解,"山东博物馆限于山东所出文物的陈列，上海博物馆就不限于上海，各处文物都有"。心中也批评了过去中国对博物馆的忽视，"我国昔日不重视博物之陈列，故多未有创设。如北京故宫博物院系光复后始有，天津系法国开创，上海系英国开设，沈阳、大连、旅顺系日本人开设。解放后，今年各省多重视博物馆"。①为此，他四处考察，认真调研，汲取优点，并结合自己的特点，决心要建设一座展示千千万万华侨海外奋斗历史与赤子之情的博物院。

华侨博物院是按照陈嘉庚的设想和文物征集的情况而建成和设立的。建成后的华侨博物院大楼走的是民族风路线，重叠式屋盖，飞檐凌空，琉璃绿瓦闪光，气势壮丽。大楼建筑面积四千平方米，楼高六层二十三米，以洁白整洁的花岗岩砌成，典雅壮观，四周是宽广的大庭院，树木葱翠。楼前半月形石阶，造型美观新颖，是陈嘉庚细心探究设计的，他说："大门前的石阶应为半月形，石阶是大众参观博物院必经之地，要雅致美观，且每阶须宽一尺一寸较好上下。"②大楼陈列面积二千八百平方米，每层陈列室长达一百米，面积一千平方米，以拱形梁支撑楼板，不设柱子，陈列室两侧开设高大玻璃窗，宽敞、明亮，陈列橱摆中间摆设，直贯全室，便于参观。

陈列分三层，设"华侨历史简介馆"、"祖国历史文物馆"和"自然博物馆"三个馆，其中的"华侨历史简介馆"是当年国内系统地介绍华侨历史的陈列馆，陈列着照片、绘画、模型、实物、布景箱一千多件，还有华侨、归侨捐赠的东南亚各国的生活用品、饰物、宗教艺术品、古典乐器和工艺品数百件。"自然博物馆"也陈列着华侨捐赠的海外动物标本，有马来西亚鳄鱼、新加坡虎、印度尼西亚极乐鸟、猩猩、猴子、泰国猿、非洲犀鸟、澳洲鹤鸵、葵花鹦鹉等，都是罕见的动物标本珍品。

陈嘉庚亲自征集、收购各馆的陈列品，也很多是在庄明理、张楚琨协助下，到北京、天津、上海等地多次征集、搜购来的珍品，大多数东南亚各国

---

① 《陈嘉庚研究之二·回忆陈嘉庚文选》第 260 页。
② 《陈嘉庚研究之二·回忆陈嘉庚文选》第 260 页。

的文物、实物及动物标本是陈嘉庚去函向南洋各地侨团、爱国侨胞以及厦大、集美学校校友征集而来。陈列品多达七八千件。

华侨博物院一九五六年动工兴建，一九五八年竣工，一九五九年五月正式展出，从缘起到博物院开放展出，历时不到三年。此时，陈嘉庚已是八十几岁的老人，但他每星期都从集美来到博物院工地巡视。一九五八年以后，跟癌症作斗争的陈嘉庚依然关注着博物院的筹办情况。

一九五九年五月十四日，位于厦门蜂巢山下的华侨博物院举行隆重的开幕典礼，那时陈嘉庚已是八十六岁高龄，右眼已经失明，这位八十六岁的华侨博物院行政委员会主任，欣慰地主持博物院的剪彩仪式，主持了开展座谈会，向来自各方的嘉宾介绍创办和筹建的过程、意义和设想，以及陈列的情况。座谈会后，他精神抖擞地站立起来，把手杖交给警卫员，带着来宾从一楼走到四楼，边参观边介绍，没有歇脚，神采奕奕。大家都知道，嘉庚先生病了，这座融入了一位伟大爱国华侨心血的华侨博物院，也是这个伟大生命留在人间的不朽丰碑。

魂归故里

一九五八年的春天，陈嘉庚从集美前往北京参加第一届全国人大常委会第九十三次会议与第一届第五次全国人民代表大会，他的好朋友庄明理正好出差福建回京，特地到厦门来看望他，两人相逢，又一同进京，真是一次难得的旅程。

自从回到集美定居，陈嘉庚总是北京、集美来回地奔走，当全国人大的会议、全国政协的会议、全国侨务工作的会议在京召开时，他便要乘上几天几夜的火车汽车进京参加会议，商讨国是，然后再乘上几天几夜的火车汽车回到集美。但老人似乎不懂得疲倦，老骥伏枥，依然马不停蹄。

这次，他又要进京参加全国人大会议，而且还有庄明理陪着，他岂能不高兴。一九四九年庄明理与陈嘉庚一起回国参加全国政协第一次会议后，便留在北京工作，先后担任过国务院参事、国家侨务委员会副主任、全国侨联副主席。两个志同道合的老朋友虽然经常会在会上相遇相见，但毕竟一南一北，也是很难相聚在一起的。这次能在同一趟北上的火车上，一路自然会有说不完的话。然而，庄明理却觉得这位总是精神矍铄的老人有些疲惫，便问陈嘉庚是否身体欠适。陈嘉庚如实告诉老朋友："最近有时头疼，睡眠不大好。"这一天早晨，庄明理来到陈嘉庚的卧铺室，发现嘉庚的右额眉上方有一点隆起，像是碰伤的样子，于是问他是否夜里起来摸黑碰伤。陈嘉庚说："睡不好，起来两次，但似乎没碰到什么。"他一面回答一面摸摸自己的额上，感觉到右额眉上确实有块隆块，便说，"或许夜里车快，摇晃，不注意碰的，不要紧的"。无论陈嘉庚本人还是庄明理，当时都没有想到这块右额上隆起的肿块，却是陈嘉庚生命中一个致命的征兆。

到达北京后，陈嘉庚住到中央政府安排给他的北京马匹厂。庄明理见隆肿不仅不消，而且更加明显，头疼也没有减轻，便劝陈嘉庚到医院诊治，但陈嘉庚还是没意识到问题的严重，他不愿去医院，而是像往常一样，自己看看药册《验方新篇》，对症抄了一剂药方，交给服务员买回两包中草药，自己煎药吃。当天晚上服了一帖，第二天早晨空腹再服一帖。不久便觉得头晕，便和衣躺在床上。服务员见时间不早先生还没下楼用膳，便上楼去请，却发现情况不妙，陈嘉庚躺在床上，床边柜台撒了一些药粉。警卫员和成即刻打电话告诉庄明理，庄明理立即电话通知保健局和北京医院，请医生立即前往马匹厂陈嘉庚住处，自己也带人马上赶到。医生一面急诊，一面查看药方，发现药方中有一味中药"川乌头"，药方注明"半生熟"，但药店配药员给的是一半熟制川乌头，一半生川乌头，并与其他药物共研为末。但偏偏这生川乌头是有毒的。陈嘉庚吃下之后头晕，想揭开药包看仔细，却已经来不及了，所以床边柜上撒满了药粉。医生诊断后，立即送往医院，经全面检查、诊断和化验，查出那块额上肿块是"鳞状上皮癌"，于是进行了手术和化疗。经过北京治疗，病情得到控制与好转，陈嘉庚以为是自己的再一次大难不死，心里还很高兴，执意要回集美。这时他心中的两个博物院都还没有最后完工，他在北京待不下去，便和从新加坡赶来北京的七子陈元济回到集美。

不料过了半年多，陈嘉庚的视觉出现双影，北京肿瘤医院院长吴恒兴与上海的眼科专家郭秉宽连忙赶到集美会诊，发现右眼眶内上壁又生肿块，便送陈嘉庚到上海华东医院治疗。专家会诊后提出两个方案，一是手术，二是放射治疗。陈嘉庚不接受手术，陪伴在身边的二儿子陈厥祥及其夫人表示治疗方案尊重父亲的意见，于是医院采取放射治疗控制肿瘤。也就是在右眼遭受肿瘤折磨的痛苦中，陈嘉庚欣慰地参加了华侨博物院的开展典礼，并甩掉手杖，陪着来宾走完博物院的四层楼，边走边给来宾介绍展示的内容，神采奕奕，不知情的人们都没有想到这是个病中的老人。

一九六一年三月间，陈嘉庚病情加重，脑血管故障日益严重，他被送到北京治疗，住在前圆恩寺五号寓所。卫生部保健局加强了对陈嘉庚的护理，派了吴恒兴院长、北京医院内科主任吴清、北京医院眼科主任左克明、北京医院脑科主任陈教授和卫生部保健局局长黄医师负责陈嘉庚的治疗，每月五位医生碰头一次，把病情与医疗情况报告给周恩来总理，在此期间，周恩来总理则是每个月来前圆恩寺五号探望一次。

这一年四月十三日，陈嘉庚的儿子陈国庆夫妇从新加坡经香港到北京，陪伴病中的父亲。当陈国庆夫妇走进父亲的寓所时，父亲已斜靠在客厅的一张弹簧椅等待自己亲人的到来，从一九五〇年离开新加坡到这次相见，已经十一年的时光过去了，陈国庆即刻感到父亲老多了，不禁鼻子一酸。父子的久别重逢，亲人的团聚让重病中的陈嘉庚感到特别温暖。之后的十二天，父子两人每天吃完饭，就要聊上一个小时的话，他们有太多太多说不完的话。在新加坡时，陈嘉庚整日整夜地在怡和轩忙碌着，只有到春节，才会在怡和轩见见自己的孩子，接受孩子们的拜年。现在，在自己祖国的寓所，在他不得不歇下脚来的时候，他才发现与自己的孩子聊天是多么幸福的事情。他们谈家中的情况，谈怡和轩俱乐部，谈社会问题、新加坡的形势、马来亚与中国，还有那怎么也忘不了的厦门大学与集美学校，父子俩从未有过如此之多的话题，无所不谈，父子俩也从未有过坐得如此之近。陈国庆知道父亲的视力已经被病魔损害得太大了，他们相对而坐，要是距离父亲五英尺，父亲就只能看见他的轮廓，所以他每次都坐在离父亲只有二英尺的地方，这样父亲才能看清他的面容。

经过治疗，陈嘉庚的癌症被控制在发病区，没有扩散到头或身体其他部分。但危险的是血栓，是年事已高，动脉硬化。四月二十五日，陈国庆启程回新加坡，那天他醒得特别早，抓着惜别的时间父子俩谈了很久很久。陈嘉庚像迎接儿子到来一样斜靠在弹簧椅上与儿子告别，当儿子要动身时，他伸手紧紧地握住了儿子的手。陈国庆向父亲告别，请父亲一定多加保重，父亲一直没有说话，却从口袋里掏出手帕拭眼睛，这是儿子有生以来仅有的一次看到父亲的眼泪。陈国庆什么话也说不出来，他已无法忍住自己的伤心，连忙走进卧室，痛哭起来。他意识到，这一次一走，与父亲将成永别。就这样，陈嘉庚和十三天前一样斜靠在椅上，送走了自己的儿子。

六月二十八日，病危中的陈嘉庚将陪伴在身边的儿子陈国怀、孙儿陈联辉、集美校委会副主任张其华、职员叶祖彬召到床前，口授遗嘱，由张其华记录整理，由陈国怀、陈联辉、张其华、叶祖彬四人签名，留下了他生命最后的嘱托，这份嘱托与这之前陈嘉庚生前的交代一样。一九五五年二月，陈嘉庚亲自主持设立新加坡、香港基金，基金规定：一、将在马来西亚与南益公司合营的麻坡、巴双三树胶厂，每年核结可得的三分之一，"指明为集美学校经费"；二、将在新加坡的一块四百亩树胶园（集美有限公司）每年至少可得六百余万元和香港集友银行股本二百万元，"制定为集美学校基金"；三、规定今后新加坡、香港等处，如有亲友回来款项，均"制定为集美学校经费"。他将自己的财产全部留给了集美学校，而对于自己的亲属，在这次病危中的口授遗嘱中则交代，生活费以"家庭人口计算，每人每月付二十五元。今后有亲子孙回国（定居），亦按此例付给。但如有支领学校工资，应扣抵"，"每人如逢结婚丧事，各给费用二百元"。对于国家对于故乡，老人是如此的慷慨大气，不惜捐献巨额资产，而对于自己的子孙，他却是规定了如此严格的低的生活标准。他曾经在《论兴学与爱子》中说："父之爱子实出天性，人谁不爱其子，唯别有道德之爱，非多遗金钱方谓之爱。且贤而多财则损其志，愚而多财则益其过，是乃害之，而非爱也。"① 他是这么想这么说，也是自始至终这么践行的。

有一天，庄明理照往常一样到前圆恩寺寓所探望自己的老友，两人谈了一些事情，陈嘉庚还谈了谈他身后的若干问题。看时间不早了，庄明理就告辞回家，刚进家门，家里人就告诉他，陈嘉庚的警卫员林和成来电话，说嘉庚先生请他再过去一趟。庄明理稍有踌躇，还是返回前圆恩寺五号，走进屋

---

① 《陈嘉庚研究之二·回忆陈嘉庚文选》第85页。

里，见老先生闭着眼睛躺在床上，似乎已经入睡。正待他要退出房间时，陈嘉庚叫起他的名字。庄明理忙转身问候先生有什么事。陈嘉庚说："你请坐，我有几件事想跟你说。"接着就说出了三件事。一、死后不要火化，希望运回集美安葬。二、人总要死，早死晚死不要紧，最要紧的是国家的前途。国民党过去做尽坏事，他们逃到台湾去了，那些人一生自私自利，假公济私，现在还在捣乱。我们应尽早解放台湾，必须归中国。三、集美学校一定要继续办下去。香港集友银行是集美学校的校产，每年都有股息和红利。厦门、上海两所集友银行，也是校产，他们赚钱不多，只要不亏本就可以，学校要继续办下去。讲这些话时，陈嘉庚已是断断续续，显得比较疲惫，但讲完却舒了一口气，好似放下了心里一块什么东西似的。在他旁边陪伴的是陈国怀、陈联辉、叶祖彬和林和成。庄明理忙让老友放心，劝他保重休息。

第二天上午十点多钟，陈嘉庚病情突变，人昏迷过去，手足抽搐，庄明理接到电话，马上与国务院华侨办公室主任廖承志、副主任方方赶到前圆恩寺五号，几位医生会诊后诊断是脑出血，立即采取紧急措施进行抢救，缓和了病情。周恩来总理和彭真副委员长也闻讯赶到，一面指示医生与护理人员，一面慰问远道赴京陪伴父亲的陈国怀父子，同时关切地询问："嘉老病前有何交代？"庄明理便将陈嘉庚昨天交代的三件事向总理汇报。周总理当场指示：第一，按嘉老的意愿办理。第二，解放台湾是全国人民包括台湾同胞、爱国华侨的共同愿望。嘉老关心台湾回归祖国，爱国精神给广大华侨树立良好榜样，他的愿望一定会实现。第三，集美学校一定照嘉老的意见继续办下去，一定把它办得更好，请他放心。这是嘉庚先生弥留人间的最后日子，当他情况比较稳定的时候，庄明理赶忙将总理的嘱咐转告给他。老人虽然不能言语，但眼睛朝着庄明理话音的方向看着，听着，慈祥的面容透露出宽慰的表情。

一九六一年八月十二日凌晨五时，回到新加坡的陈国庆做了个梦，梦见父亲走到他身边，父亲拉开蚊帐，叫醒他，问儿子能否开车送他上医院。陈国庆对父亲说"行！"，接着父亲要儿子去穿衣服。这时，陈国庆从梦中醒来，他怔了好长时间，心里很不舒畅，这个梦把他拉回到他所看到的父亲病情恶化的情形，他有了一种不祥的预感。

四小时后，上午九点，家中电话响了，大哥陈济民打来电话，说二哥陈厥祥从香港来电话，告诉父亲于凌晨零点十五分在北京逝世，逝世时很平静。

这一天早晨，北京中央人民广播电台在哀乐声中，播发了陈嘉庚逝世的讣告。电波迅速地将这份讣告传遍了五大洲四大洋，中国人民和全世界的华人、华侨、进步人士同声哀悼！哀悼一位中国国民的逝世，一个伟大生命的离去。

中华人民共和国中央政府成立了以周恩来总理为主任的治丧委员会。

八月十五日上午，首都各界在中山礼堂举行新中国诞生以来最为隆重的公祭，陈嘉庚的红漆灵柩置放在绿树丛中，上面覆盖着中华人民共和国国旗。主祭人周恩来，华侨事务委员会主席廖承志致悼词。公祭结束后起灵，恭行中国传统的执绋礼仪，周恩来总理和朱德委员长一左一右领头执绋，两边的

陈嘉庚追悼大会后起灵，周恩来总理、朱德委员长左右执绋

长条白芑绋带在周恩来、朱德、陈毅、陈伯达、张鼎丞、廖承志、习仲勋、沈钧儒、黄炎培、陈姝彤、蔡廷锴、程潜等数十人的缓缓牵引下,将灵柩送上汽车,运到北京火车站,抬上开往厦门的装有冷气的专列灵车。

  这时,在新加坡,在陈嘉庚奋斗生活了六十年的第二故乡新加坡,数百个社团联合举行了万众追悼陈嘉庚大会,千万南洋华侨痛失他们所敬仰的领袖,哀悼一个伟大生命的驾鹤西去。巨幅横匾四尺见方,上写四个大字"万世流芳",两旁悬挂一副挽联:

    前半生兴学,后半生纾难;
    是一代正气,亦一代完人。

  "一代正气,一代完人",这就是陈嘉庚生命的伟大荣光。

尾声：生命不朽，千古流芳

一个伟大的生命终结了，但这个伟大的生命又永远地活在了人们心中。在他创办的厦门大学和集美学校，在他的故乡厦门，人们很容易看到后人以陈嘉庚命名的广场、体育馆、纪念堂、学院、研究中心、道路；当厦门大学造出当年全国最大最先进的三千吨的海洋科学考察船时，学校向全校与社会征集科学考察船的名字，结果是三分之二的提名为"嘉庚号"；从二〇一五年开始，厦门每年以"一座城一个人"的主题，在金秋十月开展为期一个月的嘉庚宣传月活动，缅怀伟大乡贤，学习不朽精神。而在陈嘉庚费尽心血创办的厦门大学与集美学校中，人们处处可以感受到"弘扬嘉庚精神，奋进一流征程"与"以嘉庚精神立校，以诚毅品格树人"的浓浓气氛。斯人已乘西风去，自有勋名照人寰，陈嘉庚这个伟大的名字，已经深深地镌刻在海内外中国人的心中。

一九八四年二月，中国改革开放的总设计师邓小平来到厦门大学和集美学村视察，当他看到那宏伟壮丽的校舍和质朴简洁的陈嘉庚遗物时，感慨万千。回到北京后欣然命笔，亲自为即将出版的《陈嘉庚画册》题字："华侨旗帜 民族光辉 陈嘉庚"，这是当年毛泽东为庆祝陈嘉庚安全归来而写的贺词。

一九八八年，在继新加坡陈嘉庚基金会成立之后，中国科学院等单位和有关人士发起组织的陈嘉庚基金会在北京成立，基金会的宗旨是发扬陈嘉庚先生为民族、为社会兴办教育的精神，激励广大科技工作者积极进取，勇于攀登科学技术高峰，为振兴中华贡献力量。并设置九个科学奖，奖励那些为中国科学技术事业发展做出重要贡献的专家、学者和技术人员。

一九九〇年三月，国际小行星中心和小行星命名委员会决定，将一颗编号为2963号的小行星命名为陈嘉庚星。在命名大会上，时任中共中央政治局常委、书记处书记李瑞环热烈赞扬陈嘉庚"对中华民族充满了深情挚爱，为中华民族的振兴作出了终身贡献"。

一九九二年，在杨振宁、李远哲、丁肇中等科学家的倡议下，为"弘扬嘉庚精神，凝聚各界精英，服务社会，造福人群"，在香港成立了陈嘉庚国际学会，七十位世界级的教授学者为其会员。在成立大会上，诺贝尔奖得主杨振宁教授回忆起一段"厦大往事"，他说："我没有机会见过陈嘉庚先生，不过我六七岁时，父亲在厦门大学教了一年书，所以我曾在厦大住过。……我自己也是陈嘉庚先生兴学的受益人之一。"他认为"在中国历史上，这样努力倾资兴学，应该从陈嘉庚开始的"。为了学习嘉庚精神，学会组织一群国际知名华人教授到国内高校授课，分文不收。

一九九三年四月，一座以闽南话的"陈嘉庚"命名的教学科研大楼在美国加州大学伯克利分校奠基。伯克利大学的标志性建筑，常常是以国际伟人的姓名命名。当伯克利大学讨论为二十世纪的华人建纪念大楼时，学者们认为："在海外华人里面，如果要找出一位最好的名字，应该是陈嘉庚。"陈嘉庚楼是美国高校历史上第一幢以华人名字命名的大楼，这里是拥有世界最优秀学科的伯克利化学院的教学科研场所。

一九九四年十月，福建省暨厦门市隆重举行陈嘉庚诞生一百二十周年纪念活动，并按照陈嘉庚的意愿，与国家交通部、农业部合作，将集美航海、水产、师范、财经、体育、轻工业等专业院校联合建立集美大学，时任中共中央总书记、中华人民共和国主席江泽民为此亲笔题词："弘扬嘉庚爱国精神，振兴中华教育事业。"

二〇一四年，这一年是陈嘉庚诞生一百四十周年。九月五日，厦门市集美校友总会、《集美校友》杂志社代表海内外嘉庚学子致信中共中央总书记、国家主席习近平，希望习近平总书记值此时机，向海内外华人、华侨、侨眷

发出弘扬"嘉庚精神"的号召,以进一步凝聚侨心侨力,共同构筑中国梦。习近平总书记于十月十七日回信。全文如下:

> 值此陈嘉庚先生诞辰140周年之际,我谨对陈嘉庚先生表示深切的怀念,向陈嘉庚先生的亲属致以诚挚的问候。
>
> 陈嘉庚先生是"华侨旗帜、民族光辉"。我曾长期在福建工作,对陈嘉庚先生为祖国特别是为家乡福建作出的贡献有切身感受。他爱国兴学,投身救亡斗争,推动华侨团结,争取民族解放,是侨界的一代领袖和楷模。他艰苦创业、自强不息的精神,以国家为重、以民族为重的品格,关心祖国建设、倾心教育事业的诚心,永远值得学习。
>
> 实现中华民族伟大复兴,是海内外中华儿女的共同心愿,也是陈嘉庚先生等前辈先人的毕生追求。希望广大华侨华人弘扬"嘉庚精神",深怀爱国之情,坚守报国之志,同祖国人民一道不懈奋斗,共圆民族复兴之梦。
>
> 习近平
>
> 2014年10月17日

这之后,在陈嘉庚的第二故乡新加坡开埠二百周年的纪念纸币上,陈嘉庚成为纸币上八位为新加坡开埠史做出重要社会贡献的杰出人物之一。

"深怀爱国之情,坚守报国之志",一位跨越了晚清、民国、抗战和新中国的诞生与建设的世纪老人,一位半生"客居南洋"建立起异邦的中国人工商王国却总想着"希图报效"的中华赤子,以他终身不渝的服务与奉献,给他的祖国和他奋斗过的地方留下了一份最为珍贵的历史遗产与精神财富。

浔江碧波荡漾,浪花轻轻地拍打着岸边的鳌园,鳌园两边漫长的海岸线上,栋宇巍峨秀丽,弦歌优雅舒缓,与碧波浪花相互作答。在浪花托起的鳌园集美解放纪念碑前,安详地睡在这里的老人笑了,静静地笑了。一百年前,他在列祖列宗面前振臂而呼："民心不死，国脉尚存，以四万万之民族，决无甘居人下之理。今日不达，尚有来日，及身不达，尚有子孙，如精卫之填海，愚公之移山，终有贯彻目的之日。"今天，这"贯彻目的之日"终于来到了，中华民族经历过从站起来到强起来的风风雨雨，已经来到了全面实现伟大复兴的历史跑道上，全面实现中华民族伟大复兴的中国梦的时刻到了，这位曾经为之如精卫之填海一般奋斗不已的老人，终于在九泉之下笑了。

天上的星在闪烁，映射着梦想即将实现的光芒；九泉应含笑，传出了"一代完人"千古的芳菲。

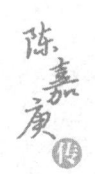

参考文献

[1] 陈嘉庚：《南侨回忆录》，中国华侨出版社2014年版。

[2] 陈嘉庚：《陈嘉庚言论集》，（新加坡）南侨报社有限公司1949年版。

[3] 陈嘉庚：《新中国观感集》，（新加坡）南侨报社有限公司1950年版。

[4] 陈碧笙、陈毅明编：《陈嘉庚年谱》，福建人民出版社1986年版。

[5] 陈国庆：《回忆我的父亲陈嘉庚》，中央文献出版社2001年版。

[6] 陈共存口授、洪永宏编撰：《陈嘉庚新传》，（新加坡）陈嘉庚国际学会、八方文化企业公司2003年版。

[7] 杨进发著，李发沉译：《华侨传奇人物陈嘉庚》，厦门，陈嘉庚纪念馆，2012年9月。

[8]《陈嘉庚先生纪念册》，全国归侨联合会1962年版。

[9]《回忆陈嘉庚》，文史资料出版社1984年版。

[10]《陈嘉庚研究之一·华侨领袖陈嘉庚》，中央文献出版社2001年版。

[11]《陈嘉庚研究之二·回忆陈嘉庚文选》，中央文献出版社2001年版。

[12]《陈嘉庚研究之三·科教兴国的先行者陈嘉庚》，中央文献出版社2001年版。

[13] 蒋廷黻：《中国近代史》，江苏人民出版社2017年版。

[14] 张宪文等著：《中华民国史》（1~4卷），南京大学出版社2006年版。

[15] 费正清：《伟大的中国革命》，世界知识出版社2000年版。

[16] 萧延中编：《在历史的天平上》，工人出版社1997年版。

[17] 张宪文主编：《中国抗日战争史》，南京大学出版社2001年版。

[18] 宋旺相著，叶书德译：《新加坡华人百年史》，新加坡，中华总商会。

[19] 乾隆《泉州府志》。

[20]（清）道光《厦门志》。

[21] 民国《同安县志》。

[22] 黄仲昭：《八闽通志》，福建人民出版社2006年校注本。

[23] 朱水涌：《厦大往事》，厦门大学出版社2011年版。

[24] 高伟强、余启咏、何卓恩编著：《民国著名大学校长》，湖北长江出版集团、湖北人民出版社2007年版。

[25] 廖建裕：《陈嘉庚、李光前与现代新马》，新加坡，陈嘉庚基金会2010年6月。

[26] 叶钟铃：《陈嘉庚与南洋华人论文集》，马来西亚陈嘉庚基金工委会2013年1月。

[27] 厦门大学校史编委会：《厦大校史资料》第一辑、第二辑、第三辑，厦门大学出版社1987年版。

[28] 洪永宏：《厦门大学校史》第一卷，厦门大学出版社1987年版。

[29] 郑炫、郑星编：《郑贞文诗文选集》，福建省文史馆2019年。

[30] 陈呈主编：《陈嘉庚画传》，陈嘉庚纪念馆2019年。

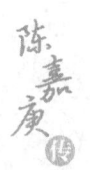

附录

● 长篇诗朗诵

嘉庚颂[①]

朱水涌

序　永远的丰碑

旁白：浔江波涛万顷，当年厦门的一个小镇，矗立着一座毛泽东同志亲笔题写的纪念丰碑；苍穹万里星罗棋布，第2963号行星，以一个闽南人的名字命名。

一个名字，一尊丰碑，
就这样化作无语的长歌，
回荡在历史长河的星空，
世代景仰，光耀千秋。

永远的丰碑

浩瀚的宇宙，
回荡着一个响亮的名字；
万里星空中，
"嘉庚星"彪彪炳炳，熠熠生辉。

啊！陈嘉庚

[①] 厦门将每年的10月作为"一座城一个人"嘉庚精神宣传月，长篇朗诵诗《嘉庚颂》是2015年专门为厦门开始启动的这个活动的文艺晚会而创作，由厦门高校、媒体中最受欢迎的朗诵者以电视诗文朗诵的形式出现在厦门人民面前。

我们敬爱的校主，世界伟大的公民，
您用敬业、诚信、友善建立起庞大的商业王国，
您以一腔爱国情怀，
倾资兴学造福万代千秋；

您是华侨旗帜，民族光辉，
一生与中华民族的伟大复兴紧紧相连，
用生命建立起民族独立解放的卓绝伟业，
用忠诚创建共和国建设的不朽功勋。

啊，陈嘉庚，
您用您那跨越四个时代的历史人生，
为建设富强、民主、文明、繁荣的中国奋斗不已，
您以您那与日月同辉的人格力量，
为追求自由、平等、公正、法治的国家鞠躬尽瘁。
中国梦，民族魂，
旗帜飘扬，薪火相传，
弦歌不辍，生生不息。
您的浩然正气和耿耿英魂，
就是一座巍然屹立的丰碑，
凝望岁月风雨，
苍生永记，青山永存！

上篇：倾资兴学赤子心

旁白：1874年10月21日，陈嘉庚出生在集美的一座闽南小屋里。那时集美是个小渔村，贫穷落后，瘟疫盛行。从出生一直到17岁，他在故乡这块苦难的土地上生活成长。1890年，17岁的陈嘉庚遵照父亲的意愿，到新加坡学习经商，开始了他异邦创业的生涯。

异乡创宏业

黑暗的旧中国，
天是黑沉沉的天，
地是黑沉沉的地。
位于东南海滨的小渔村集美，
孩子们赤裸着身子生存，
百姓在苦难中挣扎叹息。

1874年的一天，
一个男婴在浔江的涛声中呱呱落地。
陈嘉庚，来到了这个世界，
这个充满不平，充满贫瘠，
充满苦痛，充满了荆棘的世界。

少年的你，看到的，
是鼓浪屿飘起了五花八门的万国旗，
是一水之隔的台湾沦为日本的附属地，
还有那一场场旱灾与瘟疫，
陈氏宗族的100多口人有一半的生命被病魔活活夺去。

家国深重的苦难，
让你从小就萌发了深深的民族忧患；
郑成功留在故乡的英雄足迹，
在你成长着的心灵里，
激起了民族的慷慨与报国的志气。

告别故土，踏浪下南洋，
像千千万万的闽南儿女，
为了寻找生存与发展的空间，
漂洋过海到了异乡的土地。
凭借着一个炎黄子孙的自强诚毅，
开始了艰辛而宏伟的创业之旅。

坚守"重然诺，守信用"的诚信，
你拯救了倒闭的米店，在父亲倒下的地方重新站起。
眼光敏锐，性格坚韧，
你开拓罐头产业奠定了经济发展的地基；
当一次大战的战火燃起，
你审时度势，以一种敢于拼搏敢于冒险的勇气，
驰骋在海洋运输的大风大浪里；
当英国人热衷在南洋试种橡胶时，
你抢占先机，用 18 万粒橡胶种子，
播下了南洋橡胶王国的奇迹。

啊！一位从大海中走来的中国人，
在马六甲海峡勇立潮头、乘风破浪。

你勤劳执着，诚信刚毅，
你拼搏开拓，自强不息，
你用一个庞大的华侨商业王国，
彰显了中华民族的创造伟力，
你坚定了一个海外赤子的报国宏愿，
也种下了一代伟人的强国梦想。

旁白：在创业奋斗的道路上，陈嘉庚从自己所居住的大英帝国殖民地新加坡，感受到西方的富强和故乡贫穷的巨大反差，看到了许多落后祖国所没有的新事物，特别是现代工业和现代教育，陈嘉庚萌发了教育救国的信念。

故乡开基业

新加坡河向南倾入大海，
海水鼓起波浪。
面对着异邦浪卷的海洋，
梦魂萦绕着阔别20年的故乡，
还有祖国父老乡亲遭受的涂炭。

您说："久客南洋，心怀祖国，希图报效，已非一日。"
您说：中国百人中只有4个人识字，
在世界竞争中，未免要遭受天演的淘汰。
您不能忘记，从蚕食到瓜分，
外强的铁蹄可以任意践踏神州大地，

您时刻惦念的，
是灾难深重的祖国和中华民族的命运，
是民族落后挨打的惨痛教训。

乱世之秋的中国，
国家生死存亡，民族内忧外患，
华夏的优秀儿女，
苦苦地探索着中华民族的重新崛起，
实业救国、科学救国、教育救国、
启蒙与革命，各种主张都指向共同的民族复兴，
虽屡战屡败，却不屈不挠。

您以20年的亲历20年的创业和20年的思索，
坚定了一个心中永远的信念：
"教育为立国之本"，"兴学乃国民天职"，
这铿锵有力、掷地有声的誓言，
从此成了您生命最重要的承诺与力量。

乘着辛亥革命破除帝制的东风，
您携着家眷回到久别的故里，
面对着"祖国之陵夷"、"故乡之哄斗"，
面对着浔江翻滚不息的浪潮，
您带着"改进国家社会，舍教育莫为功"的向往，
勾画出中国南方现代教育王国的蓝图。
1913年1月，乡立集美两等小学的钟声敲响，
故乡的孩子第一次走进了现代教育的课堂；

1917年2月，集美女子小学的大门开启，
渔村女孩率先打破了闽南千百年来的传统陋习，
渔村弥漫起生活与思想变革的空气；
1918年3月，集美师范和集美中学同时开学，
大批的寒门子弟，从广东、从南洋、从八闽大地，
走进了集美这块方兴未艾的现代教育基地；
1920年，集美水产航海学校创立，
陈嘉庚那"开拓海洋，挽回海权"的抱负，
在中国教育史上，写下了浓墨重彩的一笔。
浔江之滨，建构起一个
从幼稚园的学前教育到中等教育和职业教育的完备体系，
集美学村，骤然矗立起一座座现代教育的琼楼玉宇。
您要求集美学校的师生：
"上以谋国家之福利，下以造桑梓之庥祯。"

您与弟弟陈敬贤一起，
为集美学校立下了校训"诚毅"，
号召全体师生弘扬中华传统，
以诚立身，以毅处事，
诚信果毅、百折不挠地为振兴中华奋斗不息。

您笑了，
艰辛中终于奠下了教育立国的坚实基石，
您笑了，
教育兴国的伟大梦想，
终于在故乡的土地上，

开始绽放出现实的瑰丽。

浔江出海口，面朝大海，春暖花开，
学村集美，书声琅琅，万象更新。
被孙中山先生定为"永久和平学村"的上空，
飘荡着集美学子的欢快歌声。

旁白：1919年5月，陈嘉庚把南洋的实业交给胞弟陈敬贤管理，第五次从新加坡返回中国。离开新加坡时，他向同仁郑重宣布："此后生意及产业逐年所得之利，除花红与部分添入资本外，所剩之额，亦尽数寄归祖国，以充教育费用。"他向海外同仁高呼："勿忘中华！"

正是这位爱国华侨的挥斥方遒，才使这一块荒冢一堆的荒野，蔚然矗立起一座面向大海的学府黉宫。正是一面民族旗帜的赤子衷肠，才在中国高等教育史上，写下华侨在祖国创办大学的辉煌篇章。

自强展宏图

乘着五四爱国运动的风雷电闪，
您回到故乡展开了波澜壮阔的教育宏愿，
在东方沉睡的雄师觉醒时刻，
您向海内外中华儿女，
发出了一份创办厦门大学的通告。
您说："科学建设为建国首要之图"，
"科学要发展，有赖于专门之大学的成立"。
您说："专制之积弊未除，共和之建设未备，国民之教育未遍，地方之实业未兴"，
您说："非有高等教育专门学识，不足以躐等而达。"

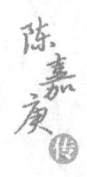

天风海涛，鹭江潮高，
您用当年全部资产的 400 万银元，
开创了华侨创办大学的第一乐章。
陈氏宗祠一面古老的铜锣声响，
敲出了中国南方之强志存高远的起跑线。

1921 年 4 月 6 日，
中国第一所由华侨创办的大学厦门大学成立；
5 月 9 日，厦门大学第一组楼群在风雨中奠定，
当您亲手为群贤楼群嵌上奠基石时，
厦门大学也就奠定了"爱国、自强"的坚定基石，
开始了群贤毕至的光荣与梦想。

有人质疑："厦门大学不宜速办"，
您说："当此风雨飘摇之际，国势岌岌可危之时"，
创办厦门大学，又"岂能久待"。
有人劝您"停止兴学的脚步，以免企业收盘"，
您说："公司可以收盘，学校不能停办。"
当经济与战争的灾难逼迫您的公司不得不收盘的时候，
您却做出了"出卖大厦办厦大"的惊世举动。
那铿锵的话语，那永不放弃的信念，
世世代代，千秋彪炳永放荣光。

您为厦门大学定下的三大任务，
至今回荡在花园学府的每一块空间；

"研究高深学问，培养专门硕才，阐扬世界文化"，
您为南方之强提出的奋斗目标，
至今依然是千千万万厦大人跻身世界一流的精神力量。
"为吾国放一异彩"，"能与世界各大学相颉颃"。

啊，我们的校主，
是什么力量，驱动着您百折不挠地在祖国的土地上创办学校？
是什么精神，让您的生命永远联系着民族的盛衰兴荣？
是您那一腔中华民族伟大复兴的宏愿，
是您那一颗滚烫的爱乡爱国的赤子衷心；
还有那"以四万万之民族，决无甘居人下之理"的浩然正气，
那"精卫之填海，愚公之移山"的不息自强。
"自强，自强，学海何洋洋"，
在厦大歌声飘荡的东南海疆，
中国南方之强驰骋在世界之大学的航程，
"自强不息，止于至善"，
陈嘉庚亲手创办的厦门大学，
奋勇奔向两个百年梦想！

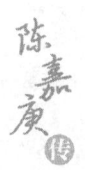

下篇：烽火中的民族光辉

旁白：那是中华民族灾难深重的岁月，济南惨案，3600多名中国公民惨遭日寇荼毒；九一八事变，肥沃的黑土地沦落于日寇的铁蹄；渤海湾怒涛翻卷，松花江呜咽哭泣，挟裹着马六甲海峡的风云际会，翻腾着黄河民族在危难中崛起的心潮。您来了！我们敬爱的陈嘉庚先生，在中华民族最危险的时候，发出了一声"八百万华侨抗战到底"的呼喊。

黄魂洒赤血，
当骨肉同胞失却家园遭受凌辱的时候，
远在新加坡"怡和轩"的陈嘉庚，悲愤交加毅然站起，
领导八百万南洋华侨的抗日筹赈。
召开侨民大会，抗议日寇无端暴戾，
致电国际联盟，警告侵略者"多行不义必自毙"。
激励十九路军将士，保卫淞沪英勇抗敌。

震惊世界的卢沟桥枪炮响起，
中华民族全面抗战的吼声，骤然响彻神州大地。

在这民族生死存亡的时刻，
陈嘉庚也正经历了一生最为艰难的磨砺。
1934年，陈嘉庚公司被迫收盘，
1936年，胞弟陈敬贤英年早逝，
1937年，卢沟桥事变的前7天，
陈嘉庚将自己独力支撑了16年的厦门大学，
无偿地献给了自己的祖国，厦门大学由私立改为国立。

国仇家难，家难连着国仇；
狼烟四起，四起的狼烟中，
竖起的是一面面血与火的战旗。

1938年8月，南洋华侨筹赈祖国难民总会成立，
南洋45个地区八百万的华夏儿女，
从此汇合成一股抗战救亡的洪流，
滚滚向前坚不可摧。
已经是64岁的陈嘉庚老人，
胸怀深沉的民族忧患，
铁肩担起历史的道义，
在烽火中主持起南桥总会的大局。

"立国五千年忍使黄魂洒赤血，
华侨八百万誓扶白日照青天。"
这是八百万华侨的赤子衷肠，
这是海外赤子的铮铮誓言。
魂洒赤血，陈嘉庚号召全体侨胞：
"各尽所能，各竭所有"，
"踊跃慷慨，贡献国家"，
"宁为玉碎，不为瓦全"！
心系故里，南侨总会发出宣言：
"国家之大患一日不能除，则国民之大责一日不能卸；
敌人前方的炮火一日不止，后方筹款工作一日不停。"

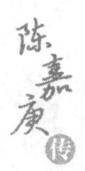

腥风血雨，铁马金戈，
前方抗战，后方筹赈，
从抗战爆发到1941年，
在陈嘉庚的领导下，
南洋华侨的抗日义捐达5亿国币，
认购救国公债2亿5000万，
为抗战前线捐献飞机217架，坦克27辆，救护车1000多辆。

华侨筹赈成了抗日救国的重要财源，
八百万南洋侨胞的热血，
抒写了中国人民抗日救亡的壮丽诗篇。
陈嘉庚，这一面民族解放的光辉旗帜，
在波澜壮阔的反法西斯战争中呼啸，
在伟大的民族独立解放战争中飘扬！

旁白：1938年10月，广州沦陷，中国通往国际的海上通道被日本军队切断，国际援助中国的物资无法运送到中国抗战前线，形势万分危急。正是在这形势岌岌可危之时，陈嘉庚领导南侨抗日总部，在新马地区招募3200名华侨技工，奔赴滇缅公路，喋血奋战，开辟出战火中的运输线，在抗战史上写出极其悲壮的一页。

千里生命线

我们从海拔3000多米的高黎贡山出发，
穿过怒江，澜沧江，漾濞江，
走进那抗战烽火中的生命线。
我们从1939年的那个冬天出发，

越过岁月的风尘，踏上硝烟弥漫的年代。
隆隆的轰炸声，似乎还回荡在历史的丛林之间；
在崎岖的山路上，我们寻找着当年三千名华侨机工的足迹。
让记忆一缕缕地在我们的心灵深处蔓延。

滇缅公路，一千多公里渺无人迹，
山峦叠嶂，道路崎岖。
当广州沦陷、国际与中国海上通道被日寇封锁，
这里便成了中国西南唯一的国际通道。
抗战需要从这里杀出一条血路，
战争物资必须从这里送往浴血奋战的前方。

但中国司机短缺，技工短缺，
情况紧急，一发千钧，
新加坡"怡和轩"里的那位老人，
再一次用一腔的热血忠诚，
担当起民族与历史的重任。
陈嘉庚发出南侨抗日总部的第六号公告，
号召华侨司机、技工回国服务，
他说："青年有志具以牺牲精神，足为全马亚之模范。"

腊月寒冬，旌旗猎猎，
炮声隆隆，车轮滚滚，
三千二百名华侨青年技工，
抛弃了南洋舒适的生活，
前仆后继在祖国最需要的战场。

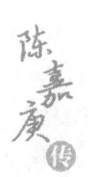

头上是敌机的狂轰滥炸，

脚下是万丈悬崖深渊万丈，

身上是寒冷饥饿的严酷与威胁，

千里生死线，

平均每一公里就有一个鲜活的生命牺牲。

450万吨军需物资，

每一吨的运送都充满了血与火的磨难。

海外华侨的青春热血，

在祖国的滇缅公路上绽放。

新马青年的生命，

在云贵高原上矗立起一座不朽的丰碑。

走在那一条永不停息的运输线上，

我们依然看到在炮火中滚滚向前的车轮，

仰望着高黎贡山的山峰，

我们看到矗立于生命线上的技工身影，

滇缅逶迤蜿蜒的，是壮烈的人生，

三江水拍激荡的，是爱国华侨的热血，

怡和轩升起的那面民族光辉的旗帜，

飘扬的是中华赤子对祖国对民族的赤胆忠心。

中华民族万众一心，团结就是胜利的力量。

旁白：1940年6月，带领南侨回国慰问团的陈嘉庚在访问完重庆之后，克服了种种阻力，来到延安。这是陈嘉庚第一次到革命圣地延安，也是陈嘉庚与中国共产党的领袖们的第一次接触。延安之行，让陈嘉庚看到"中国的希望在延安"。

延安行

六月的延安,春意盎然,

六月的延河水,奔腾不息,

六月的宝塔山下,万众聚集山脉欢腾,

欢迎陈嘉庚的欢歌笑语,弥漫在红色陕北的上空。

看到陕北人民的热情,

陈嘉庚再一次感受到父老乡亲的质朴温润,

看到红色延安的蓬勃生气,

陈嘉庚感受到"东方红、太阳升"的民族兴旺。

军民携手开荒,携手织布纺纱,

轰轰烈烈的大生产,

呈现出自力更生、奋发图强的崭新景象。

走进延安的企业、店铺、市场,

边区保障供给、自给自足的新型经济,

让这位来自异邦的企业家无比欣慰。

走进延安的幼儿园、小学与抗日军政大学,

共产党的教育政策和人才培养,

让这位一生倾资兴学的老人感慨万千。

亲眼所见八路军的官兵平等,

亲身体验了红色政权的政治民主,

耳闻目睹了延安人民的安居乐业、社会安定,

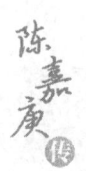

陈嘉庚那民族振兴的胸怀,
流淌起黄河奔流不息的希望。

在杨家岭的窑洞前,
围着窑洞前一方圆圆的石桌
毛泽东与陈嘉庚促膝谈心,
一桌的小米饭、土豆、白菜和邻居大娘熬的鸡汤,
将两颗民族忧患的伟大心灵,
第一次连得很紧很紧,
心跳得很近很近。

他们谈抗日持久战、谈国共合作、谈民族的命运与未来,
心灵是如此的默契,思考是如此的接近,
慎终追远,继往开来,
中华民族的昨天、今天与明天,
在华夏子孙诞生的黄土地上,
在两位伟人不凡的胸中激荡。

黄土高坡上的宝塔记住了这一刻,
滚滚的延河水记住了这一刻,
陈嘉庚的心中记住了这一刻。
延安之行,是陈嘉庚生命中一次最重要的旅行,
也是陈嘉庚生命的一次历史性飞跃。
他相信延安,相信延安代表了中华民族的希望;
他相信共产党,相信共产党一定能领导中国走向光明。

尾声：光荣与梦想

打开历史的篇章，阅读不凡的历程，

"华侨旗帜，民族光辉"，

辉映在每一个中华儿女的心中。

回首时代烟云，追索博大情怀，

"深怀爱国之情，坚守报国之志"的情怀，

正激励着千千万万中华儿女砥砺前行。

天风海涛，鹭江翻腾云水浪，

神州大地，四个全面火正红，

共圆民族复兴之梦，

强国目标宏图正展。

站在历史新起点，

笑指沙场起云帆。

2015 年 9 月

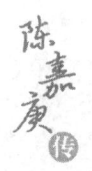

后 记

　　在电脑上敲下最后一个句号，舒缓了一口气，我猛然想起，这不就是十年前一幕的重现吗？那是二〇一一年三月十四日的凌晨，在离厦门大学九十华诞倒计时二十三天的那个寂静的凌晨，我敲下《厦大往事》的最后一个标点。十年过去了，在厦门大学百年华诞倒计时还不到二十天的一个凌晨，我又一次敲下一部书的最后一个标点，如释重负地伸了伸老腰。一样地采取边送稿边审稿边编稿的战略战术，一样是蒋东明兄一再地"十分火急，明天能完稿吗"的追问，一样是我的再三"抱歉"和"尽力尽力"的承诺，也是一样地"以学者的态度，用文学家的叙事，坦呈厦大人的情怀"的写作姿态撰写一部书，这部书是《陈嘉庚传》，一部献给我们的校主、献给厦门大学百岁生日的书。

　　十年一秩，冥冥中到底有什么让我的生命有了这般的循环与重复？我知道，在情感上，我早已将厦门大学作为我的灵魂的栖息地。

　　写一部厦大人写的《陈嘉庚传》，我开始并不那么坦然那么自信，因为我知道，这样一个伟大的国民、一面中国人的旗帜，他的传记已经有太多的人写过了，大部头的、小部头的、中部头的都有，亲属写的、学者写的、作家写的都有，国内国外的人写的也都有，那我还要写什么？怎么写？或许是学术研究的习性，我的写作不愿重复别人不愿重复自己，总想着有所新鲜见解，有新颖之处。

十年前，当二〇一一年四月庆祝完厦大九十华诞之后，时任党委书记的朱之文对我说，我们得谋划谋划百年校庆了。我明白，厦大的校庆是一种文化，每年举行校庆，五年一小庆，十年一大庆，这已成为厦大百年传承下来的一种校园文化制度，即使是经济最为艰危的私立末期、烽火燃烧硝烟弥漫的抗战时期，厦大人也没有放弃过举行群情激奋、凝心聚力的校庆活动，校庆可以说是厦大人的集体情结，因为厦大所在的闽南是一块"雅"、"颂"与"周礼"深入到百姓生活形态中的土地，因为厦大的每一次校庆尤其是五年、十年的校庆，都会成为厦大人跃上历史新台阶实现历史新跨越的新起点。之文书记说，他来募集资金，我来策划个方案。他问我："一千万够吗？"那时，我们想从那时开始到厦大建校一百年，拿出一部厦大百年大志，出版一系列的厦大史料与资料，撰写一套校主与校长的传记丛书，拍摄一系列带有抢救性质的厦大人物纪录片，校主传记的撰写就包含在这个刚刚要酝酿的方案中。但不久之文书记就调到复旦大学。转眼间厦大也就迎来九十五岁生日，自然这又是一次让厦大人记忆深刻的校庆。过了九五迎百年，党委副书记林东伟便常常与我们议起庆祝厦大百年的一些想法，出版一套校主与几位校长的传记似乎是上下左右的共识。林东伟对我说："《陈嘉庚传》您来写吧。"我当时没有答应，我觉得这太难了。后来，林东伟也调到中山大学。

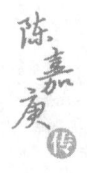

二〇一九年春天，厦大迎接百年校庆的项目开始启动，党委副书记、副校长李建发找了几位同志策划组织庆祝建校百年的系列出版物，我被指定为百年院系史编写组的负责人，传记丛书由蒋东明负责。蒋东明兄物色各部传记作者时，也是要我负起校主传记的写作，我还是没敢答应。他却说："你要不写，那只能找校外的人写。"这句话有点刺激了我。也就在这时，开始有校友找上门，有要我写校主纪录片脚本的，有让我参与校主电影创作的，也有跟我交谈创作校主歌剧的，虽然是口头上的交流，但那态势已很清楚，彰显校主陈嘉庚光辉是数十万海内外厦大人的共同心愿，塑造陈嘉庚形象已成为献给厦大百年的最好礼物之一。

这些年，我创作过一些关于校主的作品，有二〇〇〇年创作的大型文献记录片《陈嘉庚》总六集，有二〇一五年为厦门市启动嘉庚宣传月而撰写的大型电视诗文朗诵《嘉庚颂》，以及像《厦大往事》这样的文字与《南强之旅》《厦大蓝图》《集美学校百年》这样的纪录片，自己也有了不少的积累。但写传记则不是写诗歌写散文，也不是到台上作作报告或在电视屏幕上露露脸讲讲话，传记撰写需要多少的积累多少的思考我是清楚的，更何况传主是"一代完人"的陈嘉庚。倘若要写，则还有许许多多的资料要搜寻辑录，有许许多多的书籍材料要阅读梳理，有许许多多的问题要研究要求索。然而，作为一个厦门大学的写作者，我能不担当吗？

有一天，在与一群现代文学的博士生交流文学传记写作的时候，我突然想到一个问题：我如果是今天的大学生，我会怎么叩问校主的生命。于是我想到了三个追问：校主来自一个闽南小渔村，却为什么能在异邦的土地上建立起中国人的工商王国？他只在乡间读了几年的私塾，并不像许多名人那样有着深厚的知识背景，却为什么能成为世人高山仰止的教育事业家？他的一生并没有受什么伟人或大师指点，却为什么总在历史的关节点上，做出最为远见卓识的生命抉择？我顿时觉得写作陈嘉庚传记的灵感来了。那一天，我给蒋东明兄发了微信，我说："好的，《陈嘉庚传》我来写。"他立即回复："太好了！"

生命只有在历史中才是真实的。陈嘉庚八十八岁人生，跨越了两个世纪，经历了晚清、民国、抗日战争与解放战争、新中国的诞生与建设，经受过一次大战和二次大战的磨难与洗礼，作为一位华侨领袖，他亲历过世界格局两次巨大变动，审视思考过一个民族一个国家强盛的逻辑与力量；作为一个中国公民，他亲身参与自己的祖国从耻辱走向振兴的风雨历程，亲身感受了东方睡狮从苏醒到崛起的风云际会，践行了中华民族伟大复兴的历史实践。八十八岁人生，却历经一个漫长的历史时间与广阔的文化空间，而这样的时空是欧洲人用两个世纪的现代化进程所开拓的。当原本"以天朝闻名于世"的中国被抛向这动荡的现代历史旋涡时，中国人便从"危如累卵"的危机中实现现代觉醒，呐喊，奋斗，寻路，努力去寻找与开拓出一条与自己的民族相适应的现代道路，一条让中华民族重新站起来、富起来、强起来的道路。当我将校主陈嘉庚的一生放在这架历史的天平上时,我深深地感到,校主的一生便是我们民族从觉醒到伟大复兴的缩影。

将近一个世纪以来,人们对陈嘉庚有太多太多的赞美与评价。新加坡各界称他"前半生兴学,后半生纾难;是一代正气,亦一代完人";香港名流评价他"倾力兴学育才,仗义疏财,树工商界千秋良范;毕生爱乡爱国,斥邪扶正,为华侨中一代完人";毛泽东主席称他为"华侨旗帜,民族光辉",习近平总书记说自己对"陈嘉庚先生为祖国特别是为家乡福建作出的贡献有切身感受",赞誉他"是侨界的一代领袖与楷模","永远值得学习"。千秋勋业,历史评说,英名永在,千古流芳,校主陈嘉庚的一生,又岂是一部传记所能承载的。

写作永远是一种遗憾的艺术,当一本书一篇文章写完之后,刚刚停下笔,你马上就意识到有许多疏漏、许多不足,为校主这样的人物写完传记,我的这种感觉就更深更明显了,但愿大家批评指正。

感谢厦门大学历届领导的信任,支持我完成了这样一部承载着民族历史、故乡文化和厦大精神的校主传记;感谢蒋东明先生的操心与辛劳,从《厦大往事》《黉门絮语》到《陈嘉庚传》,三部书的审阅、编辑与出版,作者与编辑之间建立起来的纯真友谊和感情,是如此让我难于忘怀;感谢新加坡国立大学的廖欣欣博士,她在跟我进行研究实习的一个月中,为我提供了她写的关于陈嘉庚在新加坡改革道南学堂、创办华文中学与南洋华侨师范学校的文章;感谢新加坡金门会馆的陈琦女士,是她为我提供了一些新加坡各帮会馆的材料；感谢陈嘉庚纪念馆陈呈先生，是他主编的《陈嘉庚画传》为这部书的插图提供了最大的帮助；感谢厦大百年院系史系列的秘书王佳慧博士，因为她在院系史编写出版的工作中做了许多工作，才让我有了更多的时间来从事本书的写作；感谢厦门大学教师发展中心，这一年多来，我拿的是教发中心的工资，干得更多的则是百年校庆的事；感谢我的家人，我的厦大老师、同学与学生都很清楚，朱水涌之所以能够如此专心地写作，是因为他还有一个只让他写作不用干家务活的家，一个幸福的家。

2021 年 3 月 22 日

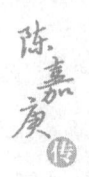